DIE MARKTWIRT-SCHAFT IST EIN AUSLAUFMODELL – NICHT NUR ÖKONOMISCH, SONDERN VOR ALLEM AUCH GESELLSCHAFTS-POLITISCH.

Umschlaggestaltung: ZERO Werbeagentur, München
Umschlagabbildung: FinePic®, München

*Im Knaur Taschenbuch Verlag sind bereits
folgende Bücher des Autors erschienen:*
Das Koch-Buch
Die Stümper
Die Profitgeier
Die Dilettanten
Schwarzbuch Beamte
Die verblödete Republik
Die geplünderte Republik
Einigkeit und Recht und Doofheit
Euroland
Die rebellische Republik
Die geschmierte Republik

Über den Autor:
Thomas Wieczorek, Jahrgang 1953, ist Journalist und Parteienforscher. Nach dem Volkswirtschaftsstudium an der Freien Universität Berlin war er bei der *dpa* Volontär, politischer Redakteur und Chef vom Dienst und anschließend Leiter des Baden-Württemberg-Büros von *Reuters*. Als freier Autor arbeitete er u. a. für die *Frankfurter Rundschau,* Deutschlandfunk und den Südwestfunk, seit 1989 auch für das Satiremagazin *Eulenspiegel*. Am Berliner Otto-Suhr-Institut promovierte er über »Die Normalität der politischen Korruption«. Das Spektrum seiner Radio- und Fernsehauftritte reicht von RBB bis Sat1. Thomas Wieczorek hat bereits mehrere Bestseller geschrieben, u. a. *Die verblödete Republik* und *Die geplünderte Republik*.

THOMAS WIECZOREK

ABGEWIRTSCHAFTET

Warum unser Land verkommt und wer daran verdient

KNAUR TASCHENBUCH VERLAG

Besuchen Sie uns im Internet:
www.knaur.de

Originalausgabe April 2013
Knaur Taschenbuch

© 2013 Knaur Taschenbuch
Ein Unternehmen der Droemerschen Verlagsanstalt
Th. Knaur Nachf. GmbH & Co. KG, München
Alle Rechte vorbehalten. Das Werk darf – auch teilweise –
nur mit Genehmigung des Verlags wiedergegeben werden.
Redaktion: Ulrike Strerath-Bolz
Umschlaggestaltung: ZERO Werbeagentur, München
Umschlagabbildung: FinePic®, München
Satz: Adobe InDesign im Verlag
Druck und Bindung: CPI – Clausen & Bosse, Leck
Printed in Germany
ISBN 978-3-426-78520-1

5 4 3 2 1

Für Klaus Peter Kisker

INHALT

EINLEITUNG 11

1 PARASITÄRE »ELITEN«:
DIE GESELLSCHAFT STINKT VOM KOPFE HER 17
  Die Dekadenz-Debatte 17
  Gerichtsurteile in der Klassengesellschaft 18
  Lachnummer Leistungsprinzip: die Milliardäre 24
  Drogensüchtig, sektenhörig, nicht ganz dicht –
    und steinreich 25
  Geld stinkt nicht – auch nicht
    das aus der Holocaust-Ära? 26
  Ein gehöriges »Quandtum« NS-Vergangenheit 28
  Verwesende Leichen in edlen Kellern 29
  Marilyns Erbinnen: Wie angelt man einen Milliardär? . . 30
  Und das sind »unsere Besten?« 38
  Verarmte Milliardäre:
    das Hungertuch des Schlecker-Clans 39
  Die Fahnenflucht der Eliten:
    Kassieren aus dem Exil 40
  Es geht auch anders: die Initiative Vermögender 41

2 SICHERHEIT – NUR WAS
FÜR GRUFTIS UND WEICHEIER? 43
  Berechenbar, zuverlässig & Co.:
    der Verfall der Sekundärtugenden 44
  Heißt Absicherung »Überregulierung«? 45
  Die Gesellschaft in der Gesellschaft 50
  Sicherheit als Grundwert 51
  Die Euro-Rettungskosten als Überraschungsei 52

Sieh mal an:
   Die Rundumsorglos-Absicherung der oberen Kaste . . . 54

3 DEUTSCHLAND VERFÄLLT 56
Verkehr: Ohne Mobilität ist alles nichts 57
Zwischen Nachkriegsruinen und Disneyland:
   verhunzte Städte 80
Kommunikation als illegales Glücksspiel 88
Datenschutz – natürlich nicht wie in der DDR 92
Wasser, Strom usw.:
   Versorgungsquellen für Profitgangster 96
Alles bio oder was?
   Energiewende und andere Nebelkerzen 109

4 NUR REICHE BRAUCHEN DEN ARMEN STAAT 122
Die Freiheit der Wirtschaftsgangster
   als höchstes Menschenrecht 122
Kirchenmaus lässt grüßen:
   das Elend der Gemeinden 130
Der legale Griff in die Staatskasse: PPP 132
Die neoliberale Lösung:
   Polizeistaat hält verarmtes Volk in Schach 133
Der Euro-Alptraum 134
Die Finanzmarktsteuer 135

5 POLITIK 136
Die politische Kaste als Betrügerbande 137
Egoismus als Grundprinzip
   von Politik und Gesellschaft? 154
Bundestagsdemokratur 162
Die gedimmte Demokratie 167
Noch Lobbyismus oder schon Korruption? 171

Der Hass der Völker
   auf den deutschen Imperialismus 174
Das politische System:
   Der Todeskampf des Raubtierkapitalismus 176
Gegen den Volkswillen 179
Der Volksentscheid als Notwehr 183

6 MENSCHENWÜRDE UND SOLIDARITÄT 190
Immer noch besser als Revolution:
   Soziale Marktwirtschaft 192
Die Grundlagen der Menschenwürde 202
Gradmesser der Menschenwürde:
   der Umgang mit den Alten 205
Die Massenmörder-Achse der Guten:
   Rüstungsexporte 217

7 MENSCHENWÜRDE UND PRIMATEN 219
Menschenwürde à la Bundeswehr 219
Rassisten und Faschos 222
Christentum: zwischen Steinzeit und Aberglauben 229

8 GEWALTENTEILUNG 233
Unsere Staatsanwälte 233
Außergerichtliche Deals 235
Schnüffel- und Polizeistaat:
   der große Traum vieler Politiker 236
Panikmache 238
Des Lebens ungemischte Freude
   ward keinem Sterblichen zuteil 243

9 WIRTSCHAFT: DER KRIMINELL-KORRUPTE SAUSTALL . 245
Handwerkerehre oder Betrügerwirtschaft 246

Betrug und Korruption:
  die Schmiermittel der Marktwirtschaft 247
Quadratur des Kreises: Wirtschaftethik 248
Die Marktwirtschaftslüge: Dümmer geht's nimmer 250
Die Regierung als Gehilfe der Rüstungsindustrie 252
Die Alltagskriminalität unserer Wirtschaft 253

10 HALBBILDUNG IST AUCH 'NE BILDUNG 256
Ausbildung wofür? 256
Pisa: die Ausbildung zum Halbaffen 258
Die Schule als Garant der Ständegesellschaft 267
Lehrer: für Vollblutprolls sind sie »faule Säcke« 271
Bildung in Konzernhand: die »Drittmittel« 277
Halbbildung verachtet Unbildung 282

11 RUSSISCH ROULETTE MIT UNSERER GESUNDHEIT . . 288
Nur ein korrupter Arzt ist ein vernünftiger Arzt 288
Simsalabim – und die neue Krankheit ist da 290
Gekaufte Forscher als Komplizen 292
Zwischen Orwell und Mengele: Organhandel 293
Ärztepfusch und Personalabbau 295

12 LICHTGESTALT SCHRÖDER
ALS GARANTIN DES DEUTSCHEN VOLKES 299

13 WIE SOLL ES WEITERGEHEN? 303

ANHANG 305
DANKSAGUNG 308
LITERATUR 309
ANMERKUNGEN 311
REGISTER 341

EINLEITUNG

Spiel nicht mit dem Feuer
Hat man uns gesagt
Wenn aus Kindern Helden werden, haben wir versagt
Spielzeug wird zu Eisen
Häuptling wird zum General
Was wir Kinder Lügen nannten,
nennt man nun Moral
Erst wenn der Wind sich dreht,
werden wir verstehen
Wenn die Nacht zum Tag wird,
dann werden wir die Brücken sehen[1]

Wenn wir Begriffe wie »verwahrlost«, »verkommen« oder »verlottert« hören, dann denken wir meist an die geistig-moralisch abgewrackten Individuen in den Souterrains, aber auch in den Penthäusern der Gesellschaft: an die unteren ebenso wie an die oberen Zehntausend. In Wahrheit hat der Prozess von »Parasitismus und Fäulnis des Kapitalismus«,[2] den ausgerechnet der totalitäre Diktator Lenin jenem besten aller nur denkbaren Gemeinwesen schon vor fast hundert Jahren vorhersagte, längst den größten Teil unserer Gesellschaft erfasst.
Nicht nur »irgendwas«, sondern nahezu *alles* läuft schief in der Republik.
»Wenn in Deutschland die Zahl der Analphabeten zunimmt und die Kanzlerin in ihrer Neujahrsbotschaft ausführlich auf die bevorstehende Frauen-Fußball-WM eingeht«, klagt der Publizisten-Imitator Henryk M. Broder, »Bildung und Wissenschaft aber nur mit zwei Nebensätzen streift, dann kann man sehr wohl von ›Dekadenz‹ sprechen.«[3] Nun entbehrt es nicht einer gewissen Tragi-

komik, wenn eine Art »Wandelnde Dekadenz in der Endphase« selbst von Dekadenz spricht. Aber wo er recht hat, hat er recht.

Ein weinerliches Loblied auf »die gute alte Zeit« wird man in diesem Buch allerdings nicht finden – obwohl die Versuchung für jenes verzweifelte *o tempora, o mores!*[4] – »Was für *Zeiten,* was für Sitten!« – des römischen Senators Cicero oder gar für ein resigniertes *o tempora o kokolores* größer nicht sein könnte.

Denn war nicht wirklich »früher« eine Menge besser?

Früher wurden deutsche Arbeitnehmer weltweit beneidet: Ihre Arbeitszeiten waren kürzer, ihr Urlaub länger, ihre Einkommen höher und um Weihnachts- und Urlaubsgeld angereichert, ihre Sozialleistungen und Altersabsicherung besser und ihre Arbeitsplätze sicherer als in fast allen anderen Ländern der Erde.

Heute werden sie als wegen ihrer Hungerlöhne, ihrer prekären Jobs, die morgen schon weg sein können oder es bereits sind, wegen ihrer unzumutbaren Arbeitsbedingungen und ihrer vorprogrammierten Altersarmut eher bedauert oder mitleidig belächelt. Lebenswichtige Garantien wie »Die Renten sind sicher« wurden über Nacht zu Aprilscherzen und bestenfalls mit hämischem Galgenhumor zitiert.

Früher waren »deutsch« und »unbestechlich« ein und dasselbe Wort. Schmiergeld wurde ganz weit weg irgendwo im Orient vermutet und entsprechend als *Bakschisch* bezeichnet. Vetternwirtschaft und Amigosysteme waren die – überdies meist auf Gemeindeebene beschränkte – Ausnahme.

Heute steht fast täglich ein anderer deutscher Wirtschaftskapitän oder Politiker wegen Korruptionsverdachts in den Schlagzeilen. Abgeordnetenbestechung ist erlaubt. Schon an der Uni lernen die Studenten, dass skrupellose Raffgier »rational«, Integrität und Moral dagegen etwas für unterbelichtete Weicheier ist und dass nur darauf ankommt, sich nicht erwischen zu lassen.

Früher war »pünktlich wie die Bahn« ein geflügeltes Wort. Schon eine fünfminütige Verspätung galt fast als Skandal. Und hätten früher die Nachrichten verkündet, die meisten Züge müssten wegen Schneefalls und Kälte ausfallen, so hätte man an einen Karnevalsulk geglaubt.

Heute ist ein pünktlicher Zug reiner Zufall – auch eine kaputte Zeiger-Uhr geht ja, wie ein Kalauer besagt, zweimal am Tag richtig. Und privat heruntergewirtschaftete und verkommene Katastrophenklitschen wie die Berliner *Deutsche-Bahn*-Tochter *S-Bahn* sehen sich außerstande, im Winter überhaupt noch irgendeinen Zugverkehr verbindlich zu garantieren. Vermutlich hätten sich selbst die Betreiber der ersten Eisenbahn von Nürnberg nach Fürth im Dezember 1835 – vor fast 170 Jahren! – über solche dümmlich-unverschämten Ausreden totgelacht.

Früher hatten die Menschen eine Zukunft und Lebensperspektive. »Ein Wort ist ein Wort« war fester Bestandteil deutscher Leitkultur.

Heute kann man sich nur noch darauf verlassen, dass man sich auf nichts mehr verlassen kann.

Was heute noch gilt, worauf die Menschen vertrauen und wonach sie ihr ganzes Leben ausrichten, ist morgen schon Makulatur. Gesetze werden gleich nach ihrer Verabschiedung »nachgebessert«. Hoch und heilig versprochene Projekte stellen sich als Wahlkampflügen heraus und werden auf den Sankt-Nimmerleins-Tag verschoben.

Die Einhaltung von Versprechen weicht dem Wortbruch unter dem meist frei erfundenen Vorwand des »alternativlosen Sachzwangs«. Allen Menschenwürdeartikeln des Grundgesetzes und Sonntagsreden der Politiker zum Trotz wird immer deutlicher, dass eben nicht die Wirtschaft für den Menschen da ist, sondern umgekehrt: Längst ist der Mensch zum »Humankapital« geworden, zum lästigen Anhängsel und notwendigen Übel der Ökonomie, zum Ballast bei der hemmungslosen Profitgier.

Dies betrifft entscheidend, aber beileibe nicht allein die wirtschaftliche, sondern darüber hinaus die gesamte menschliche Existenz. Das Umfeld wird nicht mehr nach den Vorstellungen der Menschen geschaffen, nach der Frage, ob sich darin irgendjemand wohl fühlt, sondern danach, ob es »sich rechnet«, also der vollständigen hemmungslosen und moralfreien Profitmaximierung nutzt. So weichen Erholungsparks umweltzerstörenden Golfanlagen und intakte Wohnanlagen krankhaft protzigen Bürohochhäusern. Beliebte Schwimmbäder planiert man zugunsten kleinstadtähnlicher Einkaufszentren, und aus dringend benötigten Krankenhäusern werden luxuriöse Wellnessfarmen. Dass selbst diese Projekte meist nicht einmal von den Reichen und Mächtigen gebraucht und genutzt werden, sondern nahezu ausschließlich systematischer Wirtschaftskriminalität wie etwa dem korruptem Subventionsbetrug und dem als Staatsauftrag getarnten Griff ins Steuersäckel dienen, rundet das Bild ab.

Die umfassende galoppierende Verlotterung der Republik macht auch vor der Politik nicht halt. »Dilettantisch, egoistisch, kaltherzig, korrupt und überversorgt« – so schätzen längst nicht mehr nur linksradikale Verfolgungswahnsinnige, sondern immer größere Teile der Normalbürger unsere Volksvertreter ein.
Entsprechend steigt die Zahl der Nichtwähler ständig an. Schon bei der Bundestagswahl 2009 stellten sie mit 29,8 Prozent die stärkste Gruppe der Wahlberechtigten. CDU/CSU kamen nur auf 23,7 Prozent, die SPD auf lächerliche 19,8 Prozent. Selbst die beiden stärksten Parteien zusammen vertreten also mit 43,5 Prozent nicht einmal die Hälfte der Bürger. Der Journalist Jakob Augstein hat einen bösen Verdacht: »Was die Wahlforscher ›asymmetrische Demobilisierung‹ nennen, wird zum Normalfall der Wahlkampfstrategie: Die Politik setzt absichtsvoll darauf, dass möglichst wenig Leute zur Wahl gehen – aber von der Gegenseite noch weniger.«[5]

Um viel mehr darf das Stimmvieh allerdings nicht mehr schrumpfen. Schon jetzt macht der Horrorbegriff von der *Legitimationskrise* die Runde. »In wessen Namen redet und mit welchem Recht entscheidet die Politik eigentlich noch für das Volk?«, fragen sich immer mehr Staatsbürger. Kein Wunder, dass besorgte Politiker nach buchstäblich jedem Strohhalm greifen. Da findet man sogar bei der – wegen ihrer noch mangelnden Eingemeindung in das korrupte Politiksystem bei den Etablierten verhassten – Piratenpartei etwas Positives. Sie habe wenigstens eine »gute Wirkung auf Nichtwähler«, lobt SPD-Boss Sigmar Gabriel.[6]

Fehlt nur noch, dass einer ähnlich gegen das NPD-Verbot argumentiert: »Besser Naziwähler als Nichtwähler.«

Steht unserem System also die *Apokalpyse,* die *Götterdämmerung* bevor?

Jedenfalls warnt selbst das *manager magazin:* »Die Einkommen der Deutschen driften immer schneller auseinander. Trotz Aufschwungs fürchten die Mittelschichten den sozialen Absturz. Der Marktwirtschaft droht eine Legitimationskrise – mit gefährlichen Folgen.«[7]

1 PARASITÄRE »ELITEN«:
DIE GESELLSCHAFT STINKT VOM KOPFE HER

DIE DEKADENZ-DEBATTE

Es ist so gut wie unmöglich, auch nur halbwegs geistreiche und zitierwürdige Einlassungen von »Big Brother«[8] Guido Westerwelle aufzuspüren. Aber selbst das blindeste Huhn findet mal ein Korn: Diese »Leichtfertigkeit im Umgang mit dem Leistungsgedanken besorgt mich zutiefst«, schrieb er am 11. Februar 2010 in Welt Online. »Wer dem Volk anstrengungslosen Wohlstand verspricht, lädt zu spätrömischer Dekadenz ein.«[9]

Nun ist es natürlich ausgesprochen mutig vom gescheiterten FDP-Boss, dass ausgerechnet er das Verhältnis von Leistung und Einkommen ins Spiel bringt. Mit seinem »Dekadenzalarm«[10] liegt er allerdings goldrichtig. Dass er dies irrwitzigerweise auf die Hartz-IV-Empfänger bezieht, mag man einem Menschen nachsehen, der auch schon mal »Mindestlohn ist DDR pur ohne Mauer«[11] abgesondert hat.

Aber eine Dekadenz fast wie in der Endphase des Römischen Reiches ist auch bei uns Anfang des dritten Jahrtausends kaum zu übersehen: Damals herrschte eine sittlich, moralisch, kulturell und geistig verwahrloste, stinkfaule und in jeder Hinsicht perverse und nichtsnutzige steinreiche Parasitenkaste – ein ekliges, eitriges Geschwür am Allerwertesten der römischen Gesellschaft. Und einiges, sogar eine ganze Menge des über diese römische Oberschicht Überlieferten, erinnert zwangsläufig an unsere Kaste der Reichen und Mächtigen von heute.

GERICHTSURTEILE IN DER KLASSENGESELLSCHAFT

Das scheinbar plumpe Vorurteil »Die Kleinen hängt man, die Großen lässt man laufen« erweist sich bei näherer Betrachtung geradezu als wissenschaftliche Analyse. Schwarzfahrer, kleine Ladendiebe oder Sprayer wandern zuweilen in den Bau, während die Justiz selbst Berufsbetrüger und Amateurzuhälter unter Verbiegung des Grundgesetzes und des Strafgesetzbuches auf freien Fuß setzt – auf dass sie, wie im Fall Hartz, recht bald wieder für Nuttennachschub aus Brasilien sorgen können. Allerdings konnte bislang noch keinem Richter nachgewiesen werden, dass er selbst davon profitiert hat. Glückwunsch an die Richtergattinnen.

HARTZ

»Das klingt nach Gemauschel«, befand Johannes Röhrig im *Stern* nach dem im Wortsinne kurzen Prozess vor dem Landgericht Braunschweig gegen den Namensgeber der »Armut per Gesetz«, den VW-Manager Peter Hartz. Wegen Untreue und verbotener Begünstigung eines Betriebsrats erhielt er »wie verabredet« zwei Jahre auf Bewährung und für ihn lächerliche 576 000 Euro Geldstrafe – »er bleibt frei«. Tatsächlich bedeutet Bewährung ja lediglich: Hartz muss seine Strafe nur dann absitzen, wenn er demnächst erneut einen VW-Betriebsrat besticht und ihm brasilianische Prostituierte zuführt.
Nach Meinung des *Stern* »wurde es ihm vor Gericht zu leicht gemacht. Nach lediglich zwei Verhandlungstagen war der Prozess vorbei, auf einige Fragen gab es nur unbefriedigende Erklärungen wie etwa zu denen über eine mögliche Mitwisserschaft

des VW-Patriarchen Ferdinand Piëch in der Affäre.« Im Klartext: Wirken gegen diese Geheimkungelei nicht sogar chinesische Schauprozesse wie rechtsstaatliche Verfahren?
»Sicher, nicht wenige Zuschauer im Gerichtssaal 141 hätten gern die Damen im Zeugenstand gesehen, mit denen sich Hartz auf seinen Reisen oder in einer diskret angemieteten Braunschweiger Wohnung auf VW-Kosten vergnügte. Dieses peinliche Kapitel des Skandals blieb Hartz erspart, das war Teil des Deals. Wer die Aussagen der Huren kennt, die sie vor der Staatsanwaltschaft zu Protokoll gaben, kann erahnen, dass Prozessbeobachter hier um ihr Amüsement gebracht wurden.« Und weiter: »Wären die Huren aufgetreten, das Bild von Hartz wäre ein anderes ... Zu welchem höheren Interesse besaß er einen Schlüssel zu einer von VW bezahlten Wohnung, die ausschließlich für diskrete Treffen mit Frauen aus dem Milieu genutzt wurde? Hartz, ein Verführter? Oder doch auch Verführer? Die Antwort hierauf ist der Prozess schuldig geblieben.«[12]
Liegen nicht rechtsstaatliche Lichtjahre zwischen derlei Schmierenkomödien und jenen Vergewaltigungsprozessen, in denen skrupellose Verteidiger in Pornomanier die Opfer nach den perversesten Details ausquetschen? Tja: Staatsanwälte sind *weisungsgebunden,*[13] letztlich gegenüber dem Justizminister und damit dem Regierungschef, in dessen Hand de facto auch ihre Karriere liegt.

MANNESMANN

Ein ebenso riesiger wie für Teile unserer Justiz typischer Skandal war der *Mannesmann-Prozess* (2004–2006) vor dem Landgericht Düsseldorf gegen Teile des Aufsichtsrats wegen Untreue bzw. Beihilfe, weil sie fünf Vorstandsmitgliedern insgesamt über 111 Millionen DM (56,8 Mio. Euro) »Anerkennungsprämien«

zugeschanzt hatten, darunter allein 50 Millionen DM (25,6 Mio. Euro) dem Vorstandschef Klaus Esser.
Am 23. Juni 2004 forderte die Staatanwaltschaft für den Aufsichtsratschef Joachim Funk drei Jahre Haft, für Klaus Esser zweieinhalb Jahre. Deutsche-Bank-Chef Josef Ackermann sollte zwei Jahre, IG-Metall-Boss Klaus Zwickel 22 Monate sowie Betriebsratschef Jürgen Ladberg und Personalchef Dietmar Droste je ein Jahr ins Gefängnis.[14]
Am 22. Juli 2004 jedoch wurden alle Angeklagten – wer hätte das gedacht in der Klüngelmetropole NRW? – freigesprochen.[15]
»So geht's ja nun wirklich nicht, was soll denn das Ausland denken?«, dachten sich wohl die Richter des BGH, befanden am 21. Dezember 2005 die Angeklagten sehr wohl für schuldig und verwiesen das Verfahren an eine andere Düsseldorfer Strafkammer.[16] Dies allerdings juckte die rheinischen Ankläger und Richter herzlich wenig: Das zweite Verfahren wurde am 29. November 2006 gegen 5,8 Millionen Euro Geldbuße[17] mit Zustimmung der Ankläger vorläufig eingestellt. »Kein Freispruch zweiter Klasse«, jubilierte die *FAZ*.[18] Nach Erfüllung der Auflagen stellte die Strafkammer am 5. Februar 2007 gemäß § 153 a StPO das Verfahren endgültig ein.[19]

HELMUT KOHL

Ein Ermittlungsverfahren wegen des Verdachts der Untreue zum Nachteil seiner Partei stellte die Bonner Staatsanwaltschaft im Frühjahr 2001 gegen eine Zahlung von 300 000 DM (153 387 Euro) Geldbuße wegen geringer Schuld (!!!) gemäß § 153 a StPO ein.[20] Ein Prozess kam natürlich nicht in Frage – was gehen das gemeine Stimmvieh schon die kriminellen Machenschaften der Herrscherkaste an?

Aber auch sonst ging's – Affären hin oder her – finanziell blendend. Zwischen 1999 und 2002 kassierte er vom Medienzaren Leo Kirch, dem er das Privatfernsehen ermöglich hatte[21], jährlich 600000 Mark (306775 Euro). Dafür habe er jährlich »bis zu zwölf persönliche Gespräche« mit Kirch führen müssen. Übrigens: Zur Zeit des Geldregens saß Kohl immerhin noch im Bundestag.[22]

MANFRED KANTHER

Manfred Kanther, früherer Bundesinnenminister, Herr über Recht und Ordnung und Saubermann der Nation, erhielt am 18. April 2007 vom Landgericht Wiesbaden 54000 Euro Geldstrafe wegen Untreue. Eine frühere Verurteilung zu 18 Monaten Knast auf Bewährung sowie 25000 Euro Geldstrafe hatte der BGH aufgehoben.[23]
Kanther hatte Ende 1983 als damaliger Generalsekretär der Hessen-CDU rund 20,8 Mio. Mark Parteivermögen in der Schweiz deponieren lassen, um die Veröffentlichungspflicht zu umgehen.[24] Im Rahmen der hochkriminellen Schwarzgeldaffäre der hessischen CDU gilt Kanther ebenso wie der damalige Staatskanzleichef Franz Josef Jung als Bauernopfer zugunsten des Unschuldslamms, Ministerpräsident Roland Koch. Und der hievte ja beide später in die Bundesregierung, Jung als Karikatur eines Verteidigungsministers.

KLAUS ZUMWINKEL

Einer der seinerzeit wichtigsten und einflussreichsten deutschen Topmanager, Post-Chef Klaus Zumwinkel, erhielt vom Landgericht Bochum am 26. Januar 2009 zwei Jahre Haft – natürlich auf Bewährung – und eine Million Euro Geldbuße. Das leuchtende Vorbild des deutschen BWL-Nachwuchses hatte gestanden, über seine Stiftung in Liechtenstein zwischen 2002 und 2006 rund 970 000 Euro Steuern hinterzogen zu haben. Und im Urteil wurde noch nicht einmal der verjährte Steuerbetrug berücksichtigt.[25] Um wie viel der kriminelle Konzernchef die Bürger insgesamt betrogen haben muss, lässt sich anhand der nach seinem Auffliegen von ihm »freiwillig« zurückgezahlten knapp vier Millionen Steuern, Zinsen und Gebühren erahnen.

Ganz anders als über die Kriminellen aus der Herrscherkaste urteilen unsere Richter, wenn es um das gemeine Volk geht, also um die, die den gesamten Reichtum der Parasitenklasse erarbeiten. Hier ein Beispiel, das womöglich für Hunderte, wenn nicht für Tausende steht:
Wer achthundertachtundachtzig Tage wie in einer Bananendiktatur unschuldig hinter Gittern saß, muss bei uns sogar die Kosten seines Unschuldbeweises selbst tragen. »Unschuld? Kostet 13 000 Euro«, ätzte in der *Süddeutschen Zeitung* Heribert Prantl, früher selbst Staatsanwalt und Richter am Landgericht.
Ein klassischer Fall: Eine inzwischen fünfzigjährige Berliner Arzthelferin saß unschuldig achthundertachtundachtzig Tage als Mörderin, schwere Brandstifterin und Versicherungsbetrügerin hinter Gittern. Angeblich hatte sie das Haus, in dem sie mit ihrem Vater und ihrem Lebensgefährten wohnte, mit Spiritus angezündet, um die Versicherungssumme zu kassieren. »Auf der Basis eines schlampigen und falschen Brandgutachtens des Landeskriminalamts«, so der frühere Landgerichtsrichter Heribert Prantl, bekam sie vom berüchtigten Landgericht Berlin lebenslang die »besondere Schwere der Schuld« attestiert.
»Schulden für den Beweis der Unschuld«, konstatiert Prantl wei-

ter: »Die unschuldige Angeklagte wehrte sich verzweifelt, sie setzte Himmel und Hölle in Bewegung – vor allem gute Brandgutachter. Sie stürzte sich in Schulden, sie bat und bettelte um Hilfe, um Recherche, um Nachprüfung, sie fand Spezialisten, die ihr halfen und mit wissenschaftlicher Recherche das Schund-Gutachten als Schund-Gutachten entlarvten.«
»Auf der Basis eines schlampigen und falschen Brandgutachtens des Landeskriminalamts«, so Prantl, hatte ihr das Berliner Landgericht Berlin eben mal »lebenslänglich« gegeben und die »besondere Schwere der Schuld« festgestellt. »Nach so einem Spruch sieht man normalerweise die Freiheit nicht mehr wieder – da gibt es keine Entlassung auf Bewährung nach 15 Jahren.«
Der BGH machte diesem Stümperspuk ein Ende, und in der neuen Verhandlung wagte das Kammergericht kein erneutes Fehlurteil – also gab's Freispruch.[26] Aber das Kammergericht »genierte sich nicht für die Verurteilung einer Unschuldigen, sondern aktivierte nun die Akribie, die bei der Prüfung des Schund-Gutachtens gefehlt hatte – es drückte die dafür zu erstattenden Kosten. Die Frau bleibt auf 13 067,98 Euro sitzen und muss auch die Kosten des Streits um die Kosten selbst tragen. Das ist der Preis für ihre Freiheit. So steht es zwischen den Zeilen der ... beschämenden Entscheidung.«[27]
Ladendiebe, Schwarzfahrer und Antikriegsdemonstranten landen bei uns schon mal im Knast, während zum Beispiel ein bestochener Volksvertreter gar nicht belangt werden kann, weil – man mag es kaum glauben – die unbegrenzte Schmiergeldannahme bei uns noch immer erlaubt ist.[28]

LACHNUMMER LEISTUNGSPRINZIP: DIE MILLIARDÄRE

Eine der wichtigsten Ausreden für die teilweise absurden Unterschiede von Einkommen und Vermögen in unserer Gesellschaft sind die Schlagwörter *Leistungsgesellschaft* und *Leistungsprinzip*.
In dieser Allgemeinheit erscheint das auch plausibel: Wer acht Stunden im Büro oder in der Werkshalle schuftet, hat natürlich mehr Bezahlung verdient als ein gleichwertiger Halbtagsjobber: »Gleicher Lohn für gleiche Arbeit« als offizielles marktwirtschaftliches Gesellschaftsziel.[29]
Dabei berufen sich in unserer christlich-abendländischen Gesellschaft manche Volksvertreter auf den Apostel Paulus, wobei sie in der für gewisse Politiker typischen Art sogar Bibelzitate bewusst und plump verfälschen. So wollte der damalige SPD-Bundesarbeitsminister Franz Müntefering zwecks Beschimpfung der Arbeitslosen und Verteidigung der Armut per Gesetz (Hartz IV) den Bürgern weismachen, Paulus habe geschrieben: »Nur wer arbeitet, soll auch essen.«[30] Nun wird der bekennende Katholik Müntefering natürlich gewusst haben, dass Paulus einen derartig menschenverachtenden Quark niemals abgesondert hat. Die entsprechende Stelle in dessen *Zweitem Brief an die Thessalonicher* lautet vielmehr: »Wenn jemand nicht arbeiten *will,* soll er auch nicht essen.«[31]
Aber lassen wir einmal derlei Gewohnheitslügen beiseite. Würde bei uns das echte Leistungsprinzip gelten, dann müssten doch die Steinreichen gigantische Leistungen vollbracht haben.

DROGENSÜCHTIG, SEKTENHÖRIG, NICHT GANZ DICHT – UND STEINREICH

Kaum eine Lichtgestalt ist typischer für Moral, Charakter und gesellschaftlichen Wert als Helmut Baron von Finck aus der legendären Münchner Bankdynastie. »Früher nahm er Drogen und war Bhagwan-Jünger …«, schreibt die *FAZ* erstaunlich respektlos »und versuchte, mit Gruppensex neue Energie freizusetzen … Dann ließ er sich 65 Millionen Mark auszahlen.« Das war vor fast dreißig Jahren.

Nun aber dämmerte diesem Mitglied der Elite unseres Volkes, dass ihm eigentlich ein größeres Stück vom Erbkuchen zustünde als die lumpigen paar Millionen. Immerhin geht es »um ein Milliardenerbe, um das er sich von seinen beiden Stiefbrüdern betrogen fühlt«. Einer davon, August von Finck junior, besitzt 5,9 Mrd. Euro und verlegte 1999 seinen Wohnsitz in die Schweiz auf Schloss Weinfelden im Kanton Thurgau.[32]

Nun klagt also Helmut sein gutes Recht beim Landgericht München[33] ein. Dort aber »muss er nachweisen, dass« seine damalige Zustimmung »eher einem drogenumnebelten Hippiehirn entsprungen ist, dass er, der Bhagwan-Jünger, definitiv nicht geschäftsfähig war, als er 1985 den Vertrag[34] mit den Halbbrüdern unterschrieben hat. ›Ich war in Behandlung‹, sagt Finck, ›dafür gibt es genügend Zeugen und Ärzte, die das bestätigen können.‹« Die Sache scheint eindeutig: »Bei klarem Verstand … hätte er niemals auf so viel verzichtet. Er beansprucht ein Drittel des Finckschen Familienvermögens … insgesamt womöglich bis zu 10 Milliarden Euro.« Wennschon, dennschon: »Es geht ums Ganze: Finck will seine Stiefbrüder enterben lassen.«

Aber der Baron tut das nicht nur für sich, sondern auch für ein leistungsloses Milliardenvermögen seiner Nachkommen.

»Sohn Nino ist heute 23 Jahre alt, arbeitet bei Allianz Capital Partners. Für ihn strengt er den Prozess an, und auch für seine beiden Töchter. Die hätten immerhin einen Pflichtteil zu erwarten, der deutlich höher wäre als jene 65 Millionen Mark, die ihr Vater seinerzeit bekam.[35]

Helmut Baron von Finck steht für die überwältigende Mehrheit der Millionärssprösslinge: Zu faul zum Arbeiten, stattdessen lieber sich mit Drogen volldröhnen, Nutten vögeln – wer macht's mit solchen Typen schon umsonst? –, dabei auch noch abkassieren und hinterher noch mehr wollen. Was würde der Gesellschaft eigentlich fehlen, wenn die steinreiche Schmarotzergilde über Nacht von der Bildfläche verschwände?

Vermutlich wird diese Dynastie noch in tausendundeinem Jahr ohne einen einzigen Handschlag zig Milliarden besitzen – wenn unsere Gesellschaft so bleibt, wie sie ist, und die ehrlichen Bürger sich das bieten lassen.

GELD STINKT NICHT – AUCH NICHT DAS AUS DER HOLOCAUST-ÄRA?

Und auch hier führt die Suche nach den Quellen des Reichtums – na, wohin wohl? – in die Nazizeit. Über den im April 1980 mit einundachtzig Jahren verblichenen Erblasser, den deutschen Bankier August von Finck senior, seinerseits Erbe und Nachfolger von Banker und *Allianz*-Gründer Wilhelm von Finck, schreibt Wikipedia unwidersprochen: »Er gehörte zu den ersten Bewunderern Adolf Hitlers und hat mit seiner damaligen Privatbank ›Merck Finck & Co.‹ zahlreiche jüdische Banken ›arisiert‹.« Finck »war einer der Teilnehmer des Geheimtreffens vom 20. Februar 1933 von Industriellen mit Hitler, bei dem ein Wahlfonds von 3 Millionen Reichsmark für die NSDAP beschlossen wurde«.[36]

Seit der »Machtergreifung« 1933 war er Mitglied der NSDAP, im Generalrat der Wirtschaft, im Senat der Deutschen Akademie und im Präsidium der Akademie für Deutsches Recht. Nach dem Anschluss Österreichs übernahm dieses heimliche Vorbild vieler heutiger Topmanager 1938 in Wien die *Rothschild-Bank*.[37]

1945 verlor Finck seine Posten als Aufsichtsratschef der *Münchner Rückversicherung* und der *Allianz*. Aber mit Beginn des Kalten Krieges hielt die US-Regierung die UdSSR offenbar für schlimmer als die *Holocaust*-Mörder. Beim US-Militärgouverneur in Bayern, General George S. Patton, hörte sich das so an: »Für mich gibt es zwischen Nazis und Anti-Nazis nicht mehr Differenzen als zwischen Demokraten und Republikanern in den USA.«[38] Und so wurde Finck 1948 ernsthaft als »Mitläufer« (warum nicht gleich als Widerstandskämpfer?) eingestuft und war bereits 1951 wieder Aufsichtsratsvize der *Münchner Rückversicherung*.

Jeden Morgen, wenn Herr von Finck wach wird, ist er um eine Million reicher. Es steht ja schon in der Bibel: Den Seinen gibt's der Herr im Schlafe.
Georg Kronawitter, Münchner Oberbürgermeister (1984 bis 1993)

Woher also kommen die Milliarden der heutigen Fincks: Von ihrer eigenen ehrlichen Arbeit oder aus der Nazizeit?

EIN GEHÖRIGES »QUANDTUM« NS-VERGANGENHEIT

Unter den sechs reichsten Deutschen und in den Top 100 der Weltrangliste (WR) finden sich laut Forbes vom März 2012 gleich drei aus der Quandt-Dynastie:
Platz 4 belegt Susanne Klatten (geb. Quandt) mit 9,9 Mrd. Euro (WR 59), Platz 5 Stefan Quandt mit 8,5 (WR 76) und Platz 6 Johanna Quandt mit 7,6 Mrd. Euro (WR 88).[39]
Das muss man sich mal vorstellen: Für so viel Geld müsste sogar ein Topmanager wie Josef Ackermann etwa tausend Jahre lang arbeiten.
Im Juli 2007 entlarvten Eric Friedler und Barbara Siebert in der NDR-Dokumentation *Das Schweigen der Quandts,* »was die reichste Familie Deutschlands und deren Produkte von Weltruf den Menschen alles bescherten – neben Autos von BMW, Arzneien von Altana, Babykost von Milupa, Batterien von Varta oder Karlsruher Landminen nämlich auch dies: Unrecht, Zwangsarbeit, Ausbeutung«. Mit einem Wort: »Den Weltkonzern BMW, finanziert ... auch durch Arisierungen, Zwangsarbeit und nachlässige Entnazifizierung.«
Anschaulich erfährt der Bürger, »wie intensiv Herbert, der ältere Sohn des Patriarchen Günther Quandt, das KZ Hannover-Stöcken für seine angrenzende Batteriefabrik Afa nutzte; wie fröhlich dessen Bruder Harald den väterlichen Nachlass mit Waffengeschäften mehrte und Überschüsse verprasste; wie prototypisch sein Neffe Sven den erbfinanzierten Lebemann ohne Erinnerungsbewusstsein gibt.« Und: »Dass an den Vorwürfen Zweifel bestehen, darf als ausgeschlossen gelten. Dementis hat es jedenfalls nicht gegeben.«[40]
Für die konservativ-seriöse *FAZ* belegt der Film, »dass die Schuld

mit der Tat erst ihren Anfang nimmt. Die Quandts hätten, wäre es mit rechten Dingen zugegangen, in der Stunde null auch finanziell von vorn beginnen müssen, wären nicht Politik, Justiz, selbst die Alliierten im Interesse reibungsloser Industrialisierung des zerstörten Landes zur Seite gesprungen.«
Der Philosoph Werner Rügemer resümiert: »Die Quandts haben ihren Reichtum seit dem Ersten Weltkrieg in der Rüstungsindustrie verdient und damit auch schon manchen Verdienstorden ... Günther Quandt bespendete seit 1931 die NSDAP, gründete Briefkastenfirmen in Liechtenstein und mehrte als Wehrwirtschaftsführer den Familienreichtum noch schneller als zuvor.« Und die heutigen Quandts profitieren davon: Günther »reichte den Reichtum schuldlos an seine Söhne weiter, darunter an Herbert Quandt, der den Reichtum an Tochter Susanne weiterreichte. Die Vermehrung des geerbten Reichtums hatten u. a. Kriegsgefangene und Juden in der Akkumulatorenfabrik Hannover-Stöcken geleistet, die der Großvater sich von der SS für vier Reichsmark pro Tag liefern ließ.«[41]

VERWESENDE LEICHEN IN EDLEN KELLERN

Fast bei allen Steinreichen ist irgendetwas faul, was ja im Grunde weder überraschend noch sonderlich schockierend ist: Zum einen haben bekanntlich fast alle Mitbürger irgendeine »Leiche im Keller«. Zum anderen bedeutet ja der Spruch *Ehrlich währt am längsten* nicht, wie fatalerweise häufig angenommen, dass Redlichkeit sich letztendlich doch auszahlt, sondern: Mit Ehrlichkeit dauert der Weg zur dicken Kohle am längsten.

Deshalb hier nur ein Beispiel, das allerdings für viele steht: Die beiden laut Forbes reichsten Deutschen, *Karl Albrecht* mit 19,2 Mrd. Euro und *Berthold & Theo Albrecht junior & Familie* mit 17,8 Mrd. machten bzw. erbten ihre Milliarden durch *Aldi Süd bzw. Aldi Nord,* die mit insgesamt 4305 Filialen und 56 000 Mitarbeitern etwa 24 Milliarden Euro Umsatz pro Jahr allein in Deutschland machen.[42] Mit welchen Methoden, war dem *Spiegel* im April 2012 eine Titelgeschichte wert[43]:

Es geht um »eine Fülle von geradezu bizarr anmutenden Praktiken, die zu dem Befund führten, dass der Konzern sich in einem regelrechten ›Kontrollrausch‹ befinde ... um heimliche und mithin illegale Videoüberwachungen und Detektiveinsätze, um Listen, auf den selbst banalste Verfehlungen von Beschäftigten vermerkt und zwecks Abmahnung gesammelt werden«. Der *Spiegel* nennt sie unverblümt »Stasi-Akten«. Und bei *Günther Jauch* spricht Entlarvungsveteran Günter Wallraff von »Psychoterror« sowie »Zuständen wie bei Scientology«. Hier kritisiert sogar CDU-Universalexperte Wolfgang Bosbach eine »spezielle Philosophie wie jene der Aldi-Gründer, die da laute: »130 Prozent bezahlen – 150 Prozent leisten.«[44]

MARILYNS ERBINNEN: WIE ANGELT MAN EINEN MILLIARDÄR?

Berufe für eher schlicht gestrickte Frauen sind schnell aufgezählt: Schmuddelmoderatorin oder Maniküre, Serienmimin oder Serviererin oder Model, also jene Spezies, die mit Tipp-Ex am PC arbeitet und die Nachttischlampe mit dem Hammer löscht.

In welche Berufe aber zieht es die hellsten der hellen Köpfe, die Klügsten der Klugen, vor allem des weiblichen Geschlechts? Quantenphysikerin, Philosophieprofessorin, Mathematikerin oder gar Hirnchirurgin?
Alles falsch: Kindermädchen, Telefonistin, Kindergärtnerin, »Sekretärin« oder einfach Milliardärstochter: Das sind die Jobs der cleversten unter den weiblichen Cleverles. Dieser Eindruck jedenfalls drängt sich beim Blick auf die reichsten Frauen der Republik geradezu auf.
»Hochgeheiratet – diese Frauen wurden durch ihre Männer mächtig«, lautet eine sachliche Überschrift der seriösen und eher zurückhaltenden *Berliner Zeitung*.[45] Selbst mit dem verlogenen Charme alter Schule kann man simpel gestrickte Figuren nicht zu Nobelpreisträgern hochstilisieren.

BILD DIR EIN ERBE

Zum Imperium von Friede Springer (geb. 1942) gehören diverse Lokalzeitungen, *Hörzu*, *Welt* und vor allem *Bild*. Die smarte Gärtnerstochter ist damit eine der mächtigsten Frauen der Republik, was sie sich durch ihre pfiffige Berufswahl auch irgendwie redlich verdient hat. 1965 wurde sie Kinderpflegerin im Haus des dreißig Jahre älteren Verlegers Axel Springer (geb. 1912). 1978 heirateten die beiden; schon sieben Jahre später starb der Unternehmer. Er soll Friede aber systematisch darauf vorbereitet haben, in seine Fußstapfen zu treten. »Ich habe mich an seiner Seite entwickelt. Ich gebe es zu: Ich bin sein Produkt«, sagt sie ganz unbefangen.[46]

VOM CALLCENTER AN DIE VERLAGSSPITZE

»Das Spiel ›Reise nach Jerusalem‹ ebnete Liz Mohn den Weg an die Spitze des Bertelsmann-Verlags«, lästert *Spiegel Online*. »Dabei nämlich lernte die junge Telefonistin (1941 *) während eines Betriebsfestes den Verleger Reinhard Mohn (1921 *) auf der Jagd nach einem freien Stuhl kennen. 1963 ging sie eine Scheinehe mit dem Bertelsmann-Kinderbuchlektor Joachim Scholz ein.« Bis 1982 waren Reinhard und die zwanzig Jahre jüngere Liz ein heimliches Liebespaar. Erst dann wurde Liz vor Gott und dem Gericht Mohns zweite Ehefrau. »Liz Mohn war im Verlag zunächst für Treffen von Manager-Gattinnen und die Organisation von karitativen Festen zuständig. Nach und nach übernahm sie Managementaufgaben und vertrat ihren gesundheitlich angeschlagenen Mann. Spätestens seit dem Tod ihres Mannes 2009 hält Liz Mohn bei Bertelsmann die Zügel weitgehend allein in der Hand.«[47]

EIN »QUANDTENSPRUNG« ZUM GELD DURCH GLÜCK IN DER LIEBE

Als eines Kunsthistorikers Töchterlein dürfte Johanna Quandt wohl kaum von einer Unternehmerkarriere geträumt haben. Vielleicht aber wie so viele junge Mädchen und Buben vom ganz großen Reichtum ohne viel Aufwand? Wie bereits erwähnt: Johanna hat es mit derzeit etwa 7,5 Mrd. Euro geschafft. Im Konzern der guten Partie Herbert Quandt (Jahrgang 1910) brachte sie es schon bald von der Sekretärin zur »persönlichen Assistentin« des sechzehn Jahre älteren Chefs. 1960 war endlich Hochzeit. Nach Herberts Tod 1982 verwaltete Johanna Quandt mit einem engen Berater das Erbe – vor allem die BMW-Anteile. »Sie verstand es, die Interessen ihres verstorbenen Mannes leise, aber entschieden durchzusetzen.«[48]

GOEBBELS' STIEFENKELIN

Die erwähnte Susanne Klatten »ist seit ihrem 20. Lebensjahr ... die reichste Frau Deutschlands«, mokiert sich Politphilosoph Rügemer. Die Erbmilliardärin, Jahrgang 1962, erhielt 2005 das Bundesverdienstkreuz am Bande und 2007 den Bayerischen Verdienstorden.
»Worum hat sie sich verdient gemacht, was hat sie geleistet?« fragt Rügemer. »Ihre Leistung bestand zunächst darin, unschuldig die Tochter eines gewissen Herbert Quandt zu sein und einen großen Teil von dessen Vermögen geerbt zu haben ... Nachdem sie also ohne Leistung viel verdient hatte, machte sie standesgemäß ein Praktikum bei der Deutschen Bank und studierte Betriebswirtschaft.« Donnerwetter! Und siehe da: »So wurde sie in dem Staat, der leistungsloses Verdienen mit höchsten Ehren auszeichnet, schon in sehr jungen Jahren das, was in einschlägigen Magazinen als ›mutige Unternehmerin‹ bezeichnet wird. Neuerdings hat sie (sich) einen Seitensprung geleistet, wegen dem die bis dahin unbekannte junge Frau dem allgemeinen Publikum überhaupt erst bekannt wurde. Sie nahm neben dem, was sie mit ihm in diversen Hotels als Liebe nahm, auch hier Geld in die Hand: Sieben Millionen Euro etwa hat sie in ihren Kurzzeit-Liebhaber investiert, sozusagen aus der Seitensprung-Portokasse, gewiss aus versteuerten Beständen.«
Laut Rügemer verweigerte Susanne Klatten jegliche Aussage für die erwähnte TV-Dokumentation. »Sich selbst als Opfer eines Gigolos erkennen, das kann sie. Die Opfer ihres Reichtums erkennen, das kann sie nicht. Sie ist ewig schuldlos.«

Das muss in der Familie liegen: »Als Vorbild der Uneinsichtigkeit kann sie sich auf Magda Quandt berufen, die dem NS-Großvater Günther weglief, um den aufstrebenden Gauleiter Joseph Goebbels zu heiraten und dann ihre sechs NS-Vorzeige-Kinder mit in den Tod riss.«[49]

STUDIUM GESCHMISSEN – MILLIARDEN GESCHAEFFELT

Die zweiundzwanzigjährige Wiener Medizinstudentin Maria-Elisabeth Kurssa lernt 1963 den vierundzwanzig Jahre älteren Unternehmer Georg Schaeffler kennen, vertauscht unverzüglich im sechsten Semester den Hörsaal mit dem Lustgemach und heiratet ihn,[50] »um ganz für ihn da zu sein: So weit das Klischee«, wie *Spiegel Online* Häme provozierend anmerkt.[51] Klischee? »Ah ja«, hätte Loriot wohl gesagt. Kaum eine »Berufsehefrau« wird zugeben: »Ich beginne den Tag mit Schampusfrühstück, dann folgen Wellness-Studio, Maniküre, Kosmetikerin, der Quickie mit dem Tennislehrer, und abends lass ich dann die Puppen und Callboys tanzen.« Also schenken wir uns jegliches »Ins Unternehmen eingearbeitet«-Gerede und bleiben bei den Fakten: 1996 starb Gatte Georg, die Gattin und Sohn Georg junior erbten. Und trotz der Zockerei bei der Continental-Übernahme und peinlicher Selbstdarstellung der »Hasardeurin im Pelzmantel«[52] belegen Mutter und Sohn gemeinsam in der *Forbes*-Liste der reichsten Deutschen mit 7,4 Mrd. Euro Platz 8.[53]

»WEIBLICH, LEDIG, REICH« HORTET KOHLE

Unter dem forschen Titel »Weiblich, ledig, reich« beschrieben Katy Weber und Karsten Langer in *manager-magazin.de* am 3. Januar 2004 einen besonders krassen Fall, wie frau sich auch mit einer dürftigen Ausbildung steinreich heiraten kann:

> *»Wenn eine gutaussehende, junge und dazu noch blonde Frau an einer Hotelbar sitzt, kann es durchaus passieren, dass sie von dem einen oder anderen Herrn angesprochen wird. Von einem Reisenden vielleicht, der zwischen Ankunft und Abfahrt etwas Zerstreuung sucht, oder einem Geschäftsmann, der – unterwegs nach Hause – kurz einkehrt, um den gröbsten Ärger des Tages mit ein paar Gläsern Scotch hinunterzuspülen. Im Fall von Heidi Jelinek war es Helmut Horten, mit dem sie in einer Hotelbar in Velden am Wörthersee ins Gespräch kam. Wie sich diese Begegnung genau zugetragen hat, ist allgemein nicht bekannt, fest steht aber, dass die Wienerin zu diesem Zeitpunkt jung (etwa 19 Jahre alt) und schön und Helmut Horten rund 30 Jahre älter und reich war. 1966 heirateten sie, und aus Heidi Jelinek wurde Heidi Horten, eine der reichsten Frauen der Bundesrepublik. Zu diesem Reichtum hat sie – vor der Ehe als Sekretärin tätig – wenig beigetragen.«*[54]

1987 wurde sie dann zur steinreichen Witwe. Auch für *Spiegel Online* »erlangte Heidi Horten weniger wegen ihrer Geschäftstüchtigkeit als wegen ihres luxuriösen Lebensstils Bekanntheit. Mit der Carinthia VII, eine der größten Privatjachten der Welt, schippert die 71-Jährige gerne um die Welt.«[55]

»PUNKER-FÜRSTIN« MEETS »SUGAR-DADDY«[56]

Geboren wurde sie in der Weltmetropole Stuttgart-Degerloch im Februar 1960 als Mariae Gloria Fer(di)nanda Joachima Josephine Wilhelmine Huberta Gräfin von Schönburg-Glauchau. Im Mai 1980 ehelichte sie als gestandene Mittlere-Reife-Inhaberin den vierunddreißig Jahre älteren Fürsten Johannes von Thurn und Taxis und nennt sich seit 1982 »Fürstin«[57] – manche Arztfrau nennt sich ja auch »Frau Doktor«. Nach sechs Monaten Ehe gebar sie ihm Maria Theresia, im November 1982 Elisabeth und im Juni 1983 Albert Maria Lamoral Miguel Johannes Gabriel. Aber schon nach der Geburt des ersten Kindes stürzte sich die Schwäbin ins wilde Jet-Set-Leben. Dabei schaffte sie es in den Achtzigern vor allem dank ihrer exzentrischen Klamotten und Frisuren bis in die Schlagzeilen. Die Klatschjournaille verlieh ihr Ehrentitel wie *Punker-Fürstin, Pop-Aristokratin, Prinzessin TNT* oder *Jet-Set-Darling*. Zivilisierte Altersgenossen hatten damals Themen wie Umweltschutz, AKW-Gefahr oder Wettrüsten.

Schon 1982 war ihr Mann schwer erkrankt; 1990 starb er dann, und Gloria von Thurn und Taxis war endgültig eine gemachte Frau. Das Partygirl ohne Abitur war Chefin eines Wirtschaftsimperiums ... Aber immerhin: 2002 wählte das US-Magazin *Business Week* Gloria von Thurn und Taxis zur zehntbesten Finanzmanagerin.[58] Unter den superreichen Erben ist Adelsdame Gloria allerdings als Verwalterin eines 2010 auf 600 Millionen Euro geschätzten Vermögens eher eine arme Schluckerin.[59]

Andrerseits führte die Forbes-Liste der Milliardäre 2008 Albert Prinz von Thurn und Taxis mit etwa 1,75 Milliarden Euro als drittjüngsten Milliardär weltweit.[60]

»VOM KINDERMÄDCHEN ZUM AUTO-BOSS«

Wenn ein Wirtschaftsblatt wie *Focus Money Online* einem Artikel über eine der reichsten Heroinen unserer Leistungsrepublik den Untertitel »Vom Kindermädchen zum Auto-Boss«, verpasst, dann ist eigentlich über die Milliardenerbin Ursula Piëch schon mehr als genug gesagt. Spöttelnd berichtet das Blatt von ihr abfällig als einer »gelernten Erzieherin ... sie war als Kindermädchen zu den Piëchs gekommen« und zitiert einen Kleinaktionär: »Ich frage mich, was für eine Qualifikation eine gelernte Kindergärtnerin für einen Sitz im Aufsichtsrat eines technischen Weltkonzerns hat.«[61]

Da darf im Hinblick auf die nächste Parteispende auch die Politik nicht fehlen: »Mit Ursula Piëch bekommt der Aufsichtsrat von VW eine weitere kompetente Frau«, sagt unfreiwillig ironisch Niedersachsens Ministerpräsident David McAllister (CDU), der das Land mit einem Fünftel der Anteile im Aufsichtsrat vertritt,[62] und verrät damit mehr als genug über seine eigene Kompetenz.

1984 hatte die zwanzig Jahre Jüngere den mächtigen Milliardär geehelicht und damit vermutlich bis in die fünfundzwanzigste Nachfolgegeneration ausgesorgt.

Die Schutzgemeinschaft der Kapitalanleger (SdK) allerdings beäugt vor allem die Ballung der Macht in den Händen der Familie Piëch äußerst misstrauisch. Immerhin besetzen mit Heidi Horten jetzt Mitglieder der Familien Piëch und Porsche fünf von zehn Plätzen der Kapitalseite im Aufsichtsrat. Fazit von *Focus Money:* »VW-Patriarch Ferdinand Piëch sichert sein Erbe.«[63]

UND DAS SIND »UNSERE BESTEN?«

Da mögen die neoliberalen Pseudowissenschaftler dem gemeinen Pöbel doch einmal erklären, worin sich die Bundesrepublik Deutschland des dritten Millenniums von einer Erbmonarchie des 18. Jahrhunderts unterscheidet.

Kindermädchen Springer, Telefonistin Mohn, Erzieherin Piëch und dann all die Heidis und Glorias: Selbst der raubtierkapitalismustreueste und devoteste Oberklassenverehrer fühlt sich zwangsläufig an Marylin Monroe im Hollywoodklassiker *Wie angelt man sich einen Millionär?* von 1953 erinnert.

Wobei vermutlich einige – nicht nur männliche – Mitbürger die damalige Monroe dem heutigen Angebot als Konzernchefin vorgezogen hätten, und zwar nicht nur aus optischen Gründen.

Fest steht, bei uns wurden selbst die verschämten sozialstaatlichen Ansätze des Leistungsprinzips längst verdrängt von jener uralten und doch brandaktuellen Volksweisheit:

Wer nichts erheirat' oder erbt,
der bleibt ein Armer, bis er sterbt.

Ganz offensichtlich gilt bei uns das Leistungsprinzip nur noch als abstoßendes Zerrbild:

Alle Ein-Euro-Jobber kriegen einen Euro, Friseure ab 4,22, Floristen ab 5,81 oder Bäcker ab 6,31 Euro. Im Gartenbau gibt's ab 3,91 Euro, im Abbruchgewerbe ab 5,07. Und das alles mit Zustimmung von Arbeiternehmervertretern tariflich abgesichert.[64]

Zum Vergleich: DGB-Boss Michael Sommer verdiente 2009 etwa 151 000 Euro, sein IG-Metall-Kumpan Berthold Huber sogar 259 000 im Jahr.[65] Konsequenterweise – eine Krähe hackt der anderen kein Auge aus – rechtfertigen die Maden im Speck mit Zähnen und Klauen die Phantasieeinkommen der Konzernbosse.

»Gewerkschaftschefs verteidigen Millionengehälter von Dax-Managern«, hieß die Schlagzeile von *Zeit Online* am 27. März 2003.[66]

Während sich aber Bonzen und Bosse wenigstens noch mit verlogenem Gefasel von 45-Stunden-Woche, Einsteinscher Intelligenz und Fordschem Unternehmergenius herausreden können, erhalten die Superreichen ihre Einkünfte aus Kapitalbesitz ohne einen einzigen Handschlag. Die meisten machen es wohl ähnlich wie der erwähnte Helmut Baron von Finck: Sex, Drogen und Esoterik, bis der Nervenarzt kommt.

Dass eine solche Elite über kurz oder lange jede, auch unsere Gesellschaft zerstören muss, liegt auf den Hand. Wenn die Faulsten, Kriminellsten, Perversesten und Wahnsinnigsten nicht im Knast oder in der Klapse, sondern an der Spitze der Gesellschaft stehen und auch noch die meiste Kohle und Macht haben, dann muss ja auch dem gutwilligsten, ehrlichsten und fleißigsten Bürger die Lust vergehen.

Nein, mit Neid hat das nichts zu tun. Sondern mit Gerechtigkeit. Und dafür haben die Bürger ein viel besseres Gespür, als den Schmarotzereliten und ihren Politiker lieb sein kann.

VERARMTE MILLIARDÄRE: DAS HUNGERTUCH DES SCHLECKER-CLANS

Verglichen mit den 1,65 Milliarden, auf die das Schlecker-Vermögen noch 2011 geschätzt wurde, nagt der Clan jetzt am Hungertuch. Der tiefe Fall ist so tragisch, dass man am liebsten eine spontane Sammlung für das nackte Überleben in die Wege leiten möchte.

»Der Schlecker-Familie bleiben 40 Millionen«, enthüllte *Handelsblatt.com* am 2. Juni 2012. Die Kohle griffen dank unternehmertypischer Methoden die Sprösslinge ab. »Lars (40) und Meike (38) hatten den zweistelligen Millionenbetrag durch Auszahlungen ihrer Leiharbeitsagentur ›Meniar‹ (Menschen in Arbeit) erwirtschaftet – ein Subunternehmen der Familie, über das sie rund 4300 Arbeitskräfte, die von Schlecker entlassen wurden, zu deutlich schlechteren Konditionen in Leiharbeitsverträgen an Schlecker vermittelt hatten. Meniar wurde von Schlecker-Personalmanager Alois Over gegründet und als Geschäftsführer geleitet. Inhaber waren Schleckers Kinder.«[67]

Auch hier alles wie gehabt: Die Drecksarbeit macht ein »Geschäftsführer« – die Millionen kassieren die Clans. Über irgendeinen Hauch von Arbeit der beiden Schlecker-Erben in spe findet sich im Artikel kein Wort.

DIE FAHNENFLUCHT DER ELITEN: KASSIEREN AUS DEM EXIL

So manch ein gutgläubiger Mitbürger sitzt noch immer dem Irrglauben auf, die Reichen und Mächtigen wären so etwas wie »weise und mutige Anführer des Volkes«. Diese Legende zerplatzt wie eine Börsenblase durch »Die Flucht der Elite« *(Spiegel):* »Sie schicken ihre Kinder in teure Privatschulen, verbarrikadieren sich in streng bewachten Vierteln und klinken sich aus den Sozialsystemen aus. Die deutschen Eliten fangen an, sich aus der Solidargemeinschaft zu verabschieden.«[68]

Fazit: Unsere »Elite« besteht aus asozialen, relativ abgeschotteten *Erbdynastien,* ergänzt um einige halb- und eingebildete

Emporkömmlinge, während die wirklichen Leistungsträger in Wirtschaft und Wissenschaft im gesellschaftlichen Mittelfeld rangieren. »Eliten«, die sich vor dem Volk einmauern: Klingt das nicht wie nahöstliche Diktaturen, die nach und nach von den Völkern beiseitegeräumt werden?
Und nicht ohne Schadenfreude stellt der kritische Bürger fest, was schon Heinrich Böll 1979 in seinem Roman *Fürsorgliche Belagerung*[69] beschrieb: Steinreich zu sein inmitten von Normalos bedeutet: Kein Schritt mehr ohne Bodyguard, kein Kontakt mehr mit dem normalen Volk, also null Privatleben und Bewegungsfreiheit. Leben die »Eliten« wirklich so viel besser als die Häftlinge im Hochsicherheitstrakt von Stuttgart Stammheim?

ES GEHT AUCH ANDERS: DIE INITIATIVE VERMÖGENDER

Nun kann niemand etwas dafür, wie viele Milliarden ein Nazizeitgewinnler ihm hinterlässt, und auch manch ein zwanzigjähriges Aschenblödel mag den fünfundsechzigjährigen Millionär wirklich aus Liebe geheiratet und kurz darauf beerbt haben. Voll und ganz sind Reiche jedoch dafür verantwortlich, wie sozial und solidarisch sie ihren Reichtum verwenden.
Manch einer mag durchaus an die Mahnung des überlieferten Christus denken:

> *Es ist leichter, dass ein Kamel durch ein Nadelöhr gehe, als dass ein Reicher ins Reich Gottes komme.«*[70]

Im Mai 2009 gründeten zunächst dreiundzwanzig wohlhabende Deutsche unter Führung des Arztes Dieter Lehmkuhl die *Initiative Vermögender für eine Vermögensabgabe*.[71]
Die inzwischen fünfzig Personen verstehen sich als »eine Gruppe Vermögender, die an die Politik appelliert, Reiche durch eine Vermögensabgabe stärker zu belasten. Unsere Gruppe will ein Zeichen setzen, in der Finanz- und Wirtschaftskrise Vermögende wie sie selbst mehr an den finanziellen Kosten einer Bewältigung der Finanz- und Wirtschaftskrise zu beteiligen. Die Erlöse sollen gezielt in den ökologischen Umbau der Wirtschaft und im sozialen Bereich investiert werden.«[72]
In ihrem *Appell für eine Vermögensabgabe* fordert die Initiative konkret: »Menschen mit einem Vermögen über 500 000 Euro müssen mit einer auf zwei Jahre befristeten Vermögensabgabe in Höhe von jeweils 5 Prozent in die Pflicht genommen werden. Diese sollte danach in eine Vermögenssteuer in Höhe von mindestens 1 Prozent überführt werden«.[73]
Aufschlussreich übrigens, dass viele der sozial gesinnten Vermögenden lieber anonym bleiben wollen: Kennen sie ihre Einkommensgenossen so gut, dass sie ihnen ohne weiteres das Engagieren eines Killerkommandos zutrauen würden?
Denn ganz so lächerlich, wie manche steinreichen Lebensgenießer und die von ihnen durchgefütterten Politiker ihn darstellen und wie ihn Leute mit goldenen Wasserhähnen und Zweitjet wohl auch empfinden, wäre der Betrag gar nicht: »Eine Steuer von einem Prozent auf das Nettovermögen (nach Abzug von Schulden) oberhalb eines Freibetrags von 500 000 Euro für einen Familienhaushalt würde etwa 20 Milliarden Euro im Jahr einbringen«, hat die Initiative errechnet.[74]

2 SICHERHEIT –
NUR WAS FÜR GRUFTIS UND WEICHEIER?

Wenn Begriffe wie *Soziale Sicherheit, Planbarkeit, Berechenbarkeit* fallen, hört man aus irgendeiner gesellschaftlichen Schmuddelecke hämisches Gelächter und Kommentare wie *Weichei, Feigling* oder *Loser.* Sieht man sich die Kommentierenden dann genauer an, so stellt man fest: Zu 80 bis 90 Prozent handelt es sich um Mitbürger, für die diese Vokabeln Fremdwörter sein *müssen:* Kinder oder Mitglieder der nicht arbeitenden Kaste der Schönen und Reichen, die schon im Mutterleib Multimillionäre waren und bis in die fünfte Generation ausgesorgt haben, deshalb auch gar keinen Job brauchen und vermutlich auch nie einen ausüben werden. »Privatiers« nannte man sie früher. »Geschwüre am After der Gesellschaft« heißen sie bei ehrbaren Menschen heute. Die Existenzangst der unbescholtenen Bevölkerungsmehrheit ersetzen sie durch den ultimativen Kick: früher durch russisches Roulette oder in den Spielkasinos von Monte Carlo und anderswo. Und wenn zuweilen einer ein Millionenvermögen verzockt hatte und von der Brücke sprang, so erntete er Mitleid und Bedauern bestenfalls von seinesgleichen. Das Volk aber dachte sich sachlich völlig richtig: »Wieder einer weniger.«

Das Bedürfnis nach Sicherheit wird von ihnen also eher belächelt. Für das wirkliche Volk gilt es jedoch als ein zentraler Grundwert.

BERECHENBAR, ZUVERLÄSSIG & CO.: DER VERFALL DER SEKUNDÄRTUGENDEN

Dass nahezu jeder zwischenmenschliche Kontakt gewisse Spielregeln braucht, »weiß doch jeder«. Wirklich? Im Juli 1982 machte sich der damalige Saarbrücker Oberbürgermeister Oskar Lafontaine in einem *Stern*-Interview lustig: »Pflichtgefühl, Berechenbarkeit, Machbarkeit, Standhaftigkeit ... sind Sekundärtugenden. Ganz präzise gesagt: Damit kann man auch ein KZ betreiben.«
Oder die Linkspartei herunterwirtschaften, könnte man augenzwinkernd hinzufügen, aber im Ernst: Die Sekundärtugenden sind – wie der Name schon sagt – natürlich nicht alles, aber ohne sie ist alles nichts.
Nehmen wir nur Pünktlichkeit und Zuverlässigkeit. Um die Bedeutung dieser scheinbar altmodischen Eigenschaften weiß jeder aus eigener Erfahrung, der schon einmal stundenlang vergeblich auf einen Flug wartete und deshalb auch gleich den Anschlussflug versäumte, der bei einer privaten oder dienstlichen Verabredung versetzt wurde oder dringend benötigtes verliehenes Geld oder Werkzeug nicht oder nicht so bald zurückerhielt.
Wir haben vergessen, Claudi aus dem Kindergarten abzuholen? Macht doch nix, Zuverlässigkeit ist eh nur eine altmodische Sekundärtugend, und irgendeine Polizeistreife wird die Vierjährige schon aufgreifen. Wir haben keinen Bock, für die alte Nachbarin wie versprochen die Herztabletten aus der Apotheke zu holen? Was soll's? Notfalls kann sie ja die Feuerwehr rufen; und überhaupt ist Pflichtgefühl sowieso bloß eine spießige Sekundärtugend ...
Aber um nicht im Chaos zu versinken (und nicht nur dafür), braucht jede Gemeinschaft, erst recht ein Staat und eine Gesellschaft, ein Minimum gewisser Regeln: Spätestens seit Thomas

Hobbes wissen wir, dass »der Mensch dem Menschen ein Wolf«[75] und folglich das ungeregelte und gesetzlose Zusammenleben in einen »Krieg jeder gegen jeden« ausarten kann. In seinem Hauptwerk *Leviathan* schreibt der englische Philosoph Hobbes, »dass, solange Menschen ohne eine gemeinsame Macht leben, die sie alle in Bann hält, sie sich in dem Zustand befinden, den man Krieg nennt; und dabei handelt es sich um einen Krieg aller Menschen gegen alle Menschen.«[76]

Die Spielregeln für ein halbwegs menschenwürdiges Miteinander gibt es ja bei uns sogar in Gestalt des Grundgesetzes – zumindest auf dem Papier und leider meist nur da. Noch am ehesten umgesetzt wurde dieser Geist des Grundgesetzes, der nichts anderes ist als jenes Ideal[77] von »Freiheit, Gleichheit, Brüderlichkeit« der bürgerlichen Französischen Revolution, im *Rheinischen Kapitalismus*[78], auch *Sozialstaat* oder *Soziale Marktwirtschaft* genannt.

HEISST ABSICHERUNG »ÜBERREGULIERUNG«?

Die gegenwärtigen Gesetze der Republik lassen sich grob in drei Gruppen einteilen, und zwar in solche, die

- im Großen und Ganzen durchgesetzt werden und deren Missachtung bestraft wird, wie etwa die Straßenverkehrsordnung oder die Strafgesetze zum Schutz von Privateigentum (gegen Raub, Diebstahl etc.) oder von »Leib und Leben« (gegen Mord, Körperverletzung etc.)
- ganz nach Belieben angewendet werden, meist nach dem Motto »Die Kleinen hängt man, die Großen lässt man laufen«. Bei-

spiele sind Korruption, Erpressung, Steuer-und Finanzverbrechen, Betrug,
- zwar gelten, an die sich aber kaum noch jemand hält, wie etwa solche zu Umweltschutz, Arbeitssicherheit, Diskriminierung, Schwarzarbeit oder Verbraucherschutz,
- zwar dringend notwendig wären, aber gar nicht existieren, wie etwa zum Schutz gegen Alters- und Kinderarmut oder ein Totalverbot der Abgeordnetenbestechung und der Teilnahme an anderen als tatsächlichen Verteidigungskriegen – und zwar des Landes, nicht der billigen Rohstoffquellen unserer Konzerne überall auf der Welt.

In krassem Widerspruch zur Realität faseln die Marktradikalen gebetsmühlenartig etwas von »Überregulierung«. Was die Propagandisten des Raubtierkapitalismus darunter verstehen, verdeutlichte der neoliberale Frontmann der SPD während der Bankenkrise: »Peer Steinbrück warnt vor Überregulierung«, titelte *Welt Online* am 28. Oktober 2008. Erbittert und wütend hatte der damalige schwarz-»rote« Finanzminister die absolute Freiwilligkeit der Banken bei der Begrenzung der auch von ihnen angerichteten mehrstelligen Milliardenschäden gefordert. »Es macht keinen Sinn, von einem blinden Marktglauben zu einem blinden Staatsglauben zu pendeln«, polterte er vor Parteikumpanen. Selbst Bankmanager würden die Verstaatlichung deutscher Banken vorschlagen. »Solche Rufe nach Zwangskollektivierungen« habe er »nie für möglich gehalten«.

Besonders erboste ihn der Tipp des Chefs des Münchner ifo-Instituts, Hans-Werner Sinn: »Der Staat muss den Banken sagen: Entweder besorgt ihr euch frisches Kapital am Markt, oder wir steigen bei euch ein.« Ein Vertrauen auf den guten Willen der Banken hatte er »gefährlich« genannt; es könne »direkt in die Kreditklemme führen.«[79]

Natürlich gibt es auch jede Menge absurder Fälle von schildbürgerlicher Überregulierung.

Regulieren, bis der Arzt kommt[80]:
- »Der Tod stellt aus versorgungsrechtlicher Sicht die stärkste Form der Dienstunfähigkeit dar.«
(Unterrichtsblätter für die Bundeswehrverwaltung)

- »Es ist nicht möglich, den Tod eines Steuerpflichtigen als dauernde Berufsunfähigkeit im Sinne von § 16 Abs. 1 Satz 3 EstG zu werten und demgemäß den erhöhten Freibetrag abzuziehen.«
(Bundessteuerblatt)

- »In Nr. 2 ist in Spalte 2 das Wort ›Parkplatz‹ durch die Worte ›Platz zum Parken‹ zu ersetzen.«
(Ausschussempfehlung zum Bußgeldkatalog)

- »Das Lutschen eines Hustenbonbons durch einen erkälteten Zeugen stellt keine Ungebühr im Sinne von § 178 GVG dar.«
(Beschluss des Oberlandesgerichts Schleswig)

- »Ausfuhrbestimmungen sind Erklärungen zu den Erklärungen, mit denen man eine Erklärung erklärt.«
(Protokoll im Wirtschaftsministerium)

- »Margarine im Sinne dieser Leitsätze ist Margarine im Sinne des Margarinengesetzes« und »Gewürzmischungen sind Mischungen von Gewürzen«.
(Deutsches Lebensmittelbuch)[81]

- »Ein Verschollener hat seinen Wohnsitz bei der Ehefrau.«
(Finanzgericht Düsseldorf)

- »An sich nicht erstattbare Kosten des arbeitsgerichtlichen Verfahrens erster Instanz sind insoweit erstattbar, als durch sie erstattbare Kosten erspart bleiben.«
(Beschluss des Landgerichts Rheinland-Pfalz)

- »Besteht ein Personalrat aus einer Person, erübrigt sich die Trennung nach Geschlechtern.«
(Information des Deutschen Lehrerverbandes Hessen)

- »Die einmalige Zahlung wird für jeden Berechtigten nur einmal gewährt.«
(Gesetz über die Anpassung von Versorgungsbezügen)

- »Kunststofffenster mögen zahlreiche Vorteile haben, insbesondere in Bezug auf Wartung und Pflege – Holz hat den Vorteil, nicht aus Kunststoff zu sein.«
(Urteilsbegründung des Landgerichts München)

- »Die für die außerordentlichen Einkünfte anzusetzende Einkommensteuer beträgt das Fünffache des Unterschiedsbetrags zwischen der Einkommensteuer für das um diese Einkünfte verminderte zu versteuernde Einkommen (verbleibendes zu versteuerndes Einkommen) und der Einkommensteuer für das verbleibende Einkommen zuzüglich eines Fünftels dieser Einkünfte.«
(Paragraph 34, Absatz 1, Satz 2 des Einkommenssteuergesetzes)

- »Stirbt ein Bediensteter während einer Dienstreise, so ist damit die Dienstreise beendet.«
  (Kommentar zum Bundeskostenreisegesetz)[82]

Darum aber geht es den hysterischen Bürokratiehassern nicht im mindesten. »Überregulierung« ist für sie von den Arbeiternehmerrechten über die Tarifverträge bis hin zu den Börsenbetrugsverboten so ziemlich alles, was unseren sozialen Rechtsstaat ausmacht. Und so schrieb bereits im Jahre 2005 der parlamentarische Bundesjustizstaatssekretär Alfred Hartenbach den Wirtschaftskapitänen ins Stammbuch: »Wird nicht oft völlig zu Unrecht das Recht als solches mit ›lästiger Bürokratie‹ gleichgesetzt? Gilt das Unbehagen an der ›Überregulierung‹ nicht manchmal ganz pauschal dem Rechtssystem als solchem, den Vorschriften an sich? Eine solche Gleichsetzung zwischen Bürokratie und Recht dürfen wir aber nicht vornehmen ... Die Behinderte, der man den Zugang zu einer Sauna verweigert, weil sie ›das ästhetische Empfinden‹ der anderen Gäste stört, muss ihr Recht also notfalls mit gerichtlicher Hilfe durchsetzen können. ... Die Lebenssachverhalte sind komplex – das erfordert entsprechende Regelungen ... Rechtsklarheit und Rechtssicherheit sind nicht ohne eine gewisse Regelungsdichte zu erreichen.«[83]

»Überregulierung« ist also gegenwärtig keineswegs das Hauptproblem,[84] im Gegenteil: Die Gesellschaft zerfällt, weil formale Regeln entweder gestrichen oder ignoriert werden. Auf gut Deutsch: »Hier macht sowieso jeder, was er will.« Dadurch entsteht eine Art juristisches Vakuum, das gefüllt wird durch informelle Regeln: Niemand hat sie aufgeschrieben oder wenigstens offen formuliert; aber jeder befolgt sie und sieht sich ihnen ausgesetzt.

DIE GESELLSCHAFT
IN DER GESELLSCHAFT

Diese fatale Entwicklung erläutern die Politikprofessoren Elmar Altvater und Birgit Mahnkopf an einem Beispiel aus der Wirtschaft: »Das Normalarbeitsverhältnis löst sich nicht schlicht und ersatzlos auf, sondern an seine Stelle treten eine Reihe ›informeller‹ Normen«, denen sich große Teile der Gesellschaft nicht entziehen können. Dazu zählen die Autoren »Schutzgeldzahlungen ... Wucherzinsen ... Ämterkauf, ›kleine‹ und ›große‹ Korruption in der Politik«.[85]

Dies aber hat verheerende Folgen für uns alle: »Die Entwicklung eigener Normen bedeutet einen Schritt in eine ›Gegengesellschaft‹, in eine ›Geheimgesellschaft‹, in eine ›zweite Gesellschaft‹.«[86]

Und von der zunächst scheinbar kaum geregelten Selbstorganisation zur kriminellen Organisation ist es nur ein kleiner Schritt. Die aber braucht erst recht strengste Gesetze und Normen (man denke nur an die mittlerweile zahlreichen Mafia-Vereinigungen[87]) und »irgendeine Art von Zwangsmittel, und meist ist dies die nackte Gewalt«.

»In dieser Hinsicht«, so witzeln Altvater/Mahnkopf, »ist die illegale Ökonomie viel näher dran an der formellen als die informelle.«[88] Na klar: Auch sie hat ja mindestens so wirkungsvolle Mittelchen wie die legale Wirtschaft, die Politik zu beeinflussen, in allen Bereichen der Gesellschaft »Angebote zu machen, die man nicht ablehnen kann«, und Konflikte zu »regeln«.[89]

Spätestens hier wird die große Bedeutung offizieller staatlicher Regeln sowie der Mittel und des Willens zu ihrer Durchsetzung deutlich.

SICHERHEIT ALS GRUNDWERT

Zudem erfahren immer mehr Normalbürger am eigenen Leibe, wie wichtig soziale Sicherheit, Chancen und Berechenbarkeit der Zukunftsplanung sowie die Einhaltung von Versprechen und Verträgen (»pacta sunt servanda«) für ein halbwegs menschenwürdiges Leben sind. Dabei geht es nicht nur und nicht einmal hauptsächlich um die bereits Gestrandeten und Ausgesonderten wie etwa die Arbeitslosen, Hungerlöhner, Armen und Kranken. Betroffen oder bedroht ist auch die in Zeiten des im Grundgesetz noch immer verankerten Sozialstaats relativ sorgenfreie Mittelschicht. Früher waren sichere Jobs der Normalfall, und folglich gab's auch für nichtbeamtete Durchschnittsverdiener kaum Probleme, Kleinkredite oder Betriebsgründungsdarlehen zu erhalten. Eine Gehaltsbescheinigung oder der Nachweis regelmäßiger Einkünfte der letzten Monate genügte. Heute kommt man sich in einem Geldinstitut vor wie ein Bettler oder Betrüger. So galt selbst noch in den neunziger Jahren ein Job in einem mittelständischen Betrieb als Lebensstellung und ebenso wie das beständige Einkommen eines Freiberuflers als Beweis für Kreditwürdigkeit; heute fürchtet die Bank, der Arbeitnehmer könne schon morgen seinen Job verlieren und dem Selbständigen über Nacht die Aufträge wegbrechen.
Besonders bei den Kleinunternehmen ist die Kreditklemme längst die Regel. So musste das Land Hessen mit 30 Millionen Euro eines »Notfonds« im Januar 2010 Massenpleiten verhindern.[90]
Und was die Neoliberalen so scheinheilig von den Arbeitslosen fordern, nämlich »Eigeninitiative« zu zeigen und den Sprung in die Selbständigkeit zu wagen, entlarven die Banken als verlogenen Kamikaze-Appell. So rücken sie Kredite für Projekte, die in einer funktionierenden Gesellschaft eine Goldgrube wären, erst

gar nicht heraus, weil sie angesichts der allgemeinen Verlotterung des Wirtschaftslebens – selbst der Staat treibt durch schlampige Zahlungsmoral Kleinbetriebe in den Ruin[91] – keine Chance mehr haben.

Aber es geht ja noch weiter: »Armutsrisiko Kind« ist längst ein geflügeltes Wort; und wer baut sich selbst als Gutverdiener noch ein Häuschen in Rosenheim, wenn er jederzeit »Flexibilität zeigen« und seine Versetzung nach Rostock oder Wladiwostok fürchten muss? Wer sogar als gut betuchter Zusatzrentenversicherter Altersarmut infolge der Pleite seines Versicherers fürchten muss, legt möglichst viel auf die hohe Kante, wo er sonst durch den Kauf von Reisen, Wohnungsinventar, Klamotten oder eines neuen Autos »die Konjunktur ankurbeln« würde.

Die laut Grundgesetz unveräußerlichen Rechte auf Menschenwürde und Streben nach Glück wirken angesichts der Wirklichkeit nicht wie verfassungsmäßige Garantien, sondern eher wie eine zynische Glosse des Satiremagazins *Eulenspiegel*.

DIE EURO-RETTUNGSKOSTEN ALS ÜBERRASCHUNGSEI

Die umfassende Unsicherheit des Normalbürgers über seine Zukunft wird noch verschärft durch völlige Ungewissheit bei unseren Steuergeldern. Komplette Unberechenbarkeit der öffentlichen Ausgaben ist seit der Machtergreifung des Raubtierkapitalismus geradezu ein Modediktat geworden. Man nehme nur den alptraumhaften Euro-Rettungsfonds EFSF. »Volles Risiko für die Euro-Rettung«, unkte *Focus Money Online* bereits im Herbst 2011.[92] Im Frühjahr 2012 wurde dann tatsächlich das EFSF von ohnehin schon 440 auf 780 Milliarden hochgeschraubt, wovon Deutschland 211 statt bis dato 123 Milliarden Euro tragen muss. Rechnen wir die 168 Milliarden für den Euro-Rettungsschirm ESM und die 22 Milliarden Euro Barkapital dazu, kommen wir auf 401 Milliarden Euro – mehr als der gesamte Bundeshaushalt für 2012.[93]

Es wurde schon zigmal selbst von eher konservativen Medien und Politikern ausgerechnet und wird daher an dieser Stelle der Phantasie und »Lust des Grauens« jedes einzelnen Lesers überlassen: Wie könnte man diese Summe von fast einer halben Billion Euro in fast allen Bereichen der Gesellschaft sinnvoll ausgeben und so dem allgemeinen Vergammeln und Verfall des ehemaligen Sozialstaats Bundesrepublik Deutschland zumindest entgegenwirken?

Aber eine Beantwortung dieser Fragen ist nicht nur wegen der aktuellen Kräfteverhältnisse in Bundestag und Bundesrat rein hypothetisch, sondern weil sich das Volumen täglich ändern kann – nach oben, versteht sich. Es ist, als zahle jemand gerade mit Mühe und Not die Schulden seines unheilbar spielsüchtigen Lebensgefährten, während der, vor lauter Habsucht schon unzurechnungsfähig, wie besessen weiter Unsummen verzockt.

Jedenfalls haben die Deutschen von der EU die Nase voll. »Deutsche glauben nicht mehr an Europa«, titelte *Welt Online* am 17. September 2012. Laut einer Umfrage von TNS Emnid meinen 49 Prozent, ohne die EU ginge es ihnen heute besser.[94]

Offenbar geht das verlogene Gesülze um EU und Euro bei die meisten Deutschen »hier rein und da raus«. Sie registrieren nur, dass sie selbst immer ärmer und die Reichen immer reicher werden und ziehen daraus ihre Konsequenzen. Derzeit nur im Kopf …

SIEH MAL AN: DIE RUNDUMSORGLOS-ABSICHERUNG DER OBEREN KASTE

Das sprichwörtliche »Wasser predigen und Wein trinken« ist geradezu redlich und harmlos im Vergleich mit den Praktiken der Reichen und Mächtigen und der von ihnen ausgehaltenen Politiker.
»Eigenverantwortlich« und »flexibel« sollten die Untertanen sein, »nicht immer gleich nach dem Staat rufen« und nicht »gelangweilt in der sozialen Hängematte« faulenzen.[95]
Merkwürdigerweise aber legen gerade unsere »Eliten« äußersten Wert auf ihre eigene soziale Sicherheit. Jeden Volksvertreter im Bund und in den meisten Ländern erwartet nach der Politik ein paradiesisches Leben, ermöglicht durch eine mehr als luxuriöse Alterssicherung. Selbst das gescheiterte Staatsoberhaupt Christian Wulff kassiert bis an sein Lebensende 200 000 Euro jährlich an Ehrensold;[96] außerdem soll ihm der Steuerzahler Büro, Sekretärin und Dienstwagen finanzieren. Gesamtkosten: 500 000 Euro im Jahr.[97]
Dasselbe gilt erst recht für die Topmanager und die Financiers der beiden Gruppen: Jene steinreichen Lichtgestalten, darunter nicht selten Milliardenerben, die Begriffe wie »Arbeit«, »Fleiß«, »Anstrengung« oder »Leistungsprinzip« häufig nur aus dem Edelsprachkurs »Deutsch für Arbeitsscheue« kennen.
Ökonomische Sicherheit gibt es bei uns vor allem und fast nur noch dort, wo es sich um finanzielle Beziehungen der Reichen mit den Bürgern oder mit ihresgleichen handelt. Hinzu kommt eine nicht zu unterschätzende Sicherheit für die Reichen, nämlich die, bei Steuerverbrechen nicht erwischt zu werden.
Denn während sich die Gerichtsvollzieher beim Eintreiben selbst zweistelliger Beiträge von Normalbürgern die Klinke die Hand

geben und am liebsten selbst auf Babyfläschchen noch den Pfändungskuckuck kleben würden, übt der Staat nach dem Willen der Politik beim Abkassieren von Steuerbetrügern eine seltsam vornehme Zurückhaltung.

Dabei ist die Beschäftigung eines Steuerfahnders äußerst lukrativ. Er kostet laut Steuergewerkschaft jährlich etwa 80 000 Euro (inklusive der Kosten für Verwaltung, Arbeitsplatz und Pensionen), holt aber etwa eine Million herein.[98] Weil aber 15 000 Betriebsprüfer und Steuerfahnder fehlen, entgehen dem Staat etwa 30 Milliarden Euro Steuern jährlich.[99]

Nimmt man zu alledem auch noch die meist verlogen bejammerte Arm-Reich-Schere dazu, so erweist sich: Der immer atemberaubender steigende, oft durch Korruption, Seilschaftskriminalität und Steuerbetrug ergaunerte Reichtum einer winzigen Minderheit treibt die gesamte Gesellschaft in Zerfall, Ruin und Verlotterung.

3 DEUTSCHLAND VERFÄLLT

»Öffentliche Infrastruktur: Deutschland zerfällt«, lautete die Alarmschlagzeile des *Handelsblatts* am 21. März 2012. Demnach »verfallen Straßen, Schienen und Schulen schneller, als nachgebaut und saniert wird ... Wie sehr die Infrastruktur verkommt, verdeutlichen Zahlen der EU-Kommission: 2012 wird das zehnte Jahr in Folge sein, in dem der deutsche Staat weniger neu baut und saniert, als der Zahn der Zeit wegfrisst.« Die logische Folge: »Deutschland ist beim Investieren inzwischen das traurige Schlusslicht unter den Industrieländern: Während der Wert des staatlichen Anlagevermögens in den vergangenen zehn Jahren in Spanien und Großbritannien inflationsbereinigt um 200 Milliarden Euro, in Frankreich um 115 und selbst in Italien um 55 Milliarden Euro wuchs, ist er hierzulande um fast 30 Milliarden gesunken.«

Es entbehrt nicht einer großen Portion Sarkasmus, dass ausgerechnet die geistigen Wegbereiter des verarmten Staates von ebendiesem dringend mehr Geld gegen die Verrottung der Infrastruktur fordern und »in der zunehmenden Zahl bröckelnder Brücken und gammelnder Schulen eine große Gefahr für den Wohlstand« sehen. »Noch verfügt Deutschland im internationalen Wettbewerb über verhältnismäßig gute Standortfaktoren«, meint etwa Jochen Pimpertz vom Kölner Institut der deutschen Wirtschaft (IW), »doch langfristig gefährden wir unser Wachstumspotenzial, wenn wir nicht wieder mehr investieren.« Auch der BDI warnt, aufgrund seiner »zentralen Lage in Europa und seines Status als Exportnation sei Deutschland besonders auf eine solide Infrastruktur angewiesen«.[100]

Tatsächlich hat der politisch gewollte und bewusst herbeigeführte

Ruin der Gemeindefinanzen verheerende Folgen für unsere gesamte Infrastruktur, allen voran unsere Verkehrsverbindungen.

VERKEHR: OHNE MOBILITÄT IST ALLES NICHTS

Blamabel, dass es überhaupt ein Thema ist: Während man heutzutage zu Wasser, zu Lande oder durch die Luft fast jedes Fleckchen dieser Erde mehr oder minder problemlos erreichen kann, steuert im Lande Goethes und Schillers, Kants und Hegels die Mobilität auf die Zustände zur Zeit dieser großen Dichter und Denker zu.

DAS STRASSENNETZ: WÜSTENRALLYE MADE IN GERMANY

Ein typischer Reisebericht: »Für Autofahrer der reinste Horror. Alle zehn Meter ein Schlagloch. Selbst auf Landstraßen fahren nur Lebensmüde schneller als 50 km/h, um nicht aus der Kurve oder gegen den nächsten Baum geschleudert zu werden; und bei Regen und Matsch kann man schnell stecken bleiben.« Selbst die Presse warnt: »Ein Mal nicht aufgepasst, und der Reifen ist geplatzt oder die Achse gebrochen«,[101] von noch Schlimmerem gar nicht erst zu reden.

Eine dreißig Jahre alte Horror-Story aus der damaligen DDR oder den Ostblockstaaten? Nicht ganz: Es geht um unsere Straßen, hier und heute.

Neu ist das Problem keineswegs. So schilderte AutoBild *bereits im März 2002 eine alltägliche Horrorfahrt:*
»Auf zur Kratertour. Wir rumpeln durch Hannover. Ob im Zentrum, in Garbsen, Oberricklingen oder Stöcken: Schlaglöcher, Risse, Rillen, Absenkungen. Für das Auto buchstäblich eine Tor-Tour. Die niedersächsische Hauptstadt ist so pleite, dass Oberbürgermeister Herbert Schmalstieg (SPD) bereits das ›Ende der kommunalen Selbstverwaltung‹ kommen sieht. Doch Hannover ist überall. Die meisten der 14 000 Städte und Gemeinden nähern sich dem Bankrott ... Überall klagen die Stadtkämmerer: Wir haben kein Geld für Sanierungsarbeiten, höchstens für einfache Reparaturen. So entstehen Flickenteppiche als Straßenbelag, über die die Autofahrer rumpeln, rattern, poltern. Bis die Dämpfer hinüber und alle Schrauben lose sind.«[102]

Dass Verkehrswege für die Entwicklung der Menschheit von Anfang an eine zentrale Rolle spielten, ist eine Binsenweisheit. Siedlungen und Städte wurden meist an Flüssen gegründet, und als Erstes wurden Pfade geschlagen, Wege und Straßen gebaut. Damals wie heute, im Zeitalter von Flugzeug, Schiene und Internet, galt und gilt ein Dorf ohne jegliche Zugangsstraßen als »abgeschnitten von der Außenwelt«.
Vor Beginn der Invasion des Raubtierkapitalismus Mitte der achtziger Jahre waren intakte Verkehrswege für uns so selbstverständlich wie elektrisches Licht. Oft zum Leidwesen der Autofahrer und Anwohner, wurde ständig irgendwo eine Straße ausgebessert oder neu gebaut. Umso unverständlicher für den Normalbürger – wenn auch typisch für den Wirtschaftsliberalismus –, dass man dieses Herzstück menschlicher Zivilisation inzwischen aus reiner Profitgier so einfach vergammeln lässt.

»Das Straßennetz in Deutschland verrottet«, bilanzierte *Welt Online* im April 2011. »Schlaglöcher boomen: Städte und Kommunen haben 2010 so wenig für die Erhaltung und die Reparatur ausgegeben wie seit zwei Jahrzehnten nicht mehr – trotz der vielen Winterschäden.« Der ADAC halte bereits jede zweite Straße für geschädigt.[103]

Miserable Straßen aber führten, abgesehen von der Gefahr für Leib, Leben, Lkw und Limousine, »zu Staus und verlängerten Fahrzeiten. Und die wiederum haben Schäden für die Volkswirtschaft zur Folge.« Wegen lebensgefährlicher Schlaglöcher musste im Oktober 2011 sogar die Berliner Stadtautobahn A 100 komplett gesperrt werden.[104]

Dabei könne man die meisten dieser Probleme lange vorhersehen, stellt auch die *Süddeutsche Zeitung* klar. So sei der marode Zustand der Autobahnbrücken nach dreißig, vierzig Jahren Dauerbelastung schon seit langer Zeit bekannt. »Dennoch wartete man vielerorts mit Sanierung oder Neubau, bis Tempolimits und weitere Beschränkungen nötig wurden. Ein verantwortungsvoller Umgang mit dem Mobiliar einer auf Mobilität angewiesenen Nation sieht anders aus. Wer Bahnschienen abschraubt, darf nicht gleichzeitig noch die Fernstraßen vergammeln lassen.«[105]

Abhilfe ist für Carsten Hansen vom Referat Wirtschaft, Verkehr, Tourismus beim Deutschen Städte- und Gemeindetag vorläufig nicht in Sicht: »Der finanzielle Rahmen besonders für die Kommunen wird immer enger.« Der »Rückstau an Straßenbauinvestitionen« werde daher eher steigen als abnehmen. Dabei bräuchten die Städte und Gemeinden allein für die Erhaltung ihrer Straßen, die gut zwei Drittel des gesamten deutschen Netzes ausmachen, laut einer Studie des *Deutschen Instituts für Urbanistik* zwischen 2006 und 2020 fast 162 Mrd. Euro.

Statt der nötigen acht bis zehn Milliarden Euro jährlich würde wegen der chronischen Geldknappheit aber nur die Hälfte investiert. Viele Kommunen zögen »der teuren Reparatur gern die Anschaffung eines Tempo-30-Schildes vor. Denn das ist, Metallmast inklusive, schon für 70 Euro zu haben. Praktischerweise gilt dieses Schild dann gleich für einen ganzen Straßenzug mit mehreren Schlaglöchern.«[106]

In ihrer Verzweiflung über die leeren Kassen kommen Lokalpolitiker auf die seltsamsten Einfälle. So verkauft CDU-Bürgermeister Christoph Schmidt-Rose (CDU) aus dem thüringischen Niederzimmern seit 2010 Schlaglöcher, für 50 Euro das Stück. Die Nachfrage scheint riesig. »Sogar die BBC will eins«, wunderte sich die *SZ*.
Allerdings hatte Schmidt-Rose auch schon nicht minder bizarre Angebote »nach dem Motto: ›Ich kaufe eins, lass es aber offen, okay?‹ Das geht natürlich nicht. Man kauft nicht das Recht am Schlagloch, sondern das Recht auf eine Plakette.«[107]
Sieht so die höchstmögliche Entwicklungsstufe des Homo sapiens aus, *Das Ende der Geschichte,*[108] wie der Neoliberalen-Papst Francis Fukuyama sein Evangelium nannte?

DIE BAHN: IMMER FÜR BÖSE ÜBERRASCHUNGEN GUT

Sogar der *Bundesrechnungshof* und ausgewiesene Eisenbahnexperten kritisieren den häufig erbärmlichen Zustand des *Schienennetzes*. Die jahrelange Vernachlässigung führe zu Verspätungen im Güterverkehr, zu *Langsamfahrstellen* und zu hohen Folgeinvestitionen, die letztlich der Bund zahlen müsse.[109]
Überhaupt lässt das Endlosärgernis *Bahn* so langsam selbst den leidensfähigsten Kunden den Draht aus der Mütze springen.
Verspätungen als Regelfall, an Wucher grenzende Preistreiberei,

irrgartenähnlicher Tarifdschungel und zum Fremdschämen einladender Service wurden mit Machtergreifung des Neoliberalismus längst zum Dauerthema. »Der ›Schlanke Staat‹ wird magersüchtig«, ätzte der *Stern* bereits im Juli 2009 völlig zu Recht. »Wenn sich ein Unternehmen wie die Deutsche Bahn kaputtspart, betrifft das nicht nur einzelne Menschen, sondern einen großen Teil der Bevölkerung.«[110]

Unpünktlich wie die Bahn

Die neue Zuverlässigkeit der Bahn besteht in ihrer Unzuverlässigkeit. »Laut Fahrplan fährt mein Zug fährt um 10.37 Uhr«, denkt sich der erfahrene Bahnpassagier, »also muss ich frühestens um elf am Gleis sein.« Tatsächlich: Sogar laut offizieller *Bahn*-Statistik hat jeder fünfte Fernzug Verspätung.[111] Auf Deutsch: Nur einer von hundert Fahrgästen, der sich leichtsinnigerweise auf die Bahn verlässt, kommt zehnmal hintereinander pünktlich zur Arbeit, zum wichtigen Geschäftstermin, Klinikbesuch oder erreicht noch den Anschlussflug.

Als Johannes Ludewig im Juli 1997 neuer Vorstandschef der Bahn AG wurde, tönte er, *pünktlich wie die Eisenbahn* müsse wieder zum Markenzeichen der Bahn werden, da Pünktlichkeit ein »entscheidender Wettbewerbsvorteil« sei. Als Demonstration der Ernsthaftigkeit dieses Versprechens, Ansporn und Menetekel, stellte man auf allen großen Bahnhöfen *Pünktlichkeitsanzeiger* auf: Jeder konnte nun ablesen, wie genau die Nah- und Fernzüge den Fahrplan eingehalten hatten.

Das Resultat war offenbar derart verheerend und peinlich, dass Ludewigs Nachfolger Hartmut Mehdorn schon 1999 die verräterischen »Schlampigkeitsmelder« sofort wieder abbauen ließ. Seitdem »waren die Pünktlichkeitswerte der Bahn ähnlich geheimnisumwittert wie der nordkoreanische Jahresbericht zur Er-

nährungslage der einheimischen Bevölkerung.« Erst seit September 2011 macht die Bahn, um die empörte Fahrgastvolksseele zu beruhigen, wieder auf Transparenz.[112]
Dies allerdings eher notgedrungen: Kurz zuvor nämlich musste Verkehrsminister Peter Ramsauer (CSU) in seinem Bericht zur Verkehrslage im Winter beschämt eingestehen, dass im Winter 2011 fast jeder Personenzug unpünktlich war und mehr als jeder zweite Güterzug verspätet ankam – die Lkw-Branche wird die Gratiswerbung für ihren Fernverkehr erfreut zur Kenntnis genommen haben.[113]

Paradebeispiel Berliner S-Bahn

Ein Lehrstück in Sachen Privatisierung, Profitgier und die Folgen bietet der Endlos-Alptraum um die Bahn-Tochter Berliner S-Bahn: Um dem Mutterkonzern Gewinn melden zu können, wurden Werkstätten dichtgemacht, völlig intakte Züge verschrottet sowie Mitarbeiter versetzt oder entlassen.[114] Als all dies am 1. Mai 2009 zu einem Radbruch führte, versprach man bestimmte Wartungsfristen, hielt sie aber nicht ein. Am 30. Juni hatte das Eisenbahn-Bundesamt die Nase voll und legte einen Großteil der Fahrzeuge still. Die Folge: massive Verspätungen, weil zeitweise nur noch jeder vierte Zug fahren konnte.[115] Daraufhin wurde zwei Tage später der gesamte Vorstand gefeuert.
Der Erfolg: Im Spätsommer gab's das gleiche Chaos, diesmal wegen defekter Bremsen.
Im Winter 2010/11 dann zeigten sich die Folgen des Kaputtsparens in ihrer ganzen Pracht: »Berlin versinkt im S-Bahn-Chaos« schrieb das *Handelsblatt* am 3. Januar 2011. »Aufgrund fehlender Kapazitäten« wurden gleich vier S-Bahn-Linien komplett stillgelegt. »Die Berliner überrascht das nicht mehr wirklich, für die BVG kommt die Maßnahme einer Bankrotterklärung gleich.«[116]

»Die toten Gleise vom Berlin«, mokierte sich tags darauf der *Tagesspiegel*,[117] und am 5. Januar schlug auch *Bild,* das Zentralorgan des Pöbels, Alarm: »Berlin hat die Schnauze voll!«[118]
Zu allem Überfluss kommt der neoliberale »Spar«-Exzess die Deutsche Bahn und damit den Steuerbürger teuer zu stehen. Der aktuelle Bahn-Chef Rüdiger Grube rechnet damit, dass die Schlamperei bis 2014 insgesamt 700 Millionen Euro kosten wird.[119]
Völlig klar, dass unter diesen Umständen der so hysterisch angepeilte Börsengang vom Wahltaktik-Genie Angela Merkel am 19. Januar 2011 als« nicht mehr vermittelbar« verschoben wurde.[120]

Versprechen brechen als Konzernkonzept

In der hohen Kunst vollmundiger Versprechungen steht die Bahn unseren Wahlkampf-Lügnern in nichts nach. Allem kostspieligen Chaos zum Trotz wollte der Bahn-Vorstand Ende 2011 den Bürgern weismachen, der Reinerlös aus dem Betrieb der Gleise könne von damals 320 Millionen Euro bis zum Jahr 2016 auf 848 Millionen Euro steigen. Allerdings schenkt der Steuerzahler der Bahn jährlich 2,5 Milliarden Euro für den Erhalt von Gleisanlagen, Weichen und Steuerungstechnik.[121]
Dabei darf die Bahn auch noch 1700 Kilometer Schienen, also fünf Prozent des gesamten Netzes, stilllegen.
Der Berliner Technikprofessor und Bahnspezialist Christian Böttger wundert sich nur noch: »Da bekommt jemand Geld für eine genau beschriebene Leistung. Aber wenn er die Leistung nicht erbringt, bekommt er das Geld trotzdem.«[122]
Eine weitere Ankündigung ließe sogar die Gebrüder Grimm vor Neid erblassen: Im Januar 2012 versprach Bahn-Chef Grube, bis 2016 wolle man 49,5 Milliarden Euro für Qualitätsverbesserung

und Infrastruktur investieren: Zwei Drittel davon seien für die Infrastruktur, der Rest für Fahrzeuge und Qualitätsverbesserung eingeplant, erklärte Grube. Besonderer Clou: »Jeder Konzernvorstand spürt ab sofort die Kunden- und Mitarbeiterzufriedenheit im Portemonnaie.« Alle Führungskräfte habe er außerdem zu einem »Service-Tag« abkommandiert: Mindestens einmal im Jahr sollen sie mit Basismitarbeitern zusammenarbeiten. »Ich persönlich verbringe künftig rund 50 Prozent meiner Zeit mit unseren Mitarbeiterinnen und Mitarbeitern in den Regionen – ob im Zug, im Reisezentrum oder bei der Fahrzeuginstandhaltung«, erzählte Grube.[123]

Was von derlei Versprechungen zu halten ist, hatte sich bereits im Mai 2009 gezeigt. Unter dem Aufmacher »Bahn zahlte Millionen für Täuschung«, enthüllte das *Handelsblatt,* allein 2007 habe man knapp 1,3 Mio. Euro für »No badge«-Aktivitäten ausgegeben. »Die Deutsche Bahn ... fälschte Leserbriefe, Blog-Beiträge, Umfragen – und zahlte für die Täuschungen Millionensummen ... Ziel war es, positive Beiträge in Medien zu plazieren, etwa zur Bahn-Privatisierung.«

Betroffen waren laut *Lobby Control* unter anderem die *Financial Times Deutschland,* der *Tagesspiegel* und *Capital.*[124] Da kann man ja gleich den Reklameschund der Bahn AG lesen. Den gibt's wenigstens umsonst.

Mit anderen Worten: Sämtliche Versprechungen der Bahn und der politisch Verantwortlich kann man getrost in die Tonne treten. Die Tatsachen nämlich sehen ein wenig anders aus. Nach der Devise: »Ist der Ruf erst ruiniert ...« und dem Motto: »Noch wütender können die Fahrgäste sowie nicht mehr werden«, will die Bahn bis 2016 rund 700 Stellen des Beraterpersonals in den bislang 400 Reisezentren streichen. Dabei betrug die Wartezeit an den Schaltern nach Recherchen des Fahrgastverbands *Pro Bahn* schon 2011 bis zu einer Stunde.[125]

Die Kinderaussetzer

Zwar gelten in Deutschland derzeit »nur« 1700 Kinder als verschollen; fast 50 000 Vermisstenanzeigen gehen aber Deutschland pro Jahr bei der Polizei ein.[126] Der Anteil des Bahn-Personals am vorübergehenden Verschwinden unserer Kleinen wurde bislang nicht statistisch erfasst. Wer weiß, was dabei herauskäme ...
Erst im Herbst 2008 wurde die Praxis der Deutschen Bahn, Kinder ohne gültigen Fahrausweis einfach auszusetzen – immerhin am nächsten Bahnhof und nicht während der Fahrt oder auf freier Strecke –, bundesweit als Skandal bekannt. Innerhalb weniger Wochen jagte ein Fall den anderen in den Schlagzeilen und Aufmachern der Medien.

- 22. Oktober: Eine Zwölfjährige, die mit ihrem Cello zur Musikschule fahren wollte, wurde im Oktober bei Dunkelheit in Parkentin bei Rostock aus einem Zug geworfen, weil sie ihre Fahrkarte vergessen hatte – obwohl mehrere Fahrgäste die 2,90 Euro (!!!) für das Ticket zahlen wollten. Mit dem schweren Cello auf dem Rücken musste das Kind fünf Kilometer vom Bahnhof Parkentin nach Hause laufen. Nach Auffliegen dieses erneuten Falls typischer Bahn-Praxis kam die üblich lieblose und unfreiwillig schwarzhumorige Reaktion der Zentrale: routinierte Entschuldigung mit Blumen (vom Bahnsteig-Kiosk?) und allen Ernstes Fahrkarten – fürs nächste Aussetzen?[127] Die Bundespolizei sah den Fall allerdings weniger läppisch und eröffnete ein Ermittlungsverfahren gegen die Zugbegleiterin.[128]
- 7. November: Obwohl eine Dreizehnjährige weinend beteuerte, Schülerausweis und Geldbörse vergessen zu haben, warf ein Schaffner das Kind in Wittstock (Ostprignitz-Ruppin) aus einem Regionalzug. Selbst ein Anruf bei der Mutter wurde dem Kind verwehrt. Die Schülerin war auf dem Rückweg von der Schule von Heiligengrabe nach Neuruppin.[129]

- 14. November: Eine Vierzehnjährige wurde früh um sieben aus dem Zug geworfen, weil ihre Fahrkarte angeblich erst ab 14 Uhr gelte. Drastische Maßnahme des Rauswurf-Konzerns: »Bahn mahnt Schaffner per SMS«, wie *stern.de* süffisant titelte.[130] Wenn dies nichts fruchtet, sollte der Bahn-Chef die Rausschmeißer von seiner Facebook-Freundesliste streichen ...
- 21. Dezember: Weil der Schaffner sich weigerte, die Fahrkarten zu entwerten, musste eine dreiundfünfzigjährige Frau aus Kassel zum Abstempeln aussteigen und ihre drei Kinder im Alter von neun, elf und zwölf Jahren allein nach Bremen weiterfahren lassen.[131]

Und die Kette reißt nicht ab:

- Mai 2009: In Gifhorn (Niedersachsen) wurde eine Vierzehnjährige aus dem Regionalexpress geworfen, weil sie auf der Fahrt Berlin – Wolfsburg ein Ticket für die letzten zehn Kilometer aus bahnbürokratischen Gründen nicht nachlösen durfte. Das verzweifelte Mädchen sei »freiwillig« ausgestiegen, behauptete die Bahn hinterher allen Ernstes.
- 28. Januar: »In der kältesten Nacht Deutschlands; Schaffnerin wirft Sechzehnjährige nachts aus dem Zug«, meldete *Welt Online*. Weil sie nur ein Ticket für 5,10 Euro statt 7,10 Euro vorzeigen konnte, musste sie stundenlang am geschlossen Bahnhof warten.[132]
- Juni 2010: Ein Junge mit eingeschränktem Sprach- und Hörvermögen musste auf dem Heimweg von Bayern nach Hessen einen Zug verlassen. Der siebzehnjährige Behinderte hatte versehentlich eine ungültige Fahrkarte gezogen.
- 11. August 2011: Ein siebenjähriger Junge war auf dem Bahnhof Doberlug-Kirchhain beim Aussteigen unbeabsichtigt von seinem Großvater getrennt worden – der Zugbegleiter überließ

das Kind allein seinem Schicksal. Die Bahn räumte ein Fehlverhalten des Mitarbeiters ein – er wurde medienwirksam abgemahnt.[133]

Diese inzwischen vermutlich europaweit berüchtigte »Kundenfreundlichkeit« der Bahn geht unvermindert weiter. Nur noch ein letztes aktuelles Beispiel für viele:

- »Zugbegleiter wirft Elfjährigen aus der Bahn«, titelte *Welt Online* am 17. Januar 2012. Die Mutter berichtete, eine Schaffnerin habe ihren Sohn im brandenburgischen Oranienburg 50 Kilometer vor seinem Ziel aus dem Zug geworfen, weil ihm 6,30 Euro für ein regionales Anschlussticket fehlten. »Er hat mich sogar im Beisein der Schaffnerin angerufen, und wir haben ihr angeboten, dass ich mit dem Geld am Bahnsteig auf ihn warte, aber sie ging nicht darauf ein. Stattdessen haben sie ihn sogar eingesperrt.« Die Bundespolizei bestätigte, dass der Junge einem Polizeistandort »zugeführt wurde«,[134] wie man früher in der DDR gesagt hätte.

Zynisch könnte man sagen: Eltern, die ihre Kinder allein mit der *Deutschen Bahn* fahren lassen, müsste man eigentlich das Sorgerecht entziehen.

Was die ganze Sache so bizarr und gemeingefährlich macht: Streng genommen handelt es sich gar nicht um »Fehlverhalten« des Personals und der Konzernspitze. Denn sie setzten eigentlich ja nur die Moralphilosophie des Neoliberalismus-Gurus Friedrich August von Hayek vorbildlich um, der über das Wort *sozial* verächtlich sagte: »Was das eigentlich heißt, weiß niemand.«[135] Schnee von gestern? Unsere Kanzlerin jedenfalls ist ein regelrechter Hayek-Fan: »In der Globalisierungsdebatte sind seine Ideen hoch aktuell.«[136]

Bahnfahren als lebensgefährlicher Kick

Wem Überlebenstraining, Arktis-Expedition, Autofahren mit verbundenen Augen oder ein Urwaldfußmarsch zu langweilig sind, der sollte es unbedingt mit einer heimischen Bahnfahrt versuchen.

- Am 3. Juni 1998 entgleist in Eschede (Niedersachsen) der ICE 884 wegen eines gebrochenen Radreifens – einhunderteins Tote.
- Am 11. Juni 2003 reißt bei Schwäbisch Hall der Zusammenstoß zweier Regionalzüge sechs Menschen in den Tod.
- Am 5. Mai 2004 überrollt bei Bremen ein Güterzug drei spielende vierjährige Jungen und tötet sie.
- Am 26. April 2005 rast ein Regionalzug bei Dietmannsried (Oberallgäu) in eine Baumaschine. Der Zugführer stirbt.
- Am 19. Juli 2005 erfasst im Landkreis Miesbach (Oberbayern) an einem unbeschrankten Bahnübergang ein Regionalzug einen Pkw und tötet Fahrer und Beifahrer.
- Am 26. August 2005 prallt in Sollstedt (Thüringen) ein Regionalzug an einem beschrankten Bahnübergang auf ein Auto. Die beiden Insassinnen sterben.
- Am 22. September 2006 erfasst ein Transrapid auf einer Teststrecke im Emsland bei 200 km/h einen Werkstattwagen und bringt dreiundzwanzig Menschen um.
- Am 4. Dezember 2007 werden bei Germersheim (Rheinland-Pfalz) drei spielende Kinder im Alter von elf bis vierzehn Jahren von Zug erfasst und getötet.
- Am 29. Januar 2011 fordert bei Oschersleben (Sachsen-Anhalt) der frontale Aufprall eines Personenzugs auf einen Güterzug zehn Menschenleben.[137] Bezeichnenderweise meldet *Welt Online* diese Katastrophe in der Rubrik *Panorama* zwischen den Sparten *Leute, Lifestyle* und *Luxury Guide*.[138]

- Am 13. April 2011 entgleist bei Offenbach ein Regionalzug. Drei Menschen sterben.[139]
- Am 12. September 2011 entgleist ein Intercity auf der Rheinstrecke bei St. Goar. Der Lokführer bricht sich den Oberschenkel, vierzehn Fahrgäste werden verletzt.[140]
- Am 10. November 2011 rammt eine Diesellok beim Rangieren einen Prellbock, entgleist und stürzt sieben Metern in die Tiefe auf eine Straße.[141]

Aber die Bahn bietet noch weit mehr für todesmutige Abenteurer. So enthüllte das ARD-Magazin *Kontraste* im Februar 2011 – und das Eisenbahn-Bundesamt bestätigte –, dass durch den Luftsog durchfahrender Züge von 2006 bis 2010 insgesamt achtzehn Menschen ums Leben gekommen seien. Laut *Kontraste* denkt die maximalprofitfixierte Bahn jedoch nicht im Traum an eine Änderung der Geschwindigkeitsregelungen. Stattdessen verweist sie auf entsprechende Warnschilder und die weiße Linie an der Bahnsteigkante.[142] Fehlt nur noch, man hätte sich auf den Grundgesetzartikel über Bewegungsfreiheit berufen.

Börsengang ade: armseliges Ende der Operation Größenwahn

Profitgier trifft Sozialsadismus: Selbst die letzten Annehmlichkeiten und Vorteile gegenüber der Autofahrt merzt die *Deutsche Bahn* systematisch aus: Die Praxis der ständig und immer unverschämter steigenden Preise[143] könnten ebenso von Autoindustrie und Fluggesellschaften gesponsert sein wie die Unbezahlbarkeit einer spontanen Fernfahrt von Berlin zur plötzlich erkrankten Mutter nach Hamburg oder eines Wochenendtrips von Stuttgart zum Bodensee. Auch die meisten Speisewagen und Schnellzugabteile mutierten seit der Privatisierung von gemütlichen, komfortablen Entspannungsoasen zu Massentransportkäfigen mit dem Flair von Problemviertelkaschemmen oder Wartehallen.

Das Drehen von Filmen wie *Der Fremde im Zug* oder *Mord im Orient-Expreß* wäre jedenfalls in den in jeder Beziehung abschreckenden Waggons der *Deutschen Bahn* völlig unmöglich – ganz abgesehen von dem Risiko, dass bei den Dreharbeiten der Zug entgleist, frontal mit anderen Zügen zusammenstößt, Kinder überfährt oder wegen irgendeines Defekts plötzlich stehen bleibt.

Angesichts dieses Katastrophenfestivals platzte natürlich der für 2008 geplante Ausverkauf (Diktion: »Börsengang«) der Bahn AG und wurde im Januar 2011 angesichts des damaligen Winter-Wirrwarrs von der Kanzlerin persönlich auf den »Sankt-Nimmerleins-Tag« (N24) verlegt.[144]

Auch Bahn-Chef Grube räumte kleinlaut das grandiose Scheitern des Börsengangs ein: »Diese Diskussion ist so überflüssig wie die Katz.« Am dringendsten sei es, das »Brot-und-Butter-Geschäft« auf der Schiene in Deutschland in Ordnung zu bringen.[145]

An die Umstellung auf Postkutschen und Fiaker ist aber derzeit noch nicht gedacht, obwohl diese Verkehrsmittel auch nicht unpünktlicher und pannenanfälliger sein könnten.

ZUM IN-DIE-LUFT-GEHEN: HAUPTSTADT-FLUGHAFEN BER

»Dieses Duo blamiert ganz Deutschland« verkündete *Bild.de* am 8. Mai 2012 in riesigen Lettern. Darunter die Konterfeis zweier Schlüsselfiguren des Berlin-Brandenburger Flughafenbaus: Chefplaner Manfred Körtgen und Flughafenchef Rainer Schwarz.[146] Der Dritte im Bunde und als Aufsichtsratschefs der *Flughafen Berlin Brandenburg GmbH*[147] Hauptverantwortliche allerdings fehlte: Berlins Regierender Bürgermeister, »Partyprinz« Klaus Wowereit.

Es war der 8. Mai 2012, wenige Minuten vor *Zwölf Uhr mittags,* als sich im Foyer des bisherigen Berliner Airport Schönefeld unter den auf eine Pressekonferenz wartenden Journalisten und Wirtschaftsbossen die Hiobsbotschaft wie ein Flughafenfeuer herumsprach: Die nur 26 Tage später vorgesehene Eröffnung des neuen Flughafens Berlin-Brandenburg (BER) wird wegen Mängel bei der Brandsicherheit auf unbestimmte Zeit verschoben.

Und das, obwohl der Flughafen tags zuvor anlässlich der Inbetriebnahme des neuen Hangars von Air Berlin und Germania noch offiziell beteuert hatte, »in weniger als einem Monat« gehe der BER in Betrieb.[148]

Erst im Nachhinein wurde Atemberaubendes bekannt. So hatte der Aufsichtsrat am 20. April allen Ernstes zugestimmt, »dass der Flughafen in den ersten Wochen mit einer ›teilmanuellen‹ Begleitung – Hunderten Hilfskräften, die im Brandfall die Türen öffnen sollten – starten sollte«. Und bereits im November 2011 hatte der Landesrechnungshof Brandenburg gerügt, dass es beim BER-Bau Versäumnisse und Lücken im Controlling gebe.

Pfusch und hirnlose Hektik in Vollendung – dabei hatte man das Jahrhundertprojekt bereits am 28. Mai 1996 beschlossen,[149] also schon siebzehn Jahre zuvor.

Bis Mitte 2010 erschien der Zeitplan für den neuen Flughafen aufzugehen; dann musste Schwarz (rund 500 000 Euro Jahresgehalt) die erste Verschiebung um sieben Monate verkünden. Im Mai 2012 kam dann der zweite Aufschub.

Der bedeutendste und einzig gelungene Akt dieses epochalen Vorhabens, die Namensfindung, gelang nach geradezu übermenschlicher geistiger Anstrengung am 11. Dezember 2009. *Flughafen Berlin Brandenburg* (BER) mit dem Beinamen *Willy Brandt*. Ausgerechnet – eine Steilvorlage für das Berliner Lästermaul, das den Pannen-Airport unverzüglich in Flughafen *Willy Brandschutz* umtaufte. »Niemand hat die Absicht, einen Flughafen zu eröffnen«, lästerte die Internetgemeinde.

Diesen Spott haben sich die Verantwortlichen mit einer »Serie von Täuschungen und Vertuschungen« redlich verdient. »Mit der Wahrheit tun sich die Flughafenplaner schon lange schwer«, kritisiert der *Tagesspiegel*. »Bei Terminankündigungen und beim Festlegen der Flugrouten wurden zwischen 1998 und heute immer wieder falsche Angaben gemacht.«[150]

Das Überraschungsei: völlig neue Flugrouten

Im Jahr 1998 bat der damalige Flughafenchef Götz Herberg das Bundesverkehrsministerium, auf die Deutsche Flugsicherung »Einfluss zu nehmen«, damit man vorläufig die bisherigen Routen fliegen dürfe. Spätestens da war den Verantwortlichen also bekannt, dass die bislang geplanten Routen nicht mehr den internationalen Vorgaben entsprachen und bestenfalls vorübergehend erlaubt sein würden. Dies und die neuen Routen wurde aber den betroffenen Anwohnern bewusst erst im September 2010 mitgeteilt. Und die gingen daraufhin prompt auf die Barrikaden.

Kostenexplosion beim Terminal

Im Sommer 2007 wurde bekannt, dass der Bau des Abfertigungsgebäudes statt der geplanten 630 Millionen nun eine Milliarde Euro verschlingen werde. Fast zwei Monate lang leugneten die Betreiber die Kostenexplosion – dann wurde wegen dieses Anstiegs das bisherige Genehmigungsverfahren für ungültig erklärt. Es gab massive Gerüchte über Preisabsprachen: »Mittelständler verdächtigen Großfirmen, die Preise für den Terminalbau künstlich in die Höhe getrieben zu haben.«[151] Am 9. Oktober 2007 wurde der Bau erneut ausgeschrieben.

Terminchaos: die Verschiebungsverschiebungsverschiebung

Zu Beginn des Planfeststellungsverfahrens 1999 wurde 2007 als Eröffnungstermin genannt. Obwohl spätestens seit dem Scheitern des Privatisierungsverfahrens 2003 fast »kein Experte« mehr mit der Einhaltung des Termins rechnete, blieben die Verantwortlichen stur, ehe man dann auf einmal den 30. Oktober 2011 als neuen Termin nannte.

Noch beim Richtfest am 7. Mai 2010 versprach Klaus Wowereit persönlich die Einhaltung dieses Termins. Ende Mai 2010 war dann plötzlich von einer Verschiebung um ein Jahr die Rede. Wie gehabt, dementierte die Flughafengesellschaft empört. Die Wahrheit kam auch hier »mit mehrmonatiger Verspätung«.[152] Berichtet man wirtschaftsliberalen Dumpfbacken in allen Einzelheiten von diesem »Desaster für die Stadt«,[153] allerdings ohne Zeit und Ort des Skandals zu nennen, so tippen die marktradikalen Professoren, Manager und Politiker meist auf den Turmbau zu Babel oder auf die Sowjetunion der dreißiger Jahre.

Aber das Projekt wirft nicht nur ein Schlaglicht auf unsere verwahrlosten Eliten aus Politik und Wirtschaft, sondern wird den Steuerzahler auch teuer zu stehen kommen. Ihn nämlich lässt unsere Marktwirtschaftsdemokratie die Zeche zahlen, anstatt die selbstsicheren Entscheidungsträger bis aufs Existenzminimum zu pfänden. Jeder Monat Verzögerung soll nach Expertenschätzungen 15 Millionen Euro kosten – allein für die erneute Planung des Umzugs und die Anpassung des Flugbetriebs. »Doch die große Unbekannte sind die Schadenersatzforderungen«, unkt die *Berliner Morgenpost*.[154]

Denn Schlamperei-Geschädigte gab's jede Menge. Lufthansa und Air Berlin kündigten bereits Schadenersatzforderung an,[155] und auch die Geschäfte am Flughafen drehten eine »millionenschwere Warteschleife« *(taz)*.[156] Laut Nils Busch-Petersen, Chef der Berliner Industrie- und Handelskammer, machten die Händler monatlich Verluste in Millionenhöhe.

Oder mit dem Sarkasmus der *Morgenpost* betrachtet: »Es gibt immer Gewinner. Sogar bei einem Desaster wie dem Flughafen BER. In diesem Fall sitzen sie in den Anwaltskanzleien. Denn die Verschiebung des Starttermins wird ein juristisches Nachspiel haben, wie man es in Deutschland bislang selten erlebt hat.«[157]

Und ein teures: Unabhängig von den Schadenersatzforderungen waren bereits im Mai 2012 die Gesamtkosten von ursprünglich 2,5 und 3 Milliarden Euro gestiegen. Zusätzlich mussten die Lärmschutzkosten um 250 Millionen Euro aufgestockt werden.[158]

»Ob Flughafen Berlin oder Bahnhof Stuttgart – Großbauprojekte werden fast immer teurer als geplant. Das ist kein Zufall, sondern System«, kritisiert *Focus Online*.

»Zwar sind wir Deutschen so stolz auf unsere vermeintlichen Grundtugenden Pünktlichkeit und Gründlichkeit. Doch öffentliche Großbauprojekte, deren planmäßige Fertigstellungen sich nicht verzögern und deren anvisierter Kostenrahmen nicht gesprengt wird, sucht man landauf, landab seit Jahrzehnten meistens vergeblich.

Schuld daran ist nach Überzeugung des Karlsruher Wirtschaftsprofessors Werner Rothengatter »vor allem der Prozess der politischen Vorbereitung und Verabschiedung ... Wer hier mit wahren Zahlen operiert, verliert.« Und Karl Heinz Däke vom Bund der Steuerzahler kritisiert: »Häufig werden die Baukosten öffentlicher Bauten im Planungsstadium bewusst niedrig gehalten, um die erforderliche politische Zustimmung zum Projekt zu erhalten. Wenn das Projekt erst einmal begonnen hat, wissen Auftragnehmer, dass dann auftauchende Zusatzkosten oder politische Sonderwünsche auch finanziert werden.«[159] Der Steuerzahler hat's ja. Fazit von Constanze von Bullion in der *Süddeutschen:* »Wowereit kann einpacken ... Egal, was er tut: Seine Zeit ist um.«[160]

Einzelschicksale: Als kippte in China ein Sack Reis um

Welche Einzelschicksale am Berliner »Fluchhafen«-Debakel hängen, zeigte eine ZDF-Doku – inklusive einem denkwürdigen Auftritt von BER-Chef Rainer Schwarz. Mit den Händen in den Hosentaschen.

So war die Bauunternehmerin Jessica Buschmann zuständig gewesen für Handläufe an Treppen und Parkstationen für Kofferwagen. Doch durch die Verschiebung des Eröffnungstermins, der nun nicht vor 2014 stattfinden wird, ist ihre kleine Firma aus Wustermark pleitegegangen. Sie musste 17 Mitarbeiter entlassen und Hartz IV beantragen.

Was auch erst jetzt bekanntwurde: Es gab zahlreiche Mängel, die eine pünktliche Eröffnung unmöglich gemacht hatten. Umso scheinheiliger wirkt BER-Chef Rainer Schwarz im Nachhinein, wenn er im Mai 2012 die Verzögerungen rein auf die unfertige Brandschutzanlage geschoben hat.

Als er von den Doku-Autoren mit Briefen der Architekten aus dem Jahr 2011 über die gefährdete Fertigstellung konfrontiert wurde, wehrte er salopp ab: »Das sind doch keine Berichte, die für die Geschäftsführung gemacht wurden. Hier ist ein Mitarbeiter des Flughafens genannt. Das ist doch nicht mein Büro.«[161]

Deutlicher kann man die abgrundtiefe Menschenverachtung der Wowereit-Clique kaum darstellen.

Vielleicht sollte sich der Partyprinz künftig auf seine eigentlichen

Stärken besinnen, zum Beispiel auf eine »Wilde Knutscherei mit Désirée Nick« ...[162]

Berlin ist überall

Dazu passt, dass die Münchner im Juni 2012 bei einem Bürgerentscheid gegen den umstrittenen milliardenteuren Ausbau des Flughafens gestimmt haben. Die Wähler votierten überraschend deutlich mit 54,3 Prozent in der entscheidenden Stichfrage gegen den Bau einer dritten Start-und-Lande-Bahn, neben dem Bahnhofprojekt Stuttgart 21 eines der größten verkehrspolitischen Projekte der vergangenen Jahre.

Die Bürger bescherten damit sowohl dem bayerischen Ministerpräsidenten Horst Seehofer (CSU) als auch dem Münchner Oberbürgermeister Christian Ude (SPD) eine herbe politische Niederlage. Beide Politiker hatten sich für das Vorhaben ausgesprochen.[163]

»Wie Wutbürger den Wirtschaftsstandort Bayern gefährden«, tobte daraufhin *Focus Online* in einem dermaßen hysterischen Wortschwall, dass man als um das Wohl seiner Mitmenschen unabhängig von deren geistigem Niveau besorgter Staatsbürger der Redaktion am liebsten den Notarzt oder eine Kiste Verlagsfusel geschickt hätte – oder beides.[164]

Flugsicherheit

Es steht nicht ausdrücklich im Grundgesetz; aber die Bürger gehen zu Recht davon aus, dass der Staat auch bei der Flugsicherheit nicht um des Maximalprofits skrupelloser und über Leichen gehender Konzerne ihr Leben aufs Spiel setzt und es in private Hände legt.

Im Jahr 2004 aber hatte die Bundesregierung die Kapitalpriva-

tisierung der *Deutschen Flugsicherung GmbH (DFS)* beschlossen; nur eine Sperrminorität sollte im Bundeseigentum verbleiben. Gierig auf die Anteile zeigten sich vor allem Fraport und Lufthansa.
Am 24. Oktober 2006 zeigte Bundespräsident Horst Köhler Rückgrat, bot dem Prinzip *Profitsucht der Konzerne geht vor Sicherheit* die Stirn und verweigerte dem im April vom Bundestag gebilligten entsprechenden Gesetz wegen seiner »evidenten Verfassungswidrigkeit« die Unterschrift. Die Luftverkehrssicherung sei »eine sonderpolizeiliche Aufgabe und somit hoheitlich wahrzunehmen«, also vom Bund.[165]
Mit Wirkung zum 1. August 2009 wurde dann der störende Grundgesetzartikel 87 d geändert.[166] Seitdem ist die Flugsicherung auch durch ausländische, nach europäischem Recht zugelassene Organisationen möglich. Drei Tage später trat das Gesetz zur Errichtung eines Bundesaufsichtsamtes für Flugsicherung und zur Änderung und Anpassung weiterer Vorschriften in Kraft,[167] um die gewünschte Aufteilung von Aufsichts- und Durchführungsaufgaben in der Flugsicherung zu ermöglichen.[168] Wohin eine laxe Handhabung der Flugsicherung führen muss, zeigte ein Beinahe-Crash Mitte April 2012 auf dem Flughafen Frankfurt. Die DFS schob einem »Missverständnis« zweier Fluglotsen die Schuld für eine Fast-Kollision eines Airbus 320 mit einem A 380 auf der neuen Landebahn zu, die mit Sicherheit mehrere hundert Todesopfer hätte fordern können. Die örtliche Bürgerinitiative sprach von »russischem Roulette«.[169] Aber die Spitzenleute aus Wirtschaft und Politik dürften dieses Vabanquespiel nicht so verbissen sehen: Sie fliegen ja eh meist in Privatjets oder Bundeswehrmaschinen, für die vermutlich insgeheim ganz andere Sicherheitsstandards gelten.

ÖFFENTLICHER PERSONENNAHVERKEHR: FEST IM GRIFF DER AUTOLOBBY

Natürlich ist ein menschenwürdiger und grundgesetzkonformer Öffentlicher Personennahverkehr (ÖPNV) ein Zuschussgeschäft, ebenso wie die meisten anderen Kernbereiche der Gesellschaft, etwa die Bereiche Gesundheit, Bildung, Kinder, Straßenverkehr oder Altenpflege.

Aber zum einen ist allgemein bekannt oder doch nachweisbar, dass eine auch nur halbwegs dem Sozialstaatsgebot des Grundgesetzes entsprechende finanzielle Beteiligung der steinreichen Geschwüre am Allerwertesten der Gesellschaft sämtliche Geldprobleme in Luft auflösen würde.

Zum anderen müssen die Kernbereiche unseres Landes überhaupt nicht kostendeckend funktionieren, sondern aus dem bezahlt werden, was sich die Gesellschaft erarbeitet. Es ist wie mit dem Urlaub: Auch ein Spitzenmanager oder Politiker zahlt seine Traumreisen aus dem, was er sich durch Traumgehälter, Börsenbetrug oder Schmiergelder beiseitegeschafft hat. Er verreist keineswegs »kostendeckend« – oder arbeitet er in Malibu als Gigolo, Frau und Tochter als Prostituierte und der Sohn als Taschendieb, um die Ferien zu finanzieren?

Dass unser ÖPNV eher dem eines Entwicklungslandes als einer Industrienation gleicht, wurde exemplarisch schon am Beispiel der endlosen Berliner S-Bahn-Schande gezeigt. Doch in Tausenden Kommunen sieht's nicht wesentlich besser aus: Wer bei Google die Begriffe »ÖPNV« und »katastrophal« eingibt, erhält fast 80 000 Meldungen.

Dabei wäre sogar ein kostenloser ÖPNV, wie ihn unter anderem Teile der Piratenpartei fordern,[170] durchaus finanzierbar: Die mittlerweile Billionen (Zahl mit zwölf Nullen!) für die Sanierung der Bankster, Zocker und Börsenbetrüger sind hier ein durchaus berechtigtes, von den Ertappten sogenanntes »Totschlagargument«.

»Angst vor dem Autovolk und der Autolobby lähmt die Verkehrspolitik«, betont der Trierer Professor für Angewandte Geographie, Raumentwicklung und Landesplanung, Heiner Monheim.[171] Ein einziges Beispiel zeigt, dass die Automobilindustrie und die von ihnen ausgehaltenen Politiker für die beschämende Situation im ÖPNV verantwortlich sind.

Der Ludwigsburger Matthias Wissmann war von Mai 1993 bis Oktober 1998 Bundesverkehrsminister. Der »fliegende Wechsel von der Politik in die Wirtschaft« fand bei Wissmann am 1. Juni 2007 statt, als er aus dem Bundestag ausschied und sein neues Amt als Präsident des Verbandes der Automobilindustrie antrat.[172] Seine Auffassung christlich-humanistischer Moral passt nicht nur haargenau zu ihm selbst, sondern auch zum Gros unserer Spitzenpolitiker. Ausgerechnet der *Focus*, nicht unbedingt ein linksradikales oder wirtschaftsfeindliches Kampfblatt, stellt dieses leuchtende Vorbild jedes CDU-Nachwuchspolitikers kurz und treffend so dar: »Matthias Wissmann sorgte 1997 für Schlagzeilen, als der damalige Bundesverkehrsminister die Flugbereitschaft der Bundeswehr auch für offensichtlich private Zwecke angefordert hatte. Einmal ging es in die Schweiz, ein anderes Mal nach Italien. Bei den Ausflügen zu angeblich wichtigen Tagungen hatte er seine Golfausrüstung im Gepäck.«[173]

Man muss nicht an Verfolgungswahn leiden, um sich vorzustellen, wie die Autolobby unsere Politiker mit Geld (»Parteispenden«) oder Jobversprechen dazu animiert, nach besten Kräften den ÖPNV in Preis und Qualität so zu gestalten, dass er keine echte Alternative zum Auto werden kann. Dabei ist völlig unerheblich, ob Verkehrsdesaster wie bei der Berliner S-Bahn politisch beabsichtigt oder simple Schlamperei sind: Wichtig ist, ob die Bürger unseren Politikern derlei korrupte Machenschaften zutrauen. Und es gibt genügend Anlass zu der Hoffnung, dass das Volk einer Vielzahl seiner Vertreter mittlerweile so gut wie alles Verwerfliche und Korrupte unterstellt.

ZWISCHEN NACHKRIEGSRUINEN UND DISNEYLAND: VERHUNZTE STÄDTE

Den galoppierenden Verfall unserer Innenstädte brachte ausgerechnet der *Focus* mit zwei Schlagzeilen schon frühzeitig auf den Punkt:

- »In der City nur noch Ramsch« am 3. Februar 2009[174]
- »Arm und doch nicht sexy« am 1. Februar 2010[175]

»Die Glitzerwelt großer Einkaufszentren lässt sich schnell beschreiben: Modeboutiquen, Schuhgeschäfte und Parfümerien bekannter Ketten reihen sich in glasüberdachten Ladenpassagen aneinander, die auch ›Malls‹ genannt werden. ›Wer eine Mall kennt, kennt sie alle‹, sagen Spötter.« Aber aller Kritik von Architekten und Ökonomen zum Trotz sei »der Boom von Einkaufszentren ungebrochen«.[176]
Nach einer Studie des Starnberger *Instituts für Gewerbezentren* gab es in Deutschland im Januar 2011 bereits 644 Einkaufszentren mit mindestens 8000 Quadratmetern Geschäftsfläche. Die durchschnittliche Größe der Center lag in Deutschland bei 24 913 Quadratmetern.[177]
Zu den umstrittensten Projekten der vergangenen Jahre zählen die Anfang 2007 hinter einer rekonstruierten Schlossfassade eröffneten Braunschweiger *Schlossarkaden*. Den Nachbau der

klassizistischen Fassade finanzierte Deutschlands Marktführer unter den Center-Betreibern, die ECE. Laut *Braunschweig-Spiegel* gehören dem 1965 vom Otto-Versand gegründeten Konzern bundesweit 115 Shopping-Center mit 3,5 Millionen Quadratmetern Verkaufsfläche und etwa 12 000 Händlern als Mieter. »Viele Bürger unserer Stadt registrieren, dass die Hamburger ECE GmbH die Einkaufsströme in der Braunschweiger Innenstadt lenkt. ECE als Managerin des Welfenhofes und der Burgpassage sowie des City-Point in der Innenstadt und der Schlossarkaden können durch eine gezielte Vermietungspolitik die Innenstadtlagen so beeinflussen, dass die Käuferströme hin zu den Schlossarkaden gelenkt werden. Zum Nachteil unserer gewachsener Innenstadt.«[178]

Traurige Bilanz für Deutschlands Innenstädte: »Die Ketten bestimmen … das Bild der Gleichmacherei. In jeder Stadt dasselbe, unsere Stadt ist verwechselbar geworden. Die Individualität wurde ihr in den letzten 10 Jahren ausgetrieben. Alles gleich!«[179]

Hinzu kommt der Beitrag zur erwähnten systematischen Verarmung der Kommunen: Die Ketten zahlen nämlich vor Ort meist keinen Cent Gewerbesteuer!

AUFERSTANDEN, IHR RUINEN

»Auferstanden aus Ruinen«, so beginnt der Text der alten DDR-Hymne. Gemeint war das zerbombte und verwüstete Nachkriegsdeutschland. Fast siebzig Jahre nach dem Ende der Nazidiktatur, so behaupten böse Zungen, gleichen nicht wenige Städte und Gemeinden ihr Erscheinungsbild dem von 1945 allmählich an.

Allein der Verfall der Gebäude hat bereits jetzt ein Ausmaß angenommen, dass selbst die Bundesregierung jeden Überblick verloren hat. Amtliche bundesweite Zahlen über verwahrloste

Immobilien in Deutschlands Städten und Gemeinden gibt es laut Bauministerium überhaupt nicht, da der Kampf gegen die Gebäudeverrottung Angelegenheit Länder und Kommunen sei.[180]

Und direkt vor Ort packt nicht nur alternde Schöngeister Wehmut und kaltes Grausen, egal, wohin das Auge blickt: »Ob Bremerhaven, Chemnitz oder Herne, die unschöne Ansicht ist gleich«, klagt *Welt Online* im August 2010. »Zwischen sanierten Häusern steht eine Ruine, die bröckelnde Fassade notdürftig vom Gerüst zusammengehalten, Fenster vernagelt. Vom Eigentümer gibt es häufig keine Spur: manche sind insolvent, andere aufgrund hoher Renovierungskosten nicht mehr an ihrer Immobilie interessiert, einige sind schlicht nicht auffindbar.«[181]

Aber auch die Großstädte brauchen sich in Sachen Stadtverrottung nicht zu verstecken: »Hamburg darf öffentliche Gebäude nicht verrotten lassen«, mahnt Andreas Dey Mitte 2011 im *Hamburger Abendblatt*.[182] »Unsere Stadt verwahrlost immer mehr. Das Straßenbild ist geprägt von Dreck und Schmierereien«, muss im April 2012 sogar der CDU-Fraktionschef des Berliner Abgeordnetenhauses Florian Graf zugeben.[183] Und »Was wird aus Bremens Schand-Ruinen?«, fragt *Bild.de* im Juli 2011.

Bremen ist eigentlich eine Pracht mit seinen historischen Gebäuden, Parks und ehrwürdigen Denkmälern. Doch die Stadt wird immer mehr durch Schand-Ruinen verunstaltet. Einige sind so vergammelt, dass Fußgänger Angst haben müssen, von Mauerbrocken erschlagen zu werden.[184]

Und selbst die abgeklärte *Frankfurter Allgemeine* ist entsetzt: Als »steinerne und stumme, aber beredte Zeugen einer denkwürdigen Fehlleistung der Stadt Wiesbaden« verschandeln sechzehn Bauruinen seit Sommer 2009 das Künstlerviertel, und ihre Zukunft steht in den Sternen. Die Stadt hatte den Betrieb eines Holzhändlers zu Unrecht als Wohngebiet ausweisen lassen und direkt nebenan den Bau von sechzehn Reihenhäusern genehmigt, die an junge Familien mit schmalem Einkommen verkauft wurden. Prompt kam der vorhersehbare Baustopp, und die Stadt kaufte notgedrungen die Bauruinen für insgesamt rund 2,5 Millionen auf.[185] Nebenbei bemerkt, verletzen Bauruinen nicht nur den »Wohlfühlfaktor« der Bürger. Für die Anwohner bedeuten sie auch finanziell »nichts Gutes, denn verwahrloste Häuser mindern den Wohnwert und damit die Immobilienpreise der Umgebung«.[186] Häufig hört man als »Argument« gegen den Soli-Zuschlag, durch diese Gelder hätten sich große Gebiete Ostdeutschlands auf Kosten des Westens tatsächlich in Helmut Kohls »blühende Landschaften verwandelt. Mit der Realität hat das freilich so viel zu tun wie ein *Pan*toffel mit einer *Kar*toffel oder ein Wahlversprechen mit der anschließenden Politik.

»An vielen Ecken in Halle stehen Häuser leer und verfallen«, klagt man in Sachsen-Anhalt. »Irgendwann kommt der Abrissbagger. Und kurz danach entstehen weitere Parkflächen auf Schotterplätzen. Mittlerweile Alltag in Halle, aber auch in anderen ostdeutschen Städten.«[187]

SCHULGEBÄUDE – EINSTÜRZENDE ALTBAUTEN

»Schulgebäude verfallen«, fasst die sonst eher zurückhaltende *Berliner Zeitung* im April 2012 den katastrophalen Zustand zusammen. »40 Prozent der Schulen in Hellersdorf sind in einem maroden Zustand. Von 51 begutachteten Schulen, die fast ausschließlich zu DDR-Zeiten errichtet worden waren, konnte nur jede dritte als gut eingestuft werden.«[188] Ähnlich sieht's in ganz Berlin aus: »Immer mehr Schulgebäude und Sporthallen verrotten«, jammert CDU-Mann Florian Graf.[189] »Außen pfui – innen pfui: Berlins Schulen verfallen«, spottet auch die *Berliner Morgenpost* im April 2012.[190]

Überhaupt prangern die Medien schon seit Jahren unermüdlich die Verwahrlosung der Lehrgebäude an. So hatte unter dem Titel »Schule verrottet – Stadt muss Millionen zahlen«, das *Hamburger Abendblatt* schon im Juli 2007 den Handlungsbedarf an einem Beispiel plastisch beschrieben: »Die Gebäude sind innen und außen mit Graffiti beschmiert, Türen sind eingeschlagen, Fenster zersplittert, Teile des Dachs und Regenrinnen fehlen – vermutlich von Kupferdieben geklaut. Die ehemalige Grundschule Schierenberg im Hamburger Stadtteil Rahlstedt ist in einem jämmerlichen Zustand, müsste für 4,5 Millionen Euro saniert werden, und das wird jetzt zu einem handfesten finanziellen Problem für die Stadt.[191]

Und für ganz Deutschland: Das *Deutsche Institut für Urbanistik (Difu)* in Berlin hält bis 2010 kommunale Investitionen von 73 Milliarden Euro für die Sanierung, Instandsetzung und Umbauten von Schulgebäuden in der ganzen Republik für dringend notwendig.[192]

»Kaputte Heizungen, undichte Dächer, stinkende Toiletten ... Während des Unterrichts an einer Bremer Gesamtschule stört ein regelmäßiges, monotones Platschen die Konzentration der Schüler: Wasser tropft von der Decke in bereitgestellte Eimer. Das Dach ist undicht. Außerdem zieht es ständig – die Fenster sind marode und hätten schon vor Jahren ausgetauscht werden müssen. Und dann fällt im Winter auch noch regelmäßig die Heizung aus.«

Aber was tun, wenn die hoch verschuldeten Kommunen dafür kein Geld haben?

Für andere Dinge ist freilich durchaus Geld da, wie exemplarisch für die gesamte Republik der Braunschweiger Gemeinderat im Februar 2011 unmissverständlich demonstrierte. Er stoppte zugunsten von luxuriösen VIP-Logen für das Fußballstadion insgesamt siebenundfünfzig überfällige anderweitige Vorhaben.

Unter anderem:[193]

1 050 000 €	Sicherstellung eines warmen Mittagessens an allen Braunschweiger Grundschulen
50 000 €	Schulentwicklungsplan
500 000 €	Umsetzung der Leitlinien gegen Kinderarmut
30 000 €	Aufstockung für Ferien in Braunschweig, FIBS
290 000 €	Fünf Straßensozialarbeiter in benachteiligten Stadtteilen
199 000 €	Erhöhung für Erziehungsberatungsstelle
1 174 500 €	Ausbau der Kitas zu Familienzentren
81 500 €	Erhöhung für Arbeit mit verhaltensauffälligen Kindern im westlichen Ringgebiet
750 000 €	Deckung der Kita-Versorgungsquote für Kinder unter drei Jahren
400 000 €	Sportentwicklungsplan
500 000 €	Umwandlung von zwei Grundschulen in offene Ganztagsschulen
440 000 €	Sanierung IGSchule Franzsches Feld
5 400 000 €	Aufstockung des Schulsanierungsprogramms
260 000 €	Schulhofsanierung GS Watenbüttel
1 700 000 €	Mehrzweck-Sporthalle für GS Kralenriede
1 248 000 €	Neubau Kita mit drei Gruppen
2 496 000 €	Errichtung von Familienzentren an BS Kitas
4 160 000 €	Neubau Kitas wegen kleinerer Gruppengrößen
237 000 €	Kücheneinrichtung wegen warmen Mittagessens an Schulen
100 000 €	Fortschreibung Verkehrsentwicklungsplan
500 000 €	Dreifeldsporthalle auf ehemaligem Markthallengelände Alte Waage/Hagenbrücke

Ginge es nach den Neoliberalen aller Parteien, dann würde unser Schulunterricht wegen ruinenähnlicher Verrottung und Einsturzgefahr der Gebäude weitestgehend im Freien stattfinden.

ALLES REINE NERVENSACHE: SELBSTHILFE DURCH ELTERN

Wir alle kennen das beliebte Psychospiel: Offiziell haben wir uns hoch und feierlich zu etwas uns Lästigem verpflichtet: staubsaugen oder WC putzen, einkaufen oder Elektromüll entsorgen. Wir wollen uns aber drücken und warten daher bewusst so lange, bis Partner, Eltern oder Kinder das Elend nicht länger ansehen können, »die Nerven verlieren« und es schließlich selbst machen.

Genau dieses System gibt es offenbar auch als inoffizielle, vermutlich unausgesprochene Übereinkunft der politisch Verantwortlichen für Bildung und Kultur, und zwar quer durch alle Ebenen und durch die ganze Republik: »Wir sind doch nicht so blöde und sparen an den Gefälligkeiten für unsere Sponsoren zugunsten der Renovierung von Lehrgebäuden. Spätestens wenn Kakerlaken und Ratten die Klassenräume bevölkern, werden Eltern, Lehrer und Schüler ›die Nerven verlieren‹ und die Sache selbst in die Hand nehmen, also aus eigener Tasche sowie durch eigenes Anpacken die maroden Schulgebäude aus Ruinen wieder auferstehen lassen.«

Und die Rechnung der Politiker aller Parteien geht tatsächlich auf: Anstatt der mehr als berechtigten Forderung nach staatlicher Finanzierung deutlich Nachdruck zu verleihen, greifen die Betroffenen selbst zu Portemonnaie, Schaufel, Spitzhacke, Farbbottich und Pinsel. Natürlich übertüncht dann der berechtigte Stolz auf das eigene Werk die Kritik an den zugunsten der Reichen die Gemeinden kaputtsparenden Politgangstern.

Beispiel Montessori-Oberschule Potsdam: »Eltern renovierten, reparierten, restaurierten, polierten, kurz, es gab wieder viel zu tun, um die Räume und Flure zu angenehmen Orten zu machen«, heißt es auf der Schul-Homepage. »In der Woche vom 6. bis 10. September haben rund 50 Eltern das Foyer zu einem schönen Ort umgestaltet mit vielen Putzmitteln und Farbe.«[194]
Beispiel Henry-Benrath-Schule Friedberg (Hessen): »Eltern und Schüler renovierten die gesamte Schule mit neuer Farbe.«[195]
Beispiel Regionale Schule Rechlin (Mecklenburg-Vorpommern): Auch hier renovierten die Eltern und Schüler der 10. Klasse an einem Wochenende ihren Klassenraum selbst.[196]
Beispiel Burg-Landshut-Schule in Bernkastel-Kues (Rheinland-Pfalz): Wie in Hunderten deutscher Schulen schon fast üblich, wurde die Renovierung nur durch Spenden und tatkräftiges Anpacken der Eltern und Lehrer möglich.

»Wir konnten neuen Sand in die Sandkiste füllen, damit auch die Kleinsten wieder in den Pausen spielen konnten. Unterstützt wurde diese Aktion durch eine Spielzeugspende, die die Kinder freudig entgegennahmen ... Alle Bänke, der Tisch und auch die Basketballkörbe wurden mit neuer Farbe bedacht ... Herr Beicht malte neue Verkehrslinien auf und renovierte die Toilettengitter ... Die Außenanlagen wurden völlig neu gestaltet, und blühende Hecken werden uns im Frühjahr begrüßen. Alle anderen Hecken und Bäume wurden gründlich beschnitten. Neue Laubbäume und ein Holunderstrauch wurden gepflanzt ... Bis auf zwei Klassen sind alle Klassenzimmer und Differenzierungsräume neu gestrichen. Unser neues Ziel ist die farbliche Gestaltung der dunklen Flure, die endlich erhellt werden sollen. Unsere Lehrküche hat neue Gardinen erhalten.«[197]

Angesichts solcher Berichte müssten die geistig Gesunden unter den Verantwortlichen vor Scham im Boden versinken. Nur moralisch verwahrloste Psychokrüppel können es doch wagen, die beschämende Selbsthilfe auch noch als »vorbildlichen Einsatz von Bürgern« zu feiern, die »nicht immer gleich nach dem Staat rufen«.

Mal angenommen, man würde unseren Ministern ihr fünfstelliges Salär nicht pünktlich auf ihr Konto überweisen – wetten, dass viele von ihnen alle Amtsgeschäfte stehen und liegen lassen und unverzüglich lauthals »nach dem Staat rufen« würden?

KOMMUNIKATION ALS ILLEGALES GLÜCKSSPIEL

Zugegeben, wir verständigen uns nicht mehr durch Buschtrommeln und reitende Boten, sondern per Telefon, Internet oder Fax. Das ist auch gut so. Doch wir zahlen dafür einen immens hohen Preis – und damit ist nicht in erster Linie der ständige Ärger wegen technischer Stümperei, überhöhter Rechnungen und unseriöser Anwerbedrücker gemeint.

RISIKOFAKTOR POST

»Ich warte noch immer auf deinen Brief mit der Quittung, Lucy.« – »Was? Ich habe ihn doch vorgestern abgeschickt, Manni!« – »Hab aber nichts bekommen.«

Dieser Dialog stammt aus dem Jahr 1994. Manni denkt: »Lucy hat nichts abgeschickt, wahrscheinlich gibt's die Quittung gar nicht.« Lucy denkt: »Manni hat den Brief längst bekommen; aber er will oder kann nicht zahlen.« Eine Möglichkeit schließen beide aus: Dass die Post den wichtigen Brief verschlampt hat.

Heute würde Manni erwidern: »Du schickst solch wichtige Briefe mit der Post? Schön leichtsinnig! Wieso wirfst du sie nicht gleich in den Müll?«

Aber im Ernst: In der Ära der *staatlichen* Deutschen Bundespost galt die Behauptung, man habe einen Brief nicht erhalten bzw. längst abgeschickt, als dümmliche, so manchen Richter auf die Palme bringende Ausrede. Das Verschwinden auf dem Postweg galt jedenfalls als extrem unwahrscheinlich.

Seit Gründung der *privaten* Deutschen Post AG im Jahre 1995 aber wird kaum ein Geschäftspartner oder Gericht diese Möglichkeit ausschließen oder für unglaubwürdig halten.

Tatsache ist: Kein halbwegs klar denkender Bürger oder Geschäftsmann vertraut heutzutage irgendetwas halbwegs Wichtiges dem Postweg an. Kurierdienste haben Hochkonjunktur, und häufig verschickt man etwa Mahnungen gleich in fünffacher Ausfertigung – damit wenigstens eine ankommt.

Denn auch bei der Post hält man Profitgier um jeden Preis für einen »Sachzwang«, und folglich wird auch beim Briefversand »an allen Ecken gespart, auch beim Personal«.[198]

Der Stein der Weisen heißt »Outsourcing«, also die Ausgliederung großer Teile der Zustellung, fast tausend Bezirke allein beim Paketdienst.

Selbst das Leeren der Briefkästen übernehmen inzwischen zumeist billigste Subunternehmen. Wer dort arbeitet, weiß und interessiert die Post nicht die Bohne: Das Personal wählt der Subunternehmer aus, dem die Post natürlich nur Niedrigpreise zahlt, der aber bei Verschwinden von Post den Schwarzen Peter zugeschoben kriegt.

Da man aber erfahrungsgemäß für kleines Geld meist auch die

entsprechende Leistung erhält, war das Ergebnis vorprogrammiert.[199] *Spiegel Online* sieht einen klaren Kausalzusammenhang: »Seit die Post Transportdienste auslagert, verschwinden immer mehr Sendungen. Tausende Briefe und Pakete verschwinden täglich irgendwo im Nirgendwo.«[200]

Der Bundesvorsitzende der Deutschen Polizeigewerkschaft (DPolG), Rainer Wendt, sagt: »Die Post ist keine sichere Angelegenheit mehr.« Gewerkschaftschef Wendt spricht von 3240 registrierten Vorfällen im vergangenen Jahr. Inklusive der Dunkelziffer dürfte die Zahl noch höher liegen, meint er.

Die Deutsche Post hält die eigene Diebstahlstatistik bewusst zurück. »Kein Postdienstleister veröffentlicht die Zahlen«, redete sich Unternehmenssprecher Dirk Klasen heraus. Die Post befürchte einen Imageschaden und einen Wettbewerbsnachteil. Die Vorfälle seien aber verschwindend gering. Subunternehmer könne man nicht per se als »schlechtere Menschen« abstempeln.[201] Will sagen: Nicht *alle* sind so wie die beiden einschlägig Vorbestraften, die das Landgericht Trier im September 2005 wegen Diebstahls ganzer Lkw-Ladungen an Briefen und Päckchen mit insgesamt 15 000 Euro Bargeld zu mehrjährigen Haftstrafen verurteilte.[202]

Überhaupt sieht Klasen – es sind ja schließlich nicht *seine* verschollenen Gelder und Wertsachen – das alles nicht so verbissen: »Gegen Organisierte Kriminalität sind auch wir nicht gefeit.«[203]

»Betrug, Bestechung, Doping«, überschrieb der *Stern* schon im Juni 2008 eine Art Skandalbilanz der Deutschen Telekom. »Aktionärsklagen, verschwundene Kundenreklamationen, ein vom Doping verseuchtes Radteam und nun das: Die Telekom bespitzelte Mitarbeiter und Journalisten. Das ehemals staatliche Unternehmen ist – bei genauerem Hinsehen – schon seit Jahren ein Hort handfester Skandale.[204]

»Ein einziger Sauhaufen«, kommentiert der Volksmund so etwas. Und nicht viel anders äußerte sich Ex-Innenminister Gerhart

Baum, damals Rechtsvertreter der Arbeitnehmer im Aufsichtsrat: »Was bei der Telekom geschehen ist, sprengt alle Dimensionen. Die Telekom hat ihre eigenen Mittel für ein gesetzwidriges Verhalten benutzt. Das ist, als ob die Bundesdruckerei sich selbst Geld drucken würde.« Er sei »empört über die menschenverachtende Grundhaltung der Telekom, die die Verantwortlichen geleitet hat. Es geht ja nicht nur um Rechtsverletzungen. Hier hat eine Denkweise um sich gegriffen, die über Grundrechte der Menschen rücksichtslos hinweggeht.«[205]

Die Überwachungsaffäre der Telekom von 2005/2006 zählt zu den »größten Skandalen der deutschen Unternehmensgeschichte«.[206] Die damaligen Konzernbosse hatten fieberhaft nach einem Insider gefahndet, der die Presse mit Firmen-Interna versorgte. Dutzende von Aufsichtsräten, Gewerkschaftern und Journalisten wurde durch Erfassung ihrer Telefon- und Handyverbindungsdaten systematisch ausspioniert. Ex-Aufsichtsratschef Zumwinkel und Ex-Konzernchef Ricke wurden anfangs verdächtigt, von der illegalen Schnüffelei gewusst oder sie sogar angeordnet zu haben; dies ließ sich aber nie nachweisen.

Als »Bauernopfer« erhielt dagegen Ende November 2010 der frühere leitende Angestellte der Sicherheitsabteilung Klaus Trzeschan vom Landgericht Bonn wegen Verletzung des Fernmeldegeheimnisses, Treue und Betrugs dreieinhalb Jahre Haft.[207]

Wie üblich mit einem zartblauen Auge kamen die Ex-Chefs davon. »Telekom-Affäre endet glimpflich für Ricke und Zumwinkel«, kommentierte die *Financial Times Deutschland* am 1. April 2011 resigniert. Das Duo hatte sich mit dem Konzern auf Vergleichszahlungen von je 600 000 Euro geeinigt, davon je 250 000 Euro aus eigener Tasche – die manch einer aus diesen Kreisen lose in der Hosentasche bei sich hat. Für den Rest kam eine Manager-Haftpflichtversicherung auf. Dafür verzichtete die Telekom auf alle weiteren Ansprüche.[208]

Und noch 'n Skandal: »Diebe klauten 17 Millionen T-Mobile-Kundendatensätze«, meldete *Spiegel Online* am 4. Oktober 2010. Bereits 2006 hatte die Telekom deshalb Anzeige erstattet. Betroffen waren außer Millionen unwichtiger Normalbürger »nicht nur viele Prominente aus Kultur und Gesellschaft wie Hape Kerkeling oder Günther Jauch, sondern auch eine erstaunliche Anzahl geheimer Nummern und Privatadressen von bekannten Politikern, Ministern, Ex-Bundespräsidenten, Wirtschaftsführern, Milliardären und Glaubensvertretern ...«. Die Daten, »die Handynummern, Adressen, Geburtsdaten und teilweise auch E-Mail-Adressen umfassen, wurden bereits im Internet in kriminellen Kreisen angeboten«.[209]

DATENSCHUTZ – NATÜRLICH NICHT WIE IN DER DDR

Nur bösartige Staatsfeinde vergleichen unseren Datenschutz mit dem in der Ex-DDR: Während nämlich unter Honecker zur Unterdrückung des Volkes jeder Bürger bis in die Unterhose ausspioniert wurde, wird bei uns zum Schutze von Demokratie und Menschenwürde jeder Bürger bis in den Slip ausspioniert. Wer nichts zu verbergen hat – wie zum Beispiel Heiner Geißler die Mitgliedschaft in der islamistischen Terrororganisation Attac –, kann diese demokratische Kontrolle auch nur begrüßen.

HORCH & GUCK

Zuweilen ist sogar der Gesetzgeber zu Scherzen aufgelegt: So kann einem – eigentlich – das illegale Abhören von Nachrichten über Telekommunikationswege bis zu zwei Jahre Gefängnis einbringen.[210] Ebenso strafbar sind Besitz, Herstellung, Vertrieb oder Import von Sendeanlagen, mit denen man »das nichtöffentlich gesprochene Wort« unbefugt übermitteln kann.[211] Im Geiste sieht man eine Stammtischrunde von Verfassungsschutzfaschos. Einer liest die entsprechenden Gesetzestexte vor, worauf alle in wieherndes Gelächter ausbrechen, sich auf die Schenkel klatschen und auf den Führer oder Stalin anstoßen.

Das Ausspionieren von Vorgängen und Inhalten in allen Bereichen der Telekommunikation ist außer im Grundgesetz auch im *Gesetz zur Beschränkung des Brief-, Post- und Fernmeldegeheimnisses sowie* im Strafverfahrens- und Polizeirecht[212] geregelt. Dazu zählen das Abhören von Telefonaten, das Durchschnüffeln von E-Mails, SMS und Telefaxen sowie Funkzellenabfragen.[213]

Dass diese Gesetze noch weniger als andere das Papier wert sind, auf dem sie gedruckt sind, wurde durch einen Beweis deutlich, wie er schlagender nicht sein kann: Selbst unsere Kanzlerin persönlich wurde Opfer illegaler Videoüberwacher. Im März 2006 bestätigte der Wachdienst des Pergamonmuseums die Vermutung, dass diese Zunft großenteils aus gemeingefährlichem, kriminellem Abschaum besteht: Mit einer ferngesteuerten Videokamera gafften die Psychopathen direkt in Merkels gegenüberliegende Gemächer und führten diese voyeuristische Selbstbefriedigung sogar Pressevertretern vor.[214]

Aber was soll's? Was technisch möglich ist, wird irgendwann von irgendwem auch gemacht. Wundere sich also niemand, wenn er Intimszenen aus seinem Schlafzimmer plötzlich im Internet oder in Pornoshops findet. Dass es schwarze Schafe wie überall auch bei den Staatsorganen gibt, könnte mühelos mit ganzen Bibliotheken belegt werden, und »Nebentätigkeiten« von Staatsdienern sind ja beileibe keine Seltenheit.

Und vom Verdacht der globalen Internetschnüffelei mittels Facebook & Co., in den sogar die berüchtigte *Schufa* verstrickt war,[215] wollen wir erst gar nicht reden.

Immerhin erklärte das Bundesverfassungsgericht am 24. Januar 2012[216] eine Regelung für verfassungswidrig, die Polizei und Nachrichtendiensten den Zugriff auf Passwörter und PIN-Codes etwa zum Durchsuchen beschlagnahmter Handys oder gespeicherter Dateien erlaubt. Karlsruhe setzte dem Gesetzgeber eine Frist bis zum 30. Juni 2013, um die Sache halbwegs legal zu gestalten. Ebenso verboten die Richter die Auskünfte über die Inhaber von sogenannten dynamischen IP-Adressen, mit denen vor allem Privatpersonen normalerweise im Internet surfen.[217]

EIN KLEINER DATENVORRAT KANN NIX SCHADEN

»Erklärter Zweck der Vorratsdatenspeicherung ist die verbesserte Möglichkeit der Verhütung und Verfolgung von schweren Straftaten«, heißt es bei Wikipedia. An Bankster, Steuerbetrüger oder käufliche Politiker hat man da wohl weniger gedacht, eher schon an die Normalos: Man weiß ja nie, ob sich Bürger X nicht später mal Attac, den Jusos oder Amnesty International anschließt, also quasi den Taliban.

Und da kann es nicht schaden, mittels Vorratsdaten das »Kommunikationsverhalten« jedes Bürgers zu durchleuchten. »In dem Maße, in dem die Telekommunikation zunimmt, wird die Bedeutung solcher Analysen für die Erstellung von Persönlichkeitsprofilen wachsen.«[218]

Derlei totalitären Phantasien einiger Politiker schob das Bundesverfassungsgericht allerdings einen Riegel vor und erklärte die deutschen Vorschriften zur Vorratsdatenspeicherung mit Urteil vom 2. März 2010 wegen Verstoßes gegen Artikel 10, Absatz 1 des Grundgesetzes (»Das Briefgeheimnis sowie das Post- und Fernmeldegeheimnis sind unverletzlich.«) für verfassungswidrig und nichtig. Das Urteil verpflichtet deutsche Telekommunikationsanbieter zur sofortigen Löschung der bis dahin gesammelten Daten. Das Gesetz zur anlasslosen Speicherung umfangreicher Daten sämtlicher Nutzer elektronischer Kommunikationsdienste sehe keine konkreten Maßnahmen zur Datensicherheit vor. Zudem seien die Hürden für staatliche Zugriffe auf die Daten zu niedrig.[219]

Im Februar 2011 stellte der Wissenschaftliche Dienst des Deutschen Bundestages in einem Rechtsgutachten sinngemäß klar, Vorratsdatenspeicherung und EU-Grundrechtecharta könnten niemals unter einen Hut gebracht werden.[220]

Zudem hielten sich bis dato die Erfolge der Vorratsdatenspeicherung in einem sehr kleinen Rahmen«. Fazit des Gutachtens: »Zweck und Mittel stehen hier zumindest nicht in einem ausgewogenen Verhältnis.«[221]

Eine weitere Analyse des Wissenschaftsdienstes vom März 2011 ergab, die Vorratsdatenspeicherung habe in keinem EU-Land »zu einer signifikanten Änderung der Aufklärungsquote von Straftaten geführt«.[222]

Eine der wenigen integren deutschen Spitzenpolitiker, Bundesjustizministerin Sabine Leutheusser-Schnarrenberger (FDP), wurde wegen ihres verfassungsrechtlich gebotenen Neins zur Vorratsdatenspeicherung im Sommer 2012 zur Zielscheibe des für christliche Demokraten typischen Psychoterrors und Mobbings. CSU-Rechtsaußen Hans-Peter Uhl beschimpfte sie wüst als »Sicherheitsrisiko für Deutschland«. Unionsfraktionsvize Günter Krings aus der christdemokratischen Partei Hans Globkes – Kommentator der Nürnberger Rassegesetze und ab 1953 unter Bundeskanzler Konrad Adenauer Chef des Bundeskanzleramts und »Paradebeispiel für die personelle Kontinuität der Verwaltungseliten zwischen dem nationalsozialistischen Deutschland und der frühen Bundesrepublik Deutschland«[223] – nannte die FDP-Justizministerin einen »Bremsklotz für die Bundesregierung«.[224] Bremsklotz wobei? Auf der Reise in Richtung Polizeistaat?

Ex-Innenminister Gerhart Baum jedenfalls warnt eindringlich: »Wir müssen weiter gegen das Übermaß staatlicher Eingriffe dieser Art kämpfen. Der Überwachungsstaat geht schon jetzt viel zu weit. Wir müssen uns darauf konzentrieren, dass die Unmengen von persönlichen Daten, die überall gespeichert werden, nicht dazu führen, dass wir zu gläsernen Menschen werden, und unsere Menschenwürde dadurch verletzt wird, dass andere etwas über uns wissen, was nur uns selbst etwas angeht.«[225]

WASSER, STROM USW.: VERSORGUNGSQUELLEN FÜR PROFITGANGSTER

Strom kommt aus der Steckdose und Wasser aus dem Hahn. Mit diesem sorglosen Bewusstsein werden die Bundesbürger seit Generationen groß, und dies auch völlig zu Recht – solange diese elementare Grundversorgung, ohne die keine Gesellschaft funktionieren kann, in den Händen des Staates und hier von verantwortungsbewussten und kompetenten Politikern liegt. Ganz anders sieht die Sache aus, wenn – befeuert durch Korruption oder psychopatisch-esoterischen Privatisierungswahn – diese Schlüsselbereiche der Gesellschaft ganz oder teilweise in die Hände skrupelloser, moralfreier und keinem anderen Ziel als der über Leichen gehenden Profitmaximierung verpflichteter Privatunternehmen gelegt werden.

Ein Paradebeispiel liefert einmal wieder Berlin, dass spätestens seit dem gut zehnjährigen schwarz-roten Berliner Bankenskandal (ca. 1995 bis 2005) für die nächsten Jahrzehnte als europäisches Mekka und Synonym für Korruption, Kriminalität und Inkompetenz in Sachen Wirtschaft und Politik gelten dürfte.

WASSER – FLÜSSIGES GELD

Diesmal geht's ums Wasser. 1999 verscherbelten die schwarz-roten Parlamentsmachtinhaber im Namen des Land Berlin 49,9 Prozent der Berliner Wasserbetriebe (BWB) im größten Vermögensgeschäft der Stadtgeschichte Berlins für umgerechnet 1,69 Milliarden Euro an RWE und Vivendi (heute Veolia).

Den entsprechenden dubiosen Vertrag erklärte der Berliner Verfassungsgerichtshof bereits im Oktober 1999 für teilweise verfassungswidrig. Zwar sei es legitim, den privaten Gierschlunden für ihre Anlagen Zinsen in Höhe der durchschnittlichen Rendite zehnjähriger deutscher Bundesanleihen zu zahlen. Dass der Senat den Nimmersatts aber noch zwei Prozent drauflegen wollte, ging den Verfassungshütern dann doch zu weit.

Da aber für gewisse Politiker der Hauptfeind nicht nur die Bevölkerung, sondern auch die Verfassung ist, schloss man mit den privaten Raffkes halbseidene Geheimverträge. »Wenn der Paragraph des Gesetzes, in dem die Höhe der fiktiven Zinsen vorgegeben wird, für verfassungswidrig erklärt wird, muss das Land für die Folgen aufkommen: Es muss den privaten Anteilseignern der Wasserbetriebe (die sich in der BB-AG zusammengeschlossen hatten) die entgangenen Gewinne ersetzen.«[226]

Die Folge: »Um nunmehr den privaten Konzernen ihre verfassungswidrige Beute heimlich zuzuschanzen und sie schadlos zu stellen, musste das Land auf einen Teil der ihm zustehenden Gewinne verzichten. Obwohl die Konzerne fast gleich viele Anteile an den Wasserbetrieben halten wie das Land Berlin, erhielten sie einen deutlich höheren Anteil an den Gewinnen.« Die tatsächliche Eigenkapitalrendite der Konzerne aus dem Deal habe seit etwa 2004 bei durchschnittlich 10,5 Prozent gelegen.[227]

Da cleveren Leutchen wie dem damaligen rot-grünen Wowereit/Wolf-Senat Hinweise auf Recht, Gesetz und Verfassung nur ein müdes Lächeln abnötigen, initiierte die Organisation *Berliner Wassertisch* im Juni 2007 ein erstes Volksbegehren *Unser Wasser* unter dem Titel *Schluss mit Geheimverträgen – Wir Berliner wollen unser Wasser zurück*[228] für einen entsprechen Volksentscheid. Nach jahrelangem Hickhack war am 13. Februar 2011 erstmals in Berlins Geschichte ein Volksentscheid erfolgreich. Dadurch wurde ein Gesetzentwurf zur Offenlegung der Teilprivatisierungsverträge bei den BWB angenommen. Andernfalls werden sie unwirksam, ebenso wie alle anderen Verträge zu Teilprivatisierungen. Da aber offenbar auch dem neuen schwarz-roten Senat – alte Kumpels aus Zeiten des Bankenskandals – Gerichtsurteile häufig schnuppe sind und sie die Offenlegung der heimlichen – also eigentlichen – Verträge wohl zu Recht fürchten wie mancher Politiker das Volk, ist eine Ende des Streits nicht absehbar.

Eine vorhersehbare Folge der Privatisierung stellte im Jahre 2011 das Bundeskartellamt fest: Die Wasserpreise könnten um bis zu 25 Prozent überhöht sein.[229] Ähnlich äußerte sich ein Kartellamtsvertreter vor dem Senats-Sonderausschuss »Wasserverträge« im Mai 2012.[230]

Wasser wird knapp

Aber astromische Wasserpreise sind eine Sache, akute Wasserknappheit eine ganz andere.

Wirklich? Klimawandel und Bevölkerungszuwachs gefährden laut einer UN-Studie langfristig die weltweite Wasserversorgung.[231] »Bis 2070 wird die Wasserknappheit auch in Mittel- und Südeuropa zu spüren sein«, warnt der Weltwasserbericht der UNESCO.[232]

2070 – »da bin ich doch längst tot«, sagt sich der typische eigennutzbesessene »Nach mir die Dürre«-Marktradikale. Und dass derzeit noch 89 Prozent der Weltbevölkerung täglich sauberes Wasser haben, wird er gemeinsam mit den braunen oder bigotten »Patrioten« als Erfolg verbuchen – was interessieren sie die Wilden in den Armutsregionen? »Die Welt kann aber noch keinen Sieg feiern, solange elf Prozent der Menschheit – 783 Millionen Menschen – keinen Zugang zu einer sauberen Quelle haben«, schreibt diesem egomanischen Abschaum der UNICEF-Direktor Anthony Lake ins Stammbuch.[233]

Eine Schlüsselrolle bei der drohenden Katastrophe spielt auch hier das wichtigste Instrument des Turbokapitalismus: die Korruption. »Korruption im Wassersektor ist Ursache und Auslöser für die globale Wasserkrise, die Milliarden Menschenleben bedroht und die Umweltzerstörung verschlimmert«, stellte bereits der *Global Corruption Report 2008* von Transparency International fest.[234] »An jedem Punkt der Wasserversorgungs- und Abwasserkette kann es zu Korruption kommen: von der Planung und Finanzierung über den Bau bis hin zur Inbetriebnahme und Instandhaltung von Wassernetzen versickern Investitionen, wodurch die Preise steigen und die Wasserversorgung leidet.«[235]

MIT VOLLER KRAFT
DEM STROMKOLLAPS ENTGEGEN

Das marode deutsche Stromnetz und seine gefährlichen Folgen sorgen seit Jahren für Schlagzeilen.

»Droht uns bald das Stromchaos?«, fragte *News.de* bereits im Januar 2011. Damals warnte Bundeswirtschaftsminister Rainer Brüderle in seinem Elektrizitätsbericht vor überlasteten Stromnetzen. Fehlende Leitungen erhöhten die Gefahr von Stromausfällen. Schon in naher Zukunft drohten gravierende Störungen im deutschen Stromnetz.[236]

»Netz überlastet: Deutschland braucht Notstrom aus Österreich« hieß es am 5. Januar 2012 im *Hamburger Abendblatt*.[237] »Kritische Netzsituationen« im Dezember 2011, und im Februar 2012 meldete auch *Welt Online,* Auslöser sei der wegen des kalten Winters erhöhte Stromverbrauch in Süddeutschland und Frankreich gewesen: Fehlende Kraftwerkskapazitäten im Süden hatten zu einer Überlastung der Stromleitungen in Nord-Süd-Richtung geführt. Zum Teil mussten Reservekraftwerke in Österreich einspringen.«[238]

»Die Energiewende gilt als zentrales Projekt der Regierung Merkel«, lästert der *Spiegel* im März 2012. Doch auch der Energiegipfel der Kanzlerin mit den Länderchefs brachte wenig Fortschritt. Wieder kaum konkrete Beschlüsse – abgesehen von dem gegenseitigen Versprechen, sich künftig halbjährlich zu treffen.«[239] End- und folgenloses Gelaber, dabei könnte es bald im doppelten Wortsinn »zappenduster« werden.

»Stromnetz geht plötzlich auf Alarmstufe ›gelb‹«, berichtete *Welt Online* am 1. April 2012. »Das deutsche Stromnetz kommt offenbar auch nach Ende der kalten Jahreszeit sehr schnell an die Grenzen seiner Leistungsfähigkeit. Am 28. März 2012 kam es zu einem brenzligen Vorfall im Stromnetz. Die Ampel des ›Real-

time Awareness und Alarm Systems‹ der Netzbetreiber schaltete auf ›Gelb‹. Nur Notmaßnahmen retteten den Betrieb.«[240]
»Deutschland entgeht Blackout – knapp«, trompetete auch *Bild.de* am 2. April 2012.

Unter Berufung auf das Büro für Technikfolgen-Abschätzung beim Deutschen Bundestag (TAB) betreibt »Volkes Stimme« – diesmal berechtigte? – Panikmache: »BLACKOUT – WAS WÄRE, WENN...
Allein der Zusammenbruch der Telekommunikation, des Internets, von Rundfunk und Fernsehen hätte dramatische Folgen, heißt es. Das batteriebetriebene Radio würde zum wichtigsten Kommunikationsmedium.
Auch der Bahnverkehr wäre massiv betroffen, Hunderte Züge und U-Bahnen würden liegenbleiben, Zehntausende Menschen eingeschlossen sein.
In Häfen wie Hamburg könnten Schiffe nicht mehr be- und entladen werden.
Düster auch das Bild auf der Straße: »Aufgrund ausgefallener Ampelanlagen, Verkehrsleitsysteme und Straßenbeleuchtungen kommt es unmittelbar zu starken Behinderungen vor allem in städtischen Gebieten. Es ist eine deutliche Zunahme an Verkehrsunfällen zu beobachten – mit Verletzten und vereinzelten Todesopfern«, wird in dem Bericht ausgeführt.
Die Wasserversorgung, aber auch viele der 10 000 Kläranlagen könnten mangels Strom für die Pumpen ebenfalls kollabieren.
Besonders dramatisch: Die Versorgung mit Lebensmitteln würde kaum noch funktionieren. »Um Lebensmittellieferungen, ausgegebene Essensrationen oder knappe Lebensmittel in den wenigen noch betriebenen Filialen entbrennen Streitigkeiten und

> *heftige, oft körperliche Auseinandersetzungen, die nicht immer von den Ordnungskräften geregelt werden können«, beschreibt der Bundestagsbericht das Szenario.*
>
> *Alte, Kranke oder Kleinkinder, würden unter der Lage leiden. Zudem können die rund zweitausend Krankenhäuser sich nur kurze Zeit selbst mit Strom über Generatoren versorgen. Bereits nach 24 Stunden wäre das Gesundheitswesen massiv beeinträchtigt. Geldautomaten stünden mit Beginn des Stromausfalls nicht mehr zur Verfügung.[241]*

»Stromversorgung in Deutschland ist gefährdet«, setzte das Boulevardorgan am 7. Mai 2012 nach. »Behörden schlagen Alarm! – Stromversorgung in Deutschland gefährdet – Deutschlands Stromnetze sind marode, eine sichere Versorgung wird immer schwieriger. Demnach stieg die Anzahl der kritischen Netzsituationen im Vergleich zum Vorwinter extrem an. Die Betreiber der Übertragungsnetze mussten teilweise massiv in die Stromautobahnen eingreifen, z. B. durch Hoch- und Herunterfahren von Kraftwerken.«[242]

Aber was wäre eine Verrottung des Netzes ohne Profit und Preistreiberei der Konzerne? »Strom ist für viele Deutsche unbezahlbar geworden«, klagte *Welt Online* am 29. April 2012. »Die Präsidentin des Sozialverbandes VdK, Ulrike Mascher, wirft der Bundesregierung deshalb vor, ›die soziale Dimension der Energiewende nicht im Blick‹ zu haben. ›Bei niedrigen Einkommen schlagen die steigenden Stromkosten voll durch.‹« Klaus Müller von der Verbraucherzentrale Nordrhein-Westfalen schätzt: »Zehn bis 15 Prozent der Bevölkerung kämpfen damit, die stetig steigenden Energiekosten zu finanzieren … Früher war Energiearmut ein Randphänomen, doch mittlerweile ist es für viele ein Alltagsproblem geworden.« Laut Umfrage der Verbraucherschützer bei den Energieversorgern würden jährlich rund 600 000 Haushalten wegen Stromschulden die Zufuhr gesperrt. Allein im Jahr 2011 waren die Preise um rund zehn Prozent erhöht – Ende nicht absehbar.

Doch der Kleinen Leid – der Großen Freud: »Netzagentur kritisiert Entlastungen für Industrie«, meldete *Spiegel Online* am 15. Mai 2012.

»Einige hundert Firmen verbrauchen rund 18 Prozent des deutschen Stroms, zahlen aber nur 0,3 Prozent der Umlage für erneuerbare Energien. Das geht aus einem Bericht der Bundesnetzagentur vor. Das Papier liegt der Regierung seit Monaten vor[243] – wurde aber erst nach der NRW-Wahl veröffentlicht. Es ist ein spannendes Dokument … Doch die Publikation erfolgte still und leise, ohne Pressemitteilung oder sonstigen öffentlichen Hinweis.« Draufzahlen müssten laut Netzagentur »vor allem gewerbliche Kleinverbraucher und private Haushalte«, auf die rund 2,5 Milliarden Euro abgewälzt werden.[244]

Und es soll noch schlimmer kommen: »Strompreise steigen bis 2025 um 70 Prozent«, prophezeit *Welt Online*. Dies aber gefährde Experten zufolge den Wirtschaftsstandort Deutschland. »Wenn die Strompreise so drastisch steigen, fürchten wir um die Konkurrenzfähigkeit deutscher Unternehmen«, unkte der Karlsruher IHK-Präsident Bernd Bechtold. »Wir haben aktuell schon die höchsten Strompreise in der EU.« In Frankreich etwa koste der Strom 40 Prozent weniger.[245]

Für den Normalbürger ist makabererweise ausgerechnet ein menschenverachtender Tipp aus dem deutschnationalen Herrenmenschensumpf angesichts der astronomischen Energiepreise der zweckdienlichste: »Wenn die Energiekosten so hoch sind wie die Mieten, werden sich die Menschen überlegen, ob sie mit einem dicken Pullover nicht auch bei 15 oder 16 Grad Zimmertemperatur vernünftig leben können«, empfahl Thilo Sarrazin allen Nichtmillionären.[246]

»Kurzschluss beim Strom«, unkte auch *Focus Online.* »Jedes Bundesland plant seine eigene Energiewende – statt sich mit den Nachbarn abzustimmen. Milliarden werden verschwendet, das Großprojekt ist in Gefahr.«[247]

DER SKANDAL IM SKANDAL: MONOPOL STATT KONKURRENZ

Ob Kommunikation oder Verkehr, Wasser oder Energie, Stadtbilder oder Müllentsorgung: Fast alle Kernbereiche unserer Infrastruktur tragen das Gütesiegel »überteuert und unzuverlässig«.

Nun ist die Übergabe der öffentlichen Grundversorgung, also der Kernaufgaben des Staats in die Hand halbseidener Profitjäger, an sich schon verantwortungslos. Endgültig zum Megaschaden für das Gemeinwohl aber gerät sie, weil die technischen Voraussetzungen gar keine Konkurrenz zulassen: Nicht zufällig sind die privaten Profitjäger und ihre Erfüllungsgehilfen in der Politik ausgerechnet gerade in jenen Branchen besonders hemmungslos gierig, wo der vorgebliche Wunderheiler *Freier Wettbewerb* praktisch meist unmöglich ist und, wie Erhard Eppler schreibt, »ein öffentliches durch ein privates Monopol ersetzt wird ... Es lohnt sich eben nicht, zwei oder drei Wasserleitungen nebeneinanderzulegen.« Ebenso könne ein Münchener ja kaum auf die Stuttgarter Straßenbahn umsteigen.[248]

Die scheinbare »Vielfalt der Anbieter« grenzt also an Betrug: Es ist bestenfalls eine Konkurrenz der Mieter von Leitungssystemen, die einem Monopolisten gehören.

Werden also »bloß staatliche Monopole in private umgewandelt«, meint Gereon Asmuth in der *taz,* »nennt man das nicht Liberalisierung, sondern Ausbeutung«.[249]

Die Privatisierung der »Kernbereiche« des Staates senkt überdies nicht nur systematisch die Lebensqualität seiner Bürger, sondern behindert und gefährdet zusehends auch die gesamte Wirtschaft. Unberechenbarkeit in Infrastrukturzentren wie Wasser und Energie, Post und Bahn schadet auch allen anderen Branchen.

Es bedarf keines Kommentars, dass ausgerechnet das Bollwerk des Marktradikalismus auf die Zerschlagung der Energiekonzerne drängte. »Deutsche Bank fordert Zerschlagung der Stromkonzerne«, verkündete *Spiegel Online* im März 2007. »Ideal wäre eine vollständige Trennung der Stromerzeugung von den Netzen« heißt es in einer Studie des Geldinstituts. »Bis dato ermöglichen die Leitungsmonopole den Stromkonzernen, die Konkurrenten klein und die Preise hoch zu halten.« Wichtigstes Mittel für mehr Wettbewerb sei daher eine vollständige Entflechtung der Energiekonzerne. »Das hat es noch nicht gegeben«, wundert sich der *Spiegel.* »Das Bollwerk des Kapitalismus stellt bestehende Eigentumsrechte in Frage.«[250]

»Mit Marxismus hat das nichts zu tun«, versicherte Studienautor Josef Auer eilfertig. »Es geht uns einfach um mehr Wettbewerb – im rein marktwirtschaftlichen Sinne.«[251]

Verstaatlichung als Notbremse?

Inzwischen reagiert sogar die CDU auf die untrüglichen Zeichen der selbstzerstörerischen Kräfte unserer Variante der Marktwirtschaft. »McAllister will Stromnetze zum Teil verstaatlichen«, erschreckte das *Handelsblatt* im Jahr 2012 ausgerechnet am »Kampftag der Arbeiterklasse«, dem 1. Mai, seine Leser. Niedersachsens Ministerpräsident reagierte damit auf den schleppenden Ausbau der Stromnetze.[252]

Und auch die Bürger werden langsam wach, ungeduldig und aktiv. Inzwischen wollen immer mehr Kommunen ihre Stromnetze zurückkaufen. In Hamburg kämpft dafür die Initiative *Unser Hamburg – Unser Netz,* in Oldenburg (Niedersachsen) und im Remstal (Schwaben) Energiegenossenschaften. Einige Städte und Gemeinden ließen bereits Taten folgen. So kaufte 2008 Rüsselsheim (Hessen) seine Stromnetze zurück, 2012 Titisee-Neustadt und bereits 1997 Schönau (beide Baden).
Selbst in Berlin ist derzeit eine *Genossenschaft Bürgerenergie Berlin* aktiv. Ende 2014 läuft der aktuelle Konzessionsvertrag mit Vattenfall ab, über die Zeit danach entscheidet das Parlament, und die Genossenschaft will sich bewerben, braucht dafür aber je nach Gutachten zwischen 300 Millionen und 3 Milliarden Euro. Die Stromnetze sollen zurück in Bürgerhand, erneuerbare Energien sollen Vorfahrt erhalten – und vor allem soll der Gewinn aus dem Betrieb des Stromnetzes nicht länger an den schwedischen Energiekonzern Vattenfall fließen.
An *alle* Berliner allerdings auch nicht, sondern nur an jene, die mindestens 500 Euro in die Genossenschaft einzahlen. Die Eigenkapitalrendite soll bei effizientem Betrieb zwischen 7 und 9 Prozent betragen – eine lohnende Geldanlage.[253]

Der Fall Mappus
Ein Paradebeispiel dafür, dass dem Bürger der Jubel über den Rückkauf wichtiger Infrastrukturbetriebe von privaten Profitjägern im Hals stecken bleiben kann, bietet allerdings eine besonders abstoßende Schmierenkomödie aus dem Musterländle der Cleverles. Ende 2010 kaufte das Land Baden-Württemberg vom französischen Konzern EDF 45 Prozent der Anteile der Karlsruher *Energie Baden-Württemberg AG (EnBW),* des nach E.ON und RWE drittgrößten deutschen Energieunternehmens, für ins-

gesamt 4,7 Milliarden EUR zurück – für die *Süddeutsche* »Ein Deal mit G'schmäckle«. CDU-Ministerpräsident Stefan Mappus hatte für den Deal am Landtag vorbei ausgerechnet die Investmentbank Morgan Stanley eingeschaltet, deren Deutschlandchef Dirk Notheis sein langjähriger enger Vertrauter war und im Beirat des CDU-Landesvorstands saß.[254]

Am 6. Oktober 2011 erklärte der Staatsgerichtshof Baden-Württemberg die Umgehung des Parlaments beim Rückkauf der EnBW-Anteile mittels Notbewilligungsrecht durch die damalige Regierung Mappus für verfassungswidrig.[255]

Seit 3. Februar 2012 befasst sich ein Untersuchungsausschuss im Stuttgarter Landtag mit dem Skandalgeschäft. Doch schon fünf Tage später gab die Staatsanwaltschaft Stuttgart – inzwischen weisungsgebunden gegenüber Ministerpräsident Winfried Kretschmann – in der Ära grün-schwarzer Träume Entwarnung für seinen Vorgänger: Ihm drohe kein Untreueverfahren, erwähnter Staatsgerichtsbeschluss zur Verfassungswidrigkeit hin oder her.[256]

Allerdings verrät der *Spiegel:* »Die vertrauliche Fassung eines Berichts der baden-württembergischen Landesregierung ... nährt den Verdacht, dass bei dem 4,7-Milliarden-Geschäft vor allem die Interessen von Morgan-Stanley-Chef Dirk Notheis und Ex-Ministerpräsident Stefan Mappus im Vordergrund standen. Aus dem Bericht ... wird deutlich, dass offenbar nicht der französische Energiekonzern und Anteilseigener EDF das Aktiengeschäft forcierte, sondern Mappus selbst. Zudem wird deutlich, dass bei dem Deal die Investmentbank Morgan Stanley teilweise mit sich selbst verhandelte. Nicht nur Mappus, sondern auch die EDF hatte offenbar Morgan Stanley mandatiert.«[257]

Am 20. April 2012 betonte Rechtsanwalt Martin Schockenhoff vor dem Ausschuss, seine beim Rückkauf beratende Stuttgarter Kanzlei *Gleiss Lutz* habe Mappus vor dem Umgehen des Landtags gewarnt. Mappus habe dies aber dennoch getan; auch habe der Kaufpreis früher festgestanden, als bislang von Mappus und Notheis behauptet.[258]

Im Mai 2012 verklagte die Landesregierung den Stromkonzern auf zwei Milliarden Euro Schadenersatz: Der Kaufpreis sei zu hoch gewesen.[259] In diesem Zusammenhang wurde kritisiert, dass das Land an EDF einen Aufschlag von 18 Prozent auf den Schlusskurs der EnBW-Aktie bezahlt habe, also etwa 850 Millionen Euro.[260]

Wir sehen also: Schmiergeldkoffer auf dem Bahnhofsklo war gestern, heute ist das höchst legale Ausnehmen der Bürger angesagt. Dabei sagt uns doch eigentlich schon der gesunde Menschenverstand: Wenn Marktwirtschaftsradikalinskis, die am liebsten auch noch das Bundesverfassungsgericht privatisieren würden, plötzlich für die Umwandlung von privatem in staatliches Eigentum optieren, ist irgendwas faul. »Privatisierung der Gewinne, Verstaatlichung der Verluste« – diese eherne Regel der Marktwirtschaft gibt es offenbar in ebenso vielen Varianten wie Schachpartien.

Einstweilen kassieren die Energiekonzerne ungehemmt wie eh und je.

»Ausbau der Stromnetze kostet 30 Milliarden«, schockierte *Spiegel Online* seine Leser am 29. Mai 2012. Dies hätten die Netzbetreiber bis 2022 angedroht.[261] Tja, so ein Zweitprivatjet, der Unterhalt eines Mätressenharems und die Verwandlung einer Mathe-Fünf in eine Eins für den grenzdebilen Stammhalter auf einem Schweizer Internat gibt's halt auch nicht umsonst.

ALLES BIO ODER WAS? ENERGIEWENDE UND ANDERE NEBELKERZEN

Es war einmal ein Duo, das man getrost als die asozialste Bundesregierung aller Zeiten bezeichnen kann: das rot-grüne Duo Schröder/Fischer. Hartz IV, der Wiedereinstieg in die berüchtigte deutsche Angriffskriegstradition, die Senkung des Spitzensteuersatzes von 53 Prozent (noch unter Helmut Kohl) auf 42 Prozent und die Körperschaftssteuerreform ...[262] Nachdem sie seit 1998 so ziemlich das Gegenteil aller Wahlversprechen durchgepeitscht hatten, mussten sie wenigstens an einer Stelle ein wenig volksfreundlich tun. Und so *verabschiedete* man im doppelten Wortsinne anno 2000 den »Atomkonsens«.

ATOMAUSSTIEG: DAS GROSSE HIN UND HER

Im Herbst 2010 war dann wieder Schluss mit lustig, und die schwarz-gelbe Regierung Merkel beschloss eine deutliche Laufzeitverlängerung zwischen acht und vierzehn Jahren für die damals siebzehn deutschen Kernreaktoren.
Im März 2011 kam dann – wer nicht hören will, muss fühlen – der Tsunami von Fukushima in Japan. Nach mehreren Erdbeben, Ausfällen von Kühlsystemen, Explosionen und Bränden kam es zur Kernschmelze und zum Austritt großer Mengen radioaktiver Stoffe in die Umwelt. Da bekam es selbst die Bundesregierung mit der Angst zu tun und verkündete ein dreimonatiges Atom-Moratorium. Am 6. Juni 2011 verkündete das Kabinett Merkel II das Aus für acht Kernkraftwerke und den stufenweisen Atomausstieg bis 2022.[263]

Am 30. Juni 2011 beschloss der Bundestag in namentlicher Abstimmung mit großer Mehrheit das »13. Gesetz zur Änderung des Atomgesetzes« für die Beendigung der Kernenergienutzung und Beschleunigung der *Energiewende*.[264] Acht Kernkraftwerke mussten sofort dichtmachen, die übrigen neun bis 2022.[265]

In einer Mischung aus Sarkasmus und Panikmache bot Russland an, den Deutschen ab 2016 mit über Polen geleitetem Atomstrom bei Engpässen auszuhelfen.[266]

Mittlerweile sieht auch der Bundesverband der Energie- und Wasserwirtschaft (BDEW) die Energiewende als »unumkehrbar« an. So sagte Hauptgeschäftsführerin Hildegard Müller im April 2012: »Es geht nicht mehr darum, ob, sondern wie sie umgesetzt werden wird.« Zugleich forderte Müller von der Politik bis 2015 entsprechende »Rahmenbedingungen«.[267]

Auch das Zentralorgan der Finanzhaie, die *Financial Times Deutschland,* mischt sich ein: »Die Regierung muss sehr genau überlegen, wie viel Mehrkosten sie der Industrie zumuten kann. Die Unternehmen brauchen pragmatische Lösungen und klare Ansagen, auf die sie sich einstellen können.«[268]

Dass die Energiewende keinesfalls die goldenen Wasserhähne der Stromkonzerne gefährden dürfe, mahnte am 5. Juni 2012 in dem ihm eigenen bigott-pastoralen Schwurbeldeutsch auch unser aller Staatsüberhaupt Joachim Gauck an. »Es wird uns nicht gelingen, allein mit planwirtschaftlichen Verordnungen. Schon gar nicht mit einem Übermaß an Subventionen.«[269] Besonders betonte er, »dass umweltfreundliche Produktion sich für Unternehmen im Wettbewerb auszahlt«.[270]

»CHEFSACHE« KLIMASCHUTZ

In kaum einem Bereich trennt sich der sozial integre Weizen von der egoistisch neoliberalen Spreu wie im Umgang mit der Umwelt. Der ideale Mensch der Neoliberalen, der *homo oeconomicus,* strebt nach einem Höchstmaß an Einkommen, sozialem Ansehen, Macht und Karriere. Er handelt rational, während der Humanist, der auf seine Mitmenschen Rücksicht nimmt und mit den Schwächeren solidarisch ist, als irrational gilt, also »schön blöd«. Demnach ist es »irrational«, einem Bewusstlosen nachts im Park Erste Hilfe zu leisten und den Notarzt zu rufen, »rational« dagegen, ihm die Brieftasche zu entwenden und sich zu verdrücken.
Insofern ist in der Ideologie des Neoliberalismus und des *homo oeconomicus* die systematische Umweltzerstörung schon vorprogrammiert: Der rationale Egoist genießt sein Leben in seiner Villa am Starnberger See oder im Penthouse im steuergünstigen Zürich, während weltweit die Umwelt zerstört wird und der Klimawandel in vollem Gange ist. Was juckt es ihn, solange es nicht ihn selbst betrifft? Hauptsache, die Kasse stimmt.
Also ist es nur logisch, wenn Kanzlerin Merkel persönlich seit jeher nach dem Motto *Übertriebene Umwelterhaltung schadet der Wirtschaft* erbittert gegen »zu viel Klimaschutz«[271] kämpft. Allerdings gibt's selbst in der Union noch ehrliche, solidarische und motivierte Politiker. So brandmarkte der frühere UN-Chef-Umweltschützer Klaus Töpfer, ohne Merkel namentlich zu nennen, es als »ökonomisch und ökologisch unverantwortlich«, den Klimaschutz als »Verfügungsmasse« konjunkturpolitischer Überlegungen zu missbrauchen.«[272]
Gleiches gilt für die Nachhaltigkeit. Was interessieren den *homo oeconomicus*[273] die Nachfolgegenerationen? »Nach mir die Sintflut« heißt zwangsläufig sein Lebensmotto, und entsprechend wurscht sind ihm Natur und Umwelt. Dagegen gehört zum huma-

nistischen Menschenbild ebenso zwangsläufig die »Sorge um die Nachfolgegeneration« und der Schutz von »Mutter Erde«. Faseln also Spitzenpolitiker etwas von »Nachhaltigkeit« oder »Verantwortung für unsere Kinder und Enkel«, so handelt es sich meist um verlogenes Wahlkampfgeschwätz. Überzeugte Neoliberale interessiert es nicht die Bohne, was nach ihrer Zeit geschieht. »Sorge für unsere Nachkommen« klingt zumindest ehrlich besorgt und verantwortungsvoll, denn wie hört sich so etwas an: »Unsere besondere Verantwortung gilt dem Humankapital, dem Wohlstandsmüll und den Investoren der künftigen Generationen.«[274]?

Neoliberale Nachhaltigkeit und Zukunftssorge sind ein Widerspruch ist sich; daher sind und bleiben sie eine verlogene, menschenverachtende Lachnummer. Dabei wurden die Fieberwahnphantasien der neoliberalen Profitjäger von grenzenlosem Wachstum und unerschöpflichen Rohstoffressourcen schon im Jahr 1972, also vor über vierzig Jahren, durch die bis heute brandaktuelle Studie »Die Grenzen des Wachstums«[275] des *Club of Rome*[276] widerlegt. Die Studie wurde von den Marktradikalen jahrelang mit Hass und Häme bekämpft. Doch die nüchterne Analyse der Realität ist der psychopathischen Raffgier-Ideologie haushoch überlegen: »Angesichts des Klimawandels kann sie auch von wachstumsfixierten Ökonomen und Politikern kaum noch ignoriert werden«, lobte Carsten Kloth Anfang 2011 im *Tagesspiegel* die Studie.[277]

Vor diesem Hintergrund neoliberalen Denkens und Handels der Regierung ist es geradezu zwangsläufig, dass Deutschland sein Klimaschutzziel für 2020 nach Expertenmeinung verfehlen dürfte. Mit den bisherigen Maßnahmen könne die bis dahin geplante Reduzierung der Treibhausgase um 40 Prozent gegenüber 1990 nicht erreicht werden, befürchtet Klimaschutz-Regierungsberater Hans-Joachim Ziesing.[278] Damit widersprach er Behauptungen des Umweltbundesamtes, die Verringerung der CO_2-Emissionen habe sich »trotz sehr starker Konjunktur und Atomausstiegs« im Jahr 2011 weiter fortgesetzt.

Der damalige Umweltminister Norbert Röttgen (CDU) konterte natürlich entrüstet, schon mit den bis Mitte 2011 getroffenen Maßnahmen könne Deutschland die Emissionen bis 2020 um 35 Prozent reduzieren. Dabei habe die Energiewende gerade erst begonnen: »Deutschland ist auf einem guten Weg, sein Klimaziel nicht trotz, sondern aufgrund der Energiewende zu erreichen.« Die Klimabilanz des Jahres 2011 wertete er insgesamt als »großen Erfolg«.[279]

Ganz anderer Meinung ist der *Bund für Umwelt und Naturschutz Deutschland (BUND)*. Vor allem müssten die Kosten der Energiewende künftig gerechter verteilt werden«, forderte der Vorsitzende Hubert Weiger im Juni 2012. Bisher lasse die Bundesregierung zu, »dass sich immer mehr industrielle Stromverbraucher über die sogenannte ›besondere Ausgleichsregelung‹ im Erneuerbare-Energien-Gesetz aus der Umlage für regenerativ erzeugten Strom« verabschiedeten. »Wer die erneuerbaren Energien für steigende Strompreise verantwortlich macht, der täuscht die Verbraucher«, sagte Weiger. »Mehr als zwei Drittel der Preissteigerung haben nichts mit den erneuerbaren Energien zu tun.« Durch eine Streichung der Extrawürste könne die EEG-Umlage um etwa einen Cent gesenkt werden.

Den Atomfanatikern warf er Demagogie vor: »Es ist absurd, wenn wegen angeblich überhöhter Kosten für Windparks und Solaranlagen hoch subventionierte und hoch riskante Atommeiler länger am Netz bleiben sollen. Damit wird die Sicherheit der Bevölkerung aufs Spiel gesetzt.«[280]

BIOKOST, BIOWAFFEN, BIOGRAPHIE, BIODIESEL

Spätestens seit einige der stets hart an der Zumutbarkeitsgrenze operierenden Discounter und Supermärkte Fressalien mit der Vorsilbe *Bio* versahen, hat dieses Etikett als Kriterium für gesunde Ernährung und deren Herstellung jegliche Bedeutung verloren. Kaum etwas in den Läden und Regalen ohne diese Qualitätsvortäuschung; und bald wird es vermutlich auch Biozahnstocher, Biozigarren und Bioheroin geben. Bioklopapier und Biowaffen gibt's ja schon. Biokost, Biographien und Bios Bahnhof – egal was, Hauptsache *Bio*.

Insofern war die Erfindung und des Biodieselkraftstoffs nur zwangsläufig.

Glaubt man der renommierten Nachrichtenagentur EurActiv, so fällt eine ihr aus dem Umfeld der Europäischen Kommission zugespielte Studie ein vernichtendes Urteil über Biodiesel. Danach hat Sprit aus Palmöl, Raps und Soja eine schlechtere CO_2-Bilanz als Erdöl. Biodiesel aus diesen Pflanzen macht aber etwa 80 Prozent des gesamten Verbrauchs von Agrarkraftstoffen in der Europäischen Union aus – die Bedeutung der Ergebnisse ist also erheblich. Grund sind die gern verschwiegenen Treibhausgas-Emissionen, die durch die Düngung der Felder sowie durch Herstellung und Transport des Treibstoffs entstehen.

Global noch viel schlimmer aber ist das Roden von Regenwäldern für den Anbau von Energiepflanzen: »Dass die tropischen Waldgebiete nicht nur eine einzigartige Artenvielfalt besitzen, sondern auch viel Kohlendioxid binden, ist mittlerweile unstrittig«, betont der Berliner Journalist und Physiker Wolfgang Richter.

Daher schreibt die EU-Nachhaltigkeitsverordnung von 2008 vor, Biosprit müsse mindestens 35 Prozent CO_2-Äquivalente gegenüber herkömmlichem Benzin und Diesel einsparen, im Jahr 2018

sogar 60 Prozent. Zudem dürfen keine Urwälder mehr unmittelbar für den Agro-Sprit gerodet werden.
Aufgrund der von Bauernverbänden und Energiepflanzen-Lobby erbittert verteidigten materiellen Anreize geschieht dies aber natürlich doch. »Zum unwiederbringlichen Verlust einer CO_2-Senke kommen in diesem Fall noch die Treibhausgase, die durch Brandrodung entstehen.« Richters Schlussfolgerung: »Biodiesel muss verboten werden. Oder zumindest den fossilen Kraftstoffen gleichgestellt – denn mit Klimaschutz hat dieses Geschäft nichts mehr zu tun.«[281]

GESUNDHEITSRISIKO FEINSTAUB

Obwohl Umweltzonen und Feinstaubplaketten für Kraftfahrzeuge auf Druck der EU[282] schon seit 2008 gesetzlich vorgeschrieben sind,[283] ist die Umweltbelastung durch ebendiesen Feinstaub kaum geringer geworden. »Die Bilanz wirkt vernichtend«, räumte Ende 2011 sogar die *Financial Times Deutschland* ein. »Um gerade einmal sieben Prozent ist angeblich die Feinstaubbelastung in den Städten gesunken, die ihre Innenstädte für fahrende Rußschleudern gesperrt haben.«[284] Das Wirtschaftsblatt attackiert sogar die Industrie in sensationeller Schärfe: »Die Frage, ob solche Zonen sinnvoll sind, ist deshalb berechtigt. Die Antwort lautet dennoch ja. Dass Feinstaub ernste Gesundheitsgefahren wie Herz- und Atemwegserkrankungen birgt, ist so unbestritten wie die Tatsache, dass er zu einem großen Teil vom Straßenverkehr verursacht wird. Die durchschnittliche Reduktion von nur sieben Prozent könnte zudem die Erfolge der Zonen an den besonders belasteten Tagen verschleiern.« Und die Moralpredigt geht weiter: »Im gleichen Maße, wie der Nutzen der Umweltzonen unterschätzt werden kann, werden ihre Kosten vermutlich übertrieben.

Der bürokratische Aufwand für die Erteilung der Zufahrtsplaketten ist gering ... Mancher Aufschrei aus der Industrie klingt daher wie plattes Lobbyistengetöse ... Unternehmerverbände sollten noch einmal darüber nachdenken, welche Nachteile denn tatsächlich entstanden sind. Im Vergleich zum Nutzen der Umweltzonen scheinen sie durchaus akzeptabel.«[285]

UMWELTSCHUTZ UND KORRUPTION

Die im Nachhinein mehrheitsfähige und durchaus begründete These, die rot-grüne Regierung sei nicht nur im Vergleich mit ihren an Gewissenlosigkeit und Verlogenheit kaum noch zu überbietenden Wahlkampflügen, sondern auch summa summarum die asozialste, volksfeindlichste und gewissenloseste Regierung in der Geschichte der Bundesrepublik, wird ein weiteres Mal eindrucksvoll belegt durch einen nicht ganz unbekannten SPD-Funktionär: den damaligen SPD-Geschäftsführer (1999–2002), Matthias Machnig.

Seit Dezember 2005 beamteter Staatssekretär, kam Matthias Machnig wegen seiner Novellierung der Verpackungsverordnung ins Zwielicht: Über ein Jahr lang wollten ausgewiesene und – im Zusammenhang mit Rot-Grün nicht unwichtig – *integre* Experten die Pläne von Ex-Umweltminister Klaus Töpfer zur Müllvermeidung anpacken. Aber Machnig setzte sich sogar gegen Intelligenzbestien wie den CSU-Wirtschaftsminister und gelernten Müller Michael Glos durch, »zum Nutzen des ehemaligen Monopolisten für Verpackungsmüll, der Grüner Punkt Duales System Deutschlands GmbH«.[286]

Ins Gerede – gelinde gesagt – kam dieser Inbegriff sozialdemokratischen Anstands auch bei der Einführung von Dieselrußpartikelfiltern. Nach Recherchen der Deutsche Umwelthilfe (DUH) soll Machnig einem Abteilungsleiter die Zurückhaltung eines Gutachtens befohlen haben, das die Unwirksamkeit der Systeme eines Herstellers belegt. Mindestens hunderttausend Kraftfahrzeugbesitzer wurden laut Umwelt- und Verbraucherverband auf diese Weise betrogen. Aber zum Glück leben wir immer noch in einer Demokratie: Ende November 2007 verfügte das Landgerichtes Dessau die Veröffentlichung des entlarvenden Gutachtens.[287]

Bände, wenn nicht Bibliotheken über den moralischen Zustand der heutigen SPD spricht auch die Annahme von Freikarten für Spiele der Fußball-WM 2006 vom Energie-Hai EnBW. Lassen wir doch einfach die Fakten sprechen: »Das Verfahren gegen Machnig wurde … nur gegen Zahlung einer Geldbuße in Höhe von 2500 Euro eingestellt. Ein Freispruch sieht anders aus. In den Monaten nach der Einladung hatte der Umweltstaatssekretär wichtige Gespräche mit den großen Energiekonzernen zu führen, darunter die EnBW. Es ging um Emissionshandel, für die Unternehmen ein Verteilungskampf, wie Machnig einräumte. Utz Claassen wurde von dem Landgericht Karlsruhe zunächst von dem Vorwurf der Bestechung freigesprochen. Die Staatsanwaltschaft Karlsruhe hat aber Revision gegen den Freispruch eingelegt. Als beamteter Staatssekretär im BMU war Machnig auch für Emissionshandel zuständig.«[288]

Undurchsichtige Machenschaften

Wer Machnig kennt, kennt sie alle, könnte man fast sagen, denn seither hat sich zumindest in puncto Umwelt und Deals mit »Geschmäckle« kaum etwas geändert.

So konstatierten die Wissenschaftler des lesenswerten Internetforums *Konsumpf* Ende 2009: Industrieberater verwässern in Brüssel Umweltgesetze. AKW-Betreiber finanzieren Umweltgruppen, die Atomkraft reinwaschen. Marktradikale Denkfabriken schleusen Expert/-innen ins Fernsehen, die neoliberale Reformideen propagieren, um den Weg zu ebnen für Privatisierung und Sozialabbau. Greenwashing, eine unkritische Berichterstattung, Nebenanstellungen von Abgeordneten oder schlicht Bestechung machen es der Öffentlichkeit nicht leicht, zu durchschauen, wer welche Interessen verfolgt.[289]

Im August 2012 wurde es selbst den *Umweltbundesamt* zu bunt. In einem offenen Brief (»Sehr geehrte Bürgerinnen und Bürger«) behauptete es: »Auch im Umweltbundesamt (UBA) wird das Thema Korruption in seiner Problematik und Tragweite erkannt. Um Korruption vorzubeugen und die Bedeutung der Korruptionsprävention für das UBA noch weiter zu unterstreichen, wurde ein interner Verhaltenskodex etabliert. Dieser gibt unseren Mitarbeiterinnen und Mitarbeitern Hinweise, wie sie sich im Falle eines Korruptionsverdachts verhalten sollten. Weiterhin weist er auf Einfallstore für Korruption hin und beinhaltet verbindliche Regelungen für den Umgang mit Korruptionsgefahren.«[290]

Klingt gut, aber jede Wette, dass aufgrund seiner Erfahrungen mit Versprechen der politischen Klasse und ihren Behörden kaum ein klar denkender Bürger auch nur ein Wort davon glaubt.

Markt und Müll

Nehmen wir doch, stellvertretend für fast alle Bundesländer, Sachsen und Sachsen-Anhalt. Hier »reiht sich seit Jahren ein Müllskandal an den anderen«, empört sich Dorit Kowitz in *Zeit Online*. »Mal geht es um falsch deklarierte Hausmüllimporte aus dem Ausland, mal um fragwürdige Deponie-Pleiten oder eine Reihe von Großbränden auf den Halden im Freistaat, deren Ursachen bislang nicht schlüssig erklärt werden konnten.«[291]

Ein Beispiel ist das Dörfchen Pohritzsch bei Leipzig: Längst schon argwöhnten nicht nur die Oppositionsparteien, sondern auch das Gros der Normalbürger, dass Behörden und Politiker seit Jahren von kriminellen Machenschaften rund um die dortige Abfallbehandlungsanlage der Firma S.D.R. Biotec wussten. Diesem laut Deutscher Umwelthilfe (DUH) »größten Giftmüllskandal der vergangenen Jahre« seien sie aber erst unter dem Druck der Öffentlichkeit nachgegangen – wohl auch aus Angst, zu offenkundig als geschmierte Komplizen dazustehen.

»Eingebettet zwischen Feldern, Eigenheimen und Süßkirschplantagen hantierte der Müllbetrieb S.D.R. Biotec Verfahrenstechnik GmbH zwölf Jahre lang mit über einer Million Tonnen zum größten Teil hochgiftiger Abfälle. Und niemand kann heute sicher sagen, was damit geschah.«

Dabei lag laut Kowitz das Beweismaterial »seit Jahren auf den Tischen in den Aufsichtsbehörden des Landkreises Nordsachsen, der Landesdirektion Leipzig und des Sächsischen Staatsministeriums für Umwelt und Landwirtschaft.« Ironisch fügt sie hinzu: »Man hätte auch in Markt Taschendorf fragen können, einem Ort in Franken, wo die Besitzer der Firma S.D.R. Biotec vor Jahren eine Kopie ihrer Anlage bauen wollten. Dort ließ man sie nicht, aus Sorge um die Umwelt. In Nordsachsen wollte man von den Gefahren nichts wissen.«

Und die haben es in sich: »Es geht um Blei, Cadmium, Arsen, Nickel, Quecksilber, Thalium, Selen. Es geht um Dioxine, Chloride und Furane, die in die Umwelt gelangen können. Diese Stoffe sind Krebserreger, Nervengifte und können das Erbgut schädigen.«

Noch im März hatte Sachsens Umweltminister Frank Kupfer dummdreist behauptet, von besagten Halden gehe »keine Gefährdung« aus.[292]

Sehr engagiert entlarvt Kowitz an diesem Fall das grundsätzliche Verhältnis fast aller unser Spitzenpolitiker zur Wahrheit und zu ihrer Verantwortung für Leib und Leben der Bürger. »Staubemission, ungenehmigtes Eingangsmaterial und falsch deklariertes Ausgangsmaterial – spätestens von 2007 an hatte der Abfallbehandler gegen mehrere Auflagen verstoßen, die seine Betriebserlaubnis begründet hatten. Aber es geschah nichts. Auf eine Kleine Anfrage der Grünen im Landtag, ›welche besonders genehmigungspflichtigen Abfallarten welcher Herkunft‹ die Firma verarbeite, antwortete der damals zuständige Minister Wöller im Februar 2008: ›keine‹. Es gebe zudem weder Beschwerden der Bürger noch Beanstandungen der Behörden. Aber auch das war falsch.«

Erst im November 2011 – vor einem Landtagsuntersuchungsausschuss – musste eine Mitarbeiterin des Landesumweltamtes Aussagen von Umweltschützern kleinlaut bestätigen, wonach »im Umfeld der Firma S. D. R. Biotec in Pohritzsch bei Delitzsch ... bis 2009 schädliche Giftstoffe gelagert« waren. Die Grenzwerte für Blei und Cadmium seien 2008 »deutlich überschritten« worden. Bei Blei sei der Wert 28-mal höher gewesen als erlaubt.[293]

Kommentar der Deutschen Umwelthilfe: »Die Folgen des Müllskandals der Firma S. D. R. Biotec in Pohritzsch wurden in keiner Hinsicht aufgearbeitet.« Stattdessen schweige Umweltminister Kupfer »die Probleme tot und lasse Anwohner mit den Gefahren allein«.[294]

Aber Pohritzsch und die Kartelle aus Politik und Wirtschaft sind überall. Und wer dagegen aufmuckt, spielt – wie im Mafiakrimi – mit seinem Leben: »Als 2009 und 2010 in Sachsen-Anhalt schon mal ein Untersuchungsausschuss die vielen Müllskandale dort aufzuklären versuchte, hatte eine Umweltbeamtin aus dem Saalekreis in der Region um Halle Falschdeklarationen im großen Stil aufgedeckt – und bekam Drohungen aus der Müllwirtschaft.«[295]

Das Beruhigende allerdings ist: »Die Gedanken sind frei.« Niemand muss durch offenes Äußern seiner Meinung über Politiker den Besuch eines Profikillers oder Verfassungsschützers, nicht einmal einen Beleidigungsprozess riskieren. Viel wichtiger als unkontrolliertes öffentliches Beschimpfen ist, dass sich diese Meinung über die politische Klasse und »unser« Gesellschaftssystem tief in die Hirne und Herzen der Bürger einbrennt und sie die richtigen Konsequenzen daraus ziehen. Eine davon, wenn auch recht hilflos, ist der Wahlboykott: Irgendwann wird man die verbliebenen notorischen Wahlgänger bundesweit mit einem einzigen Reisebus abholen und zur Urne kutschieren können.

4 NUR REICHE
BRAUCHEN DEN ARMEN STAAT

> *Reicher Mann und armer Mann*
> *standen da und sahn sich an.*
> *Und der Arme sagte bleich:*
> *»Wär ich nicht arm, wärst du nicht reich.«*
>
> Bertolt Brecht[296]

DIE FREIHEIT DER WIRTSCHAFTSGANGSTER ALS HÖCHSTES MENSCHENRECHT

Zur erwähnten faktischen Sabotage der Steuereintreibung bei den Superreichen passt auch die eher unverhohlene als klammheimliche Freude, die aus dem ausgerechnet von Bundeskassenwart Wolfgang Schäuble hinausposaunten »Verständnis für Schweizer Haftbefehle«[297] spricht. »Verständnis« für die eidgenössische Menschenjagd auf drei integre und gewissenhafte Steuerfahnder aus Nordrhein-Westfalen wegen Ankaufs einer CD mit Daten mutmaßlicher deutscher Steuerganoven mit Schwarzgeld beim Geldinstitut *Credit Suisse?*

»Legt unsere nervigen Schnüffler doch einfach um«, konnte er ja wegen der gesetzlichen Fürsorgepflicht der Bundesregierung für deutsche Staatsbürger schlecht offen sagen. Aber einigen aus dem

Regierungslager meinte man doch deutlich die verlegene Scham darüber anzumerken, dass sie ihren Partei-Großspendern nicht so reibungslos wie erhofft die Unantastbarkeit ihrer Schwarzgeldmillionen garantieren konnten.

Mancher Vorstoß, ihren Sponsoren das Finanzamt vom Leibe zu halten, mutet allerdings reichlich jenseitig an. So konnten misstrauische Mitbürger fast den Eindruck gewinnen, der hessische Finanzminister Thomas Schäfer (CDU) wolle die Verfolgung von Steuerkriminellen noch weiter schwächen, als er Ende Februar 2012 ernsthaft vorschlug, deutsche Steuerfahnder nach Griechenland zu schicken.[298] Motto: »Wer in Athen Finanzbetrüger jagt, kann nicht gleichzeitig in Frankfurt meine Blutsbrüder und Wohltäter verfolgen.«

Die SPD trat den peinlichen schwarz-gelben »Standing Ovations« für die Schweizer Schwarzgeldschützer zumindest verbal entgegen und forderte medienwirksam das »Bundesverdienstkreuz für Steuerfahnder«.[299] Angesichts der Tatsache aber, dass gerade unter Rot-Grün der Spitzensteuersatz von 53 auf 42 Prozent gesenkt worden war, haben die Bürger allen Grund, den scheinempörten Aufschrei der SPD nur als marktlückenbewussten Vorwahlkampf für 2013 zu werten.

Ende 2011 war der öffentliche Gesamthaushalt in Deutschland mit 2021,1 Milliarden Euro verschuldet. Davon entfielen ca. 1277,8 Milliarden Euro auf den Bund, etwa 613,4 Mrd. Euro auf die Länder und 129,9 Milliarden auf die Kommunen und Sozialversicherungsträger.[300] Die Pro-Kopf-Verschuldung liegt damit bei über 24450 Euro.

Andererseits: Laut einer DIW-Studie von 2008 besitzen die deutschen Bürger ein Nettovermögen von insgesamt 6,6 Billionen Euro, allerdings recht unterschiedlich verteilt. Die reichsten zehn Prozent der Bevölkerung besitzen mit über 4000 Milliarden Euro fast doppelt so viel, wie unsere Staatsschulden ausmachen.

Verteilung des individuellen Nettovermögens[301]

Verteilungskennwerte	2002	2007
Ärmste 10 %	−1,2	−1,6
10–20 %	0,0	0,0
20–30 %	0,0	0,0
30–40 %	0,4	0,4
40–50 %	1,3	1,2
50–60 %	2,8	2,8
60–70 %	7,0	6,0
70–80 %	11,8	11,1
80–90 %	19,0	19,0
Reichste 10 %	57,9	61,1

Gleichzeitig vermehren sich die Reichen schneller als die gesellschaftlich ähnlich nützlichen Karnickel. »Deutschland wird zur Hochburg der Millionäre«, meldete *Spiegel Online* am 19. Juni 2012. »Der Club der Reichen bekommt in Deutschland immer mehr Mitglieder. Die Euro-Krise kann den Vermögenden hierzulande offenbar nichts anhaben.« Die Zahl der Millionäre sei laut »World Wealth Report 2012« überdurchschnittlich gestiegen.[302]

Das ist die Stunde der Heuchler: Pünktlich zum Christfest 2012 warnten die Kirchen vor einer zunehmenden Spaltung der Gesellschaft und mahnten Solidarität mit Schwächeren an. »Die Armen bleiben zurück, und der Reichtum in der Hand einiger weniger nimmt weiter zu. Das ist eine gefährliche Entwicklung«, sagte der Vorsitzende der Deutschen Bischofskonferenz, Erzbischof Robert Zollitsch, den Dortmunder *Ruhr Nachrichten*. *Spiegel Online* zufolge umtreibt ihn die Sorge, die er mit den Superreichen durchaus teilt, dass das Auseinanderklaffen der sozialen Schere zu Unruhen führen könne: »Wir sind der sozialen Gerechtigkeit verpflichtet. Jeder Mensch braucht die Chance zu einem menschenwürdigen Einkommen.« Die Menschen mit einem hohen Einkommen sollten stärker in die Pflicht genommen werden: »Steuererhöhungen und Abgaben für Vermögende dürfen kein Tabu sein, wenn es gilt, gesellschaftlich wichtige Aufgaben zu finanzieren.« Auch die evangelische Kirche nahm die soziale Ungerechtigkeit ins Visier. Der Vorsitzende der Evangelischen Kirche in Deutschland (EKD) Nikolaus Schneider sagte: »Die Weihnachtsbotschaft fordert uns heraus, für diese Menschen die Stimme zu erheben und nach sozialer Gerechtigkeit zu suchen. Weihnachten ist das Fest der Hoffnung. Der Hoffnung wider alle Aussichtslosigkeit.«[303]

Eine Studie des Deutschen Instituts für Wirtschaftsforschung und der Universität Bremen hatte zum Ende des Jahres vor einer sozialen Spaltung des Landes gewarnt. Die Mittelschicht ist in den vergangenen Jahren um mehr als fünf Millionen Menschen geschrumpft. Demnach nimmt die Ungleichheit sowohl beim Einkommen als auch bei den Vermögen der Deutschen zu. Nur eine »Elite der Gesellschaft« habe in den vergangenen Jahren ihren Wohlstand steigern können.[304]

Würde man diese Schampusbadgemeinde nach dem Sozialstaatsgebot des Grundgesetzes zur Kasse bitten, wären wir auf einen Schlag schuldenfrei. Aber zu dieser Selbstverständlichkeit können sich gewisse politische Eliten angesichts der Parteispenden und privaten Trinkgelder von ebendieser Krösuskaste natürlich nicht durchringen. Wer beißt schon die Hand, die einen schmiert? Ähnliche Gedanken zur Sanierung der öffentlichen Haushalte formulierte bereits im 17. Jahrhundert der Ökonom William Petty, den man ja schon aus historischen Gründen schlecht als »Marxisten« oder gar »Stalinisten« beschimpfen kann. Für ihn waren

z. B. Händler »nichts als eine Art von Spielern, die miteinander um die Arbeitsergebnisse der Armen spielen, ohne selbst etwas hervorzubringen«. Und er forderte unverblümt: »Wenn die zahlreichen Ämter und Sporteln,[305] die mit Regierung, Rechtswesen und Kirche zusammenhängen, und wenn die Menge der Geistlichen, der Advokaten, Ärzte, Kaufleute und Krämer, die alle hohe Entgelte für geringe Arbeit erhalten, die sie an der Gesellschaft leisten, gleichfalls herabgesetzt würde – wie viel leichter könnten die öffentlichen Ausgaben bestritten werden!«[306]

500 Milliarden Euro – der Wohlstand der 500 reichsten Deutschen übertrifft die Wirtschaftsleistung der Schweiz. Trotz Wirtschaftskrise werden die Superreichen in Deutschland immer reicher.
Die reichsten Deutschen im Überblick:
  1. *Familie Karl Albrecht (Aldi Süd)*
  2. *Familie Berthold und Theo Albrecht jun. (Aldi Nord)*
  3. *Dieter Schwarz (Lidl, Kaufland)*
  4. *Familie Reimann (u. a. Reckitt Benckiser, Coty)*
  5. *Susanne Klatten (u. a. BMW, Altana)*
  6. *Familie Otto (Otto-Versand, ECE)*
  7. *Familie Würth (Würth)*
  8. *Günter und Daniela Herz (u. a. German. Lloyd)*
  9. *Familie Oetker (u. a. Oetker, Hamburg Süd)*
  10. *Stefan Quandt (BMW)*

Quelle: »Reichste Deutsche werden immer reicher«, in *Sueddeutsche.de* vom 8. Oktober 2012[307]

Denn hier haben die Neoliberalen ausnahmsweise einmal recht: Mit der ständig steigenden Staatsverschuldung kann es nicht so

weitergehen. Astromisch hohe rote Zahlen machen Bund, Länder und Kommunen handlungsunfähig: Der Staat gehört dann nicht nur wie seit jeher de facto den Reichen, den Mächtigen und den Konzernen, sondern auch juristisch. Allerdings unterscheiden sich Neoliberale und Humanisten in der Schlussfolgerung: Während die Neoliberalen diese Entwicklung gerade orgiastisch bejubeln und die Zeche der immer ärmeren Bevölkerung aufbürden wollen, ziehen die Humanisten den einzigen menschenwürdigen Schluss: Dass die meist ohne eigenen Beitrag, sondern durch Erbe, Heirat und Kapitalerträge superreich gewordene Kaste gemäß dem Sozialstaatsgebot des Grundgesetzes unser Gemeinwesen möglichst bald wieder in die schwarzen Zahlen bringen muss.
Allerdings denken die schwarz-gelben Regenten nicht einmal im Traum daran, die steinreichen Schmarotzer (gleich Parteispender!) auch nur ansatzweise an den Kosten für den Sozialstaat zu beteiligen.
So wurde im März 2011 im Bundestag der eigentlich läppische Antrag der Linkspartei auf fünf Prozent Millionärssteuer für die derzeit 861 000 Vermögensmillionäre von der Koalition teilweise wutentbrannt und hysterisch abgelehnt. Auch SPD und Grüne stimmten dagegen, offenbar, um sich von Gysis Truppe nicht die Show stehlen zu lassen.
Zur Begründung der Linken, dass Schulgebäude verfielen, Löcher in Straßen nicht mehr geflickt werden könnten und 2,5 Millionen Kinder und Jugendliche auf Hartz IV angewiesen seien, wetterte Unions-Finanzsprecher Klaus-Peter Flosbach: »Sie sind und bleiben Kommunisten!« Die Abgabe für nicht einmal 1,5 Prozent der Bevölkerung nannte er allen Ernstes eine »Enteignung von großen Teilen der Bevölkerung«. Finanzausschuss-Chef Volker Wissing (FDP) wähnte in dem Mini-Obolus für Superreiche gar eine »Kriegserklärung an den Mittelstand«.[308]
Dabei schreibt das – etwa auch »kommunistische«? – Grund-

gesetz[309] vor, dass eine Vermögenssteuer durch die Bundesländer zu erheben wäre. Das Bundesverfassungsgericht hatte die Steuer am 22. Juni 1995 lediglich wegen einer ungerechtfertigten Besserbehandlung von Immobilien gegenüber anderem Vermögen vorübergehend (!) ausgesetzt.[310]

Dies hat fatale Folgen: »Wer viel Geld hat, beteiligt sich in Deutschland in großem Umfang an der Staatsfinanzierung – allerdings nur, wenn er auch arbeitet«, bemerkt Christian Rickens in *Spiegel Online*. »Es gibt einen eklatanten Verstoß gegen die Leistungsgerechtigkeit. Vermögende werden zu sehr verschont.« Und er entlarvt auch die idiotische Ausrede: »Obwohl nur ein verschwindend kleiner Teil der deutschen Oberschicht tatsächlich aus Steuergründen ins Ausland umgezogen ist, prägt die Minderheit der Exilanten die steuerpolitische Debatte in Deutschland. Stets schwingt die Furcht mit: Man darf die da oben nicht zu stark belasten, sonst sind sie weg – oder zumindest ihr Geld.«

Vor allem bei der Vermögenssteuer drücke der Staat mehr als nur ein Auge zu. »Der schonende steuerliche Umgang mit großen Vermögen lässt nicht nur die Finanzierungsbasis des Staates zunehmend erodieren, er stellt auch einen eklatanten Verstoß gegen das Gebot der Leistungsgerechtigkeit dar, das ja gerade Angehörige der Oberschicht gerne postulieren.« Die ebenso grauenhafte wie marktwirtschaftstypische Folge: »Ein Prozent der deutschen Kinder dürfte in den kommenden Jahrzehnten ein Viertel des gesamten Vermögens in Deutschland erben – und wird darauf kaum Steuern zahlen müssen.«[311]

Auch 77 Prozent der Deutschen sind laut einer Forsa-Umfrage vom April 2012 für die Wiedereinführung der Vermögenssteuer, nur 20 Prozent dagegen. Und Überraschung: Selbst 65 Prozent der Union-Fans und sogar 73 Prozent der FDP-Anhänger sind dafür – obwohl Schwarz-Gelb strikt dagegen ist.[312] Was doch Parteispenden ausmachen …

Des Volkes Meinung aber schert Schwarz-Gelb und Rot-Grün bekanntlich außer im Wahlkampf einen feuchten Dreck, erst recht in einer so heiklen Fragen, in der sie sich selbst wie Erpresste gefühlt haben mögen: Wie könnten sie ausgerechnet denjenigen die von ehrlichen Bürgern erarbeiteten zig Milliardenvermögen beschneiden, deren Parteispenden ihnen ja selbst das Paradies auf Erden ermöglichen?

Da bleiben den Schreiberlingen der steinreichen Parasiten nur noch ebenso idiotische wie frei erfundene »Argumente« wie »Vermögenssteuer würde Mieten nach oben treiben«: Dümmliche, verlogene Panikmache à la *Welt Online* vom 6. Oktober 2012.[313] Will sagen: Wenn ein sechzehnjähriger Nichtsnutz statt 80 nur noch 70 Millionen besitzt, zahlt Oma Krause statt 400 plötzlich 2000 Euro Miete.

So wurde also für die von den Steinreichen Ausgehaltenen und Verköstigten die Ablehnung des besagten Vermögenssteuer-Antrags der Linksfraktion zur Ehrensache und zugleich Überlebensfrage. Zumindest für das eigene Luxusleben.

Dass unsere Machthaber auf der Seite der Bezieher leistungsloser Einkommen und nicht der ehrlich arbeitenden Menschen stehen, bewiesen sie einmal mehr mit der Einführung der Abgeltungssteuer[314] zum 1. Januar 2009 durch Schwarz-Rot. Demnach werden Kapitalerträge wie etwa Aktiendividenden nur mit lächerlichen 25 Prozent besteuert. Der Spitzensteuersatz für Arbeitnehmer und Unternehmer beträgt dagegen derzeit mit 45 Prozent fast das Doppelte. Und auch dieses rot-grüne Produkt von 2004[315] ist noch erbärmlich gegenüber den 56, später 53 Prozent unter der schwarz-gelben Regierung des Kanzlers Helmut Kohl.

Eigentlich seltsam, dass Union und FDP nicht diese Zahlen ins Feld führen, um sich selbst als relativ sozial und das rot-grüne Kabinett Gerhard Schröder (1998–2005) als asozialste bundesdeutsche Regierung aller Zeiten darzustellen.

KIRCHENMAUS LÄSST GRÜSSEN:
DAS ELEND DER GEMEINDEN

> *Man rettet die »systemrelevanten« Banken und lässt Städte und Gemeinden pleitegehen ... jetzt sollen die Steuerzahler noch die Rettungsschirme finanzieren. In unserer Marktwirtschaft ist systemrelevant so zu verstehen, dass die systemrelevanten Banken das System an sich sind. Sie dienen niemandem außer sich selbst und ihrem Profit, dabei gehen sie theoretisch und praktisch über Leichen. ... Eigentlich ist das schon widerlich genug, hier stimmt hinten und vorne nichts mehr. Steuern sind dazu da, für das Gemeinwohl eingesetzt zu werden, nicht um die sowieso schon in Geld schwimmenden Banker noch reicher zu machen.[316]*

»Auch in Deutschland gibt es kleine Griechenlands«, konstatiert die *Süddeutsche Zeitung* im März 2012. »Kommunen, die so stark verschuldet sind, dass sie sich auf lange Sicht nicht aus eigener Kraft finanzieren werden können.« Oberhausen sei die Stadt in mit den meisten Pro-Kopf-Schulden, zwei Milliarden Euro insgesamt. In Nordrhein-Westfalen hätten ohnehin nur acht von vierhundert Kommunen – also zwei Prozent – einen ausgeglichenen Haushalt, bei vielen habe das Land die Haushaltsführung übernommen.[317] Insgesamt waren die deutschen Städte und Gemeinden im März 2012 laut Deutschem Städtetag mit 129 Milliarden Euro verschuldet.[318]

Und es dürfte noch schlimmer kommen. Die Bankster nämlich, kaum dass sie sich durch die vom Steuerzahler direkt oder indirekt finanzierten diversen Rettungsschirme, Traumgehälter und Superboni bis zum Sankt-Nimmerleins-Tag saniert haben dürften, wollen die Kreditschraube für die Gemeinden weiter anziehen. Frei nach Otto Waalkes: »Heute verdienen wir uns nur dumm, morgen aber dumm und dämlich.«

Der Vorwand: »Jahrzehntelang galten deutsche Kommunalkredite als absolut risikofreies Geschäft«, schreibt die *Financial Times Deutschland*. Nun aber habe »der Schock der griechischen Zahlungsprobleme bei den Banken Zweifel an der Kreditwürdigkeit öffentlicher Gläubiger insgesamt« ausgelöst. »Die Griechen-Debatte ist Gift für kommunale Kredite. Das Geschäft hat eine völlig neue Qualität bekommen.«

Für die Kämmerer werde die Kreditbeschaffung immer schwieriger: »Klassische europäische Städtefinanzierer ... haben sich aus dem Geschäft zurückgezogen ... selbst die staatliche Förderbank KfW hat beschlossen, ihre Darlehen auf 750 Euro pro Einwohner zu deckeln.«[319]

Dies ist die Stunde der scheinlinken Wahlkämpfer wie SPD-Boss Sigmar Gabriel, der sogar unser wunderbares Gesellschaftssystem gefährdet sieht:

Wenn aufgrund einer immer stärkeren finanziellen Auszehrung unsere Kommunen Kindergärten und Schulen nicht mehr sanieren können, Bibliotheken ebenso wie Museen, Theater, Schwimmbäder und soziale Einrichtungen geschlossen werden und die öffentliche Infrastruktur auf Verschleiß gefahren werden muss, verlieren Menschen ihre Heimat und damit zunehmend das Vertrauen in Stabilität und Sicherheit unserer Gesellschaft und in unsere Demokratie.[320]

»Schulen, Kitas und Schwimmbäder vor dem Aus?« alarmierte *Bild* das Volk bereits am 4. Januar 2010.[321] »Leere Kassen in Ländern und Gemeinden. Zwischen Einnahmen und Ausgaben klafft eine Lücke von 12 Milliarden Euro. Für die Bürger bedeutet das: Die Müllabfuhr wird teurer, das Wasser in den Hallenbädern kälter, und die Bibliotheken verkürzen ihre Öffnungszeiten. Das sind nur drei Beispiele für den Sparzwang. Viel schlimmer noch: Einigen Kitas und Schulen droht sogar das Aus.«

Den Schuss vor dem Gnadenschuss aber haben sich viele Städte und Gemeinden selbst gegeben. »Kommunen verzocken Millionen aus Gemeindekassen«, bilanzierte *Welt Online* im März 2011. Konkret: »Die Deutsche Bank hat Städten riskante Zinswetten verkauft. Einige haben viel Geld verloren, das nun für Schulen und Schwimmbäder fehlt.«

Mehr Glück als Verstand und Verantwortungsfühl hatten die Provinzzocker allerdings durch ein BGH-Grundsatzurteil[322] vom Frühjahr 2011. Demnach muss die Deutsche Bank 540 000 Euro Schadenersatz zahlen, weil sie einen Kunden über die hohen Risiken spekulativer Zinswetten (»Swaps«) nur unzureichend aufgeklärt hatte.[323] Nun hoffen zweihundert Privatspekulanten und Kommunen, denen das Institut die gleichen Papiere angedreht hat, auf ähnliche Rückzahlungen. Gesamtschaden: über eine Milliarde Euro.[324]

DER LEGALE GRIFF IN DIE STAATSKASSE: PPP

»Public Private Partnership« (PPP) – wie bei dem Wort *Beschützer* für *Zuhälter* verbirgt sich auch hier hinter dem seriösen Begriff das Anrüchigste: Der Staat überlässt irgendeinem dahergelaufenen »Investor« die Planung und Ausführung von bislang

staatlichen Aufgaben, wie etwa die Müllverbrennung, Straßenreinigung oder Wasserversorgung oder gar ganze Kliniken und Kindergärten.[325] Diese »heftigste Privatisierung in der EU ohne Änderung der Eigentumsverhältnisse« bedeutet, dass »die Bereitstellung öffentlicher Dienstleistungen ausgelagert und an private Unternehmen vergeben wird, die aus dem öffentlichen Haushalt bezahlt werden«.[326]
Hauptleidtragende sind nach Studien des Kölner Sozialwissenschaftlers Tim Engartner vor allem Schüler und Studenten, Arbeitslose, Geringverdiener oder Behinderte, also Menschen ohne eigene Lobby.[327]

DIE NEOLIBERALE LÖSUNG: POLIZEISTAAT HÄLT VERARMTES VOLK IN SCHACH

»Ob eine Gemeinde ein Schwimmbad, eine Bücherei oder eine Volkshochschule vorhält, ist rechtlich disponibel. Allerdings ist kaum eine kommunale Vertretung bereit, einmal geschlossene Verträge und zugesagte Leistungen zu kündigen. Oftmals sind noch nicht einmal Kündigungsrechte vorgesehen. Im Insolvenzverfahren wäre dies anders: Der Insolvenzverwalter hätte ein umfassendes Recht, den Eintritt in diese Verträge abzulehnen. Selbstverständlich muss geregelt werden, dass bestimmte Pflichtaufgaben der Gemeinde zur Aufrechterhaltung der Sicherheit und Ordnung auch im Insolvenzverfahren ordnungsgemäß erfüllt werden.«[328]
Schwimmbad, Bücherei, Volkshochschule müssen also nicht sein: Brutalstmöglicher Abbau der Angebote für Sport, Freizeit-

gestaltung und Bildung für die zusehends verarmenden Bürger, denen folglich oft nur noch das Idiotenfernsehen bleibt, ist »rechtlich disponibel«. Und dies, während die superreichen Luxuskonsumenten ihre Swimmingpools mit Jahrgangsschampus füllen, ihre Fenster mit Chanel No. 5 putzen lassen, für ihre Schoßhündchen frische Rindersteaks aus Argentinien einfliegen lassen und die Koksgeschädigten unter ihnen ihre Hochseejachten frei nach Otto Waalkes mit »Rettungsringen aus purem Gold« ausstatten. Kein Wunder, dass da ein starker Polizeistaat für den Ernstfall einigen wenigen als unverzichtbar erscheint.

DER EURO-ALPTRAUM

55 Prozent der Bundesbürger hielten im Juni 2012 laut ARD-Deutschlandtrend die Einführung des Euro für einen Fehler und wollen die D-Mark zurück. 78 Prozent glauben, der schlimmste Teil der Krise stehe noch bevor. Acht von zehn sind von Auswirkungen auf eigenes Einkommen und Vermögen überzeugt. Über 25 Prozent fürchten deutliche Einbußen; 56 Prozent zittern um ihre Ersparnisse.[329]

»Albert Einstein soll gesagt haben: Irrsinnig ist, wenn man immer wieder das Gleiche probiert und sich doch ein anderes Resultat erhofft. Genau das gilt gerade für Europa: Alle paar Monate spielen die Märkte verrückt, Regierungschefs und Notenbanker kommen zu Krisentreffen zusammen und beschließen ein gigantisch anmutendes Paket, das erst einmal für Ruhe sorgt. Das führt zur Entspannung in Berlin, Paris, Madrid und Rom, bis das Spiel – in noch schlimmerer Form – von vorn beginnt.«[330]

DIE FINANZMARKTSTEUER

Im Juni 2012 sah es nach einem Durchbruch im Parteiengezänk aus: Die Opposition bekommt ihre heißgeliebte Finanzmarktsteuer, die Kanzlerin im Gegenzug grünes Licht für ihren Fiskalpakt ... Was sollte einem Kompromiss über Angela Merkels europäischen Sparvertrag jetzt noch im Wege stehen.
Kurz darauf war von Harmonie keine Rede mehr. Und der Grund dafür war wie so oft das Gequatsche von Kanzleramtschef Ronald Pofalla (CDU), dessen einzige nennenswerte Leistung in seiner Bemerkung zu seinem krebskranken Parteifreund Wolfgang Bosbach bestand: »Ich kann deine Fresse nicht mehr sehen.«[331]
In dieser Legislaturperiode werde es eine Finanztransaktionssteuer nicht geben, sagte der Kanzleramtsminister nach *Spiegel*-Informationen eine Woche zuvor im kleinen Kreis, weshalb man der SPD ruhig entgegenkommen könne. Auch die FDP rechnete mit einem Scheitern der Pläne. Die vereinbarten Konditionen seien so formuliert, dass der Steuertraum platzen werde.[332]
Das schwarz-gelbe Entgegenkommen in Sachen Steuer – nur ein Täuschungsmanöver? Wenn wir es jemals herausfinden sollten – was zu bezweifeln ist –, dann wird dieses Buch längst erschienen sein. Alle historische Erfahrung spricht jedoch dafür, dass eine Abwandlung des Zitats von dem Reichen, dem Kamel und dem Nadelöhr auch hier zutrifft: Eher wird Preußen Münster deutscher Fußballmeister, als dass schwarz-rote Spitzenpolitiker sich durch vernünftige Entscheidungen in den politischen, gesellschaftlichen und familiären Ruin stürzen. Moralisch kaputt sind sie ja ohnehin längst.

5 POLITIK

Im *Handelsblatt* war es am 30. März 2012 der Aufmacher, auch noch mit dem Vorspann *Zitate der Woche*. Im Namen der schwarz-gelben Koalition hatte Bundeswirtschaftsminister Philipp Rösler »den vor der Entlassung stehenden Schlecker-Frauen mit kurioser Wortwahl eine schnelle Jobsuche empfohlen«[333]:
»Jetzt gilt es für die Beschäftigten – mehr als 10 000 vornehmlich Frauen, einzelne Mütter und ältere Frauen –, schnellstmöglich eine Anschlussverwendung selbst zu finden.«
Rösler verdient ein dickes Lob für seine Ehrlichkeit. Er bringt offen und mutig die abgrundtiefe Verachtung unserer politischen und wirtschaftlichen »Eliten« für »Humankapital«[334] und »Wohlstandsmüll«[335] – also für die arbeitenden und arbeitslosen oder kranken Menschen – zum Ausdruck.
Damit hat er, wie Antje Sirleschtov vom *Tagesspiegel* es ausdrückt, für »eine Sternstunde der Politikverdrossenheit«[336] gesorgt und sich damit um den Kampf für eine grundgesetzkonforme Gesellschaft verdient gemacht.
Gäbe es einen Nobelpreis für Menschenverachtung, psychopathische Liebedienerei gegenüber der Wirtschaft und moralische Verkommenheit, so wären die Koalitionsparteien (aber beileibe nicht nur die!) und nicht wenige ihrer Führungskader heiße Anwärter.
Andererseits ist die Verhöhnung der entlassenen *Schlecker*-Frauen gar nicht persönlich gemeint. »Mit Ordnungspolitik oder gar Gerechtigkeit gegen kleine Handwerksbetriebe … hat der Fall Schlecker überhaupt nichts zu tun. Alles, worum es dabei geht, sind fünf Prozent für die FDP.«[337]

DIE POLITISCHE KASTE ALS BETRÜGERBANDE

»Das Schwerste ist Glaubwürdigkeit« lautet der Titel eines Buches des früheren SPD-Vordenkers Erhard Eppler von 1978.[338] Dieser Grundsatz gilt über dreißig Jahre danach mehr denn je. »Das *Wichtigste* ist es ebenfalls«, möchte man hinzufügen. Die meisten von uns wissen aus Erfahrung: Mit Elementen, die uns in wichtigen Dingen zu ihrem eignen Vorteil belügen oder täuschen,[339] möchte man möglichst wenig, am liebsten gar nichts zu tun haben. Diese Figuren übervorteilen und hauen übers Ohr; sie schädigen einzelne oder Gruppen, zuweilen ganze Regionen und Nationen.
Dabei ist ausdrücklich *nicht* von den Wahlkampflügen die Rede. Dass praktisch *alle* etablierten Parteien vor den Wahlen das Blaue vom Himmel versprechen, weiß jeder halbwegs kritische Bürger seit Jahrzehnten. So wurden kurz nach der Wende die »Ossis« mitleidig belächelt, weil sie Kohls Märchen von den »blühenden Landschaften« geglaubt hatten.
Als beliebig austauschbare Beispiele für die vermutlich Abertausenden Lügen-Politiker seien hier nur vier spektakuläre Fälle in Erinnerung gerufen.

DER 100 000-DM-KOFFERMANN: WOLFGANG SCHÄUBLE

Einen festen Platz in den Geschichtsbüchern hat Wolfgang Schäubles »Kofferlüge«. Bei einer Bundestagsrede am 2. Dezember 1999 wurde der damalige CDU-Chef Schäuble durch Zwischenrufe des Grünen-MdB Hans-Christian Ströbele nach

seinen Kontakten zum Waffenhändler Karlheinz Schreiber gefragt. Schäuble erwiderte, er habe »irgendwann im Spätsommer oder im Frühherbst 1994« bei »einem Gesprächsabend in einem Hotel in Bonn ... einen Herrn kennengelernt, der sich mir als ein Mann vorgestellt hat, der ein Unternehmen leitet. Ich habe später festgestellt, dass es dieser Herr Schreiber war ... Das war es.«[340]
Am 10. Januar 2000 räumte Schäuble ein, er habe von Schreiber im Jahr 1994 eine Bargeldspende von 100 000 Mark für die CDU erhalten. Am 31. Januar 2000 gestand er ein weiteres Treffen mit Schreiber im Jahr 1995.«[341]
Erst bei dieser Gelegenheit im Januar 2000 entschuldigte sich Schäuble im Bundestag. Einen Monat später verzichtete er auf den Fraktions- und Parteivorsitz.[342]
In seinem Buch *Mitten im Leben* vom Oktober 2000 nennt Schäuble das Verschweigen des zweiten Schreiber-Treffens und der Spende einen »verhängnisvollen Fehler«.[343]
Soll man da lachen, weinen oder das kalte Grausen kriegen, dass dieser Mann noch *nach* Aufliegen seiner Lügen Innen- und dann Finanzminister wurde und sogar als Bundespräsident im Gespräch war?

BRUTALSTMÖGLICH INTEGER: ROLAND KOCH

Sein wahres Gesicht zeigte Hessens langjähriger Ministerpräsident Roland Koch während der CDU-Schwarzgeldaffäre, in der die Mitwisser bezeichnenderweise Geldströme aus Schwarzen Kassen dubioser Parteispenden als »jüdische Vermächtnisse« tarnten. »Er kündigte ›brutalstmögliche Aufklärung‹ an,« schreibt Tina Hildebrandt in der *Zeit*. »Brutalstmöglich, ein Adjektiv, das bis heute an ihm hängengeblieben ist. Denn er machte einen folgenschweren Fehler: Er wisse nichts von Vorgängen außerhalb der offiziellen Buchführung, sagte er. Das war nicht ganz die Wahrheit. Koch musste sich korrigieren.«[344]

Dietmar Pieper vom *Spiegel* stellt nüchtern fest: »Koch hat in zahlreichen Fällen öffentlich gelogen.«[345] »Das hessische Schmuddelkind« (Pieper) habe »seine Legenden bei so vielen Gelegenheiten aufgetischt, dass es kaum möglich erscheint, eine vollständige Chronik der Lüge zu erstellen … Seine Lügen holen den Unionschristen immer wieder ein.«[346] Der Lügen- und Korruptionsforscher Hans Leyendecker von der *Süddeutschen Zeitung* schreibt: »Der Öffentlichkeit hat sich Koch als Anhänger einer ›brutalstmöglichen Aufklärung‹ präsentiert, aber später stellte sich heraus, dass er in der Affäre gelogen hat.«[347] Der *Zeit*-Autor Thomas Kleine-Brockhoff stellt gar fest: »Roland Koch hat eine Lüge zugegeben.«[348]

Ebenso typisch für Teile der politischen Klasse wie Kochs Moral war die Reaktion auf dessen Ausstiegsversprechen im Frühjahr 2010.

Bundeskanzlerin Merkel faselte etwas von »Respekt, aber auch großem Bedauern … Wir werden auch in Zukunft fest auf seinen Rat bauen.« Sie freue sich »auf eine weiterhin gute Zusammenarbeit in den kommenden Monaten«.

Überhaupt sieht die Bundes-CDU den Abgang dieser idealen Verkörperung christdemokratischer Moral und Wahrheitsliebe laut Generalsekretär Hermann Gröhe als »großen Verlust … Mit großer Kompetenz, klarem Kompass und politischer Weitsicht hat er die Politik der Union in den vergangenen Jahren entscheidend mitgeprägt.«

Besonders betroffen schien seine hessische Parteigenossin, Familienministerin Kristina Schröder: »Es ist ein großer Verlust, sowohl für die Landespolitik als auch für die Bundespolitik, jemanden von dem intellektuellen und politischen Kaliber zu verlieren.«[349] Im Juli 2011 landete er jedenfalls dort, wo dieser

Menschenschlag aufgrund seiner moralischen Grundstruktur hingehört: Im Chefsessel eines Dax-Konzerns, in diesem Fall im Baugewerbe – wo gehobelt wird und Späne fallen.

Koch wichtigstes christlich-humanistisches Motiv verriet der *Spiegel:* »In seinem neuen Job hat der frühere Ministerpräsident einen ordentlichen Gehaltssprung gemacht.« Aber den Neidern sei gesagt: Dafür liefern Konzernbosse auch Ideen, die intellektuell höher stehen als die von Kant, Hegel und Leibniz zusammen: »Unter Vorstandschef Roland Koch soll der Baukonzern Bilfinger Berger künftig nur noch Bilfinger heißen. Dadurch soll die Bekanntheit der Marke erhöht werden.«[350]

DER EHRENWÖRTLICHE: UWE BARSCHEL

Sieben Tage vor der Landtagswahl in Schleswig Holstein, am 7. September 1987, enthüllte der *Spiegel,* dass SPD-Kandidat Björn Engholm von Detektiven beschattet und gegen ihn eine anonyme Steueranzeige erstattet worden sei.[351] Am Wahlsonntag brachte das Hamburger Magazin eine detaillierte Titelgeschichte über Engholms Bespitzelung und die Steueranzeige.[352]

Unter dem Stichwort *Barschel-Affäre* heißt es dazu in *Wikipedia:* »Man spekulierte auf homosexuellen Umgang, auf ausschweifende Beziehungen zu Frauen, man unterstellte ihm eine HIV-Infektion und brachte hunderttausendfach mit einer CDU-Wahlkampfzeitung die Botschaft ins Land: ›Sozialdemokraten und Grüne wollen straffreien Sex mit Kindern.‹ Engholm wolle ›Kommunisten und Neonazis als Lehrer und Polizisten‹ einstellen und ›Abtreibungen bis zur Geburt‹ freigeben.«[353]

In der legendären Pressekonferenz vom 18. September 1987 stritt Barschel alles ab: »… gebe ich Ihnen, gebe ich den Bürgerinnen und Bürgern des Landes Schleswig-Holstein und der gesamten deutschen Öffentlichkeit mein Ehrenwort, ich wiederhole: Ich gebe Ihnen mein Ehrenwort, dass die gegen mich erhobenen Vorwürfe haltlos sind.«

Aber kaum jemand glaubte ihm, weitere Enthüllungen folgten, und so trat Barschel am 2. Oktober zurück. Neun Tage später fand man ihn tot in der Badewanne seines Zimmers Nr. 317 im Genfer Hotel *Beau-Rivage.*

Es passt wie die Faust aufs Auge und wirkt wie eine von paranoiden Turbokapitalismushassern konstruierte Klamotte: *Erstens* musste auch das Opfer, SPD-Hoffnung Björn Engholm, als Landesvater und SPD-Bundeschef im Mai 1993 zurücktreten. Er hatte sein frühes Wissen um die Intrige verheimlicht, also in typischer Politikermanier vor dem Barschel-Untersuchungsausschuss gelogen, dass sich die Regierungsbänke bogen.[354]

Zweitens ist Barschels Tod bis heute ungeklärt. Wie im billigsten US-Verschwörungskrimi verschwand das wichtigste Beweisstück, das durch eine DNA-Analyse zur Aufklärung beitragen sollte. Die Staatsanwaltschaft Lübeck, die von 1994 bis 1998 ein Verfahren wegen des Verdachts des Mordes an Uwe Barschel geführt hatte, erklärte im Herbst 2011 auf Anfrage von *Welt Online,* dass ein seinerzeit im Hotelbett von Barschel sichergestelltes Haar aus den Aufbewahrungstüten spurlos verschwunden ist.[355]

Prompt erstattete Barschels Witwe Freya, die wie der frühere ermittelnde Staatsanwalt Heinrich Wille an Mord glaubt[356], gegen die Staatsanwaltschaft Strafanzeige wegen des Verdachts der Strafvereitelung. »Offenbar haben Beamte von Polizei oder Justiz in Lübeck einen wichtigen Beweis verschwinden lassen«, sagte ihr Anwalt Justus Warburg.[357]

Nach Ende des US-Krimis denkt man erleichtert: Ist ja nur ein Film und spielt auch ganz weit weg in den USA. Aber die Barschel-Affäre, die kaum ein Klischee über verlogene, gemeingefährliche, Killer engagierende Politiker auslässt, ist *real,* spielt mitten unter uns und ist noch längst nicht abgeschlossen.

Aber so sind sie, die Hochkriminellen und Skrupellosen unter unseren Politikern. Fragt sich nur, ob es »schwarze Schafe« sind oder ob nicht längst umgekehrt die Ehrlichen »weiße Schafe« in einer tiefschwarzen Herde sind.

Mal ganz sachlich gefragt: Welche verantwortungsvolle Mutter würde heute noch einen Spitzenpolitiker bitten, ein paar Stunden auf ihr Kind aufzupassen? Müsste sie nicht damit rechnen, abends mit einer Lösegeldforderung konfrontiert zu werden?

GELDSTRAFE ALS UNSCHULDSBEWEIS: HELMUT KOHL

Wegen seiner vorbildlichen und über alle Zweifel erhabenen Rolle im CDU-Finanzskandal musste der Erfinder der blühenden Ost-Landschaften am 18. Januar 2000 auf den CDU-Ehrenvorsitz verzichten. Ein Ermittlungsverfahren gegen Kohl wegen Untreue zum Nachteil seiner Partei stellte das Landgericht Bonn Ende Februar 2001 gegen eine Zahlung von 300 000 DM Geldbuße »wegen geringer Schuld«[358] ein. Die Zahlung sei »kein Schuldeingeständnis«, betonten die Richter aber ausdrücklich.[359] Nein, nicht *Neues aus der Anstalt.* Landgericht Bonn.

DER BAUERNTRICK MIT DER UNTREUE

Hans Leyendecker sieht im Ausweichen auf den Vorwurf *Untreue* einen regelrechten Trend. »Der sehr allgemein gehaltene Paragraph 266 ... kommt immer häufiger zum Einsatz, wenn gegen Eliten in Wirtschaft und Politik ermittelt wird.« Seit Mitte der

neunziger Jahre habe sich die Zahl der erfassten Fälle fast verdoppelt. »Möglicherweise wird die Gegenwart als die Untreue-Epoche in die Justizgeschichte eingehen. Der Untreue-Vorwurf, der mit bis zu fünf Jahren bestraft werden kann, erlaubt es, unterschiedliche Praktiken darunterzupacken. Viele der Verfahren werden allerdings – mit oder ohne Geldauflage – eingestellt.«[360]
Der Trick an der Sache: »Untreue setzt eine vorsätzliche Schädigung voraus.« Und am Beispiel des baden-württembergischen Ex-Ministerpräsidenten erläutert Hans Leyendecker die Finte: »Hat beispielsweise Mappus bewusst und gewollt bei seinem Manöver mit den Aktien des Energiekonzerns EnBW das Land geschädigt?« Zwar habe seine Aktion laut einem Gutachten das Ländle rund 835 Millionen Euro gekostet. Aber doch nicht mit Absicht! »Fahrlässige Untreue, die da schon eher in Frage kommen könnte, also das augenfällige Verkennen von Risiken, die grobe Pflichtverletzung wären zwar sträflich, aber vermutlich nicht strafbar.«[361]

SITTLICH VERKOMMEN, ABER HARMLOS: DIE DOKTORTITELTRICKSER

Verglichen mit den widerlichen Verbrechen, als die man – häufig korrupte – politische Entscheidungen zur systematischen Verarmung der Bevölkerung zugunsten der leistungslosen Bereicherung der Superreichen durchaus werten kann, sind getürkte Doktorarbeiten schon fast Lappalien: Wer außer naiven Deppen erwartet denn vom Abschaum unter unseren Politikern ernsthaft irgendetwas Ehrliches? Würden wir im Lokal unsere Geldbörse unbeaufsichtigt lassen, wenn neben uns ein Politiker sitzt? Würden wir von diesen moralfreien Figuren einen Gebrauchtwagen kaufen oder ihnen eine größere Geldsumme leihen?

Dennoch ist ein Blick auf die Heldentafel der offiziell anerkannten Plagiatoren recht hilfreich, denn hier können sich die Betrüger auch mit Hilfe abgefeimtester Anwälte und Medienberater nicht herauswinden.

»Irren ist menschlich, Betrügen nicht«, stellt Jan Thomas in der *Berliner Zeitung* klar. »Politiker verzeihen einander gern, denn Irren ist menschlich und Reue ein feiner Zug. Es geht hier aber um einen lange verheimlichten Betrug. Es geht darum, dass der Vertreter einer bürgerlichen Partei die Werte Eigenverantwortung, Leistungsprinzip und Redlichkeit missachtet hat – und sich dann von den Seinen freisprechen lässt. Da stimmt etwas nicht.«[362]

> *Ehrenliste der beim Betrug ertappten*
> *»Doktoren auf Zeit«*
> *Karl-Theodor zu Guttenberg (CSU): Dr. von 2007 bis 2011*
> *Florian Graf (CDU), Fraktionschef Berlin: Dr. von 2010 bis 2012*[363]
> *Mattias Pröfrock (CDU), MdL Baden-Württemberg: Dr. von 2007 bis 2011*[364]
> *Jorgo Chatzimarkakis (FDP), EU-Parlament: Dr. von 2000 bis 2011*[365]
> *Silvana Koch-Mehrin (FDP), EU-Parlament: Dr. von 2001 bis 2011*[366]
> *Margarita Mathiopoulos (FDP), Guido-Beraterin: Dr. von 1986 bis 2012*[367]
> *Bijan Djir-Sarai (FDP), MdB: Dr. von 2008 bis 2012*[368]

Und dann sind da noch jene drei, denen der Titel zwar gelassen wurde, ihnen aber zeit ihres politischen Lebens eher Hohn und Spott als Ruhm bereiten dürfte.

»Wir geht's denn, Frau Dok-tor?« Oder: »Da kommt ja unser Dok-tor.« Haben die Gesprächspartner den Titel gedehnt ausgesprochen und hämisch mit den Mundwinkeln gezuckt, oder bilden sich die »Doctores« das nur ein? *Aliquid semper haeret* hoffte schon der Römer Plutarch – *irgendwas bleibt immer hängen* ...

- »Forschungsministerin Annette Schavan wird den Vorwurf nicht los, in ihrer Doktorarbeit plagiiert zu haben. Sie wartet auf die Prüfung durch die Universität – und schweigt«, schreibt Manuel Bewarder am 8. Mai 2012 in *Welt Online*. Und dann läuft der Autor zur Hochform auf: »Fetter hätte die Beute für einen Plagiatsjäger nicht sein können: Annette Schavan ist nicht nur Bundesministerin für Bildung und Forschung. Die CDU-Politikerin und Vertraute von Bundeskanzlerin Angela Merkel war es auch, die im vergangenen Jahr irgendwann klarmachte, dass es politisch erst einmal nicht mehr weitergehen sollte für den Plagiator Karl-Theodor zu Guttenberg: ›Als jemand, der selbst (...) promoviert hat und in seinem Berufsleben viele Doktoranden begleiten durfte, schäme ich mich nicht nur heimlich‹, sagte Schavan damals. In diesen Tagen nun würde man gern wissen, was Schavan über ihre eigene Doktorarbeit denkt.«[369]

Privatdozent Stefan Weber, Sachverständiger für Plagiatprüfungen, sieht jedenfalls »ernste Verfehlungen«: Würden alle Vorwürfe bestätigt, »hat Frau Schavan methodisch plagiiert, das heißt, systematisch immer wieder ab- und umgeschrieben«. Dies sei dann eindeutig »wissenschaftliches Fehlverhalten«. »Auch die Täuschungsabsicht ist bereits anhand des Textvergleichs nachweisbar«, urteilte der Experte nach einem ersten, »akribisch durchgeführten« Textvergleich.[370]
Der Münchner Juraprofessor Volker Rieble vermutet, Schavan

könne der Doktortitel aberkannt werden: »Wenn die Textstellen auf *schavanplag* korrekt wiedergegeben wurden, dann reicht das nach der geltenden Rechtsprechung für einen Promotionsentzug.« In Schavans Werk finde man »alle möglichen Arten von Plagiaten«. Dies aber sei »kein Zufall und auch kein Irrtum, sondern Absicht«.[371]

- Kristina Schröder, Bundesfamilienministerin, wurde im Januar 2010 von Hessens SPD-Generalsekretär Michael Roth gefragt, ob sie »eine fundierte Doktorarbeit abgeliefert habe, die auf eigener wissenschaftlicher Arbeit beruht«, oder »ein Mogel-Diplom, bei dem wesentliche Teile von anderen, möglicherweise bezahlten Hilfskräften erledigt worden sind«. Schröders Doktorvater ist der TV-bekannte Politprofessor Jürgen Falter, und sie beschäftigte ausgerechnet dessen wissenschaftlichen Mitarbeiter als Hilfskraft bei der Fertigstellung ihrer Promotion.[372] Name der Mainzer Hochschule: *Gutenberg-Universität* ... Frau Doktor oder nicht: Wer die Ministerin je gehört oder gelesen hat, kann sich ein eigenes Urteil bilden, ob sie rein intellektuell zu einer wissenschaftlichen Arbeit überhaupt fähig ist. Andererseits baut ja der Daimler-Vorstandschef die Autos auch nicht selbst zusammen, sondern beschäftigt Tausende Mitarbeiter dafür ...
- Auch Bernd Althusmann (CDU), tatsächlich Kultusminister Niedersachsens, wurde sein akademisches Statussymbol im Dezember 2011 von der Uni Potsdam nicht weggenommen. Allerdings gestehen die Hochschullehrer – man sieht im Geiste ihre schamroten Gesichter – »deutlich eine Mitschuld an einer gravierenden Fehlentscheidung ein: Niemals hätte die Wirtschafts- und Sozialwissenschaftliche Fakultät in Potsdam die 270 zusammengestoppelten Seiten als Promotionsschrift anerkennen dürfen.«[373] Kleiner Tipp an den Minister: Seinen nächs-

ten Sohn sollte er Dieter nennen, damit der ungestraft seinen Vornamen mit »Dr.« abkürzen kann ...

Der Dortmunder BWL-Professor Uwe Kamenz warf bereits 2011 den Politikern den akademischen Fehdehandschuh zu: Per E-Mail bat er über dreihundert Volksvertreter um Übersendung ihrer Doktorarbeit. Resonanz nahe null, aber die sechs Aufrechten seien genannt: Andreas Schockenhoff (CDU), Carsten Sieling (SPD), Holger Thärichen (SPD), Anja Weisgerber (CSU), Felicitas Tesch (SPD) und Friedbert Pflüger (CDU). Natürlich ist die Verweigerung albern: Im Normalfall muss *jede* Doktorarbeit an irgendeiner Uni oder Bibliothek öffentlich zugänglich sein.[374]
In diesem Zusammenhang spreche ich entgegen meiner Gewohnheit öffentlich eine Einladung aus: Es geht um die Grillparty »Copy and paste« im Sommer 2013 in Berlin, zu der alle offiziell anerkannten Plagiatoren unter den Volksvertretern herzlich eingeladen sind, natürlich mit Begleitung, die allerdings eine Vorstrafe wegen Betrugs, Steuerhinterziehung, Korruption oder Ähnlichem nachweisen muss.

Allerdings pflegt die politische Klasse dieses psychopathische Verhalten nicht exklusiv. »Die internationale Wirtschaftselite ist süchtig nach Titeln«, amüsiert sich der *Spiegel.* »In den Chefetagen wimmelt es von falschen Abschlüssen, Ehrendoktoren und Honorarkonsuln, manche fälschen gleich ihren Titel. Hereinspaziert ins Panoptikum der Eitelkeit!« Hintergrund der Großspurigkeit sind – wenn auch nicht immer leicht erkennbare – massivste und eigentlich therapiebedürftige Minderwertigkeitskomplexe. So war für den französischen Maler Paul Cézanne gerade die *Bescheidenheit* diejenige Eigenschaft, »die vom Bewusstsein der eigenen Macht herrührt«. Im Umkehrschluss: Je angeberischer unsere Eliten, desto verklemmtere, unsicherere, erbärmlichere

Würstchen sind sie tief im Inneren – desto gigantischer ist also ihr Dachschaden.

Eine Form dieses seelischen Defekts ist ebenjene krankhafte Titelgier vieler Manager und Politiker als Ausdruck von Eitelkeit und Karrierewahn. Viele Menschen seien geradezu »getrieben von dem Wunsch, sich dieses Statussymbol eines Doktortitels an die Brust zu heften«, meint die Berliner Medieninformatik-Professorin Debora Weber-Wulff. »Gerade in der Wirtschaft wird sehr viel auf diesen Titel gegeben.«

Allerdings, so bemerkt der *Spiegel* süffisant, »ist dreistes Lügen nicht jedermanns Sache. Aber es gibt ja auch weniger rufschädigende Methoden, an klangvolle Titel zu kommen. Zum Beispiel die Ehrendoktorwürde, die unter anderem Ex-AWD-Manager Carsten Maschmeyer von der Universität Hildesheim verliehen bekam. ›Für ausgezeichnete Verdienste um die Förderung der Wissenschaften‹, wie es hieß. Kurz zuvor hatte Maschmeyer der Uni eine halbe Million Euro gespendet.«[375]

DIE ENTWICKLUNG DER POLITIKERLÜGE VOM FAUXPAS ZUR WISSENSCHAFT

Glaubt man einem der seriösesten deutschen Wochenblätter, dann fordern Führungspolitiker ihre Chefetagen sogar systematisch zum Betrügen der Wähler auf. »Merkel soll Röttgen zur Lüge angestiftet haben«, behauptete die *Zeit* im Mai 2012. »In Düsseldorf erzählt man sich, dass Merkel Röttgen vor der NRW-Wahl nahelegte, er solle doch einfach pro forma anbieten, auch als Oppositionsführer nach Düsseldorf zu gehen. Im Fall einer Niederlage würde sie ihn auf jeden Fall als Minister nach Berlin zurückkloben.«[376] Der Kabarettist Volker Pispers würde wohl sagen: »Immer wenn du glaubst, verkommener geht's nicht mehr, kommt irgendwo ein Merkel her.«[377] Das Blatt weiter: »Aus Röttgens Umgebung wird dieses Gerücht … bestätigt. Wenn es wirklich stimmt, könnte der gefallene Politiker Merkel als eiskalte Machtpolitikerin verkaufen, die zum Lügen anstiftet.«[378]

Nun soll man aus dem karrierebewussten Röttgen keinen Märtyrer machen. Aber fest steht: Er hat ehrlichen Herzens durchblicken lassen, dass er als Landtags-Oppositionsführer eher nicht zur Verfügung stehe, sondern Umweltminister bleiben wolle. Und wegen dieser Ehrlichkeit anstelle der von Merkel geforderten Verlogenheit hat die Kanzlerin ihn allem Anschein nach gefeuert.

Was aber noch schwerer wiegt als die Frage, ob das Gerücht stimmt: Die Bürger trauen der Kanzlerin so etwas ohne weiteres zu. Hätte man dergleichen auch einem Richard von Weizsäcker oder Helmut Schmidt zugetraut? Oder noch ein wenig böser gefragt: Wie viele Spitzenpolitiker fallen uns ein, denen wir derlei krumme Touren *nicht* zutrauen?

WOLLEN DIE BÜRGER ÜBERHAUPT EHRLICHE POLITIKER?

»Weil im Zentrum der Politik die Machtfrage steht, kann es Wichtigeres geben als die Wahrheit«, sagt der Göttinger Politikprofessor Franz Walter.[379]

Und tatsächlich wollen manche Mitbürger nicht die ehrlichsten, sondern die durchsetzungsfähigsten Politiker als ihre Interessenvertreter an der Spitze des Staates. Gewisse Wohnungsunternehmen engagieren für ihre berühmten Entmietungsaktionen ja auch nicht die Samariter, sondern gemeingefährliche Schlägertrupps, vorzugsweise mit Vorstrafen wegen Körperverletzung oder Totschlag.

Entsprechend geht es laut Walter »nicht um Sinnstiftung, nicht um Identitätswahrung, nicht einmal um Glaubwürdigkeit. Ein Politiker, der ein ›grundehrlicher Kerl‹ sein möchte, wäre eine katastrophale Fehlbesetzung. Und irgendwann würden ihn die Bürger mit Spott und Häme verjagen.« Von den Politikern erwarten diese Mitbürger »den Schutz der elementaren Lebensinteressen und Güter – gegen mögliche Usurpatoren im Inneren und Äußeren, von denen nicht zu erwarten ist, dass sie ihre niederträchtigen Absichten offenherzig preisgeben oder durch Ehrlichkeitsdemonstrationen bekehrt werden«.

Steckt ins uns allen ein kleiner Fascho, der in seinem tiefsten Inneren den Rechtsstaat für eine Institution naiver Weicheier hält und klammheimliche Sympathie für »Rübe ab« (Todesstrafe) empfindet, für »kurzen Prozess« (Lynchjustiz), »hartes Anfassen« (Folterverhöre) oder »abendländische Kreuzzüge« (Angriffskriege zur Rohstoffsicherung)?

Jedenfalls gleicht Franz Walters sarkastisches Politikerbild weniger einem König Salomon als einem Al Capone: »Insofern müssen Politiker kaltschnäuzig, unsentimental, knochenhart, listig sein. Sie müssen als kühl kalkulierende Strategen überzeugen. Aber ein Stratege darf um Himmels willen nicht auf dem offenen Markt Wahrheiten ausplaudern. Ein Stratege hat die nächsten Züge nicht anzukündigen, gar zur Abstimmung zu stellen. Ein Stratege operiert geheim; er täuscht, legt falsche Spuren, hebt Fallgruben aus, lauert hinter Hecken.«

Klingt das nicht eher nach Stalin-Ära als nach Grundgesetz? »Ein Stratege und großer Politiker muss – ja, er muss – zuweilen Potemkinsche Dörfer errichten, ohne Skrupel von links nach rechts und zurückrochieren, mindestens den Gegner durch falsche Ankündigungen in die Irre führen.«

Zu dumm nur, dass bei uns zumindest auf dem Papier alle Macht vom Volke ausgeht. Zynische Konsequenz: »Man muss nur aufpassen, dass dies alles zugleich als ›glaubwürdig‹ erscheint«, denn »Irreführung, Maskerade, das glanzvolle Theater verlangen weit mehr Geschick, Raffinesse, Phantasie als die komplexitätsscheue Wahrheitsliebe und die orthodoxe Werktreue. Kreativität und Prinzipienverbundenheit schließen einander aus.«

Als Kronzeuge sieht sich Walter aufgefordert, ausgerechnet den Problem-Philosophen Nietzsche als »unbestechlichen Analytiker menschlichen Selbstbetrugs« zu bemühen: *Der Wille zum Schein, zur Illusion, zur Täuschung, zum Werden und Wechseln ist tiefer, ›metaphysischer‹ als der Wille zur Wahrheit, zur Wirklichkeit, zum Sein: Die Lust ist ursprünglicher als der Schmerz.*[380]

Das erscheint dann doch der Ironie zu viel. *Erscheint,* denn in Wahrheit beschreibt Walter die Wirklichkeit: »Nehmen wir Konrad Adenauer, Charles de Gaulle oder Otto von Bismarck – sie alle waren große Lügner vor dem Herrn. Und man feiert sie bis heute nicht ohne Grund als große europäische Staatsmänner.«

Was Walter wirklich meint, lässt er eine große Moralphilosophin sagen: »Hannah Arendt, die brillante Analytikerin totaler Herrschaft«: *… niemand hat je die Wahrhaftigkeit zu den politischen Tugenden gerechnet. Lügen scheint zum Handwerk nicht nur der Demagogen, sondern auch des Politikers und sogar des Staatsmannes zu gehören.*[381]

Was bei Nietzsche sowieso, aber auch bei Arendt und Walter unter den Tisch fällt: Es geht um Politikerlügen in einer kapitalistisch dominierten Welt. Besonders augenfällig in Diktaturen, gibt es weltweit Arm und Reich, »Ausbeuter« und »Ausgebeutete«, stinkfaule Milliardenerben und Hungerlohn-Jobber. »Jeder Siebte von Armut bedroht«, titelte *Zeit Online* vor dem Weihnachtsfest 2011.[382] Hinzu kommen Lug und Trug, die eineiigen Zwillinge der systematischen Verarmung der Bevölkerung zugunsten der Reichen: »Verbraucher verlieren Milliarden bei Altersvorsorge«, titelte *Welt Online* Ende 2012, kurz nach dem christlichen Fest der Nächstenliebe. »Verbraucher zahlen laut einer Studie bei der privaten Altersvorsorge und anderen Finanzprodukten jährlich insgesamt 50 Milliarden Euro zu viel. Schuld seien vor allem schlechte Beratung, mangelnde Kundenorientierung und das Fehlen wirksamer Verbraucherschutzregeln«, resümiert eine Studie der Universität Bamberg. Dazu kämen Schäden durch andere Finanzdienstleistungen, die zum Nachteil der Verbraucher nicht streng genug geregelt seien.[383]

Aber damit nicht genug: Ende November 2012 festigte die Merkel-Regierung ihren Ruf, die Wahrheit im eigenen Sinne zu beugen. »Regierung tilgte kritische Passagen aus Armutsbericht«, titelte *Spiegel Online* am 28. November 2012. Gegenüber der ersten Fassung vom September fehlte im überarbeiteten Entwurf vom 21. November der Satz »Die Privatvermögen in Deutschland sind sehr ungleich verteilt.« Ganz bewusst ist also der Bericht geschönt worden. Und es sind Aussagen über steigende Löhne im oberen Bereich und sinkende im unteren Bereich ebenso getilgt worden wie solche über ein verletztes Gerechtigkeitsempfinden der Bevölkerung und eine Gefährdung des gesellschaftlichen Zusammenhalts. Demgegenüber verweist der Bericht nun darauf, dass im unteren Lohnbereich viele Vollzeitjobs entstanden seien. Gestrichen wurden auch bestimmte Fakten, die in der ersten Version noch aufgeführt worden waren, wie zum Beispiel dieser Satz: »Allerdings arbeiteten im Jahr 2010 in Deutschland knapp über vier Mio. Menschen für einen Bruttostundenlohn von unter sieben Euro.«[384] Dieser Satz ist gestrichen worden.

Da wundert es keinen, wenn der klardenkende Bürger unsere Regierung als Lügner- und Verbrecherbande empfindet. Für viele sind »Regierung« und »betrügerische Raffkes« ein und dasselbe Wort. Und das ist auch gut so. Nur Vollidioten und gewissenlose Parteikarrieristen gehen noch wählen – und auch noch diesen moralischen Bodensatz der Gesellschaft, im Volksmund kurz »Abschaum« genannt. Irgendwann werden an ehrbaren Läden die ersten Schilder hängen: »Für Hunde und Bundestagsabgeordnete verboten«. Wieso eigentlich nicht? Vor diesem Hintergrund haben Politikerlügen auch und vor allem den Sinn, die Reichen immer reicher und zwangsläufig die Armen immer ärmer zu machen – notfalls mit Waffengewalt, wie man in Afghanistan und anderswo deutlich sieht.

Der als Scheinalternative erfundene ultranaive, superehrliche Gutmensch erweist sich als dümmlich zurechtphantasierter Pappkamerad: Auch die Ehrlichsten werden einem Sexualmörder nicht den Aufenthaltsort ihres Kindes, dem Einbrecher nicht die unbewachte Zeit des Nachbarhauses und einem Nazi oder Sarrazin-Fanatiker nicht die Adresse eines kritischen Demokraten verraten. Man kann also egoistisch-hinterhältige und moralisch motivierte Unwahrheiten nicht unter dem Motto *Wir sind alles kleine Lügnerlein* zusammenfassen.

Laut psychologischer Studien schwindelt der Durchschnittsbürger in einem 10-Minuten-Gespräch etwa zweimal, meist aber aus »prosozialen« Gründen, also um das private und berufliche Miteinander zu erleichtern. Wir loben Tante Klaras liebevoll zubereiteten, aber ungenießbaren Fraß ebenso wie die scheußliche Krawatte des depressiven Kollegen.[385] Doch wir lassen nicht 50 Euro aus Tantchens Geldbörse mitgehen (obwohl sie das wahrscheinlich nicht merken würde), und wir verbreiten auch keine falschen Gerüchte über den Kollegen. Genau das unterscheidet den zivilisierten Normalbürger vom verlogenen Politiker.

Auch Franz Walters *Lob der Lüge* ist alles andere als ein Persilschein für egozentrische, macht-, ruhm- und geldgierige Gewohnheitslügner, bei illegalen Waffenexporten, Schmiergeldaffären oder Regierungspannen die Öffentlichkeit hinters Licht zu führen, um die eigene Karriere oder das Image ihrer Partei zu schützen.

Zu den bereits erwähnten verlogenen Wahlkampfversprechen – von der Vermögenssteuereinführung über die Erhöhung der Bildungsetats bis zum Ende der Auslandseinsätze der Bundeswehr – ist man versucht zu sagen: »Wer's glaubt, ist selbst schuld.« Aber wie nicht zuletzt der stetige Rückzug des Stimmviehs zeigt, bestätigen immer mehr Bürger die alte Volksweisheit: »Aus Schaden wird man klug.«

EGOISMUS ALS GRUNDPRINZIP VON POLITIK UND GESELLSCHAFT?

Ein einziger Satz des Ökonomen Adam Smith, des ungefragten Gottvaters der Marktwirtschaft, dient den Neoliberalen als Universalbegründung ihrer gesamten »Theorie« wie den Christen die Schöpfungsstory des Alten Testaments und die vier Evangelien zusammengenommen: Nicht vom Wohlwollen des Fleischers, Brauers oder Bäckers erwarten wir unsere Mahlzeiten, sondern von ihrer Bedachtnahme auf ihr eigenes Interesse. Wir wenden uns nicht an ihre Humanität, sondern an ihren Egoismus.[386]

Genau genommen interessierte die Neoliberalen nur das Zauberwort Egoismus, und sie bauten daraus das quasi angeborene Menschenbild des *homo oeconomicus,* für den Humanität, Rücksichtnahme, Solidarität und Teilen mit anderen irrational sind, hemmungsloses eigennütziges Streben nach Reichtum, Macht, Karriere und Ruhm aber rational.[387]

Das logische Antiwort zu *egoistisch* ist *sozial.* So brüstete sich Neoliberalismus-Ayatollah Friedrich August von Hayek: »Ich kann nicht sozial denken, denn ich weiß gar nicht, was das ist.«[388] Sieht man sich seine heutigen politischen Jünger an, so glaubt man ihm (und ihnen) aufs Wort.

»Der Sozialstaat deformiert die Gesellschaft«, ergießt sich eine

gewisse Dorothea Siems im Februar 2010 in *Welt Online.* »Sozialleistungen kosten Geld und lähmen die Leistungsbereitschaft. Deutschland braucht dringend eine Kultur der Eigenverantwortung. Hier liegt die Krux der Sozialpolitik: Je besser sie die Menschen vor Armut schützt, desto mehr erlahmt die Eigenverantwortung.«[389]
Na klar, aber als hätte Hayek die Grenzen der Intelligenz seiner Nachbeter geerbt, schrieb er offenherzig: »Das System funktioniert unter der Bedingung, dass der Einzelne bei seiner Teilnahme an sozialen Prozessen bereit und willig sein muss, sich Änderungen anzupassen und Konventionen zu unterwerfen, die nicht das Ergebnis vernünftigen Planens sind ... und deren Ursachen vielleicht niemand versteht.«[390] Heute hätte Hayek wohl der *Welt-Lady* geschrieben: »Zerbrechen Sie sich nicht Ihr süßes Köpfchen; zu viel Denken schadet Ihrem Teint.«

DER POLITIKER ALS HABGIERIGER HOMO OECONOMICUS

Was dem Normalbürger recht ist, kann der politischen Klasse natürlich nur billig sein. So hatte Anthony Downs, der Mitbegründer der *Neuen Politischen Ökonomie,* schon 1968 festgestellt, dass »die Parteien in der demokratischen Politik den Unternehmen in einer auf Gewinn abgestellten Wirtschaft ähnlich sind. Um ihre privaten Ziele zu erreichen, treten sie mit jenen politischen Programmen hervor, von denen sie sich den größten Gewinn an Stimmen versprechen, so wie die Unternehmer ... diejenigen Waren produzieren, von denen sie sich den meisten Gewinn versprechen.«[391]
Daraus folgert Downs recht einleuchtend: »Parteimitglieder haben als Hauptmotiv den Wunsch, sich die mit dem Regierungs-

amt verbundenen Vorteile zu verschaffen; daher streben sie nicht die Regierung an, um vorgefasste politische Konzepte zu verwirklichen, sondern formulieren politische Konzepte, um an die Regierung zu kommen.«[392] Entsprechend ist »das Hauptmotiv der Regierung »Maximierung der Stimmen, nicht des Nutzens oder der Wohlfahrt«.[393]

Nichts anderes gab das Blödelgenie Otto Waalkes einst zum Besten: »Ich halte nichts von diesen Rechts-Links-Klassifizierungen. Hauptsache, ich komm gut rein, sitz fett drin und brauch nicht wieder raus«.[394]

Selbst der sonst so nobel zurückhaltende damalige amtierende Bundespräsident Richard von Weizsäcker sprach 1992 Klartext: »Bei uns ist ein Berufspolitiker im Allgemeinen weder ein Fachmann noch ein Dilettant, sondern ein Generalist mit dem Spezialwissen, wie man politische Gegner bekämpft.«[395]

Dass Politiker vor allem ans möglichst schnelle und viele Geld wollen, erkannte bereits Helmut Kohls Ex-Büroleiter, der Politologe und Journalist Wolfgang Bergsdorf: »Wer sich für die Politik entscheidet, darf nicht die Hoffnung haben, sein Einkommen maximieren zu können. Der größere Teil seines Honorars besteht in der Teilhabe an der politischen Macht, die ihre eigene politische Ausstrahlung hat. Dazu gehört Publizität, die von vielen genossen wird, auch politische Lebenserfahrung, die man in der Politik erwirbt, ob man es will oder nicht.«[396]

Ähnliches ergab 2005 eine Studie von Patrick Schwarz in der *Zeit:* »Wer Politiker auf schnelle Autos reduziert, unterschätzt ihre wahre Leidenschaft. ›Was ist das Brot des Politikers, woraus bezieht er Genugtuung?‹, fragt Wolfgang Clement. ›Für die Politik ist das die öffentliche Wahrnehmung.‹ Renate Schmidt sagt: ›Ich bin seit 1987 dran gewöhnt, wichtig zu sein.‹«[397]

WOHIN DAS AUGE BLICKT:
EIGENNUTZ SCHLÄGT GEMEINWOHL

So komisch es klingt: Gerade wegen ihrer hemmungslosen Machtgier muss man manche Politiker gegen gewisse Vorwürfe in Schutz nehmen. Tief in ihrem Inneren sind Roland Koch und Horst Seehofer vermutlich ebenso wenig Rassisten wie Wolfgang Schäuble und Otto Schily Polizeistaatsfans oder Angela Merkel und Jürgen Trittin AKW-Gegner. Überhaupt sind vielen Volksvertretern wahrscheinlich nahezu alle politischen Inhalte als solche völlig gleichgültig und nur wichtig im Hinblick auf Stimmenfang. Die bereits von Parteienforschern festgestellte wachsende Ähnlichkeit der etablierten Parteien untereinander beruht vor allem darauf, dass sie sich bei ihrer Jagd nach »Marktlücken« abwechselnd links oder rechts überholen.

Die These, dass dem Politiker der Eigennutz alles und das Gemeinwohl nichts bedeutet, bewies einmal mehr das Gezerre um das Betreuungsgeld, das die Kitas sabotiert und die Reichen ebenso wie die Verwahrlosten bevorzugt.[398] Aber selbst der unbedarften Familienministerin Kristina Schröder ging es wohl weniger um die Renaissance der Heimchen-am-Herd-Idylle als um die Stimmen jener verklemmten, zumindest gesellschaftlich zurückgebliebenen Würstchen und Weibchen, die mit der Emanzipation in Gestalt der berufstätigen Frau ebenso wenig zurechtkommen wie mit dem Kontakt ihrer Sprösslinge mit halbwegs normalen Kindern und Erwachsenen.

Ebenso waren die Pläne zur Abschottung des christlich-abendländischen Europa in Gestalt von Grenzkontrollen *als solche* der Kanzlerin vermutlich völlig egal. Vorrangig ging es um Wahlkampfhilfe für den ultraschwarzen Kumpan Nicolas Sarkozy. »Merkozy zeigen ihr hässliches Gesicht«, schimpfte *Welt Online* am 21. April 2012. »Die Forderung nach Grenzkontrollen im

Schengen-Raum stößt auf Widerstand im EU-Parlament, im Außenministerium und bei der Polizei. Der Vorstoß wird als Wahlkampfmanöver zugunsten Sarkozys abgetan.«[399] Wenigstens wurde der Vorschlag von der NPD begeistert begrüßt.[400]

Die Vermutung von der absoluten Beliebigkeit politischer »Überzeugungen« und ihrer Ausrichtung am Wählerfang bestätigte mit herzerfrischender Offenheit der damalige Wirtschaftsminister. »Brüderle: AKW-Moratorium ist nur Wahlkampftaktik«, lautete ein Aufmacher von *sueddeutsche.de* am 24. März 2011. »Wirtschaftsminister Rainer Brüderle hat vor der Spitze der deutschen Industrie gesagt, dass die anstehenden Landtagswahlen der Grund für den plötzlichen Sinneswandel der Regierung in der Atompolitik sind. Entscheidungen seien da ›nicht immer ganz rational‹.«[401]

IST HABSUCHT GENETISCH BEDINGT?

Ein allgemein bekannter abendländischer Rassentheoretiker und Schmuddelautor hat sich noch nicht dazu geäußert: Ist uns der *homo oeconomicus* in die genetische Wiege gelegt?

Sicherlich wäre es abwegig, einen stärker oder schwächer ausgeprägten Egoismus der meisten Mitbürger prinzipiell abzustreiten. Man kann sogar vermuten, dass selbst die Armen und Abgehängten in erster Linie nicht so sehr ein umfassend gerechtes soziales und solidarisches Gemeinwesen anstreben als vielmehr ein Entkommen aus dem Elend für sich selbst und bestenfalls ihre Verwandten und Freunde. Hat man je davon gehört, dass ein Hartz-IV-Empfänger den gewonnenen Jackpot einem wohltätigen Zweck gespendet hat? Nicht wenige, wenn nicht die meisten, wollen keine »klassenlose Gesellschaft«, sondern selbst zur »Oberschicht« gehören. Das ist auch kein Wunder, da doch jedes Gemeinwesen seine Bürger erzieht und der gewissenlose Gierschlund zur neoliberalen Ellbogengesellschaft am ehesten passt und am besten in ihr zurechtkommt. Und so bleibt der pausenlose Appell, »jeden Kollegen als feindlichen Konkurrenten, jeden Schwächeren als willkommenes Opfer, jeden Nichtkarrieristen als Loser und Drückeberger, jeden Humanisten als Bolschewisten, jeden Arbeitslosen als Wohlstandsmüll, jeden Arbeitnehmer als Humankapital, jeden Steuerpfennig als staatlichen Raubzug und jede Sozialleistung als sentimentale Verschwendung zu sehen, natürlich nicht ohne Wirkung«.[402]

Wenn man den Menschen pausenlos einbleut, als faire und solidarische Bürger seien sie die gutmütigen Idioten, die als Einzige noch die Regeln und Normen respektierten, dann vergehen auch ihnen früher oder später Lust und Mut zum Anstand.

Es ist eine fatale Kettenreaktion: »Verdreckte Straßen provozieren noch mehr Dreck, und Raucher auf U-Bahnhöfen verführen weitere zur ›Ordnungswidrigkeit‹. Umgekehrt animiert ein Spender für Straßenmusiker andere zur Großzügigkeit, und beim Sammeln für ein Kollegengeschenk heißt es: ›Wie viel gibt man denn?‹«[403]

Aber auch wenn niemand mit gutem Beispiel vorangeht, wird der »normal egoistische« Bürger nicht zum neoliberal raffgierigen Tier. »Die meisten zahlen auch dann das WC, wenn der Toilettenmann selbst auf der Toilette ist, und unehrliche Finder sind eine kleine Minderheit. Sogar beim Flatrate-Menü gibt man sich meist bescheiden, und die immensen Spenden der Normalbürger für Not und Elend in der Welt widersprechen dem Ideal des *homo oeconomicus* diametral. Sind die Durchschnittsmenschen also alles Verrückte und die schamlosen Reichtumsmehrer die ›Rationalen‹?«[404] Ist Moral tatsächlich so »irrational«, wie uns die neoliberalen Soziopathen eintrichtern wollen?

Nach deren Logik nämlich würde der steinreiche Onkel die lebensnotwendige Operation des Neffen gerade *nicht* bezahlen.

Er ließe »rational« den Neffen lieber sterben und investierte in Medizinaktien. Schließlich wird ja nach der neoliberalen Theorie durch des Onkels Profitmaximierung sogar die ganze Gesellschaft bessergestellt, und der Tod des Neffen war eben deren »Solidarbeitrag«. Zum Glück aber sind selbst die reichsten Egoisten meist keine »rational« herzlosen und raffsüchtigen Geisteskranken. Der vermögende Onkel zahlt natürlich – sogar aus einer Art Eigennutz: Er fühlt sich besser, weil er ein gutes Gewissen hat und die ganze Familie glücklich und dankbar ist.

Der Wirtschaftsprofessor Theodor Pütz drückt den Unterschied zwischen dem normalen und dem gestörten Egoisten so aus: »Wenn man es als Wohlstandsziel bezeichnet, jedes Individuum so gut wie möglich zu stellen, dann liegt damit ein Werturteil vor, das individuelles Wohlbefinden zum ausschließlichen Kriterium der gesellschaftlichen Wohlfahrt macht.« Dieser Ansatz propagiert den asozialen Raffke, denn er »lässt außer Acht, dass die relativen Unterschiede des Versorgungsniveaus verschiedener Individuen oder Gruppen eine Bedeutung für die individuelle Wohlfahrt haben«.[405]

AUSGEBURT DES HOMO OECONOMICUS: DAS BIP

Das oft leidenschaftliche, stets große Interesse, das den praktischen Fragen des Geldwesens und des Geldwertes gilt, erklärt sich ja nur daraus, dass sich im Geldwesen eines Volkes alles widerspiegelt, was dieses Volk will, tut, erleidet ... Der Zustand des Geldwesens eines Volkes ist ein Symptom aller seiner Zustände.

Joseph Schumpeter[406]

In einem der bemerkenswertesten Wirtschaftsessays der letzten Jahre entlarvt Carsten Kloth von *Tagesspiegel* den gewissenlosen, raffgierigen *homo oeconomicus* als ideologisches Fundament des marktwirtschaftlichen Zauberbegriffs *Bruttoinlandsprodukt,* mit dem der Erfolg von Volkswirtschaften gemessen wird.[407]
Eigentlich könne angesichts des Klimawechsels »die Erkenntnis, dass es auf einem Planeten mit endlichen Ressourcen kein unbegrenztes Wachstum geben kann ... auch von wachstumsfixierten Ökonomen und Politikern kaum noch ignoriert werden«. Allerdings sei »der monolithische Mainstream in Politik und Wissenschaft ... nur schwer zu knacken. Denn hinter der Etablierung des Bruttoinlandsproduktes als wirtschaftspolitisches Erfolgsmaß stehen gewachsene Machtstrukturen. So passt das konsumfixierte Maß BIP ausgezeichnet zum Modell des *homo oeconomicus.*« Dabei sei diese Konstruktion des pseudorationalen Egoisten »in zahlreichen Feldstudien und Laborexperimenten längst widerlegt. Fairness, Solidarität und Kooperation gehören sehr wohl zur menschlichen Natur. Doch die ›irrationale‹ ehrenamtliche Tätigkeit wird beispielsweise nicht vom BIP erfasst.« Ebenso würde »das Thema wachsende Ungleichheit in Fragen der Verteilung sowohl vom Bruttoinlandsprodukt als auch von der herrschenden Ökonomie systematisch ignoriert ... Die Kennziffer unterscheidet nicht zwischen einem Euro, der einem Armen zukommt, und einem Euro, den ein Superreicher zusätzlich erhält. So kann das BIP theoretisch massiv steigen, während im Land eine Hungersnot herrscht. Das Wachstum kann sich auch ausschließlich aus den Unternehmensgewinnen und Vermögenseinkommen einer kleinen Oberschicht speisen. Eine Politik hingegen, die den sozialen Zusammenhalt im Land stärkt, senkt möglicherweise das BIP. Reiche und Gutverdiener profitieren hingegen von einer Politik, die sich daran ausrichtet, dass ihre Einkommen das BIP steigern.«

Kloth fordert deshalb ein »Umdenken in der Messung ökonomischen Fortschritts ... Denn die Messgröße beeinflusst das Tun. Würden Leistungen in Bezug auf die Verbesserung von Lebensqualität, Umwelt, Gesundheit, Bildung und Gerechtigkeit in einer zentralen Kennziffer mit erfasst, würden sie womöglich verstärkt Gegenstand politischen Handelns ... Dazu müssen jedoch verinnerlichte Denkmuster verabschiedet werden, was einigen politischen Akteuren kaum zuzutrauen ist.«

Vielleicht hat Kloth ihn mit der »Schere im Kopf« selbst gestrichen, vielleicht wurde er auch von seinen Chefs angesichts der Abhängigkeit der Printmedien von teuren Inseraten eliminiert: Den Hinweis nämlich auf den Zusammenhang zwischen dem Handeln der Politik und den sogenannten »Parteispenden«. Auch eine Meinungsäußerung ist nicht immer naiv. Sie kann auch einfach gut bezahlt sein: *Wir werden uns von vielen der scheinsittlichen Grundsätze lossagen, die uns seit zweihundert Jahren wie ein Alpdruck verfolgt haben, wobei wir einige der abstoßendsten menschlichen Eigenschaften in die Stellung höchster Tugenden emporgehoben haben. Die Liebe zum Geld als Besitz (wird) als eine jener halb verbrecherischen, halb krankhaften Neigungen erkannt werden, die man mit Schaudern an die Fachleute für geistige Erkrankungen verweist.*[408] (John Maynard Keynes)

BUNDESTAGSDEMOKRATUR

Braune Kühe geben Kakao, die Ölsardinen werden in Dosen geboren, und die Bürger können in Parteien Einfluss auf Politik und Gesellschaft nehmen. Die ersten beiden Thesen erscheinen geradezu realistisch im Vergleich mit der dritten, der Fabel nämlich, unsere Parteiendemokratie hätte mit echter Demokratie mehr zu tun als die Pfingstrose mit der Gürtelrose.

VERLÄNGERTE WOCHENENDEN AUF STEUERZAHLERS KOSTEN

In der UdSSR grassierte unter Regimekritikern der Witz: »Für die KPdSU-Führer hat der Kommunismus schon begonnen.« Viele unserer Bundestagsabgeordneten sind da bescheidener: Sie haben ein Fernziel der Gewerkschaften, die Viertagewoche, für sich persönlich schon durchgesetzt.
Will man Politik-Erstsemestern, ausländischen Journalisten und Parteienforschern oder ganz einfach interessierten Normalbürgern in Kurzform das Wesentliche über Selbstverständnis, Integrität und Moral des Bundestags vermitteln, so genügt eigentlich der ebenso amüsante Bericht von Annett Meiritz in *Spiegel Online* über einen typischen Ausklang einer irrsinnig anstrengenden Arbeitswoche zur Sommerszeit. »Der Freitag einer Sitzungswoche ist meist ein gemächlicher Tag. Viele Bundestagsabgeordnete sind auf den Weg in die Heimat, mit dem Auto, der Bahn, dem Flugzeug. ... Auch an diesem Freitag war Routine angesagt. Das umstrittene Betreuungsgeld ist zwar ein Zündstoffthema, angesetzt waren aber nur erste Beratungen ... Anwesenheit war nicht so wichtig, dachten viele. Zu viele.«[409]
Gegen Mittag bezweifelt Bundestagsvize Petra Pau die Beschlussfähigkeit des Parlaments und ordnet bei einer Abstimmung zum Wettbewerbsgesetz den sogenannten Hammelsprung an. Dazu müssen die Volksvertreter den Saal verlassen und ihn durch eine der Türen für ja, nein oder Enthaltung wieder betreten. Und dabei wird gezählt.
Doch trotz Lautsprecherdurchsage sind viele Abgeordnete auch

nach zwanzig Minuten nicht zurück. »Gehen rauchen. Gehen in ihr Büro. Gehen zur Toilette. Oder bleiben einfach demonstrativ vor der Tür stehen. Bei der Auszählung stellt Pau fest, dass weniger als die Hälfte der Abgeordneten im Saal anwesend sind – 211 statt der erforderlichen 311 – und schließt kurz vor 12 Uhr die Sitzung wegen Beschlussunfähigkeit.«

Die christliche Schwänzerfraktion reagierte nach der sicherlich nicht dem Neuen Testament entnommenen Methode *Haltet den Dieb* äußerst wütend. CDU-Generalsekretär Hermann Gröhe sprach von einer »Arbeitsverweigerung der Opposition« und einem »ungeheuerlichen Vorgang«.[410]

Tatsache ist: Das vom Steuerzahler fürstlich alimentierte schwarz-gelbe Parlamentsgesindel hätte, statt sich ins Bordell oder nach Saint-Tropez zu verdrücken, nur vollzählig im Plenum erscheinen müssen. Aber was soll man machen, wenn der eigene Charakter nicht mitspielt?

DIE PARTEI ALS NATÜRLICHER FEIND DES VOLKSVERTRETERS

Wenn Parteien tatsächlich wie Großunternehmen funktionieren, dann muss sich natürlich der karrierebewusste Politiker gegenüber höheren Parteiebenen ähnlich verhalten wie ein Konzernangestellter gegenüber seinen Vorgesetzen und erst recht dem Vorstand.

Der emeritierte Politikprofessor und Parlamentsforscher Wolfgang Ismayr beschreibt zwangsläufig realsatirisch eine Art »Karriereknigge« für unsere Volksvertreter im höchsten parlamentarischen Gremium: dem Deutschen Bundestag. Tatsächlich liest sich die Schilderung der Realität wie ein polemisches Gag-Highlight aus dem ZDF-Kultkabarett *Neues aus der Anstalt*.

So müssen Gegenstimmen bei der Fraktionsführung vorher angemeldet und so minimalisiert werden, dass der eigene Entwurf durchkommt, und sie dürfen »nicht zu oft« vorkommen.[411] Hätte Erich Honecker doch nur unsere Politiker als Berater gehabt! Selbst die SED-Diktatur und ihr *Demokratischer Zentralismus* hätten nach Demokratie ausgesehen.

Die Fraktionssitzung gleicht einer Einsatzbesprechung beim Militär. Wer sich zu Fragen äußert, für die er nicht »zuständig« ist, oder gar über Koalitionskompromisse mosert, wird im Nu ausgegrenzt. Zudem soll bereits in der Fraktion einheitlich abgestimmt werden, um nach außen Geschlossenheit zu demonstrieren. Heikle Themen werden daher meist ganz ausgeklammert.[412] Süffisant bemerkt Ismayr, der Grundgesetzartikel 38 zur Gewissensfreiheit schütze die Unabhängigkeit der Abgeordneten vor allem gegenüber der eigenen (!) Fraktion und Regierung.[413]

Wie notwendig ein solcher Schutz ist, zeigen zwei legendäre Beispiele. Bei den Abstimmungen 2001 zum Mazedonienkrieg[414] und 2003 zur Gesundheitsreform[415] drohte der damalige SPD-Fraktionschef Franz Müntefering den »Abweichlern«, ihnen beim nächsten Mal einen aussichtsreichen Listenplatz zu verweigern: Wenn der Abgeordnete nicht spurt, ist er erledigt.[416] Für viele wäre die politische Karriere beendet,[417] und ohne ähnlich bezahlte berufliche Alternative wäre auch das süße, sorglose Leben dahin.

Dies hat zwar mit dem Grundgesetz so viel zu tun wie ein Eisbecher mit einem Eisbrecher, aber die Unterscheidung zwischen (wieso eigentlich?) erlaubter »Fraktionsdisziplin«[418] und grundgesetzwidrigem »Fraktionszwang«[419] ist in der Praxis angeblich kaum möglich.[420]

Der Hinweis *praktisch undurchführbar* kam schon von den Vorfahren unserer Spitzenpolitiker, die auf den Bäumen hockten und ihre Nachkommen warnten: *Springt bloß nicht nach unten.* Die aufmüpfigen Nachkommen entwickelten sich zu *Menschen* – dass einige von ihnen heute wie hirngeschädigte Lemminge Schwarz-Gelb oder Rot-Grün wählen, sollten wir großzügig als Kollateralschaden unserer Entwicklung werten.

WEM SCHULDET DER POLITIKER LOYALITÄT?

Zugegeben: Die Sache ist etwas kompliziert und somit ein idealer Tummelplatz für Demagogen und Anhänger von Lenins Demokratischem Zentralismus.

Zweifellos nämlich verdanken die Volksvertreter ihren Parteien bzw. deren Führung ihre gesamte politische (und damit meist auch komplette) Existenz: Ohne Nominierung weder Listenplatz noch Direktkandidatur.

Aber ergibt sich daraus eine Pflicht zur bedingungslosen Loyalität? Ist etwa in der Wirtschaft ein Mitarbeiter, den der Personalchef einstellt und befördert, im Konfliktfall dem Personalchef mehr verpflichtet als dem Firmeninhaber?

Selbstverständlich nicht – theoretisch. Praktisch aber würde der Personalchef das korrekte Verhalten des Angestellten als illoyal werten und bestrafen. Dies weiß der Mitarbeiter natürlich – und der Inhaber muss ja nicht jede Kleinigkeit erfahren …

Nun ähneln unsere Parteien ja, wie oben bereits erwähnt, verflixt »den Unternehmen in einer auf Gewinn abgestellten Wirtschaft«.[421] Vom Bundestag aufwärts allerdings wird der Druck offenbar noch stärker.

Dies alles erhärtet die Vermutung, dass »Abnicker« und »Duckmäuser« unabhängig von der Qualifikation auf Karrierevorteile hoffen können. Gilt also in der deutschen Politik »Kumpanei statt Kompetenz«?[422] Ist selbst das größte Fachwissen für die Katz, wenn sich der Politiker in seiner Partei nicht nach oben mau-

scheln, treten oder katzbuckeln kann? (Siehe dazu auch Anhang 1.)
Bei diesem Stand der Ding hat der Volksvertreter die Qual der Wahl: Lässt er die Politkarriere sausen und versucht es mit ehrlicher Arbeit oder verdrängt er Zweifel, Unbehagen und Gewissen und steigt voll ein? Durch die Macht der Gewohnheit wird er Geheimabsprachen und halbseidene Deals nicht mehr als korrupte Aktionen auf Kosten der Bürger empfinden, sondern als »Sachzwänge im Dienste des Gemeinwohls«, zu dem er meist auch seine eigene zählt: Kann er im Fraktionsvorstand oder gar in der Regierung nicht noch viel mehr für das Volk tun? Und soll er dieses edle Vorhaben gefährden durch so alberne Aktionen wie die einzige Gegenstimme seiner Fraktion zur Amnestie für Börsenbetrüger oder zur Legalisierung des Orwell-Staates?

DIE GEDIMMTE DEMOKRATIE

Als wäre es nicht schon erbärmlich genug, dass der Bundestag als oberste Volksvertretung zum großen Teil eben nicht aus fähigen, integren, sich dem Gemeinwohl verpflichtet fühlenden Politikern besteht, sondern aus inkompetenten, intriganten, egoistischen Karrieristen: Die *wichtigsten* Entscheidungen werden nicht einmal vom Plenum getroffen, sondern von einer selbst interessierten Bürgern bis dato kaum bekannten dubiosen Geheimclique, die einer der klügsten und sprachmächtigsten Köpfe der Republik, der frühere Staatsanwalt und Richter Heribert Prantl von der *Süddeutschen Zeitung* als »neun Hanseln«[423] bezeichnet.
Als dümmliche Ausrede für dieses Paradebeispiel des Aushebelns unserer Demokratie hatte die Bundesregierung vorgebracht,

es sei *unpraktikabel, jeden Verfahrensschritt mit dem Bundestag abzustimmen.*[424] Wie sagte doch ihr Prophet und Angela Merkels persönliches Idol Hayek so schön: »Liberalismus ist unvereinbar mit unbeschränkter Demokratie.«[425] Und seine Epigonin Merkel schwärmte von ihrem großen moralischen Vorbild, er habe »die geistigen Grundlagen der freiheitlichen Gesellschaft im Kampf gegen staatlichen Interventionismus und Diktatur herausgearbeitet. In der Globalisierungsdebatte sind seine Ideen hoch aktuell.«[426]

Und da wundere sich noch jemand über die Meinung vieler Zeitgenossen, Demokratie käme von *dämlich.*

Dem aktuellen Zentralangriff auf den Rechtsstaat hat das Bundesverfassungsgericht vorerst einen Riegel vorgeschoben. »Die Einrichtung eines neunköpfigen und geheim tagenden Sondergremiums des Bundestags für Entscheidungen zur Euro-Rettung verstößt in weiten Teilen gegen das Grundgesetz.[427]

SZ-Innenpolitikchef Prantl nennt die bisherige Praxis »Gedimmte Demokratie … Kanzlerin Merkel und ihr Finanzminister haben versucht, das Parlament zu schrumpfen. Milliardenausgaben sollten geheim und von nur neun Hanseln genehmigt werden. Das konnte und durfte das höchste deutsche Gericht nicht akzeptieren. Man kann nicht den Euro retten wollen und dabei die Demokratie verkommen lassen.«

Und dies habe die Regierung von der Ausnahme zur Regel machen wollen: »Immer dann, wenn die Regierung ›besondere Eilbedürftigkeit oder Vertraulichkeit einer Angelegenheit geltend macht‹, sollte nicht mehr das Plenum des Bundestags mit seinen 620 Abgeordneten« entscheiden. »Die Regierung hätte nur eines dieser Kriterien behaupten müssen, um damit das Plenum des Bundestags und den Haushaltsausschuss auszuschalten – und die Zigmilliarden-Ausgaben stattdessen geheim und von nur neun Hanseln genehmigen zu lassen. Das war die Pervertierung des-

sen, was das Verfassungsgericht in seinem Euro-Krisenurteil vom 7. September 2011 gefordert hatte: die Rechte des Parlaments in europäischen Angelegenheiten zu stärken. Unter ebendiesem Vorwand der Stärkung war aber ins einschlägige Gesetz eine Schwächung – nämlich der Dimmer – eingebaut worden.«
Prantls Fazit: »Das Parlament ist die Bühne der Demokratie. Wer glaubt, er müsse den Euro abseits dieser Bühne retten, backstage sozusagen, abseits der Öffentlichkeit, der rettet den Euro nicht, sondern macht ihn kaputt. Das Urteil aus Karlsruhe war und ist also ein kluger Beitrag zur Rettung des Euro.«[428]
Im Sommer 2012 legten die Karlsruher Richter noch einmal nach: »Regierung hat Rechte des Bundestags verletzt«, lautete der Kommentar von *Spiegel Online* zu einem Urteil des Bundesverfassungsgerichts vom Juni des Jahres. Sie habe »bei den Verhandlungen über den permanenten Euro-Rettungsschirm ESM den Bundestag nicht ausreichend informiert« und müsse »das Parlament künftig so früh wie möglich über internationale Verhandlungen wie etwa zum Euro-Rettungsschirm ESM informieren, um den Abgeordneten eine Mitwirkung daran zu ermöglichen«. Das Parlament dürfe nicht in »eine bloß nachvollziehende Rolle« geraten.[429]
Aber diejenigen, die natürlich nie laut sagen und mit größter Empörung zurückweisen würden, dass ein *Ermächtigungsgesetz* wie das vom 24. März 1933 doch gerade in der Euro-Krise ganz praktisch sei, lassen offenbar nicht locker. Wieso sonst hätte Bundesverfassungsgerichtspräsident Andreas Voßkuhle am 10. Juli 2012 in der Verhandlung um Rettungsschirm und Fiskalpakt demonstrativ eine »verfassungsrechtlich vernünftige Prüfung« der Klagen ankündigen sollen, die »über ein normales Eilverfahren hinausgehen« könne?
Vielleicht, weil Bundesfinanzminister Wolfgang Schäuble in ebendieser Verhandlung sein zutiefst christliches Verständnis von

unserem Staat einmal mehr bekräftigt hatte: ein von Profitgeiern beherrschtes Gemeinwesen mit den Bürgern als notwendiges Übel und lästiges Anhängsel. Was sonst bedeutete sein ewig penetrantes und drohendes Nörgeln, »eine deutliche Verschiebung des ESM über den Juli hinaus ›könnte eine erhebliche Verunsicherung der Märkte bedeuten‹. Ein Stopp des Rettungsschirms könne zu ›erheblichen wirtschaftlichen Verwerfungen mit nicht absehbaren Folgen‹ für die Bundesrepublik führen.« So schwadronierte ausgerechnet jenes leuchtende Vorbild unserer Jugend, das im Zusammenhang mit der CDU-Parteispendenaffäre den Parteivorsitz und die Träume auf die Kanzlerschaft aufgeben musste. »Zweifel an der verfassungsrechtlichen Möglichkeit oder der Bereitschaft der Bundesrepublik Deutschland, Gefahren für die Stabilität der Euro-Zone abzuwenden, könnten dazu führen, dass die derzeitigen Krisensymptome deutlich verstärkt würden.«[430] Auf gut Deutsch: Der Markt regiert die Menschen und nicht umgekehrt. Diese zutiefst verfassungsfeindliche Haltung ist wohl über Jahrzehnte gewachsen und bei einem über Siebzigjährigen auch kaum noch therapierbar. Bleibt also die nicht ernst genug zu nehmende Verpflichtung für die humanistisch und menschenwürdig gesinnte Bevölkerung, aufzupassen, dass dergleichen keinen allzu großen Schaden für unsere Demokratie anrichtet.

Vor allem angesichts seines Vorschlags, die ohnehin stark beschnittenen und zumeist nur noch fiktiven Funktionen unserer Volksvertreter als Vertreter unseres Volkes noch weiter einzuschränken. So forderte er im Oktober 2012 für die EU einen *Super-Sparkommissar (Spiegel),* »der ganz allein die Macht hat, nationale Haushalte abzulehnen – auch nachdem sie schon von einem nationalen Parlament beschlossen wurden. Um den Vorwurf des Demokratiedefizits zu entkräften, sollen flankierend auch die Europa-Parlamentarier mehr mitreden dürfen, allerdings nur die Abgeordneten aus den Euro-Ländern.«[431]

Offenbar hat der Bürger mit seiner Stimmabgabe mehr Einfluss auf die Wahl der Miss Oldenburg als auf die Geschicke seines Landes. »Wer noch wählen geht, ist selbst schuld oder hat zu viel Langeweile«, ist jetzt schon die Meinung fast der Hälfte aller Bundesbürger.

NOCH LOBBYISMUS ODER SCHON KORRUPTION?

Kaum irgendwo wird die Tatsache, dass bei uns entgegen dem Gebot des Grundgesetzes eben nicht die Politik die Wirtschaft bestimmt, sondern umgekehrt, so augenscheinlich wie im Lobbyismus.

Auch ein putziger Begriff übrigens; überhaupt sind wir Deutschen ja Weltklasse im *Euphemismus,* dem wohlklingenden Wort für schlechte Dinge: Einen miesen Fraß bezeichnen wir als »gewöhnungsbedürftig«, peinliche Klamotten als »extravagant«, versoffene Kollegen als »sehr gesellig«, skrupellose Karrieristen als »ehrgeizig« – wieso also nicht auch korruptes Gesindel als »Lobbyisten«?

Dabei ist doch den Abgeordneten bei uns – im Gegensatz zu bislang weit über einhundertfünfzig anderen Staaten – die unbegrenzte Schmiergeldannahme noch immer erlaubt.[432] So könnte ein couragierter Volksvertreter ungestraft in die Welt hinausschreien, was der Bürger ohnehin schon weiß: »Ich lass mich bestechen bis zum Abwinken – na und?!«

»Nur kein Generalverdacht«, blöken am lautesten die, die es gerade nötig haben. Aber Moment mal: Gehört nicht der Generalverdacht gegen *sämtliche* Bürger zu unserer Gesellschaft wie das Doping zum Profisport? Was geschieht wohl, wenn wir dem S-Bahn-Kontrolleur oder sogar dem Presseball-Türsteher versichern, wir hätten unsere Karte daheim vergessen? Und was, wenn wir uns bei einer Ringfahndung nicht ausweisen können? Wenn also jeder x-beliebige Bürger als potenzieller Betrüger oder Verbrecher verdächtigt wird, wieso dann nicht jeder Volksvertreter als möglicherweise korrupt? Unsere Markwirtschaftsdemokratie hat es so weit gebracht, dass der ursprünglich positive Brauch der Vorschusslorbeeren heutzutage als unglaublich naiv erscheint.

Dabei ist zu unterscheiden zwischen den offiziellen Lobbyisten im Umfeld der Volksvertreter und den inoffiziellen im Parlament selbst. Derzeit mauscheln rund fünftausend »Hauptstadtflüsterer«[433] als Lobbyisten allein in Berlin. Bis Mitte 2011 sah man schon rein äußerlich, wer die wirklichen Drahtzieher im Bundestag sind. Während biedere und anständige Bürger vor Betreten der heiligen Hallen des Reichstags wie Schwerverbrecher grobhändig begrapscht wurden,[434] konnte eine Horde von fünfzehnhundert zwielichtigen Lobbyisten dank Hausausweis ohne Sicherheitskontrollen kommen und gehen, wann sie wollte, und hatte uneingeschränkten Zugang zu den politischen Entscheidungsträgern.

Erst Ende Mai 2011 wurden ihnen die Ausweise nicht mehr verlängert.[435]

Entlarvend und rührend zugleich ist die Begründung für die Anwesenheit der Lobbyistenmeute. Bereits Anfang 2004 hatte der Politologe Wilhelm Hennis angemerkt: »Die Malaise heute ist, dass die Politiker nicht mehr die Kenntnisse haben, die sie haben müssten. Sie kommen als Lehrer[436] in den Bundestag und verstehen von nichts etwas – außer davon, wie man im Ortsverein seine Mehrheit organisiert.«[437]

Volksvertreter ohne einen Schimmer von irgendwas – da schwant

einem Übles: »Die gewählten Bundestagsabgeordneten«, so hieß es unverblümt in einer 3sat-Reportage, seine »keine Experten und auf das Fachwissen von Interessenvertretern angewiesen. Lobbyisten übernehmen diese Aufgabe und fungieren als Berater.«[438]
Auf Deutsch: Lichtgestalten, die nicht den Unterschied zwischen brutto und netto oder Volkswirtschaft und Gastwirtschaft kennen, lassen sich von Typen manipulieren, deren »Qualifikation« und Vorstrafenregister Gegenstand einer eigenen Buchreihe sein könnte.

Ein Paradebeispiel war im Herbst 2012 zu bestaunen. »Das nennt man erfolgreiche Lobbyarbeit«, schreibt *Spiegel Online*. »Die Betreiber von Spielhallen haben sich gegen eine schärfere Regulierung ihrer Branche gewehrt. Kurz darauf flog ein entsprechender Abschnitt aus dem neuen Geldwäschegesetz. In der Ressortabstimmung des Geldwäschegesetzes flog der Paragraph 16a zur Spielhallenregulierung aus dem Entwurf. Der Abschnitt wurde nicht etwa verändert oder entschärft, er wurde ersatzlos gestrichen.«

Das Ganze ist besonders bezeichnend für das politische Gesocks, weil »die Automatenindustrie mit dem Branchenprimus Paul Gauselmann seit Wochen wegen undurchsichtiger Geldgeschäfte mit der FDP in der Kritik steht«. Laut *Monitor* »soll der Unternehmer der FDP ein Gelände der parteieigenen Druckerei überteuert abgekauft haben. Die zu viel gezahlte halbe Million Euro könne als verdeckte Spende gewertet werden. Im vergangenen Jahr hatte Gauselmann bereits zugegeben, dass er seine leitenden Mitarbeiter regelmäßig auffordere, Parteien und Abgeordneten Geld zu spenden. Da diese Spenden häufig unter 10000 Euro lagen, mussten sie nicht in den Rechenschaftsberichten der Parteien auftauchen.«[439]

DER HASS DER VÖLKER
AUF DEN DEUTSCHEN IMPERIALISMUS

Fast siebzig Jahre nach dem Ende der NS-Diktatur glauben nur noch schwarzbraune, geistig-moralisch verwahrloste Vollidioten die Legende von superfleißigen deutschen Herrenmenschen und dem faulen nichtarischen Rest der Welt. Aufgehetzt wird dieser schmuddelige Bodensatz der Gesellschaft allerdings von den altbekannten Gossenmedien.
Und auch von unserer Kanzlerin?
»Merkel und das Märchen vom faulen Griechen«, titelte der gewöhnlich eher zurückhaltende *Tagesspiegel* am 19. Mai 2011. »Arbeitnehmer in angeschlagenen Euro-Ländern wie Griechenland oder Portugal hätten mehr Urlaub und gingen früher in Rente, behauptet die Kanzlerin. Ein Blick in die Statistik zeigt: Das ist Unfug.[440]
Selbst der nicht gerade als regierungsfeindlich oder linksradikal bekannten *Financial Times* gingen die plumpen Lügen und die blindwütige Ausländerhetze zu weit. »Deutsche schuften kaum«, enthüllte das Wirtschaftsblatt im Juni 2011. »Für Kanzlerin Angela Merkel scheint klar: Im Euro-Süden ist die Wirtschaft so schwach, weil man dort weniger arbeitet. In kaum einem anderen Land ist die Jahresarbeitszeit jedoch kürzer als in Deutschland ... Im OECD-Vergleich arbeiten nur noch die Niederländer weniger als die Deutschen pro Jahr. Alle Euro-Südländer schuften länger – und ausgerechnet Griechenland hat von allen OECD-Ländern die längste Jahresarbeitszeit.[441]
Im Juli 2011 legte die renommierte Zeitung sogar nach: »Südländer sind oft fleißiger als Deutsche. Sie arbeiten länger und haben weniger Urlaub.« Sarkastisch heißt es weiter: »Damit ist die These von Kanzlerin Angela Merkel (CDU) entkräftet. Sie

hatte unlängst betont, dass sich alle Euro-Länder ›gleich anstrengen‹ müssten. Es könne nicht sein, dass Menschen in Griechenland, Spanien und Portugal früher als in Deutschland in Rente gingen. Vor dem Ansturm deutscher Urlauber auf die Touristenziele am Mittelmeer hatte das zu heftigen Debatten geführt. Und auch in Sachen Urlaub gibt es einige Vorurteile geradezurücken. Tatsächlich ist Deutschland bei den Urlaubstagen in Europa Spitzenreiter. Auf 30 Tage kommen die Deutschen laut Tarifverträgen im Schnitt. Lediglich in Italien kommen die Beschäftigten mit 28 Tagen noch auf eine ähnlich hohe Zahl bezahlter freier Tage. In Spanien und Griechenland sind es dagegen rund ein Viertel weniger. Hinzu kommen bezahlte kirchliche und nationale Feiertage. Auch hiervon hat Deutschland mehr als andere.«[442]

Tumber, aggressiver Nationalismus, gepaart mit einer völlig desaströsen Finanzpolitik hat natürlich Folgen für unser Ansehen in der Welt. »Star-Investor prophezeit Hass auf Deutschland«, lautete die Schlagzeile von *Spiegel Online* am 26. Juni 2012. Im Interview erklärte der Finanzguru George Soros, »wie sich Deutschland zur verhassten Imperialmacht entwickelt«. Anders als die USA nach dem Zweiten Weltkrieg, die sich damals mit dem Marshall-Plan als »wohlwollende Imperialmacht« etabliert und sich damit selbst genutzt hätten, sei Deutschland heute »nicht bereit, sich auf etwas Ähnliches wie den Marshall-Plan einzulassen«. Für Soros ist es »ein tragischer und historischer Fehler, dass Deutschland diese Möglichkeiten nicht erkennt«.

Stattdessen werde die Bundesrepublik »immer gerade das Nötigste tun, um den Euro zu erhalten«, was aber die Lage der Schuldnerländer nur verschlimmern werde. »Das Ergebnis wird ein Europa sein, in dem Deutschland als Imperialmacht betrachtet wird – als eine Macht, die vom Rest Europas nicht mehr bewundert und imitiert wird. Stattdessen wird Deutschland gehasst werden, andere Länder werden Widerstand leisten, weil sie die Deutschen als Unterdrücker wahrnehmen.«[443]

DAS POLITISCHE SYSTEM: DER TODESKAMPF DES RAUBTIERKAPITALISMUS

Die unbeschreiblich dreiste und beschämende großdeutsche Arroganz der Wirtschaft und ihrer Politiker unter Führung der Machthaberin Merkel wird untermauert durch eine unverfroren diktatorische und »finanzimperialistische« Politik.
»Die Deutschen glauben, Merkel habe Europa sicher durch die Krise gesteuert«, schreibt *Freitag*-Verleger Jakob Augstein. »Das Gegenteil ist wahr: Merkels Zögern hat aus einer lokalen eine kontinentale Krise gemacht. Die Deutschen haben an der Lehre vom unpolitischen Geld festgehalten und Europa in den Sumpf ihrer Ideologie gezogen.«[444]
Augstein fragt weiter, warum die Krise dann nachgelassen habe. »Nicht wegen Angela Merkels Austeritätspolitik«,[445] sondern weil der Chef der Europäischen Zentralbank Mario Draghi die von ihm selbst so genannte »Dicke Bertha« ausgepackt habe, jenes Eine-Billion-Euro-Programm für die Kreditversorgung der EU-Banken. »Seit die EZB sich von der deutschen Lehre abwendet und den Geldhahn aufdreht, flacht die Krise ab.« Habe Draghi Erfolg, werde »Merkel als das entlarvt, was sie ist: nicht die Retterin des Euros, sondern seine größte Bedrohung«.[446]
In diesem Zusammenhang hatte auch die Wahl in Frankreich im Frühjahr 2012 internationale Bedeutung. »Mit ihrem Nein zu Nicolas Sarkozy haben die Franzosen auch gegen den Europa-

Kurs von Angela Merkel gestimmt. ... Ihre Stimme wird für lange Zeit die Orientierung in Europa bestimmen«, denn »gleichzeitig haben sie bei diesen Wahlen auch für ganz Europa gesprochen: Es reicht jetzt mit dem deutschen Sparzwang. Der Kontinent hat diese Ideologie satt, die ökonomisch unsinnig ist und sozial eine Katastrophe. ›Kann man sich einen einzigen Augenblick lang vorstellen, dass Deutschland Europa allein führen und Frankreich isolieren will?‹, hat Hollande gefragt und selbst geantwortet: ›Nein!‹«[447] An anderer Stelle wird Merkel von Augstein noch gründlicher zerlegt und demontiert: Er sieht durchaus Chancen, dass Europa »kräftiger und gerechter« werde. Dies aber »wäre dann trotz der Deutschen. Nicht ihretwegen. Denn die deutsche Politik setzt sich unter Angela Merkel weder für ein kräftiges noch für ein gerechtes Europa ein.« Aber der EU-Gipfel vom Juni 2012 »sah die Zähmung der widerspenstigen Kanzlerin.« Und: »Die Deutschen haben vergessen, wie linke Politik geht. Bei der Bewältigung der Euro-Krise lernen sie es jetzt wieder: Mehr Sozialstaat, weniger Nationalstaat, das sind die Ziele linker Politik. Der Fiskalpakt ist eine Etappe dorthin – und ausgerechnet die gebeutelten Südländer weisen den Weg.« Ketzerisch fragt Augstein stellvertretend für Millionen Bürger: »Warum eigentlich gilt Merkel als kluge politische Taktiererin? Das Mittel ihrer Wahl ist nicht subtil: Seit Beginn der Krise setzt sie mehr und mehr auf die unerbittliche Ausbreitung der Logik des permanenten Notstands. Hat schon mal ein Kanzler so wiederholt und ausdauernd die Verfassung ignoriert wie Angela Merkel? ... Hinter ihrem extremistischen Pragmatismus verbirgt sie die Hybris ihrer Macht. Aber darin liegt Merkels Schwäche, nicht ihre Stärke.«[448]

Nils Minkmar vergleicht in der *FAZ* die »Methode Merkel« sogar mit denen der Sowjetunion in der Endphase: »Nach vier Jahren stößt die Methode Merkel an ihre Grenzen: Ihre Worte sind ausgewildert und betäubt. Je weitreichender die Krise beschrieben

wird, desto kleiner die Gruppe derer, die an ihrer Lösung arbeiten. Das erinnert an die späte Sowjetunion: Je gewaltiger die Probleme, die der Kreml zu bewältigen hatte, desto größer wurden die Befugnisse von Michail Gorbatschow, desto toller seine Titel, umso unsichtbarer wurden alle anderen. Bald war Schluss.«[449]
Für die moralfreien neoliberalen Würstchen herrscht jedenfalls Alarmstufe Dunkelrot. »Frankreichs Sozialisten gefährden ganz Europa«, jammert Franz Stocker am 6. Juli in *Welt Online*. »Die einzige Hoffnung, dass Hollande am Ende noch die Kurve kriegt, liegt dabei auf den Märkten.« Schließlich sei auch der Sozialist Mitterrand vor drei Jahrzehnten »letztlich von den Finanzmärkten zur Umkehr gezwungen« worden. »Das könnte Hollande ebenfalls blühen. Wahrscheinlich wird es bei ihm sogar nicht einmal zwei Jahre dauern. Denn das ist heute eben anders als vor 30 Jahren: Investoren flüchten in unserer Zeit innerhalb von Tagen oder gar Stunden. Erst recht in solch nervösen Zeiten wie diesen.«[450]
Jedenfalls bringt Springers Schreiber unmissverständlich Glaubensbekenntnis, Hoffnung und Ziel des Raubtierkapitalismus klar auf den Punkt: Nicht der Mensch soll die Wirtschaft für sein Streben nach Glück gestalten, sondern die Märkte sollen den Menschen beherrschen.
Andererseits führt kein Weg an der banalen Wahrheit vorbei, dass die Volksvertreter zumindest formal sich nicht selbst ernannt haben, sondern von uns Bürgern – wenn auch von einer immer geringeren Anzahl – gewählt wurden. »Politiker sind, in einem sehr wörtlichen Sinne, Repräsentanten ihrer Bürger«, bemerkt Detlev Esslinger in der *Süddeutschen Zeitung*. »Für Uneigennützigkeit sind sie genauso gut oder schlecht geeignet wie jeder andere auch; sie sind im Grunde eine Art Unternehmer – nur dass sie (in der Regel) nicht einen in Geld gemessenen Gewinn, sondern die Sicherung ihrer Herrschaft erstreben. Selten ist ein Politiker an die Macht gekommen, weil er den Leuten im Wahlkampf aufge-

listet hat, welches Sparprogramm oder welche Steuererhöhung er ihnen zumuten wird.«[451]

Das heißt: Selbst wenn es stimmt, dass unser System nur ein scheindemokratisches Affentheater ist, so sind dennoch *wir* es, die dieses Theater dulden und legitimieren.

GEGEN DEN VOLKSWILLEN

Ein einziger Nebensatz verriet, dass Merkel im Grunde ihres neoliberalen Herzens ähnlich wie ihr geistiger Ziehvater und Souffleur Hayek Demokratie und Marktwirtschaft für unvereinbar hält.[452] Im Juni 2012 hatte die Kanzlerin laut *Reuters* vor der FDP-Bundestagsfraktion betont, eine gesamtschuldnerische Haftung in Europa werde es nicht geben – »solange ich lebe«. Dies klingt und ist auch so gemeint wie: »Nur über meine Leiche.«[453] Auf Deutsch: Der früheren FDJ-Funktionärin Merkel ist der Wähler – und erst recht der Bürgerwähler – so wurscht wie die Wassertemperatur im Kaspischen Meer. Sie zieht ihre marktradikal unterfütterte *Mission Machterhalt* buchstäblich *ohne jegliche Rücksicht auf Verluste* durch, solange ihr das Volk nicht Einhalt gebietet.

Dies widerfuhr ihr allerdings – doch noch zu Lebzeiten – auf dem EU-Gipfel im Juni 2012 in Brüssel, wo ihrem hegemonialen Größenwahn deutliche Grenzen gezeigt wurden. Italiens Regierungschef Mario Monti setzte eine deutliche Aufweichung von Merkels zerstörerischem Kaputtsparkurs durch, also für die Völker das Desaster in der Light- statt Hardcore-Variante. »Für Merkel ist das Verhandlungsergebnis eine herbe Niederlage«, lästerte Carsten Volkery in *Spiegel Online*. »Noch unmittelbar vor Gipfel-

beginn hatten ihre Berater jegliche Aufweichung der ESM-Regeln ausgeschlossen.«[454]
Nun ist eine Politik gegen die erklärte Mehrheit der Bürger nicht nur übliche und meist nur notdürftig vertuschte Routine aller bisherigen Bundesregierungen, sondern wird zuweilen auch unverfroren als erstrebenswert und vorbildlich gelobt.

> *Für die Investoren ist entscheidend, dass es der Regierung gelungen ist, ein Projekt gegen die Mehrheit der Bevölkerung durchzusetzen.*
>
> Michael Hüther zur Rente ab 67[455]

Von Bundeswehrgründung und Nato-Beitritt 1955, Auslandseinsätzen des Militärs oder Einführung des Euro über Hartz-IV-Gesetze oder Rettungsschirme bis hin zur Erbschafts- und Vermögenssteuer – niemals durfte das Volk mitbestimmen. Nicht einmal über das Grundgesetz durften die Bürger abstimmen; und die dort vorgeschriebene Volksabstimmung über eine deutsche Verfassung wird wahrscheinlich aus Angst vor dem Volk nie stattfinden.
Aber Deutschland ist kein Einzelfall: Über EU-Erweiterung oder Euro ließ kaum ein Mitgliedsstaat das Volk abstimmen. Dieses abgrundtiefe Misstrauen der meisten EU-Herrscher gegenüber ihren eigenen Völkern erklärt der Politikprofessor und Ex-Intimus Joschka Fischers Hubert Kleinert recht einleuchtend: »Die politischen Eliten des demokratischen Großprojekts Europa zittern nicht mehr nur vor dem Votum ihrer Bürger, manche flüchten jetzt sogar in offen manipulative Prozeduren.« Ihre heimliche Überzeugung heiße: »Die europäischen Bürger sind einfach zu blöde, um die Segnungen der Gemeinschaft angemessen zu wür-

digen. Deshalb fragt sie besser gar nicht erst nach ihrem Votum ... Dass die größte demokratische Gemeinschaft der Welt mit diesem autoritären Paternalismus eigentlich ihre eigenen Grundprinzipien auf den Kopf stellt, scheint dabei gar nicht mehr aufzufallen.«[456]
Eine der Standardausreden für das Aushebeln der Demokratie ist die unverschämte Behauptung, die Normalbürger seien zum Durchblick der »komplexen Probleme« noch unfähiger als die im Schnitt komplett inkompetente politische Führungsschicht selbst. Und so versteckt man sich gern hinter dem berühmt-berüchtigten Austro-Ökonomen Joseph Schumpeter, den man als Kronzeugen zitiert. Für den Alpenphilosophen »fällt der typische Bürger auf eine tiefere Stufe der gedanklichen Leistung, sobald er das politische Gebiet betritt. Er argumentiert und analysiert auf eine Art und Weise, die er innerhalb der Sphäre seiner wirklichen Interessen bereitwillig als infantil anerkennen würde. Er wird wieder zum Primitiven. Sein Denken wird assoziativ und affektmäßig.«[457] Diese pseudowissenschaftliche Volksverachtung brachte Konrad Adenauer im Jahr 1949 auf den Punkt: »Der Durchschnittswähler denkt primitiv; und er urteilt auch primitiv.«[458]
Derlei verwegene »Legitimation« geißelt der Linguist und Philosoph Noam Chomsky sarkastisch als »Konsens ohne Zustimmung«. Die Herrschenden führten sich auf wie »Eltern, die ihr Kind davor bewahren, einfach auf die Straße zu laufen«.[459] Chomsky benennt dies als das, was es ist: »Leninismus in Reinform«.[460]
Allerdings warnt Parteienforscher Kleinert die politischen Machthaber, sie könnten sich zu früh freuen und dann eine äußerst böse Überraschung erleben. Die Menschen seien nämlich »weder so blöde noch so ahnungslos, wie sie von den Eliten gehalten werden«.
Übles schwant zunehmend sogar CDU-Politikern wie Friedbert

Pflüger: Aufgeschreckt durch eine Umfrage vom Ende des Jahres 2010, wonach nur 48 Prozent der Deutschen meinen, unsere Wirtschaftsordnung habe sich bewährt, aber 71 Prozent sie für sozial »eher ungerecht« halten, konstatierte er Ende September 2011 in der Zeitschrift *Cicero:* »Die Marktwirtschaft und zunehmend auch die parlamentarische Demokratie befinden sich in einer Legitimationskrise.«[461]

WÄHLERFLUCHT

Ein wichtiger Hinweis auf die zunehmende Legitimationskrise ist die beharrlich sinkende Wahlbeteiligung. Misst man die Stimmenanteile der Parteien an *allen Wahlberechtigten,* so erreichen sie durchweg viel erbärmlichere Ergebnisse, als durch den Anteil an den Wählerzahlen vorgegaukelt wird.

Das wahre Ergebnis der NRW-Landtagswahlen 2012
Wahlbeteiligung 59,6 % (in Klammern das offizielle)
Nichtwähler 40,4 %

SPD	(39,1 %)	23,3 %
CDU	(26,3 %)	15,7 %
Grüne	(11,3 %)	6,7 %
FDP	(8,6 %)	5,1 %
Piraten	(7,7 %)	4,6 %
Linke	(2,5 %)	1,5 %

Noch alarmierender ist die Entwicklung bei den Bundestagswahlen, wo die Zahl der Nichtwähler von 9,9 Prozent im Jahr 1972 über 20,9 Prozent im Jahr 2002 auf 22,3 Prozent bei der Wahl

2005 und im Jahr 2009 auf 29,8 Prozent ständig gestiegen ist. (Siehe Anhang 2.)

Unter diesem Aspekt kann man übrigens auch das Gros der Wähler der *Piratenpartei* – unabhängig von deren derzeit noch nebulösen Zielen – getrost den Protestwählern bzw. den Nichtwählern zurechnen.

Immerhin hatten laut Infratest 72 Prozent der Wähler den eigenen Angaben zufolge den Piraten »aus Enttäuschung über andere« ihre Stimme geschenkt.[462]

Übrigens sagt eine einzige simple Tatsache eigentlich alles über die Qualität unserer bis zur schwarzhumorigen Absurdität verzerrten Variante von Demokratie: Juristisch gesehen ist die Wahlbeteiligung irrelevant. Selbst wenn kein einziger Bürger die Stimme abgäbe, wäre die Wahl gültig, und per Auslosung (!) käme ein kompletter Bundestag zustande.[463]

DER VOLKSENTSCHEID ALS NOTWEHR

Die nächstliegende Annährung an die tatsächliche Volksherrschaft, nämlich die direkte Demokratie etwa durch Volksabstimmungen in wichtigen Fragen, würde nicht nur einen Großteil der Spekulationen über politische Korruption und fachliche Eignung der Volksvertreter weitestgehend überflüssig machen. Gleichzeitig ging auch der Schwarze Peter zurück an das Volk selbst. Hätte das Volk nämlich all die zu Guttenbergs oder Wulffs direkt gewählt, so müsste es die Schuld für diese kapitalen Fehlgriffe bei sich selbst suchen. Ganz so einfach ist die Sache mit der direkten Demokratie und den Volksentscheiden aber nun auch wieder nicht. Sie finden nämlich nicht im raum- und zeitlosen Nirwana oder unter real existierenden Bedingungen statt. Nehmen wir nur zwei erfolgreiche Volksentscheide, nämlich die gegen die Erhaltung des Berliner Flughafens Tempelhof als Schickeria-Airport (2008) und gegen den überflüssigen Bau einer dritten Start-und-Lande-Bahn in München (2012).

Beide Abstimmungen wurden von einer beispiellosen, an die schlimmsten Zeiten der jüngeren deutschen Geschichte erinnernden Hetze gegen die Kritiker begleitet. Noch demagogischer war die Stimmungsmache gegen die Gegner des Großkonzernprojekts S21 um den Stuttgarter Hauptbahnhof. Offenbar eigens für die Gegner dieses Projekts und der zeitgleichen Castor-Transporte erdachte *Spiegel*-Zeilenfüller Dirk Kurbjuweit den Begriff »Wutbürger«,[464] den zwar bis dato niemand kannte, den die *Gesellschaft für deutsche Sprache* aber kurz nach seiner Erfindung zum »Wort des Jahres 2010« ernannte.

Zweck der Übung: Das marktradikale Gesocks aus Wirtschaft und Politik musste das rapide Ansteigen von Ablehnung unserer Gesellschaftsordnung und aktivem politischem Widerstand »erklären« und verunglimpfen. Der »Wutbürger« nörgelt aus Langeweile, aus Frust über sein verpfuschtes Leben und aus genetisch bedingter Zanksucht an buchstäblich allem herum. Wider besseres Wissen erwecken sowohl die »Wort des Jahres«-Gecken als auch der zunehmend zum Gossenmagazin mutierende *Spiegel* den Eindruck, als seien Sarrazin-Fans oder andere Rassisten und Faschos einerseits und integre, systemkritische Aktivisten von Attac, Greenpeace-Leute oder AKW-Gegner ein und dieselbe Mischpoke. Aber das kennt man ja: Je systemkritischer die Meinungen und Aktivitäten im Volk, desto prolliger die Wortwahl und desto hysterischer die Hetzkampagne der Herrschenden und ihrer gekauften politischen Handlanger: Wann wird man Attac-Mitglied Heiner Geißler als »islamistischen Terroristen« entlarven?

Trotz dieser Mängel aber fordert Heribert Prantl im Stile eines

glaubwürdigen Volkstribuns Ende Juni 2012 in der *Süddeutschen Zeitung:* »Die Zeit ist reif für Volksentscheide. Volksabstimmungen auf Bundesebene sind keine Keckheit der Bürger, sondern ein Verfassungsgebot – das viel zu lange ignoriert wurde. Die Behauptung, für Plebiszite bedürfe es einer Grundgesetzänderung, ist Unsinn: Notwendig ist allein ein regelndes Ausführungsgesetz.« Und im Gegensatz zur der Kohorte bestenfalls mittelmäßiger Juristen in Regierung und Bundestag stellt er die Sache verständlich dar und entlarvt damit gleichzeitig das moralisch unterirdische Lügengebäude der Spitzenpolitik. »Es gibt ein Wort im Grundgesetz, das dort an prominentester Stelle steht, aber trotzdem nie respektiert worden ist. Die Politik hat diese Stelle jahrzehntelang überlesen, der Gesetzgeber hat sie überblättert. Und die Wissenschaft hat so getan, als sei sie ein Lapsus der Mütter und Väter des Grundgesetzes. Die Staatsrechtler brachten die irrwitzigsten Auslegungsmethoden in Stellung, um nachzuweisen, dass diese Stelle so auszulegen sei, dass sie keinen Anwendungsbereich und keinen Sinn hat. Kurz: Man hat sich das Wort ›Abstimmungen‹ aus dem Grundgesetz einfach weggedacht.«
Merkel & Co. müssten violett vor Scham werden, wäre jegliche Scham ihnen nicht wesensfremd.
»Mainstream-Politik und -Wissenschaft taten so, als stünde im Artikel 20 Absatz 2 nur etwas von Wahlen. Aber da steht mehr. Auf die Fundamentalnorm ›Alle Staatsgewalt geht vom Volke aus‹ folgt eine zweite Fundamentalnorm: Die Staatsgewalt ›wird vom Volke in Wahlen und Abstimmungen ausgeübt‹. Dieses Wort ›Abstimmungen‹ ist seit mehr als 60 Jahren, als sei es hochgefährlich, weggesperrt und in Sicherungsverwahrung gehalten worden. Die Bürger durften auf Bundesebene zwar alle paar Jahre wählen; abstimmen aber durften sie nie. Das ist ein Verfassungsverstoß durch Unterlassen, ein Verfassungsverbrechen im Fortsetzungszusammenhang.«

Mit anderen Worten: Würden unsere Geheimdienste nach Verfassungsfeinden suchen, müssten sie konsequenterweise bei den Spitzenpolitikern anfangen. Und Jurist Prantl legt nach: »Die Ausübung der Staatsgewalt durch ›Wahlen und Abstimmungen‹ ist ein Grundsatz, der dem Grundgesetz so wichtig war und ist, dass es ihn (so wie die Unantastbarkeit der Menschenwürde) für unabänderlich erklärt hat … Dabei handelt es sich um einen Auftrag an den Gesetzgeber, dem sich dieser bisher zur Hälfte verweigert hat. Er hat zwar ein Wahlgesetz geschaffen, in dem er die Regularien für die Bundestagswahl regelt. Ein entsprechendes Gesetz, in dem die Regularien für Volksabstimmungen geregelt werden, fehlt.«

Prantl demaskiert im weiteren Verlauf unsere Spitzenpolitiker als unverfrorene Berufslügner: »Jahrzehntelang ist behauptet worden, dass man erst das Grundgesetz ändern müsse. Das ist eine sonderbare Behauptung. Warum soll man das Grundgesetz ändern, um etwas hineinzuschreiben, was dort schon ausdrücklich steht? Man braucht also für ein Plebiszit auf Bundesebene keine Verfassungsänderung mit Zweidrittelmehrheit, sondern nur ein Ausführungsgesetz – so wie beim Wahlrecht auch. Der Mythos von der Notwendigkeit einer Verfassungsänderung ist der letzte falsche Mythos, der dem Plebiszit auf Bundesebene noch im Wege steht.« Kurzum: »Volksabstimmungen auf Bundesebene stand schon bisher nichts im Weg – nur der Zeitgeist, der so tat, als gebe es eine ungeschriebene Supernorm, die das rein repräsentative Prinzip für absolut und verbindlich erklärt. Eine solche Norm stünde aber im Widerspruch zu allen Länderverfassungen; sie alle kennen das Plebiszit.«

Immer noch nicht rot geworden, verehrte Kanzlerin? Natürlich nicht; wie auch?

»Der Zeitgeist hat sich gedreht«, stellt Prantl fest: »Er drängt auf die Erfüllung des Verfassungsgebots, auch Abstimmungen zu er-

möglichen. Es ist Zeit für Volksabstimmungen im Sinn des Artikels 20 Absatz 2. Es ist fast ein Treppenwitz der Geschichte, dass diese Zeit just jetzt kommt, in einer historischen Situation, in der nach Artikel 146 über das Grundgesetz ganz generell abgestimmt werden muss, nämlich über seine europäische Fortschreibung und Ergänzung. Beides ist unabhängig voneinander, hat aber miteinander zu tun: Der Souverän pocht auf sein Recht.«[465]
Prantl argumentiert hier bewusst näher an den realen rechtsgültigen Verhältnissen als etwa in seiner lesenswerten Streitschrift *Wir sind viele,* die schon fast an einen Aufruf zum Volksaufstand grenzt.[466] Insofern sieht er die Volksabstimmung vorwiegend als »Notwehr«.

Selbst Unionsfraktionschef Volker Kauder kritisierte nach dem EU-Gipfel vom Sommer 2012 die zunehmende Desinformation und Entmündigung der Bürger. Besonders missfiel ihm, »dass man sich in Brüssel am späten Nachmittag trifft, dass man dann die ganze Nacht durchverhandelt und dass dann irgendwelche Leute irgendwann in den frühen Morgenstunden Erklärungen abgeben, die zunächst keiner überprüfen kann«.[467]
Dass Teile der Politik in der Bevölkerung ihren verhassten Hauptfeind sehen und demzufolge Volksabstimmungen fürchten wie der Parteischatzmeister die Steuerfahndung, wurde deutlich in einer kleinen Passage in *Spiegel Online* über ein Plebiszit zu einer künftigen EU-Verfassung, wie es sogar Wolfgang Schäuble fordert: »Auch wenn Staatsrechtler dies angesichts der zunehmenden Probleme mit dem Grundgesetz als geboten ansehen, dürfte die Sorge der großen Parteien vor einer Befragung der Bevölkerung vorherrschen: Die EU-Begeisterung ist Umfragen zufolge auch in Deutschland wenig ausgeprägt. Kein Wunder also, dass SPD-Fraktionschef Frank-Walter Steinmeier ... eine solche Volksabstimmung in Deutschland abmoderierte.«[468]

Damit isoliert er sich einmal mehr, wie seine Partei insgesamt, von den Bürgern: 71 Prozent von ihnen wollen nämlich laut ARD-Deutschland-Trend vom Juli 2012 über eine mögliche Abgabe weiterer nationaler Kompetenzen an die EU mit abstimmen. In einem solchen Plebiszit wären nur 39 Prozent dafür, während 55 Prozent die Haushaltspolitik und -kontrolle bei den einzelnen Staaten belassen wollen.[469]

Andererseits liefert dieselbe Umfrage auch Volksabstimmungsfeinden Material für ihre These der »kollektiven Inkompetenz« des Volkes: 66 Prozent waren mit der Arbeit Angela Merkels und sogar 81 Prozent mit Bundespräsident Joachim Gauck zufrieden. Allerdings stellt sich angesichts des immer stärker Auseinanderdriftens von Politik*er*-Verdrossenheit samt Wahlboykott einerseits und dem atemberaubenden Anstieg der Bereitschaft der Bürger zum aktiven Mitmischen in politischen Dingen andererseits immer häufiger und drängender eine ganz andere, existenzielle Frage: »Ist die repräsentative Demokratie ein Auslaufmodell?«[470]

Nehmen wir nur die globalen Bewegungen zu Globalisierungskritik, Frieden, Kinderarbeit oder Fair Trade und Tierschutz: Weder dominieren hierarchische Organisationen noch eine Zentrale oder gar ein »Bildungsprogramm«: Ganz offensichtlich an den Machthabern vorbei und oft gegen ihre feindselige Propaganda werden Millionen Menschen zunehmend aktiv, von der Bürgerinitiative gegen eine Nazikaschemme bis hin zur Teilnahme an einer Anti-Völkermord-Demo.

Eine Schlüsselfunktion kommt dabei naturgemäß den »Neuen Medien« zu. Deren schier unbegrenzte Möglichkeiten beweist bei allen Unzulänglichkeiten Internetlexikon *Wikipedia:* Nicht einmal eine Weltauswahl der größten Supergenies bekäme ein auch nur annähernd so faktenreiches und vielseitiges Nachschlagewerk zustande.

Und nebenbei: Was jeden aufrechten eigennützigen Neoliberalen zur Weißglut oder zum in diesen Kreisen üblichen Griff zur Valiumpille oder zur Kokain-Linie bringt, will ich hier zum wiederholten Male sagen: Hier arbeiten Zigtausende »nach ihren Fähigkeiten«, und Millionen konsumieren »nach ihren Bedürfnissen« – und beides zum Nulltarif: So ähnlich übrigens beschrieb Marx den Kommunismus ...

Zur Klarstellung sei daran erinnert, dass eine exorbitante Datenmenge als solche noch lange kein »gespeichertes Wissen« darstellt. Es ist »Rohmaterial«, mit dem allerdings profitbesessene Sachzwang-Neurotiker so viel anfangen können wie eine Kakerlake mit einem Smartphone. Denken, Bildung, Wissen bedeutet ja auch und gerade die Fähigkeit, auf Grundlage bestimmter Ansprüche anhand von Fakten, Fakten, Fakten zwischen realistischen Alternativen zu entscheiden. Und im Gegensatz zum grenzdebilen neoliberalen »alternativlosen« Sachzwang gibt es für das einfach klingende, aber so schwer umzusetzende *Streben nach Glück* unendlich viele Versionen.
»Der vernünftige Lebensplan eines Menschen bestimmt, was für ihn gut ist«, betonte der US-Philosoph John Rawls.[471]

Oder mit den Worten des Alten Fritz: »Jeder soll nach seiner Fasson selig werden.«

6 MENSCHENWÜRDE
UND SOLIDARITÄT

Papier ist geduldig, sagt man, aber kaum eines ist so geduldig wie das des Grundgesetzes.

Die Würde des Menschen ist unantastbar. Sie zu achten und zu schützen ist Verpflichtung aller staatlichen Gewalt.
Grundgesetz, Artikel 1, Absatz 1

Anspruch auf Menschenwürde hat laut Bundesverfassungsgericht jeder Mensch *allein aufgrund seines Menschseins,* unabhängig von seinen Eigenschaften, seinem körperlichen oder geistigen Zustand, seinen Leistungen oder dem sozialen Status. Folglich bezieht der Staat seine Legitimation allein daraus, dass er den Menschen konkret dient. Die Menschenwürde ist oberster Grundwert und Wurzel aller Grundrechte. Sie gilt als einzige Verfassungsnorm absolut, kann also durch keine andere Norm – auch nicht durch ein davon abgeleitetes Grundrecht – beschränkt werden.
Und sie ist durch die sogenannte Ewigkeitsgarantie des Artikels 79, Absatz 3 des Grundgesetzes geschützt, darf also auch vom Gesetzgeber nicht geändert oder gar gestrichen werden.[472]
Die Menschenwürde umfasst außerdem den Anspruch auf prinzipielle Gleichheit aller Menschen trotz tatsächlicher Unterschiede: Es ist unzulässig, jemanden grundsätzlich wie einen Menschen zweiter Klasse zu behandeln. Frauen- und Kinderhandel, Stigmatisierung, Brandmarkung, Ächtung, jede Form der rassisch motivierten Diskriminierung verletzten die Menschenwürde.
Wichtig für unsere rassistischen Mitbürger: Die Schutzverpflich-

tung des Staates gilt nicht nur für seine Bürger, sondern für alle, die im Geltungsbereich des Grundgesetzes leben.

Wichtig für unsere skrupellos nach Profit jagenden Mitbürger: Das Bundesverfassungsgericht verbindet Artikel 1 mit Artikel 20 (Sozialstaatsprinzip), um »die Verpflichtung des Staates herzuleiten, jenes Existenzminimum zu gewähren, das ein menschenwürdiges Dasein überhaupt erst ausmacht«.[473]

Bedauerlicherweise aber fällt dies unter die Rubrik *Zu schön, um wahr zu sein* oder mit den Worten aus dem Essay »Die Menschenwürde ist antastbar« von Hartmut Wewetzer im *Tagesspiegel:* »›Die Menschenwürde ist unantastbar‹ ... Auf den ersten Blick klingt dieser Satz unumstößlich und so ›würdevoll‹, dass er selbst unantastbar scheint.«[474]

Der Psychologieprofessor Steven Pinker von der Universität Harvard meint sogar: »›Würde‹ ist ein schwammiger, subjektiver Begriff, der seinem schwerwiegenden moralischen Anspruch nicht gerecht wird.« Er sei ein »weitgehend nutzloses Konzept«.

Abgesehen davon, dass wir tagtäglich als Betroffene oder Zeitzeugen das Gegenteil einer menschenwürdigen Gesellschaft erleben und nur geistig-moralisch unterversorgte Neoliberale etwas anderes behaupten, versteht unter *Menschenwürde* fast jeder Bürger etwas anderes.

So wird ein fettleibiger Topmanager, während er im Nobelrestaurant die 800-Euro-Rechnung für sich und seine Escortlady bezahlt, ernsthaft die Hartz-IV-Almosen für »menschenwürdig« erklären. Umgekehrt fand es eine alternde Adels-Schabracke kürzlich im Privatfernsehen unter bitteren Tränen »menschenunwürdig«, dass sie von ihrem seit Jahrhunderten im Familienbesitz befindlichen Landgut – irgendwann geht auch den faulenzenden Feudalparasiten die Kohle aus – nun in eine schäbige Villa mit lumpigen 140 Quadratmetern umziehen müsse. Und auch manch arbeitsloser grün wählender Akademiker findet einen 1-Euro-Job

als Gartenpfleger »menschenunwürdig« – für sich selbst, versteht sich; für den tumben Pöbel dagegen durchaus angemessen.
»Würde ist relativ«, schreibt Wewetzer zu Recht. Sie unterscheide sich »je nach Zeitalter, Ort und Betrachter. Im viktorianischen Zeitalter war es verpönt, nackte Haut zu zeigen. Für viele Patriarchen vergangener Epochen war es ›unter ihrer Würde‹, Geschirr abzuräumen oder mit einem Kind zu spielen.«[475]
Ganz sinnlos ist der Begriff allerdings nicht: So wird sicherlich die große Bevölkerungsmehrheit das Zusammenpferchen von zehn Asylsuchenden in einer Zwanzig-Quadratmeter-Mansarde mit kakerlakenverseuchten Matratzen als ebenso menschenunwürdig empfinden wie das allzu ausführliche »Abtasten« einer zuvor entkleideten Demonstrantin durch einen geifernden Ordnungshüter.
Aber da das Leben eben nicht schwarz oder weiß ist, sondern die grauen Zwischentöne dominieren, empfiehlt sich ein Zurückgreifen auf die bislang gelungenste Annäherung unserer Gesellschaft an das Ideal der Menschenwürde, nämlich auf den Sozialstaat in Gestalt der sozialen Marktwirtschaft.

IMMER NOCH BESSER ALS REVOLUTION: SOZIALE MARKTWIRTSCHAFT

Kein westdeutsches Parteiprogramm nach 1945 hat dermaßen gründlich den Kapitalismus als Ursache des NS-Faschismus gegeißelt und ihn auf den Müllhaufen der Geschichte verwiesen wie das Ahlener Programm der CDU vom 3. Februar 1947.
Ein Auszug daraus macht das deutlich: »Das kapitalistische Wirtschaftssystem ist den staatlichen und sozialen Lebensinteressen

des deutschen Volkes nicht gerecht geworden. Nach dem furchtbaren politischen, wirtschaftlichen und sozialen Zusammenbruch als Folge einer verbrecherischen Machtpolitik kann nur eine Neuordnung von Grund auf erfolgen. Inhalt und Ziel dieser sozialen und wirtschaftlichen Neuordnung kann nicht mehr das kapitalistische Gewinn- und Machtstreben, sondern nur das Wohlergehen unseres Volkes sein. Durch eine gemeinschaftliche Ordnung soll das deutsche Volk eine Wirtschafts- und Sozialverfassung erhalten, die dem Recht und der Würde des Menschen entspricht, dem geistigen und materiellen Aufbau unseres Volkes dient und den inneren und äußeren Frieden sichert.«[476]

Dass vor allem jüngere Unions-Karrieristen in der ihnen eigenen Halbbildung dies für ein Pamphlet von Walter Ulbricht, Josef Stalin oder womöglich Osama bin Laden halten, versteht sich von selbst. Und schließlich verschwand es ja im Zuge des Kalten Krieges und der damit verbundenen Rehabilitierung vieler Naziverbrecher recht schnell sang- und klanglos in der Versenkung.
Übrig blieb immerhin die Idee der sozialen Marktwirtschaft, die einer ihrer Schöpfer, Ludwig Erhard, so begründete: »Am Ausgangspunkt stand der Wunsch, über eine breitgeschichtete Massenkaufkraft die alte konservative soziale Struktur endgültig zu überwinden. Diese überkommene Hierarchie war auf der einen Seite durch eine dünne Oberschicht, welche sich jeden Konsum leisten konnte, wie andererseits durch eine quantitativ sehr breite Unterschicht mit unzureichender Kaufkraft gekennzeichnet. Die Neugestaltung unserer Wirtschaftsordnung musste also die Voraussetzung dafür schaffen, dass dieser ... Zustand und damit zugleich auch endlich das Ressentiment zwischen ›arm‹ und ›reich‹ überwunden werden konnten.«[477]
Im Klartext: Da eine freie Marktwirtschaft zwangsläufig die Reichen immer reicher und die Armen immer ärmer macht, bedarf es

der sozialen Marktwirtschaft, um das Auseinanderdriften von Arm und Reich und den damit verbundenen sozialen Sprengstoff in Grenzen zu halten. Dies hat weniger etwas mit christlicher Nächstenliebe, sozialem Gewissen oder ähnlich edlen Ansinnen zu tun als mit dem Versuch der Reichen, das Volk als ihren zahlenmäßig haushoch überlegenen Feind nicht zu sehr zu reizen.

Dieser und nicht irgendein ehrenwerter Gedanke lag auch der Einführung der Sozialgesetze durch Reichskanzler Otto von Bismarck zugrunde: 1883 die Kranken-, 1984 die Unfall-, 1889 die Alters- und Invaliditäts- und 1891 die gesetzliche Rentenversicherung.

Es war die nackte Angst vor einem Volksaufstand, der die Reichen und Mächtigen zu diesen Korrekturen der freien Marktwirtschaft veranlasste.

VERTEILUNGSGERECHTIGKEIT ALS BASIS DES SOZIALSTAATES

Die unversöhnliche Differenz der vom Ahlener Programm formulierten sozialen Marktwirtschaft und der durch keinerlei moralische Prinzipien gezügelten freien Marktwirtschaft spiegelt sich wider im ebenfalls feindlichen Gegensatz zwischen Verteilungs- und Chancengerechtigkeit.

Die Verteilungsgerechtigkeit gehört wie zu jeder humanen Gesellschaft auch zur sozialen Marktwirtschaft wie das Wasser zum Atlantik. Für Neoliberale ist dies logischerweise ein Reizwort: »Gleichmacherei«, hört man an deren Stammtischen, und nach der dritten Flasche Schampus folgen dann die Assoziationen »Mauer, Stacheldraht, Schießbefehl, Planwirtschaft«. Überflüssig zu sagen, dass dies ebenso geistlos wie für Marktradikale typisch ist.

»Verteilungsgerechtigkeit bedeutet, dass das Prinzip der Gerech-

tigkeit auch auf soziale und ökonomische Bereiche ausgedehnt wird«, betont der Berliner Politikprofessor Bodo Zeuner. »Auch in Wirtschaft und Gesellschaft, nicht nur in der Politik, soll es gerecht zugehen. Die Forderung nach Verteilungsgerechtigkeit setzt immer die Annahme voraus, dass die Primärverteilung wirtschaftlicher Güter und sozialer Chancen in unserer Gesellschaftsordnung ... nicht immer und nicht von selbst gerecht ist ... Verteilungsgerechtigkeit gehört zur Demokratie.«[478]
Der US-amerikanische Philosophieprofessor John Rawls definierte soziale Gerechtigkeit folgendermaßen: Alle Güter seien so zu aufzuteilen seien, dass es besonders den am schlechtesten gestellten Menschen nutze. Oder mit den Worten seiner Stuttgarter Kollegin Nadia Mazouz: »Soziale und wirtschaftliche Ungleichheiten sind nur dann gerecht, wenn sie den Schlechtestgestellten den größtmöglichen Vorteil bringen.«[479]
Kreislaufkranke Marktradikale sollten vor dieser Lektüre vorsorglich ihren Arzt oder Apotheker befragen, aber genau das macht Verteilungsgerechtigkeit aus – und den Sozialstaat, der nun mal zum Leidwesen des asozialen neoliberalen Abschaums im Grundgesetz steht.
Praktisch bedeutet dies, dass die Kernbereiche der Gesellschaft, ohne die nichts funktioniert, *unbedingt* in die Verantwortung des Staates gehören: Wenn auf den Gebieten Justiz, Kommunikation, Energieversorgung, Müllbeseitigung, Verkehr, Naturerhaltung, Gesundheit oder Umweltschutz etwas total schiefläuft, ist die gesamte Gesellschaft inklusive der Wirtschaft betroffen.
Man möchte es schon aus ethischen Gründen einem Marktradikalen nicht wünschen, dass er nach einem Beinbruch beim sonntäglichen Joggen im einsamen Privatpark die 112 der Feuerwehr anruft und eine Bandansage monoton mitteilt: »Sie rufen außerhalb unserer Geschäftszeiten an.« Und danach ist dann womöglich sein Handy-Akku leer.

Verteilungsgerechtigkeit bedeutet also keineswegs, wie uns Turbokapitalisten und die von ihnen gekauften Politiker weismachen wollen, dass Faulpelze und Fleißige dasselbe verdienen, die gleichen Zahnbürsten benutzen und die gleichen Autos fahren müssen. Vielmehr geht es »um Ergebniskorrektur einer aus sich selbst heraus ungerechten Chancenverteilung im Kapitalismus ...«.[480]
Bislang haben selbst die perversesten neoliberalen Dumpfbacken noch nicht offen zu kritisieren gewagt, dass natürlich der Arbeitslose ebenso wie der Steinreiche durch die Fußgängerzone oder den Stadtpark gehen, ja sogar die gleiche Luft atmen und dieselbe Sonne genießen darf. Aber angedacht wird dergleichen schon. Während zu den Idealen des Bürgertums neben Freiheit und Brüderlichkeit auch die Gleichheit zähle, wie Zeuner zu Recht ins Gedächtnis ruft, solle neoliberale *Chancengerechtigkeit* »gerade zur Ungleichheit im Ergebnis führen. Gleichheit ist öde, trist und mittelmäßig, Ungleichheit dagegen ist chic«.[481]
Allerdings könnte man den Spieß auch umdrehen: Wieso zahlt die Gesellschaft eigentlich auch für die Infrastruktur in Stadtvierteln, die so gut wie nie ein Bürger betritt, der weniger als zehn Millionen Euro besitzt? Wieso wird nicht alles von der Gesellschaft Bezahlte – von den Straßen über die Grünflächen bis hin zur Wasser- und Stromversorgung – einfach planiert und der Eigeninitiative der Reichen überlassen? Selbst zweistellige Milliardenbeträge reichten kaum aus, auch nur den alten Zustand wiederherzustellen. Anders ausgedrückt: Ein Neoliberaler ist ein Typ, der sich ohne einen Cent Benzingeldbeteiligung von Hamburg nach Rom mitnehmen lässt, dem großzügigen Fahrer eine Zigarette nur gegen Bezahlung abgibt.

JEDER HAT DIESELBE CHANCE AUF DEN JACKPOT

Da also offensichtlich Sozialstaat und Verteilungsgerechtigkeit Todfeinde der herrschenden Kaste sind, musste man sich etwas einfallen lassen; und hier erfand sie die Nebelkerze Chancengerechtigkeit. Damit benutzte sie einen uralten Trick: Man nehme einen Begriff, der in der überwältigenden Bevölkerungsmehrheit ungeheuer populär und »nicht verhandlungsfähig« ist, verändere ihn im Wortlaut geringfügig und seinen Inhalt ins Gegenteil: Warum um alles in der Welt nannten sich die Nazis nicht wie ihre internationalen Gesinnungskumpane einfach Faschisten? Ganz einfach: Weil der Sozialismus und die Arbeiterbewegung – ob in KPD- oder SPD-Version – erdrückend beliebt und eine reale Perspektive war. Daher also NSDAP: »National*sozialistische* Deutsche *Arbeiter*partei«. Warum nannten in den fünfziger Jahren Anthony Downs und Co. ihre Theorie des *homo oeconomicus* nicht einfach »Raffke-Theorie«, sondern »Neue Politische Ökonomie«? Weil damals die *Politische Ökonomie* eines Karl Marx weltweit dominierend war. Und warum gründeten und finanzierten deutsche Unternehmen im Jahr 2000 einen Propagandaverein nicht als »Bundesverband deutscher Ausbeuter«, sondern als »Initiative Neue *soziale Marktwirtschaft*«? Weil in den Herzen der Menschen die echte *soziale Marktwirtschaft* alternativlos war: Gerade hatten in einer Allensbach-Umfrage 42 Prozent der Deutschen für »einen neuen Weg zwischen Kapitalismus und Sozialismus« plädiert.[482]

Deshalb also wurde in den siebziger Jahren die Sprechblase Chancengerechtigkeit als Antwort auf die Verteilungsgerechtigkeit zunächst von der Union erfunden, kurz darauf aber von sämtlichen Bundestagsparteien verwendet.

Nach Zeuners Überzeugung soll das Phantom Chancengerechtigkeit die moralischen Grundwerte so verdrehen, »dass Akzeptanz

und Förderung der Ungleichheit als gerechtfertigt erscheinen. Das bedeutet vor allem: den Begriff der Gerechtigkeit ... vom klassischen Postulat der Gleichheit abzutrennen und eine Ideologie zu konstruieren, nach der mehr Ungleichheit zu mehr Gerechtigkeit führt.«[483]
Der Berliner Pädagogikprofessor Heinz-Elmar Tenorth konkretisiert diesen Quark für die Bildungspolitik: »Schule ist ein System der Erzeugung von Differenz und nicht von Gleichheit.«[484]

CHANCENGLEICHHEIT ODER CHANCENGERECHTIGKEIT?

Kaum waren die staatskapitalistischen Ostblockdiktaturen zusammengebrochen, starteten die neoliberalen Misanthropen eine milliardenschwere Propaganda-Offensive sogar unterhalb des *Bild*-Niveaus und stellten die Idee der *Verteilungsgerechtigkeit* auf eine Stufe mit den Morden unter Stalin und den Mauertoten – »schlimmer als der Holocaust« hätten die marktradikalen Psychopathen gern auch noch gesagt, sich aber verständlicherweise nicht getraut. Stattdessen wurde *Chancengerechtigkeit* gehirnwäscheartig in die Köpfe der Menschen gehämmert.
Aber die ehrlichen integren Humanisten gaben nicht so schnell klein bei, und so entstand ein neuer Streit. Auf den ersten Blick erscheint die Debatte *Chancengleichheit oder Chancengerechtigkeit* als Streit gelangweilter akademischer Klugscheißer um des Kaisers Bart. In Wahrheit geht es dabei letztlich um die Frage, ob wir einen Raubtierkapitalismus oder eine solidarische, humanistische Gesellschaft anstreben.

CHANCENGERECHTIGKEIT ALS VERBLÖDENDER KAMPFBEGRIFF

Chancengerechtigkeit ist nach Auffassung der meisten Neoliberalen bereits verwirklicht. »Die bestehende Schule und das bestehende Schulsystem sind im Leibnizschen Sinne die besten aller möglichen und denkbaren ... Die Leistungen der Schüler/-innen werden mit Noten gerecht beurteilt, Leistung verlangt Anstrengung, und deshalb braucht weder Schüler/-innen noch Lehrer/-innen Schule Spaß zu machen. Fördern ist eigentlich sinnlos, denn die schlechten Schüler/-innen stehen zu Recht so schlecht da. Folglich werden sie auch völlig zu Recht aussortiert/selektiert ... Chancengleichheit wird als Gleichmacherei gesehen, die Menschen seien eben verschieden, und das müsse die Schule auch abbilden.«[485]

Dieser verlogene Schwachsinn geht sogar der ebenfalls neoliberalen *Bertelsmann Stiftung* entschieden zu weit: »Chancengerechtigkeit: Nachholbedarf in allen Bundesländern«, fasste sie im März 2012 eine aktuelle Studie zusammen.[486] Und die *Süddeutsche Zeitung* bilanzierte dazu: Kinder armer Leute haben es in der Schule schwerer als die von Reichen – das belegen Pisa, Iglu und viele andere Schulstudien seit Jahren. Eine neue Untersuchung zeigt: In Sachen Chancengerechtigkeit hat sich in Deutschland immer noch zu wenig getan.[487]

Kritische Bildungsforscher aus der Schule des französischen Soziologen Pierre Bourdieu werden noch deutlicher: »›Chancengerechtigkeit‹, wie sie seit Anfang der achtziger Jahre in der Bundesrepublik diskutiert wurde, meint jene ›Gerechtigkeit‹, die die ›Leistungen‹ der Eltern ›gerechterweise‹ an die Kinder weiterzugeben erlaubt und die ›ungerechte Gleichmacherei‹ konterkariert. Sie meint somit nichts anderes als die Legitimation sozial-hereditärer Privilegienweitergabe.«[488]

EIN LUFTSCHLOSS NAMENS CHANCENGLEICHHEIT

Demgegenüber geben sozial eingestellte Experten die Chancengleichheit als Ziel aus. »Um Gerechtigkeit erst einmal ansatzweise herzustellen«, müssten Benachteiligungen wie soziale Herkunft, Legasthenie oder Hyperaktivität ausgeglichen werden. Eine solche Förderung der Schüler entsprechend ihren Anlagen und Talenten habe mit »Gleichmacherei« nichts zu tun. Anstelle von Zensuren seien »Bewertungssysteme« zu gestalten, die die individuellen Fortschritte widerspiegeln. Der erhoffte Effekt: »Schüler/-innen und Lehrer/-innen gehen gern und mit Freude zur Schule, Schule macht nicht krank. Anstrengung wird nicht als Belastung angesehen, sondern macht Spaß. Niemand wird zurückgelassen, sondern alle lernen möglichst lange gemeinsam und lernen voneinander.«

Ganz nebenbei: »Nicht durch Gleichheit, aber durch ein Mehr an Gleichheit bei Einkommen und Bildung steigen Gesundheit und Wohlbefinden: So sind die Mitglieder in der Oberschicht in den skandinavischen Ländern, Kanada und Japan weit weniger krank und weit weniger beim Psychiater als in den USA, England und jetzt auch in der Bundesrepublik.«[489]

Ohne den Vertretern dieser Forderungen bewusste Illusionsmacherei zu unterstellen: Derartige Forderungen gibt es seit Jahrzehnten, aber solange es nicht einmal eine bundeseinheitliche Bildungspolitik oder flächendeckend Gesamtschulen und kostenloses Unterrichtsmaterial gibt, kann man *Chancengleichheit* nur als hohles Wahlkampfgerede auffassen.

DAS MÄRCHEN VON DER LEISTUNGSGERECHTIGKEIT

Eines der wirksamsten Mittel zur Rechtfertigung unseres Gesellschaftssystems ist jedoch das Märchen von der Leistungsgesellschaft: »Wer wirklich will, kann alles erreichen« oder »vom Tellerwäscher zum Millionär«. Die Wahrheit zeigt das Gegenteil: Von den hundert reichsten Deutschen haben etwa 90 Prozent ihr Vermögen eben *nicht* selbst erarbeitet, sondern erheiratet oder ererbt; und es vermehrt sich auch nicht durch Arbeit, sondern durch die »Einkünfte aus Kapitalbesitz«.

Dass man es mit ehrlicher Leistung zu etwas bringt, ist – von absoluten Ausnahmen wie einer Handvoll Spitzensportler einmal abgesehen – praktisch unmöglich. Dies gilt sogar für die wegen ihrer maßlos überzogenen Einkünfte zu Recht kritisierten Topmanager. Selbst bei 10 Millionen Euro im Jahr müsste man hundert Jahre arbeiten, um Milliardär zu werden. Eine »Leistungsgesellschaft« sieht anders aus.

Der Darmstädter Soziologieprofessor Michael Hartmann resümiert: »Da von wirklicher Leistungsgerechtigkeit unter den herrschenden gesellschaftlichen Verhältnissen keine Rede sein kann, geht es den Verfechtern dieses Prinzips im Kern um nichts anderes als um eine Legitimierung der großen sozialen Unterschiede.«[490]

Obwohl schon im Jahr 2000 von Hartmann geschrieben, bleibt unter heutigen Bedingungen die ständige Erinnerung daran ein wirksames Mittel zur Entlarvung einer Moral, die der eines Wirtschaftsbetrügers ähnelt, ebenso wie die christliche Ethik vieler (sogar in der eigenen christlichen Unionsfraktion hämisch verlachter oder gar verhasster) Anhänger der Bergpredigt.

DIE GRUNDLAGEN
DER MENSCHENWÜRDE

ARBEIT

»Arbeitslosigkeit grenze aus und verletze die Menschenwürde, nehme Lebensmut und vernichte Lebensperspektiven«, hatte im Vorwahlkampf 2009 dem damaligen Arbeitsminister Olaf Scholz möglichweise dessen PR-Berater eingetrichtert.[491] Wenn's dem Stimmenfang dient, sagen sogar ehemalige hanseatische Polizeiminister zur Abwechslung mal etwas Richtiges.
Tatsächlich hat der Verlust des Arbeitsplatzes für die Betroffenen zumeist umfassend verheerende Folgen. Ganz abgesehen davon, dass sie sich von den perversesten Charakterkrüppeln der Gossenmedien einer an die Nazizeit erinnernden Hetze ausgesetzt sehen (»arbeitsscheu«, »Sozialbetrüger«), werden sie quasi »automatisch« ausgegrenzt. Man kann es drehen und wenden, wie man will: Es ist ein Unterschied zwischen Arbeitswille und Arbeitsleistung. Selbst die Marxsche Theorie leitet ja die historisch bedeutende und revolutionäre Rolle der Arbeiterklasse nicht moralisch aus ihrer Armut und Verelendung ab, sondern aus ihrer Arbeitsleistung: Abhängig Beschäftigte wirken mit an der Herstellung einer Ware und Dienstleistung, durch deren Verkauf der Arbeitgeber einen Gewinn macht. Sie schaffen den Mehrwert, den sich der Unternehmer aneignet: Und das war und ist der große Unterschied zum Arbeitslosen: Arbeitende sind – ob zu Recht oder nicht – stolz auf ihre Leistung und ernten Anerkennung. Arbeitslose können höchstens Mitgefühl und aufmunterndes Schulterklopfen erwarten.
Allerdings sind in unserem Sozialstaat weder sie als Menschen noch ihre Ansprüche weniger wert: Es sind eben keine Almosen,

sondern etwas, was ihnen gesetzlich zusteht. Nicht zuletzt um dies zu vertuschen, wird das peinliche Charity-Theater so hochgespielt. Steuerbetrüger, per Heirat zur Frau Doktor avancierte It-Girls oder andere gesellschaftlich völlig überflüssige Nichtsnutze spielen sich mit Geld, von dem sie keinen Cent ehrlich erarbeitet haben, als »Wohltäter« auf.

Der größte Treppenwitz in Sachen Arbeit aber geht angesichts der immens hohen tatsächlichen Arbeitslosigkeit fast völlig unter: Genau genommen nämlich stehen die Menschen vor allem in den Arbeitsämtern Schlange, um sich von irgendwelchen Arbeitnehmern, bei Aktiengesellschaften sogar von »Investoren«, also vermögenden Faulpelzen, ausbeuten zu lassen. Die Frage, warum jemand, der rund um die Uhr Party macht, durch bloßen Kapitalbesitz zigmal mehr verdient als ein Chirurg oder Facharbeiter, wird gar nicht mehr gestellt. In gewisser Weise erinnert dieses sozialmasochistische »Betteln um Ausbeutung« an ein Domina-Studio.

Hinzu kommt, dass selbst die meisten Arbeitsplatzbesitzer damit rechnen müssen, urplötzlich auf der Straße zu stehen. Bestes Indiz ist die Praxis der Kreditvergabe. Noch vor wenigen Jahren genügte ein Job bei einem Dax-Unternehmen oder einem anderen Großkonzern den Geldinstituten als Sicherheit für ein großzügiges Darlehen. Heute verweisen die Banker nicht ganz zu Unrecht auf Fälle wie Quelle, Schlecker oder die zahllosen Werkschließungen mit Zigtausenden Entlassungen. Von den Beschäftigten der zumeist betrügerischen Leiharbeitsfirmen wollen wir an dieser Stelle gar nicht reden.

Aber auch ein Arbeitsplatz schützt nicht vor Armut: »Immer mehr Deutsche brauchen einen Zweitjob« titelte *Spiegel Online* am 5. Oktober 2012. Nach einer Mitteilung der Bundesagentur für Arbeit verdienten sich rund 2,5 Millionen Arbeitnehmer etwas zu ihrer Hauptbeschäftigung dazu. Im Juni 2003 waren es laut

Statistik mit rund 1,2 Millionen Beschäftigten nur halb so viele. Im März 2012 hatten 8,8 Prozent der sozialversicherungspflichtig Beschäftigten einen Billiglohn-Nebenjob.[492]

EIN MYSTERIUM NAMENS *EXISTENZMINIMUM*

Es ist die typische Verlogenheit der Anführer von Schwarz-Gelb bis Rot-Schwarz. »Dem Kommunismus« – als wüssten diese viertelgebildeten Karrieristenhorden überhaupt, was das ist – werfen sie »Gleichmacherei nach unten« vor: Nicht die Armen sollten reicher, sondern die Reichen genauso arm wie die Ärmsten werden.

Genau dies aber praktizieren sie selbst. Zwar weisen sie zu Recht darauf hin, dass selbst Billigstlöhne nicht unter den Hartz-IV-Almosen liegen dürften, weil sich dann die Geringverdiener wie Deppen vorkommen müssten. Aber anstatt die notwendige Differenz durch Erhöhung der Löhne anzustreben, setzt man auf eine größtmögliche Senkung der Arbeitsloseneinkommen.

Dies allerdings machte das Bundesverfassungsgericht nicht mit. So schrieb es in seinem Hartz-IV-Urteil vom Februar 2010 den Sozialstaatsfeinden unmissverständlich in ihre neoliberalen Schmierhefte: »Das Grundrecht auf Gewährleistung eines menschenwürdigen Existenzminimums aus Art. 1 Abs. 1 GG in Verbindung mit dem Sozialstaatsprinzip des Art. 20 Abs. 1 GG sichert jedem Hilfebedürftigen diejenigen materiellen Voraussetzungen zu, die für seine physische Existenz und für ein Mindestmaß an Teilhabe am gesellschaftlichen, kulturellen und politischen Leben unerlässlich sind.«[493]

Ebenso wie *Menschenwürde* und *Existenzminimum* ist auch *Teilhabe am gesellschaftlichen, kulturellen und politischen Leben* eine Gummiformulierung. Einerseits signalisiert sie natürlich

jener Mehrheit unserer Bankster, Topmanager und ihrer Volksvertreter, die an einem einzigen Abend das doppelte Monatseinkommen eines Hartz-IV-Empfängers verfressen, versaufen oder vervögeln: »Ihr steht unter Beobachtung.«
Andererseits ist es ja für Neoliberale die ultimative Horrorvision, die Ausgegrenzten könnten politische Bücher lesen, sich mit Freunden treffen oder ins Theater gehen. Selbst im Kino will der marktradikale Abschaum die Ärmeren nicht sehen.
Die mit Klauen und Zähnen verteidigten menschenunwürdigen Hartz-IV-Sätze haben ja bekanntlich als Hauptziel die Verewigung der Unwissenheit in der Unterschicht.

GRADMESSER DER MENSCHENWÜRDE: DER UMGANG MIT DEN ALTEN

Wie bereits erwähnt, bezeichnen die meisten Wirtschaftsbosse und ihre Politiker – wenn sie vermeintlich unter sich sind – alle Menschen, die zum Arbeiten und damit zur Mehrwertproduktion nicht oder nicht mehr fähig sind, als *Wohlstandsmüll*.
Dies betrifft naturgemäß vor allem unsere älteren Mitbürger. Rein betriebswirtschaftlich betrachtet, sind sie zu nichts mehr nutze, und man wagt sich gar nicht auszumalen, wie die Herrschenden mit ihnen verfahren würden, wenn sie könnten, wie sie wollten. Ein wenig davon plauderte im August 2003 der damalige JU-Chef Philipp Mißfelder (Jahrgang 1979) in seinem jugendlichen Leichtsinn aus.
»Keine Hüftgelenke für die ganz Alten«, zitierte ihn damals *Tagesspiegel Online*.[494] Ein Schelm, wer da unwillkürlich an die NS-Theorie vom lebensunwerten Leben denkt.

Ebenso wie der Vergleich von Faschisten oder Neoliberalen mit Pavianen den unschuldigen Tieren unrecht tut, so beleidigt beim Thema »Umgang mit den Senioren« die Bezeichnung unseres Landes als *Bananenrepublik* die Völker der Dritten Welt. Eine dermaßen unwürdige Behandlung der älteren Menschen wie bei uns findet man selbst in den ärmsten Entwicklungsländern nicht, sondern höchstens in Science-Fiction-Filmen. Wenn sich also jetzt ausgerechnet das Großbürgertöchterlein Ursula von der Leyen als zwischenzeitliche Sozialministerin um die eigentlich nach der neoliberalen Logik wünschenswerte Altersarmut sorgt, so dürften dem ähnliche Motive zugrunde liegen wie die bereits erwähnte Revolutionsangst Bismarcks.

»Ursula von der Leyen macht einen neuen Vorstoß zur Bekämpfung der Altersarmut«, meldete *Spiegel Online* im März 2012. »Die Arbeitsministerin will den Zugang zur Zuschussrente erleichtern. 1,36 Millionen Bezieher sollen von der Regelung profitieren, das Konzept rechnet mit Kosten von mehr als drei Milliarden Euro.«[495]

Der mehr als peinliche Hintergrund, der unsere Spitzenpolitiker in die Weltelite der vollständig gewissenlosen, moralfreien und käuflichen Subjekte einordnet, war ein Zeitungsinterview mit der OECD-Rentenexpertin Monika Queisser: »Die Gefahr der Altersarmut erwächst im deutschen System vor allem aus der engen Bindung von Leistungen an Beiträge.« Anders als bei uns praktizierten viele Länder »eine systematische Umverteilung von Besserverdienern zu ärmeren Rentnern«. Deshalb seien in einem der reichsten Länder der Erde »Menschen, die ein Leben lang nur wenig verdient haben oder längere Ausfallzeiten hatten ... armutsgefährdet«. Die Sozialexpertin der OECD – entgegen der Meinung schwarz-gelber Spitzenpolitiker keine Tarnorganisation der al-Qaida, sondern eine durchaus marktradikale Truppe – forderte deshalb, »besonders für ältere Arbeitnehmer müsse noch mehr getan werden, nicht nur auf politischer Ebene, sondern auch in den Unternehmen«. Und ganz »bolschewistisch« fügt sie hinzu: »Ein anderes Mittel gegen Altersarmut wäre eine Mindestrente, die all jenen zustünde, die eine bestimmte Beitragszeit erfüllt haben. So machen es die Skandinavier und die Franzosen.« Eine noch radikalere Lösung wäre die Einführung einer Grundrente oder Bürgerversicherung, »die der gesamten Rentnerbevölkerung gezahlt wird«.[496]

DIE ERBEN DER HOLOCAUST-MÖRDER

Mal angenommen, wir läsen dieses Trauerinserat: »Wohlstandsmüll mütterlicherseits endlich entsorgt. Aber mein ohnehin begrenztes Leid ist Ihre Freud: Dreizimmerwohnung frei, 67 qm, 620,80 Euro Kaltmiete.« Kein Zweifel: Der Inserent würde ob dieses Übermaßes an geschmackloser Herzenskälte von der zivilisierten Umwelt ausgegrent.
Dabei hat er den Tod seiner Mutter doch nur aus der Perspektive des Vermieters und *jedes* »rationalen« neoliberalen *homo oecomicus* geschildert. Er hat nur offen ausgesprochen, was Angela Merkels Idol Friedrich August Hayek ehedem sagte, nämlich dass für ihn *sozial* ein Fremdwort sei[497], was unsere Kanzlerin zur aufgrund ihrer FDJ-Vergangenheit logischen überschwenglichen Laudatio für den österreichischen Ökonomen animierte.
Exakt genauso verhalten sich die intellektuell benachteiligten Wirtschaftsführer und die von ihnen bezahlten »Volksvertreter«, wenn sie Beiträge zur Sozialversicherung als »Lohnnebenkosten« bezeichnen. Sie übernehmen die Sichtweise des Unternehmers.
Entsprechend ist auch die Ergänzung der staatlichen durch die private Altersvorsorge eine Beleidigung für den Verstand: Die

Bürger sollen meist ein Vielfaches dessen, was sie an staatlichen Rentenbeiträgen sparen, den Privatversicherern in ihren gefräßigen Gierschlund stopfen.[498]
Zudem hilft bei der angeblichen Erfolgsgeschichte der Privaten der sonst so krankhaft verhasste Staat permanent noch ein wenig nach: Er ist das, was der großzügige Herr Papa für den inzuchtgeschädigten »Herrn Studenten« im 32. Semester ist. Aus eigener Kraft »zu blöd, einen Eimer Wasser auszukippen« (Volksmund), markiert dieser Taugenichts dank Papis Schecks den dicken Maxe.
Ebenso finanzieren wir mit unseren Steuergeldern die Abzocker der Riester-Rente. Es ist also keineswegs »kluges Wirtschaften« der ebenso erbärmlichen wie lachhaften BWL-Bachelor-MBA-Würstchen, sondern Papa Staats Knete: Etwa zwei Milliarden Euro jährlich wandern aus der Kasse der gesetzlichen Versicherung zu den Privaten, die dann logischerweise selbst nach Bezahlung der von ihnen bestochenen Volksvertreter noch dick in den schwarzen Zahlen sind.[499] Es ist, als risse ein Bankster nachts im Park einer Seniorin die Handtasche mit der Monatsrente weg und käme auf die Idee, von der Beute die Bestohlene zu einem Abendessen einzuladen.
Wenn also private Renten überhaupt einigermaßen sicher sind, dann ausschließlich deswegen, weil im Notfall der Steuerzahler einspringt, wenn sich die skrupellosen, bekifften oder vom ihrem Machtwahn besoffenen Maximalprofitjäger mal wieder verzockt haben – wobei der Staat nicht etwa nur die reinen Verluste ausgleicht, sondern die entgangenen Phantasierenditen gleich mit. So wird der Schaden vom Aktionär abgewendet, der Bürger aber beklagt fehlende Kindergärten und verrottende Schulen.
Lehrbuchmäßig demonstriert wurde dieses Erpressersystem der Privatisierung der Gewinne bei gleichzeitiger Sozialisierung der Verluste im Herbst 2003. Da deuteten die Versicherer an, man

werde einige saubere Konkurse fabrizieren und damit die Bürger um ihre Renten bringen, sollte der Staat nicht zugunsten der Aktionäre noch ein paar Steuermilliarden lockermachen. Prompt beschloss die rot-grüne Regierung ein Hilfspaket, was selbst für die Union »Politik auf Zuruf von Interessenvertretern« war. Sogar die Konzerne taxierten den Wert des erpressten Obolus auf gut fünf Milliarden Euro; und selbst in der SPD-Fraktion wurde Kritik laut, weil man wegen dieses Geschenks zwei Milliarden Euro in der Rentenkasse einsparen musste.[500]

Selbst diese Unredlichkeit ist aber noch harmlos, verglichen mit einem dreisten Coup, der als *Riester-Abzocke* in seriöse Geschichtsbücher eingehen dürfte und müsste. Und man kann es durchaus als Symptom der gesellschaftlichen Komplettverblödung werten, dass ein eigentlich simpler Sachverhalt erst vom Aufklärungsmagazin *Monitor* im Januar 2008 entlarvt werden musste.[501] Geld stinkt nicht, Parteispenden schon gar nicht, und was tun verkommene Politlustgreise nicht alles für einen Urlaub in der Karibik oder in der Südsee! Auf ewig unvergessen jener Werbespot der Bundesregierung, gegen den sogar der Small Talk im Affenhaus der Berliner Zoos wie eine intellektuelle Diskussion anmutet:

»Hallo, schon mal was von der Riester-Rente gehört?«
»Ja! Die soll ja die langfristig vorgesehene moderate Absenkung des Rentenniveaus der zukünftigen Rentner in der gesetzlichen Rentenversicherung kompensieren. Ich ›riester‹ jetzt auch!«

Zielgruppe sind ganz offenbar die Gehirnamputierten und die leichtgläubigen Opfer abgefeimter Betrüger. »Wer ›riestert‹, der gibt auch im Internet auf Drängen von Betrügern seine sämtlichen Kennwörter und PIN-Nummern heraus, übergibt einem Kleinganoven, der sich als ›Kripo-Kommissar‹ ausgibt, an der

Wohnungstür seine gesamte Barschaft oder leiht einem Heiratsschwindler fünfstellige Beträge.«

Der kleine, für den Steuerzahler teure, unsere Politikerbande aber kostenlose kleine Gag am Rande: Wer wegen der »moderaten Absenkung« von seiner Rente nicht leben kann, hat Anspruch auf staatliche Grundsicherung. Und die wird mit der Riester-Rente verrechnet. Der Altersarme hat dann also für das Sozialamt »geriestert«. Sogar der Vorzeige-Experte Bert Rürup gibt zu: »Das bedeutet für Geringverdiener, die erwarten, dass sie ja auf die Grundsicherung im Alter angewiesen sein werden, dass es durchaus rational ist, keinen Riester-Vertrag abzuschließen, so generös sie auch immer gefördert ist.«[502]

Nun ist unsere Gesellschaft zwar längst nicht mehr im Fußball Weltspitze, dafür aber in Sachen Betrügen der eigenen Bürger. Selbst Walter Hirrlinger, Chef des Sozialverbands VdK »glaubte, das ist gar nicht so. Und die meisten, die eine Riester-Rente abschließen, glauben das auch nicht. Sonst würden sie die Riester-Rente nicht abschließen.« Es handelt sich mitnichten um ein Problem der sogenannten »Unterschichten« oder einiger abgehängter armer Pechvögel. Bereits für einen Durchschnittsverdiener lohnt sich Riester nicht, wenn er 2030 in Rente geht und nicht mehr als zweiunddreißig Jahre voll in die gesetzliche Rentenkasse eingezahlt hat. Laut Rentenguru Professor Winfried Schmähl könnte sich wegen des Abbaus der Staatsrente in fünfzehn bis zwanzig Jahren für Millionen »die Riester-Förderung ... in Luft auflösen«.[503]

Meinhard Miegel vom Bonner *Institut für Wirtschaft & Gesellschaft,* der nun wirklich so viel Humor hat wie ein Schachbrett, versucht sich wenigstens als menschenverachtender Sarkastiker: »Zu riestern ist immer eine gute Tat zugunsten der Allgemeinheit.«[504]

Warum aber blieb der Riester-Skandal so lange unter dem Teppich? Der ehemalige Regierungsberater Schmähl klagt an: »Entweder hat man das, das wär' dann natürlich das Schlimmste, bewusst verschwiegen oder man wollte es einfach nicht wahrhaben, weil eben eine ganz bestimmte Politik durchgesetzt werden sollte.«[505] Natürlich: Der Riester-Betrug gehört zu unserer Marktwirtschaft wie das Doping zum Profiradsport. Und entsprechend wunderbar passen auch die Reaktionen der Ertappten ins Bild:

- Die Amateurkomiker der Deutschen Rentenversicherung meinten, viele Senioren hätten doch im Alter zusätzliche Einkommen, »etwa aus Zinserträgen oder Mieten«.[506] Wieso nicht gleich Geiselnahme?
- Der damalige Rentenminister Olaf Scholz attestierte *Monitor* schriftlich »ein falsches Verständnis vom Sozialstaat und vom Begriff Gerechtigkeit« und lehnte jegliche Korrektur ab; die Arbeitgeberverbände warnten vor Schnellschüssen, sein SPD-Komplize Peer Steinbrück empfahl nach dem Motto *Verstand aus, Augen zu und durch* »uneingeschränkt« die Riester-Rente.[507] Steinbrück, Scholz und sozial? Eher kann man sich Rotwein mit Cola vorstellen. »Sprich mal mit einer Kuh französisch«, sagt der Berliner.
- Hermann-Josef Tenhagen, Chefredakteur des intellektuell viertklassigen Raffkeheftchens *Finanztest,* bringt die neoliberale Zocker-Logik auf den Punkt: »Für jeden, der die Chance sieht, im Alter nicht vom Sozialamt abhängig zu sein, sollte die Riester-Rente die erste Wahl sein.«[508] Allerdings wollen – im Gegensatz zu marktradikalen Psychopathen – zumindest die Normalbürger ihr Leben nicht auf dem schaurigschönen Kick des »alles oder nichts« aufbauen: 72 Prozent der Bundesbürger sehen sich als »Hungerrentner von morgen«: Laut einer TNS-Umfrage fürchten sie, »im Rentenalter ... ihren Lebensstandard nicht mehr halten zu können«.[509]

Allerdings folgt dieses Verwirrspiel durchaus einer nachvollziehbaren Logik und hat einen leicht verständlichen Kern: Neoliberale sind gemeingefährliche Asoziale, aber keine Schwachköpfe. So berichtet der Mannheimer Wirtschaftsprofessor Martin Weber von der bedeutend besseren und seriöseren schwedischen Vorsorge durch einen staatlichen Fonds. »Wenn ich nun Vertreter der deutschen Finanzindustrie frage, warum es hierzulande nicht möglich ist, einen solchen Fonds aufzulegen, höre ich nur: Wir wissen zwar, wie das geht, wir würden aber zu wenig daran verdienen. Das ist aus der Sicht der Industrie sogar nachvollziehbar. Aber als Anleger befriedigt mich diese Antwort nicht.«[510]

ALTERSARMUT:
WIE VIELE TASCHEN HAT DAS TOTENHEMD?

Wenn sogar ein Blatt wie *Focus Money Online* die Altersarmut im Juni 2012 zur Spitzenthema macht, dann – wie man im Ruhrpott sagt – »brennt die Hütte«.[511]

So fordern der Sozialverband Deutschland (SoVD) und die Dienstleistungsgewerkschaft Ver.di, mit einem Rentenzuschuss gegen die Altersarmut anzukämpfen. Die Grundsicherung im Alter soll damit auf rund 850 Euro aufgestockt werden. Dies läge dann deutlich über dem Existenzminimum von derzeit etwa 680 Euro. Im Gegensatz zum Modell des Bundesarbeitsministeriums soll dieser Zuschuss aus Steuermitteln finanziert werden. Er würde den Bundeshaushalt mit etwa zwei Milliarden Euro belasten.

Zwei Milliarden – ganze Menge? Andererseits ist alles relativ. Die Summe ist im Vergleich mit den Rettungsschirmen für Bankster und andere gemeingefährliche Wirtschaftskriminelle ein Klacks: Vier Haare auf dem Kopf sind relativ wenig; vier Haare in der Suppe relativ viel.

Das Modell ist ein Gegenentwurf zum Rosstäuscherprojekt des Millionärstöchterleins Ursula von der Leyen: Ihr »ebenfalls gegen Altersarmut gedachtes Zuschussrentenmodell ... liegt derzeit auf Eis, weil sich die Bundesregierung über den geplanten Finanzierungsmix aus Steuer- und Beitragsgeldern nicht einig ist«, schreibt der *Focus*. Auch hier wird wahlkampfwirksam eine Rentenanhebung bis auf 850 Euro vorgegaukelt. Kleiner Haken: Sie ist neben den jahrzehntelangen – wieso nicht gleich jahrhundertelangen? – Beitragszahlungen in die Rentenversicherung auch noch an zusätzliche Altersvorsorge geknüpft. Mit anderen Worten: Unsere Versicherungsdrücker-Konzerne sind nicht die *Caritas* – und erwarten für ihre »Parteispenden« genannten Schmiergelder mit Recht eine Gegenleistung.

Eine besondere Variante ist »Die verrückte Idee vom Greisen-Export«, wie Heribert Prantl in der *Süddeutschen* eine ebenso abartige wie typische Idee unserer Politiker zur »legalen« Altenentsorgung nennt. »Deutschland ist sehr erfolgreich als Exportnation. So kommt es, dass nicht nur Autos und Chemieerzeugnisse ins Ausland exportiert werden, sondern auch pflegebedürftige Menschen. Heime in Thailand oder Osteuropa sind billiger als hierzulande. Aber die Zwangsentsorgung der Alten ist ein Akt der Verrohung ... Weil Deutschland so versiert im Exportieren ist, schafft es sich auch Probleme durch Export vom Hals: Müll wird exportiert. Atommüll, alte Arzneimittel, Batterien und Essensreste landen, legal oder illegal, dort, wo Entsorgung billiger ist; grenzüberschreitende Abfallverbringung nennt man das. Export ist ein Denk-, Handlungs- und Lösungsprinzip.« Und Prantl entlarvt die menschenverachtende Logik unserer Herrschenden und ihrer Spitzenpolitiker: »So kommt es wohl, dass nun auch pflegebedürftige Menschen exportiert werden sollen; man kann das grenzüberschreitende Altenverbringung nennen. Pflegeheime in Thailand, Spanien oder Osteuropa sind billiger als deutsche Pfle-

geheime. Kranken- und Pflegekassen zeigen sich daher interessiert am Greisen-Export; der Unions-Pflegeexperte Willi Zylajew sieht darin ein alternatives Pflegemodell.«
Natürlich benennt Prantl in durchaus angemessenem Zynismus auch die Ursachen: »Wenn Rente plus Pflegezuschuss nicht reichen, um die Pflege im Alter zu finanzieren, ist das nicht die Schuld von Alten, die ihr Leben lang gerackert haben. Es ist die Schuld einer unzulänglichen Arbeitsmarkt- und Rentenpolitik. Und es ist die Schuld eines abenteuerlich falschen Pflegekonzepts, das sich nun seit Jahrzehnten auf die Unterbringung in Heimen konzentriert. Die Kritiker sprechen von der ›Pflegeindustrie‹: Vorhang zu, Mund auf, schneller schlucken!« Und weiter: »Sollen künftig auch Kinder exportiert werden, wenn die Kindergärten hierzulande zu teuer werden? Der gerontologische Kolonialismus klingt wie ein Stück aus dem Tollhaus, ist aber Realität. Sogenannte Träger erwägen, Pflegeverträge mit Heimen im Ausland zu schließen; zum Teil wird das Auslandsheim als Geschäftsmodell schon betrieben.«[512]
Kein Wunder also, dass sich jeder klar denkende Mensch innerlich schon längst vom »Geschäftsmodell Marktwirtschaft« innerlich verabschiedet hat, wie nicht zuletzt der erfreuliche Rückgang der Wahlbeteiligung zeigt.

ARMUT IM LAND DER AUSLÄNDERMÖRDER UND KINDERSCHÄNDER

Der durchschnittliche Weltbürger verbindet mit bestimmten Ländern gewisse Assoziationen. So steht – ob zu Recht oder nicht – Schottland für Geizhälse, die USA für Massaker à la *My Lai,* Frankreich für gutes Essen, Russland für Wodka zum Frühstück. Deutschland steht für Holocaust, klerikale Kinderschänder, aus-

ländermordende Naziborden und für die permanente Vergrößerung der Arm-Reich-Schere.
Rund elf Prozent der deutschen Arbeitnehmer verdienen laut einer Mitteilung des Statistischen Bundesamts vom Juli 2012 nicht einmal 8,50 Euro pro Stunde – betroffen seien Minijobber und Teilzeitkräfte, aber auch viele Vollzeitbeschäftigte.
Roland Günther vom Bundesamt geht laut *Spiegel* davon aus, dass die Zahl dieser Geringstverdiener sogar noch höher sei. Knapp die Hälfte von ihnen (46 Prozent) sind »Minijobber« oder 400-Euro-Jobber. Immerhin ein Drittel hat einen Vollzeit-, 21 Prozent einen Teilzeitarbeitsplatz. »Magere Einkünfte sind nach diesen Zahlen oft auch eine Frage des Geschlechts: Insgesamt 60 Prozent der Niedrigverdiener sind Frauen.«[513]
Dazu passt eine fast zeitgleiche Nachricht: »Zahl der Darlehen für Hartz-IV-Empfänger steigt auf Rekordniveau«, meldete *Spiegel Online* im Juni 2012. »Hartz IV soll per Definition den Lebensunterhalt absichern – doch offenbar trifft das immer seltener zu: Im vergangenen Jahr haben so viele Bezieher von Arbeitslosengeld II Darlehen bei ihrem Jobcenter beantragt wie nie zuvor, weil sie einen ›unabweisbaren Bedarf‹ geltend machten.«[514]
Wäre ich Merkel oder ihr Herold Steffen Seibert, der SPD-Kanzlerkandidat Steinbrück oder Thilo Sarrazin oder ganz einfach eine verkrachte Gossenmedienexistenz, so würde ich behaupten: »Hier zeigt sich doch, dass die Hartz-Faulpelze ihr Geld versaufen und immer neue Schulden machen.«
Dies wäre zwar eine noch dreistere Lüge als die Jungfernschaft Mariens. »Aber«, so würde ich mir denken, »wer so behämmert ist, mich zu wählen, der nimmt mir auch die Hartz-IV-Hetze ab.« Die ebenso abgrundtiefe wie für die steinreichen Schmarotzerbanden und ihre Politiker typische Menschenverachtung zeigt sich im simplen Wort *Kauflaune*. »Krise drückt auf die Kauflaune der Verbraucher« titelte *Welt Online* am 28. August 2012.

Kauflaune soll bewusst das Bild einer Supermarktverkäuferin oder eines Friseurs suggerieren. »Kauf ich mir meinen Ferrari oder meine Jacht gleich heute? Nöö, keine Lust.« Dieselben Politiker würden über die Hungertoten in Afrika sagen: Sie hatten eben keinen Appetit.

Die Wahrheit allerdings sieht anders aus: »Die Angst vor einer Rezession schürt den Konjunkturpessimismus unter den Verbrauchern. Trotz eines robusten Arbeitsmarkts leidet die Einkommenserwartung und die Neigung zum Konsum.« Die Zukunftserwartungen lägen auf dem niedrigsten Wert seit Juni 2009.[515]

Am selben Tag verrät dieselbe Zeitung unfreiwillig den wahren Grund: »In Deutschland wollen oder müssen immer mehr Ruheständler arbeiten – auch noch in hohem Alter. Seit dem Jahr 2000 hat sich die Anzahl um 60 Prozent erhöht. Und die Rente sinkt kontinuierlich.«[516]

Dass das Land der steinreichen und arbeitsscheuen Schmarotzer auch das Land der dummdreisten Schönredner ist, beweist einmal mehr *Spiegel Online*. Unter der demagogischen Überschrift »So wird Deutschland arm gerechnet« heißt es am 23. Oktober 2012: »Jeder fünfte Deutsche ist laut einer neuen Statistik von Armut und sozialer Ausgrenzung betroffen. Versagt ausgerechnet das wirtschaftliche Vorzeigeland Europas in der Sozialpolitik? Nein … Wird Deutschland von den Statistikern also regelrecht arm gerechnet? Erstaunlicherweise lässt eine genauere Betrachtung der Zahlen exakt diesen Schluss zu.«[517]

Soll wohl heißen: Selbst wer bei Wasser und Brot ohne Strom und Heizung dahinvegetiert, ist immer noch zehnmal besser dran als die Hungertoten in Afrika.

DIE MASSENMÖRDER-ACHSE DER GUTEN: RÜSTUNGSEXPORTE

Am 3. Juni 2012 knüpfte der *Spiegel* endlich an seine längst verloren geglaubte Tradition als Korrektiv zur Demokratur an und entlarvte, was Merkel & Co. unter »Menschenwürde« verstehen: »Israel bestückt U-Boote aus Deutschland mit Atomwaffen.« Laut *Spiegel* »ist Kanzlerin Angela Merkel den Israelis weit entgegengekommen: Berlin übernimmt nicht nur mit 135 Millionen Euro ein Drittel der Kosten, sondern stundet auch den israelischen Anteil bis 2015.« Und: »Bislang zieht sich die Bundesregierung darauf zurück, dass sie nichts von einer atomaren Bewaffnung der Schiffe wisse. Ehemalige hochrangige Beamte aus dem Verteidigungsministerium wie der ehemalige Staatssekretär Lothar Rühl oder der Ex-Chef des Planungsstabs Hans Rühle haben jedoch gegenüber dem *Spiegel* erklärt, sie seien schon immer davon ausgegangen, dass Israel auf den U-Booten Nuklearwaffen stationieren werde.«[518] Kommentar eigentlich überflüssig. Warum zeigen Olympiasieger ihre Trophäen stolz herum, während Kinderschänder ihre Taten abstreiten? Warum also nutzt die Bundesregierung die Rüstungshilfe nicht für ihren Wahlkampf, sondern streitet sie zunächst ab? Eben.

Tags darauf legte das Hamburger Nachrichtenmagazin noch nach mit der Schlagzeile »U-Boot Basar Deutschland« und enthüllte Geheimpläne zum Verkauf von drei U-Booten für 1,2 Milliarden Euro an Pakistan, das Israel offiziell nicht anerkennt und sich zudem ein Wettrüstungsduell mit Indien liefert. »Ein weiterer Krieg zwischen den mittlerweile atomar aufgerüsteten Erzfeinden wäre eine Bedrohung für den Weltfrieden ... Deutschland ist der drittgrößte Waffenexporteur der Welt, und Pakistan ist ein großer Rüstungskunde.«[519]

Auch für *Freitag*-Herausgeber Jakob Augstein »trägt Deutschland Mitschuld an der Aufrüstung im Nahen Osten«. Und polemisch fügt er unter Anspielung auf den Holocaust hinzu: »… eine bessere Tarnung für die Interessen der Rüstungsindustrie als das schlechte deutsche Gewissen kann es nicht geben … Die deutschen Rüstungsexportregeln sind ohnehin gedruckte Heuchelei. Keine Waffen in Krisenregionen? Dann könnte der Rüstungsexport einpacken. Von Dänemark und Holland werden deutsche Waffenschmieden nicht satt.« Bitterböse auch sein Hinweis: »Würde der Staat Israel für die Durchsetzung seiner machtpolitischen Interessen auf Zahnpastatuben setzen und nicht auf Atomraketen, die berufliche Zukunft von rund 13 000 Drogistinnen wäre sicher.«[520]

7 MENSCHENWÜRDE
UND PRIMATEN

Bewusst wurde ein gewisser geistig-kultureller Bodensatz unserer Gesellschaft unter die Rubrik *Primaten* eingeordnet. Das ist durchaus nicht böse gemeint. »Der Hund als bester Freund des Menschen« ist seit Jahrzehnten ebenso etabliert wie der Kater als Lieblingshaustier weiblicher Singles. Dass Tiere häufig vermenschlicht werden, ist ein uralter Brauch und auch nicht weiter schlimm, solange dadurch niemand Schaden nimmt, die Tiere natürlich eingeschlossen. Da die Evolution, speziell die Menschwerdung des Affen, ein längst nicht abgeschlossener millionenjähriger Prozess ist, *kann* er gar nicht gleichmäßig oder gar linear verlaufen. Banal zu sagen, dass sich entsprechend auch die Menschen unterscheiden: in ihrer Moral und Intelligenz, ihren Talenten und vielem anderen mehr. Auch das ist keineswegs abwertend gemeint, schließlich hat jedes Geschöpf ein Recht auf Leben.

MENSCHENWÜRDE À LA BUNDESWEHR

Nicht nur Papier, auch Sprache ist geduldig, und unter ein und demselben Wort verstehen die Menschen zuweilen etwas völlig Unterschiedliches. Deshalb, und weil es eben keine Einzelfälle sind, werden die folgenden Beispiele aus der Bundeswehr ausführlich geschildert und dem mündigen Leser zur Bewertung überlassen.

- Im Oktober 2006 sorgte eine Enthüllung über das Treiben deutscher Soldaten in Afghanistan nicht nur für weltweite Schlagzeilen, sondern auch für massive internationale Verwicklungen. »Bundeswehrsoldaten haben im Jahr 2003 bei einem Patrouilleneinsatz in Afghanistan mit dem Schädel eines Toten makabre Fotoszenen gestellt«, berichtete der sonst so zurückhaltende *Tagesspiegel* aufgrund eines mit Fotos untermauerten *Bild*-Berichts. Demnach waren fünf Soldaten beteiligt, die nahe Kabul Patrouille fuhren. »Sie hätten nahe einer Lehmgrube einen Menschenschädel gefunden. Auf einem Bild sind zwei Soldaten des deutschen Afghanistankontingents zu sehen, die mit dem Totenschädel auf der Motorhaube ihres Jeeps posieren.«[521] Und weiter, wohlgemerkt in einem der seriösesten deutschen Blätter: »Ein anderes Foto zeigt einen Soldaten mit entblößtem Penis in der linken und dem Schädel in der rechten Hand. Die Aufnahmen entstanden nach Aussage eines Bundeswehrangehörigen bereits im Frühjahr 2003. Nach Angaben des Verteidigungsministeriums stammt der Totenschädel eventuell von einem Friedhof und könnte durch die Witterung freigelegt worden sein. Unklar ist, ob es sich um Überreste eines Afghanen oder eines russischen Soldaten handelt.«[522]

Als Ursache nennt der Münchner Verhaltensbiologe Wulf Schiefenhövel »archaische, biophysisch begründbare Verhaltensmechanismen«. Das Posieren mit Schädelknochen sei in der Geschichte der Menschheit schon immer ein Zeichen für die Verhöhnung des Gegners gewesen.[523]
»Archaisches« Verhalten? Wären diese Typen dann nicht auf Bäumen oder im Affengehege besser aufgehoben?
Ruft da jemand: »Ich bin stolz, ein Deutscher zu sein«?
Ebenso typisch für die Moral der Nato und damit auch der Bundeswehr: »Acht Frauen bei Nato-Luftangriff in Afghanistan ge-

tötet«, meldete *Spiegel Online* am 16. September 2012. »Unter den Opfern sollen auch Kinder sein.«[524]
Gewohnheitsmäßiger Mord an Frauen und Kindern: So und nicht anders sieht der Kampf der »Freien Welt« gegen den »Islamismus« aus. Die Zwickauer Zelle der Nazis lässt grüßen.
Unter dem Titel »Ekelrituale unterm Edelweiß«, schildert *Spiegel Online* am 10. Februar 2010 den Alltag in Teilen der Bundeswehr. Es handelt sich hier um offenbar jahrezehntelange Bräuche.[525] So hatte sich ein Ex-Wehrpflichtiger beim Wehrbeauftragten des Bundestages über »menschenunwürdige Rituale« beschwert. »Von einem bizarren ›Hochzugkult‹ berichtete der Soldat: Vorgesetzte des Hochgebirgsjägerzuges hätten ihn im Sommer 2009 zum sogenannten ›Fuxtest‹ gezwungen. Er habe Alkohol trinken und Rollmöpse mit Frischhefe und rohe Schweineleber essen müssen – bis zum Erbrechen … das Ganze, so stellt sich heraus, ist kein Einzelfall.« Und: »Soldaten des Bataillons waren auch beim Skandal um die Totenkopffotos aus Afghanistan dabei.«
Aber auch an anderen Bundeswehrstandorten geht's munter zu. »2006 wurden obszöne Praktiken der Fallschirmjäger im pfälzischen Zweibrücken bekannt. Soldaten steckten einem Kameraden Obst zwischen die nackten Pobacken und schlugen mit einem Paddel darauf. Zwei Jahre zuvor schockierten Misshandlungen von Ausbildern im westfälischen Coesfeld die Öffentlichkeit. Rekruten wurden bei einem Geisel- und Verhörtraining gefesselt, getreten, geschlagen und mit Stromstößen traktiert.«
Und weiter: »Auch unappetitliche Einführungsrituale wie die der Gebirgsjäger sind keine ausgesprochene Seltenheit. Noch immer wird bei der Marine die sogenannte Äquatortaufe praktiziert.« Im Internet sind Beschreibungen nachzulesen, wie ein »Getaufter« den Zeh eines Vorgesetzten ablecken muss, der mit einer Mischung aus »Wagenschmiere, Fischpaste, faulen Eiern, Kaffee-

satz und was es sonst noch an Widerwärtigkeiten auf einem Schiff zu finden gibt« eingeschmiert ist. Auf manchem Schiff mussten Rekruten Essen schlucken, an denen ein Faden befestigt ist. Anschließend wird das Essen, zum Beispiel Würstchen, am Faden wieder aus dem Magen gezogen.[526]
So viel zum Thema Bundeswehr und Menschenwürde.

RASSISTEN UND FASCHOS

»Der Schoß ist fruchtbar noch, aus dem es kroch« schrieb Bertolt Brecht im Epilog seines am 10. November 1958 in Stuttgart uraufgeführten Theaterstücks *Der aufhaltsame Aufstieg des Arturo Ui*.
Fast siebzig Jahre nach Ende des Zweiten Weltkriegs ist diese Warnung noch immer brandaktuell. So plädierten laut einer Studie der Friedrich-Ebert-Stiftung von 2010 fast neun Prozent der Deutschen »unter bestimmten Umständen« für eine Diktatur, über 13 Prozent für einen »Führer«, der »mit starker Hand regiert«, und fast jeder vierte Bürger für eine »einzige starke Partei«.[527]

DER SCHEINKAMPF GEGEN DEN RECHTSRADIKALISMUS

Schon die Gründe für das Scheitern des NPD-Verbots im Jahr 2003 hatten es in sich: Das Bundesverfassungsgericht stellte das Verfahren am 18. März 2003 ein, weil V-Leute des Verfassungsschutzes auch in der Parteiführungsebene saßen.[528] Ein gängiger Witz lautete damals, »NPD« sei nur das Kürzel für Verfassungsschutz, und eine Inhaftierung der NPD-Führung würde auch den Verfassungsschutz lahmlegen.

Das war aber noch gar nichts gegen den Skandal um die Zwickauer Nazigruppe *Nationalsozialistischer Untergrund (NSU)*. »Was wäre gewesen, wenn es sich bei den Opfern nicht um kleine Leute mit Migrationshintergrund gehandelt hätte, sondern um hochkarätige Vertreter aus Politik und Wirtschaft?«, fragt Heribert Prantl in der *Süddeutschen Zeitung*.[529]

Diese Affäre zeigt wie keine andere an einem einzigen Beispiel, was unsere Spitzenpolitiker meinen, wenn sie von *Demokratie* und *Rechtsstaat* faseln. Man muss jedenfalls auf simple Fragen ausländischer Topjournalisten nach dem Unterschied zwischen Stasi und Verfassungsschutz schon sehr tief in die rhetorische Trickkiste greifen. Die grenzdebilen Propagandaphrasen, mit denen man vielleicht beim geistig-moralischen Souterrain unseres Landes Stimmen fängt, verursachen jedenfalls bei den bestens ausgebildeten und informierten Kollegen nur mitleidiges Grinsen oder Lachkrämpfe.

Als »Pannen bei NSU-Ermittlungen«[530] bezeichnete *Spiegel Online* am 2. Juli 2012 charmanterweise die schier endlose Serie von Beweisen für die systematische Kollaboration mit den Schwarz-Braunen.

»Wer einmal lügt, dem glaubt man nicht«, sagt der Volksmund. »Einmal schwarz-braun, immer schwarz-braun« – wann immer gerade junge Menschen aufgrund ihrer Beschäftigung mit der deutschen Geschichte gewisse Parteien unter diesen Generalverdacht stellen, kann man sie zu ihrer kritischen Haltung nur beglückwünschen. Damit nämlich *stärken* sie die ehrlichen, wirklich christlich-moralischen Kräfte gerade in der CDU. Nicht umsonst wurde einer bekanntesten und mutigsten ihrer Vertreter, Norbert Blüm, aus den eigenen Reihen als »Herz-Jesu-Marxist« beschimpft.

Wegen der erwähnten »Pannen« jedenfalls zog Bundesinnenminister Hans-Peter Friedrich Verfassungsschutzpräsident Heinz Fromm (CSU) aus dem Verkehr und nahm dessen »Rücktrittsgesuch« an. »Innenminister entlässt Verfassungsschutzpräsident Fromm« titelte *Spiegel Online* in Klarstellung des ewig verlogenen »Rücktrittsgesuch angenommen«-Gewäschs.[531] Hauptpunkt: »Ein Referatsleiter hatte kurz nach Bekanntwerden der NSU-Mordserie Anfang November 2011 sieben Ordner mit Details zur geheimen Operation ›Rennsteig‹ schreddern lassen. Dabei ging es um V-Leute beim rechtsextremen ›Thüringer Heimatschutz‹, dem auch die späteren Mitglieder des Zwickauer Terrortrios angehört hatten.« Zudem führten laut *Spiegel Online* »Beamte in der Behörde offenbar auch Computerdateien bewusst lückenhaft. Aus dem Bericht, den das Amt wohl Ende 2011 erstellt habe, geht demnach hervor, dass die ›Werbungsdatei‹ der Abteilung 2 nicht alle tatsächlich durchgeführten ›Werbungsfälle‹ enthielt. Einige Fälle seien schlicht ›nicht in die Datei eingetragen worden‹, während andere ›aus operativen Gründen‹ herausgehalten worden seien.«[532] Nun überlegt sich der halbwegs kritische Normalbürger: Wenn ich weiß, dass mir das Vernichten bestimmter Dokumente einen Heidenärger einbringt, und ich es dennoch tue, dann doch nur, wenn selbst dieser Skandal weit weniger schlimm wäre als das Entdecken der Dokumenteninhalte. Was also wäre durch die Dokumente aufgeflogen? Da ist der Bürger auf Spekulationen angewiesen, und dabei kann und darf es keine Tabus geben. Möglich ist prinzipiell *jede* Straftat; der Phantasie sind keinerlei Grenzen gesetzt. Wenn er dann noch hört, das Bundesamt für Verfassungsschutz (BfV) habe bereits im März 2003 vom italienischen Geheimdienst konkrete Hinweise auf ein mögliches Netz rechter Terrorzellen in Deutschland erhalten, diese aber nicht weiterverfolgt, so macht er sich seinen eigenen Reim darauf.[533] Zunächst jedenfalls versuchten die Behörden, die Nazimorde dem Umfeld der türkischen Op-

fer in die Schuhe zu schieben und möglichst viel zu vertuschen. So verweigerte Hessens heutiger Ministerpräsident Volker Bouffier im Oktober 2006 als damaliger Innenminister der eigenen Polizei eine Aussagegenehmigung für die V-Leute des Verfassungsschutzes. Nassforsche Begründung: Mögliche Nachteile für das »Wohl des Landes Hessen«. Völlig zu Recht kritisiert die Opposition, Bouffier habe damals den Quellenschutz viel höher bewertet als die Aufklärung einer bundesweiten Mordserie mit neun Toten.[534]
Besonders bezeichnend: Verfassungsschützer Andreas T. galt damals als tatverdächtig, und »die Polizei hätte nur zu gerne auch dessen geheime Informanten, sprich V-Leute, als Zeugen befragt. Doch das wollte der Geheimdienst partout verhindern.«[535] Und ihr mächtiger Fürsprecher: Hessens heutiger Regierungschef und damaliger Innenminister Volker Bouffier. Der Hintergrund: Man wollte um jeden Preis die Faschomorde »den Türken« anhängen. So habe die Polizei intensiv im Umfeld der Familie Yozgat herumspioniert. »Sie setzte sogar verdeckte Ermittler auf sie an, als der Vater den Laden loswerden wollte.«[536]
Wie der ganz normale V-Mann denkt und handelt, verriet die *Süddeutsche Zeitung* am 23. September in einer Schlagzeile: »Ehemaliger Berliner V-Mann räumt Sprengstoff-Lieferung ein«. Und: »Der langjährige V-Mann der Berliner Polizei, Thomas S., hat zugegeben, der späteren Neonazi-Terrorzelle NSU Sprengstoff besorgt zu haben.« Motiv: »›Ich habe das gemacht, um mir etwas zu beweisen – und sicherlich auch, um Beate zu imponieren.‹ Mit Beate Zschäpe, der Frau aus dem Neonazi-Trio, war er nach eigener Schilderung 1996 kurzzeitig liiert.«[537]
Aber auch so mancher Polizist pflegte herzliche Kontakte zu kriminellen Rassisten. So wurden im Musterländle Baden-Württemberg bislang fünf Ordnungshüter als Mitglieder des »European White Knights of the Ku Klux Klan«, einer Bruderorganisation der US-amerikanischen Schwarzenkillerbande, entlarvt. Aber zwi-

schen diesen gemeingefährlichen Abschaum in Uniform und die Landesregierung passte zumindest 2005 kein Blatt. Zwei von ihnen erhielten lediglich die mildeste Disziplinarstrafe, eine »Zurechtweisung«. Die anderen drei Polizisten blieben gar unbehelligt. Das Bundesverdienstkreuz für die Rassisten wäre wohl spätestens im Bundespräsidialamt abgelehnt worden.[538]

Aber es kommt noch schlimmer bzw. typischer: Laut *Süddeutscher Zeitung* »sollen Verfassungsschützer den rassistischen Geheimbund in Baden-Württemberg auch noch gedeckt haben. Zudem war einer der Beamten Chef der von der NSU erschossenen Polizistin Kiesewetter. Und plötzlich sind wichtige Unterlagen weg. Merkwürdig.« Zudem bestätigte Baden-Württembergs Innenminister Gall (SPD) »den konkreten Verdacht, dass auch der baden-württembergische Verfassungsschutz in die Vorgänge verstrickt ist. Ein Mitarbeiter des Amtes soll damals den Anführer des Schwäbisch Haller Ku-Klux-Klan-Ablegers darüber informiert haben, dass sein Telefon überwacht wird. Der Beamte wurde laut Gall in eine andere Behörde versetzt; es gebe keine Hinweise auf rechtsextreme Aktivitäten des Beamten. Die Abhöraktion wurde damals vom Bundesamt für Verfassungsschutz betrieben. Statt Amtshilfe zu leisten, beging der Stuttgarter Verfassungsschützer Geheimnisverrat.«[539]

Wer schützt die Verfassung vor dem Verfassungsschutz? Wenn der staatliche Sicherheitsapparat oder ein Teil davon außer Kontrolle gerät, dann ist das ein GAU für den Rechtsstaat ... Und im Fall des Falles muss man ihn wieder unter demokratische und rechtsstaatliche Kontrolle stellen. Wenn das nicht geht, muss man ihn abschalten.

Heribert Prantl[540]

Und auch hier gilt: Wirklich wichtig ist nicht, was der Bürger sagt und sich womöglich eine Strafe wegen Beleidigung oder Schlimmerem einfängt, sondern was er *denkt* und welche Konsequenzen er daraus zieht. Die DDR ist ein Paradebeispiel: Kaum jemand war so blöd, offen seine politische Meinung zu äußern und womöglich auf Nimmerwiedersehen im Knast zu verschwinden. Aber dann kam – für die meisten Politführer wie der Blitz aus heiterem Himmel – die friedliche Revolution.

Auch heute kann trotz noch so vieler Umfragen und »Studien« über das wahre Ausmaß der Politiker- und Systemverdrossenheit nur spekuliert werden. Warum sollte denn jemand, der mit dem Gesellschaftssystem innerlich abgeschlossen hat, den Demoskopen die Wahrheit sagen, anstatt die politische Klasse durch falsche Angaben in Sicherheit zu wiegen?

DIE URSACHEN VON FREMDENHASS UND FASCHISMUS

Wie bei kaum einer anderen politischen Strömung ist zu unterscheiden zwischen den häufig hochintelligenten Anführern – man denke nur an Joseph Goebbels – und den tumben Neonazi-Horden. Warum Letztere ihren Führern folgen, hat mehrere Gründe.

- Die Angst vor allem Fremden, wie sie auch bei Tieren zu beobachten ist. Hunde oder Katzen reagieren auf Wildfremde zunächst aggressiv oder ergreifen ähnlich wie Spatzen oder Tauben die Flucht. Sobald sie sich aber an die unheimlichen Unbekannten gewöhnt haben, gewinnen sie Zutrauen. In manchen Stadtteilen Berlins zum Beispiel lassen sich die Tauben von Menschen – von denen sie ja gefüttert werden – nicht aus der Ruhe bringen, und manche Spatzen picken einem Frühstückenden ganz frech die Krümel vom Teller. Ähnlich wie diese Tiere verhalten sich auch manche Menschen. Multikulturell sozialisierte Hamburger oder Berliner, für die »Ausländer« zum Alltag gehören, sind für Fremdenhass weit weniger empfänglich als Hinterwäldler, die noch nie einen Ausländer live gesehen haben.[541]

- Die irrwitzige These *Ausländer nehmen uns die Arbeitsplätze weg*. Sollen »arische« Hauptschulabbrecher indische IT-Experten, iranische Herzchirurgen oder serbische Physiker ersetzen? Und haben in den Metropolen die türkischen die deutschen Gemüsehändler, die Pizzerien die deutschen Restaurants und die Dönerläden die Currywurstbuden etwa mit Waffengewalt verdrängt?

- Die für Faschos nicht nur in Deutschland typische Feigheit. Anstatt sich mit den wahren Schuldigen für ihre miese Situation anzulegen, nämlich mit der Politik, vergreifen sie sich lieber an vermeintlichen Randgruppen und Schwächeren: Außer an »Fremdrassigen« auch an Obdachlosen, Homosexuellen oder Behinderten.

- Gerade bei männlichen Jugendlichen gibt es auch schlicht persönliche Gründe. Wer auf Nazidemos diese großenteils überfressenen und ungepflegten Gestalten mit ihren geistlosen und hasserfüllten Visagen einmal genauer beobachtet, der kann sich gut vorstellen, dass ihre pubertäre Partnersuche nur in Ausnahmefällen erfolgreich ist und sich das »arische Mädchen« im Zweifel für einen schon fast überstylten und auch beruflich ehrgeizigen jungen Türken oder Araber entscheidet. Dies soll die Ursache der Perspektivlosigkeit Jugendlicher – letztlich unser abgewirtschaftetes gesellschaftliches System – nicht verharmlosen. Aber dieser Menschenschlag engagiert sich nun mal nicht bei demokratischen Organisationen, sondern bei den Faschos. (Siehe dazu Anhang 3.)

Ganz allgemein und soziologisch ausgedrückt: Diese Herrschaften befinden sich auf dem geistig kulturellen Niveau von Höhlenmenschen.

CHRISTENTUM: ZWISCHEN STEINZEIT UND ABERGLAUBEN

Dies gilt aber auch für unsere angeblichen Christen, allen voran unsere Kanzlerin.
»Wie dünn die christliche Kulturschicht über den niederen, archaischen Instinkten des Menschen liegt«, schreibt Maritta Tkalec in der *Berliner Zeitung,* »offenbarte sich selten so deutlich wie am Tag nach der Liquidierung des islamistischen Terroristenmäzens Osama bin Laden ... Bundeskanzlerin Merkel, eine Christin, sagte: ›Ich freue mich darüber, dass es gelungen ist, bin Laden zu töten.‹«[542] Wo zum Teufel hat sie das christliche Gebot zur Freude über den Tod eines Menschen her? Aus einem alten Schulungsprogramm ihrer stalinistischen FDJ? Aus dem Neuen Testament jedenfalls nicht. »Nicht der Gerechtigkeit ist Genüge getan«, stellt Tkalec fest, »sondern dem niederen Instinkt der Rachlust wurde ein Menschenopfer gebracht.«
Und die als ehrenamtliche Rüstungslobbyisten tätigen christlichen Unionsführer lachen sich vermutlich tot darüber, was die engagierte Journalistin weiterschreibt:
»Liebe deinen Nächsten wie dich selbst, lautet einer der wichtigsten Grundsätze für ein Christenleben. Dieser Grundsatz ist der am schwersten zu befolgende, weit schwerer einzuhalten als das Mordverbot. Niemandem gelingt es, frei von Missgunst, Rachegelüsten, Schadenfreude ewig edel durchs Leben zu schreiten.

Gerade dem Nächsten, dem Nachbarn, dem Kollegen gelten die boshaften Gedanken – man bedenke die innerfamiliären Abgründe, die nicht erst aufbrechen, wenn eine Erbschaft zu verteilen ist. Umso entschlossener ist das Gebot der Nächstenliebe hochzuhalten: Ohne diese Zähmung keine Zivilisation.«

Das klingt ja auch naiv in einem Land, in dem nach den Missbrauchsfällen an katholischen Schulen Eltern eigentlich ihre Fürsorgepflicht vernachlässigen, wenn sie ihren Nachwuchs den potenziellen Kinderschändern weiterhin ausliefern.
Denn wie ernst den Berufsheuchlern an den Chefaltären der katholischen Amtskirche die Bekämpfung pädophiler Schwerstkriminalität wirklich ist, zeigt ein Bericht vom 18. März 2012 in *Spiegel Online*. Unter dem Titel »Katholischer Missbrauchsbeauftragter schont Pädophile« entlarvt das Blatt: »Der Trierer Bischof Stephan Ackermann beschäftigt nach *Spiegel*-Informationen in seinem Bistum sieben als pädophil aufgefallene Pfarrer. Einer von ihnen soll sexuelle Beziehungen zu einem Schüler gehabt haben, zwei weitere sind wegen Besitzes von Kinderpornographie verurteilt.«[543]
Kein Wunder, wenn sich viele aufrechte Christen jetzt fragen: Schicken wir unsere Kinder auf eine katholische Schule oder gleich auf den Babystrich?
Dazu passt ein Beschluss des katholischen *Bundes der Historischen Deutschen Schützenbruderschaften* vom März 2012, künftig keine homosexuellen Königspaare mehr zuzulassen, da sie mit der »christlichen Tradition« unvereinbar seien.[544]
Das heimtückische Abknallen wehrloser Tiere schon, oder wie?

DER CHRISTLICHE ABERGLAUBE

Auffällig ist ohnehin, wie wenig selbst das Häuflein passionierter Kirchgänger über die eigene Religion weiß. Die meisten glauben allen Ernstes, dass der Zölibat von Jesus persönlich verfügt und nicht erst im Jahr 1022 von Papst Benedikt VIII. auf der Synode zu Pavia gemeinsam mit Kaiser Heinrich II. angeordnet wurde.[545] Viele beten zum heiligen Antonius, wenn sie ihre Wohnungsschlüssel verlegt haben, und haben eine Christophorusplakette am Armaturenbrett, auf dass sie nach sechs Maß geweihten Klosterbräus nicht in eine weltliche Polizeikontrolle geraten. Nicht wenige Christen vertrauen Horoskopen und Hellsehern, beten für einen Sieg ihrer Fußballmannschaft und die nächste Gehaltserhöhung. Kurzum: Gott ist das, was für die Griechen Hera und Zeus, Hermes und Aphrodite waren.

Insofern ist es kein Wunder, dass unsere Gesellschaft nicht durch christliche Grundwerte zusammengehalten wird – die kennt ja kaum jemand.

Sie berufen sich hier pausenlos aufs Grundgesetz. Sagen Sie mal: Sind Sie eigentlich Kommunist?

Franz Josef Degenhardt;
Befragung eines Kriegsdienstverweigerers (1972)

»Wer nichts zu verbergen hat, braucht ja auch den Schnüffelstaat nicht zu fürchten«, lautet das Credo der Lichtgestalten in Regierung und Bundestag. Einerseits werden die größten Moralapostel in schöner Regelmäßigkeit als die perversesten Schweine entlarvt. Stellvertretend für viele seien hier nur die ehrwürdigen Jesuiten genannt. Andererseits entspricht dies ja auch der schon zitierten Logik des Austro-Psychopathen Hayek und seines glühenden Groupies Merkel: Marktwirtschaft und Demokratie sind unvereinbar. Nun sagt kein Serienkiller, er habe letzte Woche zwei Dutzend Frauen kaltgemacht, und ein stotternder Rassist stammelt als Erstes: »Mein bester Freund ist ein Ausländer.« Daher wird auch keine FDJ-Trude sagen, in der DDR sei das Regieren eigentlich viel einfacher gewesen, und die Demokratie halte sowieso nur den Betrieb auf.

8 GEWALTENTEILUNG

UNSERE STAATSANWÄLTE

Die praktische Umsetzung des Postulats der Justiz als unabhängiger Dritter Gewalt ist Bürgerverarschung in Reinkultur. Zwar ist der Richter nach Artikel 97 GG unabhängig und nicht weisungsgebunden. Was aber geschieht, wenn der Bürger X den Politiker Y wegen Korruption anzeigt? Die Anzeige wird von Polizei und Staatsanwaltschaft bearbeitet, was ja insofern auch logisch ist, da ja nicht der Bürger, sondern »der Staat« Anklage erhebt. Wenn die Staatsanwaltschaft das Verfahren ablehnt oder einstellt, bleibt dem Bürger eine Anzeige gegen die Staatsanwaltschaft wegen Strafvereitelung im Amt (§ 258 a StGB). Wird auch dieses Verfahren abgelehnt bzw. eingestellt, bleibt eine weitere Anzeige gegen diese Staatsanwaltschaft usw. ... Eine andere theoretische Möglichkeit, das Klageerzwingungsverfahren (§ 172 StPO), erscheint ebenfalls aussichtslos.[546]

Die einfache Beschreibung einer solchen gar nicht so absurden Situation wirkt wie eine gehässige Persiflage auf den Rechtsstaat. Der Richter ohne gleichermaßen unabhängige Ermittler erscheint als »Feldherr ohne Armee«. Denn der Weg zur Dritten Gewalt in Strafsachen führt de facto ausschließlich über den Staatsanwalt. Deutsche Staatsanwälte und Bundesanwälte aber sind Beamte. Sie sind weisungsgebunden und unterliegen der Dienstaufsicht (§§ 141 ff. GVG). Oberste Dienstherren der Staatsanwälte sind die Landesjustizminister. Oberster Dienstherr der Bundesanwälte ist der Bundesjustizminister. Diese Konstruktion ist keineswegs ein Herzstück demokratischer Rechtsstaaten[547] und führt auch in der Praxis zu einem zwangsläufigen Problem: »Letztlich hat sich also ein Staatsanwalt dem Willen ... des Justizministers zu beugen. Der ist selbst ... Angehöriger einer Landesregierung, die sich aus Parteien mit bestimmten politischen Interessen zusammensetzt. Und so jemand soll einem Staatsanwalt die Weisung erteilen, gegen die eigene Partei, die eigene Kaste oder gar den eigenen Bundeskanzler zu ermitteln?«[548]

Diesem Verdacht gegenüber steht die (fromme oder verlogene) Feststellung, ein Staatsanwalt sei ja schließlich nicht der willen- und rechtlose Büttel eines Parteipolitikers, sondern habe einen Eid auf die Verfassung, auf den Staat geschworen und unterliege Recht und Gesetz, insbesondere dem Legalitätsprinzip.[549] In der Wirklichkeit aber spielen regierungskritische Staatsanwälte mit ihrem Leben, wie zum Beispiel Jörg Hillinger, der gegen die CSU-Mafia ermittelte. Und dann passiert ihm auf der Fahrt zu einem entscheidenden Gespräch mit seinem Dienstvorgesetzten Folgendes: »Gegen 13 Uhr stieg er in seinen weißen Opel Astra. Der Wagen war auf den Tag genau vier Wochen alt und hatte gerade einmal 1200 Kilometer auf dem Tacho ... Hillinger fuhr auf der kerzengeraden Strecke ... plötzlich Schlangenlinien ... bekam seinen weißen Opel nicht mehr unter Kontrolle, geriet auf die Gegenfahrbahn und prallte frontal mit einem entgegenkommenden Lkw zusammen. Er war auf der Stelle tot.«[550]

Ein Schelm, wer Staatsfeindliches dabei denkt.

AUSSERGERICHTLICHE DEALS

»Außergerichtliche Einigung spart Geld und Nerven«, titelte t-online.[551] Tatsächlich ist bei uns längst üblich, was wir bislang nur aus US-Krimis kannten.
Der Strafrechtsgelehrte Bernd Schünemann findet insbesondere die Kollaboration zwischen beschuldigten Unternehmen und Strafverfolgern weniger witzig. »Ein Deal ist die Bankrotterklärung der Strafjustiz, es bleibt immer die Gerechtigkeit auf der Strecke. Entweder nämlich wird ein womöglich Unschuldiger zum falschen Geständnis gezwungen, oder aber ein gravierend Schuldiger bekommt einen so unerhörten Strafrabatt, dass er viel zu billig davonkommt. Aber der Deal ist 2009 ins Gesetz hineingeschrieben und damit legalisiert worden.«[552]
Das klassische Beispiel für das Aushebeln der Dritten Gewalt und damit unseres Rechtsstaates ist der Deal mit Peter Hartz. Und es passt zum moralischen Zustand der Republik, dass eines der wichtigsten Gesetze nach einem SPD-Mitglied benannt wurde, das am 25. Januar 2007 wegen Untreue verurteilt wurde – natürlich auch aufgrund einer zum Himmel stinkenden Absprache: Lächerliche zwei Jahre Haft auf Bewährung und 575 000 Euro Geldstrafe.
Der Bärendienst für den Rechtsstaat scheint der Dritten Gewalt gar nicht klar zu sein: Wo nichts aufgeklärt wird, darf spekuliert werden, was das Zeug hält. Und wer gewisse Dinge im Wortsinne »unter der Bettdecke« hält, darf sich nicht wundern über Witze wie »Wer laufen kann, ist schon zu alt für Manager/Politiker XY«. Will sagen: Es entsteht also eine Gerüchteküche, die auf den ersten Blick boshaft erscheint, dem wahren Charakter unserer Reichen und Mächtigen und der von ihnen geschmierten Politiker aber möglicherweise am nächsten kommt.

SCHNÜFFEL- UND POLIZEISTAAT: DER GROSSE TRAUM VIELER POLITIKER

Stellen wir uns einmal vor: Früh um sechs klopft jemand wie verrückt an unsere Tür. Weil wir das nicht hören, wird die Tür aufgebrochen, und wir werden halbnackt in Handschellen abgeführt. Nach Stunden erfahren wir den Vorwurf: Mitgliedschaft in einem Pädophilenring. Wir verstehen nur noch Bahnhof, und wenn wir an einen Prügelpolizisten geraten, holen wir uns auch noch ein blaues Auge.[553]
Eine bösartige Erfindung?

- Am 15. Juli 1971 wird die mutmaßliche Terroristin Petra Schelm getötet. *Wie* Schelm zu Tode kam, wurde nie wirklich aufgeklärt. Gesichert ist nur, dass das tödliche Projektil sie unter ihrem linken Auge traf. Der polizeiliche Todesschütze erklärte, sie habe zuerst geschossen. Ein Schüler, der zehn Meter vom Geschehen entfernt stand, sagte hingegen aus, dass der Polizist ohne Vorwarnung als Erster geschossen habe. Der Beamte wurde nicht angeklagt.
- Am 1. März 1972 wird im schwäbischen Affstätt der unbeteiligte Lehrling Richard Epple versehentlich von der Polizei erschossen.[554]
- Am 25 Juni 1972 wird der schottische Handelsvertreter Iain Macleod in Stuttgart ebenfalls »versehentlich« ermordet (Diktion: »Ausgeknipst«). »Doch die Schüsse fielen, die Routinesache geriet zur Polizeiaffäre: Iain James Torquil Macleod, 34, ein in Stuttgart lebender Schotte, wurde in der Sonntagsfrühe des 25. Juni von einem deutschen Polizisten erschossen — wehrlos, widerrechtlich, ohne Not.«[555]

Künftig kann das *jedem* Bürger passieren, denn die Einwohnermeldeämter dürfen nach dem politischen Husarenstreich vom Juli 2012, der die bisherigen Landes- und Bundesregelungen in einem neuen Bundesmeldegesetz zusammenfasst, die persönlichen Daten der Bürger inklusive der Geburtstage und früheren Namen an Inkassounternehmen, professionelle Datensammler und Werbefirmen verscherbeln. Und die wiederum können unsere Daten auch an als »Filmverlag« getarnte Kinderpornoverkäufer weitergeben. Natürlich stellt sich schnell unsere Unschuld heraus; aber noch schneller verbreitet sich das Gerücht, und »irgendwas bleibt immer hängen«. Die Folge: Haben wir einen pädagogischen Job, so können wir ihn vergessen, aber dies gilt meist auch in allen halbwegs anspruchsvollen oder im öffentlichen Focus stehenden Berufen, vom Juristen und Ärzten über Uni-Dozenten und Konzernkarrieristen bis hin zu Politikern und Journalisten.

So etwas kommt in der Praxis nicht vor, heißt es von offizieller Seite. Ja, klar. Japans AKW-Katastrophe, der DDR-Zusammenbruch und die Parteispendenskandale kommen in der Praxis auch nicht vor …

Natürlich hagelte es Protest von allen Seiten. So stellte SPD-Parteichef Sigmar Gabriel klar: »Das staatliche Melderegister ist kein Vorratsdatenspeicher für Zwecke der Wirtschaft«; und für Thilo Weichert, Chef des unabhängigen Landeszentrums für Datenschutz in Schleswig-Holstein, ist der Coup »gesetzlicher Wahnsinn«, für den bayerischen Datenschutzbeauftragten Thomas Petri »unsäglich«.[556]

Auch durchaus regierungsfreundliche Medien finden möglicherweise, dass hier mit Merkel die von ihrer Jugend in einer Stasi-Diktatur tief geprägte Lady durchgegangen ist. »Fehlerhaftes Meldegesetz wird zu Merkels Problem« heißt der Aufmacher von *Welt Online* am 19. Juli 2012. »Ausgerechnet Adresshandel. Eine Branche, die im Ruf steht, dem deutschen Eigenheimbesitzer ungefragt und unerbeten Postkastenwerbung zu bescheren, bekommt im Blitzverfahren Unterstützung durch den Bundestag. Ein Resthäuflein Abgeordneter von Union und FDP macht kurz nach Anpfiff des EM-Halbfinalspiels noch schnell gemeinsame Sache mit einer Schnüffelbranche.«[557] Will sagen: Der Restbestand an Wählern – in der Regel mit Schuhgrößen-IQ, wer geht sonst noch hin zum Wahltheater? – und das alte FDJ/SED-Gesindel bilden eine Schicksalsgemeinschaft.

PANIKMACHE

Doch Horrorszenarien zur Rechtfertigung von polizeilichen Übergriffen sind Gedröhne, solange nicht feststeht, wie ernsthaft wir mit ihnen rechnen müssen. Wenn es der rhetorischen Begabung eines Innenpolitikers und der professionellen Phantasie eines BKA-Chefs anheimgestellt ist, Furcht vor einem »jederzeit möglichen« Terrorangriff zu erregen, lässt sich jeder Eingriff rechtfertigen – denn seit dem 11. September 2001 wissen wir, dass alles jederzeit »möglich« ist.
Möglich reicht aber leider nicht. Vielleicht in der Ex-DDR oder in Gerhard Schröders neuer Heimat Russland, aber nicht bei uns. Das Bundesverfassungsgericht bindet die Befugnis zur Computer-Spionage selbst im schlimmsten Fall an das Vorliegen einer »konkreten Gefahr« – ein Angriff auf Leib und Leben, und zwar auf bestimmbare Personen, auf die Grundfesten des Staates, und zwar auf genau benennbare, muss konkret wahrscheinlich sein. Und wer zum Lustobjekt staatlicher Ausspähung werden soll, muss ebenso konkret im Verdacht stehen, verantwortlich für die Katastrophe zu sein, die sich da anbahnt.[558]

Einer der widerwärtigsten Tricks jenes Politikerabschaums, dem man nicht einmal für drei Minuten sein Kind anvertrauen würde, ist die gezielte Panikmache: Wider besseres Wissen wird vor allem schlicht gestrickten und älteren Mitbürgern Angst gemacht. So wurde nach dem brutalen Überfall zweier Jugendlicher auf einen Rentner in München Ende 2007 von den Gossenmedien der Eindruck erweckt, U-Bahn-Fahren sei lebensgefährlich. Dabei gab es 2007 weniger Gewalttaten in Bahnen als im Vorjahr, und auch das Risiko, selbst Opfer zu werden, war mit 1:1,9 Millionen verschwindend gering. Aber für Gehirnamputierte, die ein Viertel für mehr halten als ein Drittel, reicht das allemal.

Am 4. November 2007 gönnte sich das Revolverblatt *Berliner Kurier* den Aufmacher: »SEK jagt Wachmann-Killer – Dringende Warnung an alle Berliner – er schießt sofort.« Aber jede Wette: Wer mit verbundenen Augen in die Redaktion geführt wird, tippt eher auf eine Sonderschule. Nicht zufällig war die langjährige Chefredakteurin eine unbedeutende graue Maus, die zuvor in der vierten Liga in der *Bild*-Zentrale in Hamburg vor sich hin gefrustet hatte.

Sogar Don Corleones Erben werden von den Gossenmedien zur hirnverbrannten Panikmache bemüht. »Die Mafia sitzt in Deutschland fest im Sattel«, behauptete *Welt Online* nach einem Mord an sechs Italienern in Duisburg. Da warnte sogar die Gewerkschaft der Polizei vor Panikmache.

Die Botschaft ist immer dieselbe: Man ist seines Lebens nicht mehr sicher. Höchste Zeit, dass die Westvariante der Stasi unser Schlafzimmerleben verfilmt.

Die gezielte flächendeckende Hysterieverbreitung wird mit »dem Terrorismus« geschürt, zumal angebliche Umfragen grünes Licht für die Schnüffelstaatler zu signalisieren schienen. »Deutsche wollen Sicherheit um fast jeden Preis«, jubilierte die *Welt* im März 2004.

Bisherige Zwischenbilanz seit dem 11. September 2001: Überwachung von Telefon, Privatcomputern, Bankkonten, Rasterfahndung und längerfristige Speicherung dieser Daten, Lauschangriff, Videoüberwachung, GPS-Personenfahndung, biometrischer Fingerabdruck – Ende nicht absehbar.

Der psychopathische Überwachungswahn ging bei der Online-Durchsuchung sogar dem Bundesverfassungsgericht zu weit. Ende Februar 2008 setzte es dem *Bundestrojaner* enge Grenzen. Christian Bommarius bescheinigt in der *Berliner Zeitung* den Sicherheitsbehörden, Innenministern und Rechtspolitikern »Verfolgungswahn« und beschreibt die krankhaft-perfiden Auswüchse dieser Psychose: »Zum Beweis der Bedrohung offerieren sie in immer kürzeren Abständen der Öffentlichkeit verstörende Szenarios – von der ›schmutzigen Bombe‹ islamistischer Terroristen über Flugzeugentführungen von Selbstmordattentätern bis hin zu verschärft organisierter Kriminalität – die jedes für sich, um wie viel mehr erst alle zusammen geeignet sind, dem Publikum das Blut in den Adern gefrieren zu lassen. Dass sich angesichts dieser lebensbedrohlichen, todesstummen Gefahren jede nur denkbare Abwehrmaßnahme gegen jeden Verdächtigen empfiehlt, versteht sich von selbst. Und weil nicht zu erkennen ist, wer zu Recht verdächtig und wer zu Unrecht unverdächtig ist, hat sich die Abwehr gegen jedermann zu richten – gegen den Verdächtigen wie auch gegen den Unverdächtigen. Das ist die Logik des staatlichen Verfolgungswahns.« Er »umdüstert nicht nur den Geist der Innenpolitiker, er droht auch den Geist des Grundgesetzes zu vertreiben«.[559]

Nun haben die Gebrüder Grimm selbst wohl kaum an die von ihnen erfundene böse Hexe geglaubt, und in manchem Vorabendkrimi lösen Diebe in der Galerie bewusst den Feueralarm aus, um im panischen Durcheinander mit dem wertvollen Gemälde zu verschwinden. Wenn also derzeit seitens der Mächtigen und ihrer

Politiker überhaupt Angst im Spiel ist, dann höchstens die vor dem Volk, wie die zahlreichen Pläne beweisen:

- Das gezielte Umbringen von Verdächtigen durch den Staat sah der damalige Innenminister Schäuble lediglich als »rechtliches Problem«.[560]
- Die Unschuldsvermutung soll bei der »Terrorabwehr« nicht gelten.[561]
- »Ein deutsches Guantanamo« hält Sigrid Averesch von der *Berliner Zeitung* durchaus für möglich.[562]
- Bundeswehreinsätze im Inneren sind nicht etwa nur eine fixe Idee des selbst vor der SPD so genannten »Sicherheitsrisikos« Schäuble, sondern Chefsache der Kanzlerin.[563]
- Ein Nationaler Sicherheitsrat soll bei all dieser kreativen Rechtsstaatlichkeit den »kurzen Prozess« – also staatliche Lynchjustiz – ermöglichen.[564]

Dass dies irgendetwas mit der Verhinderung von Selbstmordattentaten zu tun haben könnte, mag sich der gemeingefährliche Volksvertreterabschaum untereinander erzählen: Den ehrlichen Bürgern will das alles nicht so recht einleuchten. Sie fühlen sich ja nicht einmal so bedroht, wie sie sich bei den prächtig ausgemalten Horrorvisionen eigentlich fühlen sollten. Bislang jedenfalls stößt die »Staatliche Angstproduktion« (*taz*) auf wenig Gegenliebe. Laut einer TNS-Umfrage vom Herbst 2007 hielten 60 Prozent der Deutschen die entsprechenden politischen Vorstöße für »Panikmache«, nur 34 Prozent für »Aufklärung über Gefahren«.
Überhaupt erweisen sich die Deutschen als störrische Panikmuffel. Auch nach den Meldungen über fehlgeschlagene Attentate auf deutsche Regionalzüge im August 2006 wollten 68 Prozent der Deutschen laut *Infratest dimap* partout nicht glauben, dass sie persönlich von einem Anschlag betroffen sein könnten.

Wer dies aber voreilig als Erfolg feiert, verkennt das eigentliche Ziel: Die Bürger sollen – fast noch mehr als vor dem Terror – Angst vor dem Staat haben. Was war denn, im Nachhinein betrachtet, das Wesentliche an der Stasi der DDR? War es die irrwitzige Informationssammlung als solche oder die damit verbundene Einschüchterung der Bürger?

Manch einer lächelt mitleidig über Telefon- und Internetschnüffelei: »Die Terroristen werden gerade per Handy oder Mail ihre Anschläge planen.« Aber ist so etwas das Ziel der Überwachung? Geht es nicht eher darum, das Misstrauen der Bürger untereinander zu schüren? Kann nicht jeder Passant, jeder Nachbar und sogar der eigene Sohn ein islamistischer »Schläfer« sein, der dann eines Abends während des Musikantenstadls das Wohnzimmer in die Luft sprengt? Kann einen nicht jeder beim Verfassungsschutz anschwärzen, so dass man als »Verdächtiger« im echten oder nachgebauten Guantanamo landet?

Wenn Geschäftspartner nicht mehr per Telefon oder Internet miteinander verkehrten, damit nichts Vertrauliches über den Umweg der Telekom oder des Staates bei der Konkurrenz landet; wenn selbst Freunde, falls überhaupt, dann nur noch unter vier Augen über Politik redeten; wenn Bürger auf den Kauf und das Ausleihen von Büchern oder das Anklicken von Internetseiten verzichteten, um nicht auf einer Terrorliste zu landen – wenn also die Informationsfreiheit behindert und die Kommunikation innerhalb der Bevölkerung durch Einschüchterung empfindlich gestört würde –, dann wäre zumindest ein Teil der Rechnung gewisser Kreise aufgegangen. Ironischerweise sind es also gerade die besonders Wachsamen, die durch eine Art vorauseilenden Gehorsam und freiwillige Selbstzensur (»Schere im Kopf«) einen großen Teil zu dieser Entwicklung beitragen.

Unaufhörliche Panikmache beabsichtigt, wie der 2007 verstorbene US-Philosoph Richard Rorty meinte, den »permanenten

Ausnahmezustand« und »das schleichende Ende der Demokratie«, hin zur »fürsorglichen Despotie« unter der Flagge der »nationalen Sicherheit«.[565]

Zweck der Übung ist es also, dass das Volk vor lauter Panik nicht mehr klar denken kann, sich folglich verhält wie jemand mit Platzangst im stecken gebliebenen Fahrstuhl und der Logik *Lieber rechtlos als tot* verfällt.[566]

Gewisse Kreise der Politik praktizieren einen ebenso wirksamen wie heimtückischen psychologischen Trick: Erzähle hundert schlicht gestrickten Figuren, Heinrich B. habe gerade ihre Verlobte Hanna vergewaltigt.

Nach der Wahrscheinlichkeitsrechnung wird einer von ihnen Heinrich B. umbringen – bevor ihm einfällt, dass er gar keine Verlobte namens Hanna hat. Und die Faschos innerhalb der politischen Klasse lachen sich ins schwarz-braune Fäustchen.

DES LEBENS UNGEMISCHTE FREUDE WARD KEINEM STERBLICHEN ZUTEIL

Die Krux der steinreichen Parasiten und des von ihnen ausgehaltenen Schmarotzergesindels aus Politik und Wirtschaft:

So beruhigend der menschenmordende und moralisch verwahrloste faschistoide Polizeistaat zunächst auch manchen erscheinen mag, bald wird – wie Heinrich Böll in seinem Roman *Fürsorgliche Belagerung* bereits 1979 eindringlich beschrieb – der Schutzwall zum Gefängnis. Wenn der Milliardärserbe und seine gekaufte Ehegattin keinen Schritt mehr ohne eine Heerschar von Bodyguards tun können, wie sollen sich die beiden dann noch heimlich mit ihren minderjährigen männlichen oder weiblichen Luxus-

Prostituierten treffen? Von der Wiege bis ins Grab keine einige Sekunde ohne schärfste Bewachung – und spätestens vom zwölften Lebensjahr an kaum ein Atemzug mehr ohne panische Angst um Leib und Leben?

Ein umfassend menschenunwürdiges Leben, eigentlich ein jämmerliches Dahinvegetieren – die Geschwüre am Hinterteil der Gesellschaft verordnen sich selbst die Höchststrafe. Nichts ist umsonst in diesem Leben – auch nicht der unermessliche Reichtum auf Kosten der Gesellschaft, des Lebensglücks von Millionen von Menschen –, von den unzähligen aus reiner Profitgier Ermordeten einmal ganz abgesehen.

»Des Lebens ungemischte Freude ward keinem Irdischen zuteil«, erkennt der Pharao Amasis in Schillers Ballade *Ring des Polykrates.*

Nun ist der *homo oeconomicus* einer Frau Merkel aber in erster Linie weder Tyrann noch Sadist, sondern Raffke. Ergo ist eine faschistische Diktatur oder der Polizeistaat dem Marktwirtschaftler ganz einfach zu kostspielig. Die Bilanzbuchhalter der Neoliberalen, die sogenannten *Institutionenökonomen,* rechnen den Reichen vor: »Die Verteidigung ihrer Besitzstände gegen die um sich greifende Wohlstandsminderung und den Zugriff durch schlechter ausgestattete Gesellschaftsmitglieder wird ... zunehmend teuer, bis die Kosten der Aufrechterhaltung des politischen und gesellschaftlichen Status quo endlich prohibitiv hoch sind und zum allgemeinen Einbruch oder Umsturz führen.«[567] Rosa Luxemburg lässt grüßen: »Sozialismus oder Barbarei.«

Mit anderen Worten: Unseren Marktwirtschaftlern ist die Freiwilligkeit der Lemminge lieber, weil sie billiger kommt als Gewalt und Totalverblödung durch Einschüchterung.

9 WIRTSCHAFT:
DER KRIMINELL-KORRUPTE SAUSTALL

Kaufmannsehre und Handwerkerehre – allein die Worte lösen beim Gros unserer Eliten aus Politik, Wirtschaft und gekaufter neoliberaler »Wissenschaft« höhnisches Gelächter aus. »Gute Ware für gutes Geld? Hahaha! Aus welchem Mustopf kommen Sie denn?« Ehrlich währt am längsten wurde seit alters her nur vom arbeitsamen gemeinen und naiven Volk mit Ehrlichkeit zahlt sich aus übersetzt und gelebt. Die steinreichen Parasitenbanden bekommen es schon immer mit der Muttermilch: Die Ehrlichen brauchen am längsten, es zu etwas zu bringen. Sie sind die Angeschmierten. Der Ehrliche ist der Dumme lautet ein Buchtitel des First-Class-Journalisten Ulrich Wickert.[568]

Man kann sich ja über den pseudochristlichen Aberglauben des Mittelalters – dem noch heute nicht wenige Berufsklerikale und C-Politiker anhängen – lustig machen: der »liebe Gott« als »Mischung aus Christkind und Goethe und Landgerichtspräsident«.[569] Die Handwerkerehre zum Beispiel verlangte, dass man auch dort korrekt arbeitete, wo man es nicht sieht, an Nahtstellen im Inneren eines Schrankes zum Beispiel. Die Vorstellung war: Der liebe Gott sieht mir über die Schulter und bestraft mich für jeden Pfusch oder Betrug. Ähnliches galt für den Kaufmann und den Arbeitgeber gerade in kleineren Städten, wo jeder jeden kannte und auch der Unternehmer sich einen miesen Ruf gar nicht leisten konnte.

HANDWERKEREHRE ODER BETRÜGERWIRTSCHAFT

Dies hat sich inzwischen ins Gegenteil verkehrt: Da in unserer Marktwirtschaft das Menschenbild ebenjenes *homo oeconomicus* gilt, wonach über Leichen gehender Egoismus *rational,* ein faires Miteinander *irrational* ist, ist die unausgesprochene Grundlage der Betrug. Hier nur einige Beispiele:

- Versicherungs- und Bankendrücker gelten dann als erfolgreich und werden auch entsprechend honoriert, wenn sie arglosen – vorzugsweise älteren – Menschen völlig unseriösen Müll aufschwatzen. »Eskimos einen Kühlschrank verkauft« gilt als Adelstitel dieser Betrügerbande.
- Das »Kleingedruckte« ist längst ein geflügeltes Wort: Der Anbieter setzt darauf, dass das Opfer dieses Kleingedruckte überliest und unwissentlich Dinge bestellt oder langfristige Abo-Verträge abschließt: Man versucht erst gar nicht, den Kunden von einem Produkt zu überzeugen, sondern will es ihm »unterjubeln«.
- Die Lebensmittelüberwacher von *foodwatch*[570] decken fast täglich Fälle auf, in denen zum Beispiel Fettmacher als »Sportlernahrung« oder umgepacktes Hundefutter als Edelmenü verkauft werden.
- Mogelpackungen gehören längst zur Routine vieler Supermarktketten: Ein Riesenpaket Reis, das kaum in den Kofferraum passt, und zu Hause findet man gerade mal 23 Reiskörner. Eine Variante davon sind z. B. die Wurstpäckchen, die mal 100, mal 85 oder 72 Gramm enthalten, um dem Kunden einen günstigen Preis vozugaukeln.
- Produktfälschung: Heuchlerisch wird darüber gejammert, dass

»die Asiaten« zum Beispiel Markenjeans fälschen. Andererseits finden sich ja offenbar Anbieter, die diese Fakes hier unter die Leute bringen.

BETRUG UND KORRUPTION: DIE SCHMIERMITTEL DER MARKTWIRTSCHAFT

Doch die meiste Kritik an *Gier, Betrug* und *Korruption* ist naiv, verlogen oder populistisch. Sie folgt der Logik *Wasch mich, aber mach mich nicht nass*. Alle drei scheinbaren »Verfehlungen« sind die Schmiermittel einer Marktwirtschaft, die auf dem *homo oeconomicus* beruht. Wer einen Neoliberalismus propagiert, der »nicht weiß, was Moral überhaupt ist«, und die über Leichen gehende Raffgier zur »rationalen« Grundlage der Gesellschaft erklärt, dem muss doch klar sein, dass die einzigen Hemmschwellen noch in der Angst vor dem Auffliegen, einer hohen Strafe oder Imageverlust bestehen. Der typische Neoliberale zahlt die niedrigstmöglichen Löhne, besticht Politiker und klaut Schwerverletzten die Brieftasche, anstatt den Notarzt zu alarmieren.
Nur ein Beispiel, das für Hunderte steht: »Razzia bei EnBW«, berichtete *Spiegel Online* im Juni 2012: Die Staatsanwaltschaft hat die Zentrale des Energieversorgers durchsuchen und umfangreiche Unterlagen beschlagnahmen lassen. Drei Mitarbeiter eines Tochterunternehmens sollen beim Handel mit CO_2-Zertifikaten Steuerbetrug in Höhe von 46 Millionen Euro begangen haben.«[571]

QUADRATUR DES KREISES: WIRTSCHAFTSETHIK

An der Quadratur des Kreises, nämlich einer humanistischen Marktwirtschaft, haben sich sehr große und integre Geister versucht. Sie wollten nicht wahrhaben, dass Marktwirtschaft zwangsläufig zu Holocaust (siehe oben: das Ahlener Programm der CDU), Völkermord in Vietnam, Wirtschaftsbetrug, Kinder- und Altersarmut führt. Gleiches gilt für die Superreichen, die durch bloßen Kapitalbesitz mehr verdienen, als selbst ein Arzt oder Rechtsanwalt mit ehrlicher Arbeit je verdienen könnte, deren einzige Tätigkeit aber im Faulenzerleben besteht: Wenn so ein gesellschaftlich absolut entbehrlicher Typ zehn Jahre lang ins Idiotenkoma fällt, ist er nach Wiedererwachen doppelt so reich wie vorher. Das und nichts anderes ist der typische Kapitalismus. Einer der prominentesten Vertreter der Vision eines humanen Kapitalismus ist – neben der Politlegende Norbert Blüm und dem MdB Uwe Schummer – Reinhard Marx, 55, Erzbischof von München und Freising, der laut nachdachte über das Ende des Turbokapitalismus und die Bedeutung von Karl Marx für die katholische Sozialllehre.[572]

Leitfaden sind die Ideen des Jesuiten, Nationalökonomen und Sozialphilosophen Oswald von Nell-Breuning (1890–1991) der als »Nestor der katholischen Soziallehre« gilt. Nell-Breuning wirkte als Berater von Papst Pius XI. maßgeblich an der Formulierung der berühmten Sozialenzyklika *Quadragesimo anno* von 1931 mit, in der die soziale Verantwortung des Eigentums gefordert wurde. Wichtigste Themen waren für ihn die Wirtschaftsethik und die Sozialpolitik, besonders das Verhältnis von Arbeit und Kapital, aber auch die Auseinandersetzung mit dem Marxismus und die Fragen der Mitbestimmung.

Nun versuchen drittklassige Neoliberale immer wieder, ihre psychopathische Idee von der grenzenlosen Raffgier des Menschen als angeborene »rationale Eigenschaft« so hinzubiegen, dass sie für das Gemeinwohl nutzbar gemacht werden kann. Motto: »Dass du einer blinden alten Frau nachts im Park die Handtasche klaust, ist völlig okay; aber dann musst du von der erbeuteten Rente dem Staat etwas abgeben. damit auch die Gesellschaft profitiert.«
In einem auf Realschulniveau angesiedelten Aufsatz von Ingo Pies und Alexandra von Winning über »Wirtschaftsethik« liest sich das so: »Das Grundproblem der Wirtschaftsethik besteht darin, dass moralisch motivierte Vor- und Mehrleistungen Einzelner … im Wettbewerb zu gravierenden Nachteilen bis hin zum Ausscheiden aus dem Markt führen können, so dass es zu Nutzeneinbußen kommt, sofern den erhöhten Kosten keine kompensierenden Vorteile gegenüberstehen. Unter Konkurrenzbedingungen sieht es daher oft so aus, als stünden Moral und Eigeninteresse in einem dualistischen Gegensatz zueinander. Eine solche Wahrnehmung des Problems legt es nahe, eine moralische Domestizierung eigeninteressierten Handelns zu fordern. In diesem Argumentationsmuster setzen Diagnose und Therapie letztlich beim ›Wollen‹ wirtschaftlicher Akteure an: Als Ursache der Übel werden Werteverfall, Egoismus und Profitgier angesehen; zur Lösung werden Bewusstseinswandel und Umkehr empfohlen. Im Zentrum stehen hier die – vermeintlich zu korrigierenden – Präferenzen der Menschen.« Aber raffgieriges Gesocks und Moral passen natürlich nicht zusammen. Also: »Im Zentrum stehen dann nicht die Präferenzen der Akteure, sondern die Restriktionen ihres Handelns: die wettbewerblichen Anreize, die einen daran hindern, sich moralisch zu verhalten, selbst wenn man es will … Der Wohlstand aller hängt nicht vom Wohl-*Wollen* der Einzelnen ab.«
Deshalb lautet die grundlegende These der Wirtschaftsethik: Un-

ter modernen Wettbewerbsbedingungen avanciert die institutionelle Rahmenordnung zum systematischen Ort der Moral. Insofern kann man die ökonomische Ethik auch als Ordnungsethik oder Anreizethik kennzeichnen.[573]

Im Klartext: Selbst das faulste, verfressenste steinreiche Subjekt darf man nicht z. B. per Vermögenssteuer zur Kasse bitten, sondern man kann es nur dadurch zum »sozialen Handeln« bewegen, dass man ihm noch mehr von dem von der Bevölkerung erarbeiteten Geld in den Rachen schiebt.

DIE MARKTWIRTSCHAFTSLÜGE: DÜMMER GEHT'S NIMMER

Als müsse die oben schon erwähnte *Welt*-Schreiberin Dorothea Siems ihre neoliberal verkeimte Halbbildung noch unter Beweis stellen, keift sie in bestem schlesischem Landsmannschaftsdeutsch: »Hollande-Ruck der SPD grenzt an Vaterlandsverrat.« Denn: »Wie Frankreich will die SPD Änderungen am Fiskalpakt. Ihre Forderung nach einem Wachstumsplan würde alle Sparvorgaben aufweichen.«[574]

Merkels inzwischen weltweit verheerende Kaputtsparpsychose mit »Patriotismus« und eine unter Marktwirtschaftsbedingungen halbwegs vernünftige und von fast allen wichtigen Industrienationen praktizierte Ausgabenpolitik mit »Vaterlandsverrat« gleichzusetzen, ließ den Autor dieses Buches das Ganze zunächst für eine Satire des begnadeten, für dasselbe Blatt schreibenden Politzynikers Hans Zippert halten. Aber dazu wiederum war das Siems-Traktat intellektuell und sprachlich um Lichtjahre zu dürftig – eben typisch neoliberal.

Zwei Dinge zeigen die ganze Erbärmlichkeit der marktradialen Ideologie:

- Wie kann man eine Politik, in der mit »Rettungspaketen« in dreistelliger Milliardenhöhe nur so um sich geworfen wird, *Sparprogramm* nennen? Wie man es auch dreht, wendet und vernebelt: Die Banken und damit letztlich die Superreichen kassieren, das Volk bezahlt. Dass ohne diese gigantischen Finanzspritzen das ganze System zusammenbräche, spricht nicht etwa für die Rettungsschirme, sondern gegen den Turbokapitalismus als solchen.
- Die These von der Wirtschaft, die ohne »staatliche Einmischung« am besten klarkommt, wird seit Jahrzehnten tagtäglich und weltweit widerlegt und als Propagandalüge entlarvt.

Auch die Vereinten Nationen sehen die Sparprogramme zunehmend eher als Bedrohung. »UNO kritisiert strikte Sparpakete der Regierungen«, meldete *Spiegel Online* am 30. April 2012.[575] Es sei »eine Abrechnung mit der bisherigen Strategie der Euro-Retter«. Die Sparpakete hätten laut der UN-Organisation ILO »zerstörerische Auswirkungen« auf den Arbeitsmarkt. »Die Arbeitslosigkeit sei weltweit drastisch gestiegen, in manchen Regionen drohen Unruhen.« Die makabre Pointe: »Auch die Sparziele seien trotz aller Kürzungen verfehlt worden.« Vor allem mahnten die UNO-Experten: »Die Stimme der Finanzwirtschaft sollte nicht den politischen Entscheidungsprozess bestimmen.«[576]

Selbst sozial und sozialstaatlich eingestellte Bürger vergessen zuweilen, dass ...

- der Staat laut Grundgesetz »ihr Staat« ist, der die Kernbereiche wie innere und äußere Sicherheit, Kommunikation, Energieversorgung, Wohnen, Staatsfinanzen, Ausbildung, menschenwürdiges Aufwachsen und Altern für alle Bürger zu garantieren hat;
- Steuern also kein »Ausnehmen der Bürger« sind, sondern der Beitrag zur Finanzierung der gesetzlichen Pflichten des Sozialstaates;
- »Lohnnebenkosten« nichts anderes sind als der sozialstaatliche Beitrag der Arbeitgeber zur sozialen Absicherung der Arbeitnehmer;
- die Globalisierung kein Naturgesetz, sondern simples Menschenwerk ist;
- Chancengleichheit ohne Sozialstaat dasselbe bedeutet wie die »faire« Chance von tausend Leuten im Kampf um einen einzigen Job oder die Chance aller Lotteriespieler auf den Jackpot;
- eine marktradikale Gesellschaft also zwangsläufig immer eine Handvoll Gewinner produziert, wohingegen der Rest mehr oder minder leer ausgeht.[577]

DIE REGIERUNG ALS GEHILFE DER RÜSTUNGSINDUSTRIE

»Mit Merkel nach Saudi-Arabien, mit Westerwelle nach China«, schrieb die *SZ* Ende Juni 2012. »Wenn die Kanzlerin oder ihre Minister zu Staatsbesuchen in andere Länder reisen, lassen sie

sich auch von Rüstungsmanagern begleiten. So hilft die Regierung mit, Deals über Panzer und Patrouillenboote einzufädeln.«
Unter dem Titel »Waffenrepublik Deutschland« nennt das Blatt »eine Auswahl dieser Reisen in nicht unbedingt demokratische Staaten und Konfliktregionen ... Libyen, Saudi-Arabien, Türkei, Bahrain, Katar, Indien, Arabische Emirate, Singapur ...«[578]
Und diese Reisen tragen Früchte: »Bundeswehr unterstützt Schießtraining in Saudi-Arabien«, enthüllte *Spiegel Online* am 5. Juli 2012. Der Hersteller Krauss-Maffei Wegmann (KMW) testet den neuesten »Leopard 2« bereits in einer der abscheulichsten Diktaturen der Erde. »Ebenso liefert die Bundeswehr der Firma KMW Munition für die Bordkanone, Nebelgranaten und MG-Patronen«, heißt es weiter. Zudem hätten Vertreter der Koalition betont abstrakt argumentiert, eine Lieferung von Panzern nach Saudi-Arabien »diene den deutschen Interessen einer engen Partnerschaft mit dem Land«.
Dagegen lehnten 75 Prozent der Deutschen laut einer Umfrage die Lieferung strikt ab, nur 20 Prozent begrüßten sie. »Für die Firma KMW wäre ein erfolgreicher Deal sehr lukrativ. Darf sie die ›Leopard 2‹-Panzer liefern, würde das Geschäft KMW mehrere Milliarden Euro Umsatz einbringen.«[579]

DIE ALLTAGSKRIMINALITÄT UNSERER WIRTSCHAFT

Ein typisches, beliebig auswechselbares Paradebeispiel für die Moral, Grundgesetztreue und Wahrheitsliebe unserer Spitzenkonzerne und Topmanager sowie ihre Kumpanei mit der Justiz enthüllte im November 2012 *sueddeutsche.de*.

Das Landgericht Nürnberg ließ Gustl Mollath, den »Mann, der zu viel wusste« *(SZ),* nach bester Stalin-Manier im Jahr 2006 kurzerhand in die Psychiatrie verfrachten, weil er »dubiose Schwarzgeldgeschäfte seiner damaligen Ehefrau, einer Vermögensberaterin der HypoVereinsbank (HVB), habe auffliegen lassen ... Sie und andere Mitarbeiter der Bank würden das Geld reicher Kunden illegal in die Schweiz schaffen, verbotenen Insiderhandel mit Aktien betreiben und andere fragwürdige wie hochspekulative Anlagegeschäfte.«[580]

Die *Süddeutsche* weiter: »Drei Monate später sollten sich nicht nur Mollaths Vorwürfe bestätigen. Unter dem Vermerk »vertraulich« beschrieben interne Revisoren der Bank auf 15 Seiten detailliert ein Netzwerk innerhalb der Nürnberger HVB-Niederlassung, das offenbar über Jahre hinweg unsaubere Millionengeschäfte gemacht hat. Mollaths Anschuldigungen, so die Quintessenz des ›Sonder-Revisionsberichtes Nr. 20 546‹, seien in Teilbereichen vielleicht etwas diffus, aber: ›Alle nachprüfbaren Behauptungen haben sich als zutreffend herausgestellt.‹ Mehr noch: Die Prüfer hatten offenkundig sogar über Mollaths Vorwürfe hinaus Hinweise auf Beihilfe zur Steuerhinterziehung und Geldwäsche durch HVB-Mitarbeiter gefunden. So habe ein Vermögensberater der Nürnberger HVB-Filiale einer, so wörtlich, ›allgemein bekannten Persönlichkeit‹, dabei geholfen, Schwarzgeld zu waschen, heißt es in dem Revisionsbericht.«

Und die Krönung: »Obwohl die Mitarbeiter bei den Schweiz-Geschäften mutmaßlich auch ihren Arbeitgeber finanziell geschädigt hatten, forderte die HVB von ihnen keinen Schadenersatz. Und das Gutachten Nr. 20 546 verschwand in der Schublade.« Und natürlich verzichtete man auf eine Strafanzeige. Dazu Steuerrechtsexperte Johannes Fiala zu *Report Mainz:* »Der Bericht enthält zwei komplexe illegaler Handlungen, einerseits Steuerhinterziehungen und andererseits verbotene Bankgeschäfte.«

Laut *SZ* erhielt die Staatsanwaltschaft den Revisionsbericht erst acht Jahre später. »Womöglich wären Gutachter und Gericht zu anderen Schlüssen gekommen, hätten sie den HVB-Revisionsbericht gekannt. Doch die Bank hielt ihn lieber geheim.«[581]
»Ausgerechnet ein Richter verhinderte offenbar Ermittlungen, die Mollaths Aussagen bestätigt hätten«, entlarvt Conny Neumann in *Spiegel Online* Ende November 2012. Einer der größten Justizskandale der bundesdeutschen Geschichte ließ sich natürlich nicht endlos unterm Teppich halten. Und so wies Bayerns Justizministerin Beate Merk die Generalstaatsanwaltschaft Nürnberg an, beim zuständigen Gericht die Wiederaufnahme des Verfahrens zu beantragen. Offenbar zu spät. »Die Affäre der Nürnberger Justiz ist längst zu einer Affäre der bayerischen Justizministerin geworden. Beate Merk hatte mehrmals gegenüber dem Landtag betont, es seien im Verfahren Mollath keine Fehler gemacht worden ... Wenn nun ein neues Verfahren und neue Gutachten zu dem Ergebnis kommen, man hätte Mollath auch anders therapieren können oder der Mann sei sogar völlig gesund, muss Merk wohl gehen.«

Und: »Die Steuerfahnder hätten den Fall damit für erledigt erklärt und ins Archiv gelegt. Der Anruf soll ausgerechnet von jenem Richter gekommen sein, der Mollath zwei Jahre später in die geschlossene Psychiatrie einweisen ließ ... Der Richter hatte nach Aussagen eines Schöffen in der Hauptverhandlung mehrfach verhindert, dass sich Mollath zu den Schwarzgeldvorwürfen äußern konnte.«[582]

Heribert Prantl von der *SZ* bringt es auf den Punkt: »Der Fall zeigt: Eine Justiz, die Menschen ohne gründlichste Prüfung einen Wahn andichtet, ist selbst wahnsinnig. Es gibt immer mehr Leute, die sich fragen, ob in Bayern russische Zustände herrschen. Sie fragen sich, wie es sein kann, dass ein Mensch, der eine Straftat aufklären wollte, für sieben Jahre in der Psychiatrie landet.«[583]

10 HALBBILDUNG
IST AUCH 'NE BILDUNG

Zunächst zwei Binsenweisheiten, die aber dennoch nicht oft genug wiederholt werden können:

- Nicht alle Menschen sagen offen, was sie sind und wollen. Ein raffinierter Finanzbetrüger bezeichnet sich gern als »Börsianer«, ein Heiratsschwindler als »Charmeur«, ein skrupelloser Profitjäger als »Topmanager« – und ein Volksverblöder als »Bildungspolitiker«.
- Entsprechend hat »Bildung« bei uns nicht das Geringste zu tun mit einer umfassenden Ausbildung der Persönlichkeit. In unserer Marktwirtschaft ist der Mensch als Arbeitnehmer für das Unternehmen per definitionem *Humankapital;* und nur dazu soll er herangezüchtet werden.

AUSBILDUNG WOFÜR?

Die wunderbaren Begriffe *Bildungsgesellschaft, Eigeninitiative* und *Chancengleichheit* sind nichts als marktradikale Worthülsen: Sie schieben dem einzelnen Bürger den Schwarzen Peter für sein Leben zu und blenden die Wirtschafts- und Gesellschaftsordnung vollständig aus. Hat man einen miesen oder überhaupt keinen Arbeitsplatz, so ist man eben zu dumm oder zu faul. »Selbst als die Blase der *New Economy* platzte und Hunderttausende von fachlich gut ausgebildeten Akademikern auf die Straße spülte,

war nicht die Finanzwirtschaft schuld, sondern der Hochschulabsolvent.«[584]
Und auch heute wird ja niemandem verboten, ein Schweizer Internat und eine US-Elite-Uni zu besuchen. Schließlich wissen ja alle: *Wissen ist Macht.* Dieses Nebelwort ist bei uns nichts als ein Vehikel, »mit dem Unterschichten, Frauen, Migranten, Außenseiter, Behinderte und unterdrückte Minderheiten integriert werden sollen«, und ein Allheilmittel, »mit dem Vorurteile, Diskriminierungen, Arbeitslosigkeit, Hunger, Aids, Inhumanität und Völkermord verhindert, die Herausforderungen der Zukunft bewältigt und nebenbei auch noch Kinder glücklich und Erwachsene beschäftigungsfähig gemacht werden sollen«.[585]
Fehlt nur noch das Versprechen, mit etwas Grips und gutem Willen könne bei uns *jeder* zum Großunternehmer mit 20 000 Angestellten werden.
Dagegen sagt uns schon der gesunde Menschenverstand, dass eine *wirkliche* »Bildung für alle« gar nicht im Interesse der herrschen Kaste und ihrer Politiker sein kann. Es wäre nämlich einiges los, würden die Verlierer der Marktwirtschaft – vom arbeits- und zukunftslosen Hauptschüler oder Jungakademiker bis hin zum verschuldeten Ladenbesitzer oder der abstiegsbedrohten Mittelschicht – die Hintergründe in Politik und Wirtschaft *tatsächlich* durchschauen. Allein der Gedanke dürfte den Reichen und Mächtigen zu Alpträumen verhelfen.
Folgerichtig propagiert man eine Form von »Bildung«, die zum einen nur einer kleinen Oberschicht zugänglich ist, zum anderen aber als »Bildungsziel« und Maßstab für das ganze Volk verkündet wird. Also ist das gemeine Volk selbst schuld, wenn es zu »ungebildet« für einen Aufstieg nach oben oder auch nur für ein menschenwürdiges Dasein ist.

PISA: DIE AUSBILDUNG ZUM HALBAFFEN

Dies ist natürlich keine Beleidigung unserer unmittelbaren Vorfahren, sondern eine nüchterne Analyse der vereinzelten Rückschritte der menschlichen Evolution.
Zehn Jahre nach der Pisa-Studie von 2001, in der Deutschland hoch verdient Platz 22 unter 32 Nationen errungen hatte, bilanzierte Christian Füller von *Spiegel Online* die Leistungen unserer Bildungspolitiker: »Schulchaos, Zuständigkeitsdurcheinander, zersplitterte Lehrerbildung.« Noch immer »geht es im deutschen Bildungssystem drunter und drüber. Eltern fürchten um die Zukunft ihrer Kinder – und weichen zunehmend auf Privatschulen aus.« Größter Erfolg des Kampfes der Volksvertreter gegen die Katastrophe war nach wochen- und nächtelanger intentivster Arbeit ein neuer Begriff: »Das Leitbild der Deutschen bekam einen neuen Namen: Der Risikoschüler – kann Texte entziffern, versteht aber nicht, was drinsteht.«[586] Ist ein solches verblödetes Volk nicht der Traum jedes Marktradikalen von Schwarz-Gelb bis Rot-Grün?
Und es geht zügig voran: »Im Land hat derweil fröhlicher Fatalismus Einzug gehalten«, lästert Füller. »Jede Pisa-Folgestudie bringt stets die gleichen Ergebnisse: Prägendes Merkmal der deutschen Schule ist erstens, dass sie wenig leistungsfähig ist – also zu viele Risikoschüler produziert, deutschlandweit immer noch 20,9 Prozent. Und dass sie zweitens ungerecht ist: Weil sie – bei gleicher Intelligenz – den Kindern gebildeter und reicher Eltern bessere Chancen einräumt.«[587]

DAS SYSTEMATISCHE CHAOS ALS GEHEIMWAFFE

Um die gewünschte systematische Verschlechterung der Bildung zu verschleiern und gleichzeitig zu forcieren, macht die Kultusministerkonferenz (KMK) das Schulsystem so unübersichtlich wie möglich. »Natürlich hat der systemimmanente Chaosfaktor der KMK nichts vereinfacht. Es regiert die neue Unübersichtlichkeit. Inzwischen gibt es ein Dutzend weiterführender Schulen: Gesamtschule, Gemeinschaftsschule, (integrierte) Sekundarschule, Stadtteilschule, Oberschule, Mittelschule, Regelschule, Realschule, Realschule-plus, Werkrealschule, Hauptschule und Gymnasium.« Mit einem Wort: »Das deutsche Bildungsschiff ist steuerungslos. Auf der Brücke der Titanic stehen 16 Kapitäne und wollen alle in eine andere Richtung. Derweil spitzt sich demographisch wie ökonomisch die Lage zu. Deutschlands Schulen sterben, in den großen Flächenländern stehen Tausende Hauptschulen vor dem Aus – weil es nicht mehr genug Schüler für drei Schularten gibt.«[588]

Und eines war den Bildungsabwicklern am allerwichtigsten: »Sie verbaten sich kategorisch, über Schulformen zu diskutieren. Die weltweit einmalige – von Österreich abgesehen – Aufteilung junger Bürger im Alter von zehn Jahren auf drei verschieden gute Schularten, sie durfte kein Grund für das verheerende deutsche Pisa-Ergebnis sein.« Aber wer dann? Der laut Vatikan real existierende Teufel oder die verschossenen Elfmeter von Bayern München?

»Das Land akzeptierte das Tabu weitgehend. Noch immer müssen Teilnehmer von Polit-Talkshows im Abendprogramm damit rechnen, dass man sie auffordert: »Diskutieren Sie bitte nicht über die Schulformen!« Ein Satiriker würde sagen: Eher kann ein Elfjähriger mit einem Jesuiten über Piepmatzlängen reden als der Bürger mit Politikern über unser Schulsystem.

Aber der Erfolg gibt ihnen recht. Wirrwarr blühte und gedieh. »Nur eines war gleich: Die Sprachstandserhebungen waren so niederschmetternd, dass die bereitgestellten Millionen für die frühe Sprachförderung nicht ausreichten. Die Minister passten die Lerngelegenheiten also sofort den Budgets an: Nur ein Bruchteil der Sprachlosen bekam effizientes Sprachtraining.«[589]

OPERATION SCHULCRASH GEGLÜCKT – ABER NUR FAST

Der Bildungsbericht 2012 zeigt Deutschland als »Republik der Abgehängten«. Er zeige »schonungslos, woran das deutsche Bildungswesen krankt: Es bietet zu vielen Benachteiligten zu wenig echte Chancen. Die Opposition fordert nun mehr Geld, mehr Ganztagsschulen – und den schnellen Abschied vom Betreuungsgeld.«[590]

Wie aus einem Satiremagazin wirkt dagegen der Kommentar von Bildungsstaatssekretärin Cornelia Quennet-Thielen. Der Bericht beweise die »hohe Priorität für Bildung in Deutschland«. Besonders für den Nachwuchs »in Risikolagen« sei vieles besser geworden.

Die Autoren des Berichts sind da etwas anderer Meinung. Zwar zählten sie mehr Abi-Absolventen und Hochschüler als 2010. Auch sei »das Bildungssystem durchlässiger geworden«. Andererseits blieben »15 bis 20 Prozent der Kinder und Jugendlichen ... von diesen Chancen dauerhaft ausgeschlossen«. Sie könnten »nicht richtig lesen«, beendeten Schule oder Lehre ohne Abschluss und ignorierten Weiterbildungsangebote: »Eine Gruppe, die unten hängt und da nicht mehr rauskommt«, bilanzierte der Präsident des Deutschen Jugendinstituts, Thomas Rauschenbach. Diese jungen Menschen »befinden sich im Abstiegsstru-

del«, fügte der Göttinger Soziologieprofessor Martin Baethge hinzu.
Besonders scharf kritisierten die Forscher die »Herdprämie«, da sie dringend notwendige Vorhaben gefährde: »Den Ausbau von Kindertagesstätten, die Einlösung des Rechtsanspruchs auf einen Betreuungsplatz für unter Dreijährige sowie Verbesserungen in Kinderkrippen und Kindergärten.«
Besuchten Kinder eine Kita, hätten sie in »der vierten Grundschulklasse nachweislich Lernvorsprünge«.[591]
Hinzu kommt, dass nach Meinung des Präsidenten des Deutschen Studentenwerks Dieter Timmermann »der Bildungsweg in Deutschland noch immer viel zu stark vom sozialen Hintergrund« abhängt. Der Bericht zeige, »dass 77 von 100 Kindern von Eltern mit Hochschulabschluss an eine Hochschule gehen. Unter den Kindern von Eltern mit Hauptschulabschluss hingegen finden sich nur 13 von 100 an einer Hochschule ein.« Damit führe Hochschulbildung in Deutschland nach wie vor »zu einer Art Statusvererbung von Akademikern«.[592]
Den unteren Schichten bleibt – innerhalb unseres Wirtschaftssystems – nur hilflose Wut oder Resignation. Ganz anders das Bürgertum: »Es investiert Milliarden in Nachhilfe, es überwacht mehr oder weniger hysterisch den Unterrichtsbetrieb an Regelschulen – und notfalls flieht es aus dem staatlichen Schulchaos« und schickt den Nachwuchs auf Privatschulen.
Aber es gibt auch einen Silberstreif am marktwirtschaftlich verdunkelten Horizont: »Offenbarungseid der Kultusminister: Weil sie es nicht schaffen, Bildungsarmut zu bekämpfen, basteln sich nun überall im Land Bürgermeister, Landräte und Schulleiter eigene Lösungen«, berichtet *Spiegel Online*. »Die Prinzipien der neuen Schulen sind fast immer die gleichen ... Die Schule braucht eine andere Lernkultur. Und: Kein Kind soll zurückbleiben.«
In Jesteburg (Niedersachsen) etwa fordern Bürgermeister, Schul-

leiterin sowie Grüne, SPD und CDU eine Art Gesamtschule, die auch das Abitur anbietet. Kultusminister Bernd Althusmann (CDU) »tritt dort nur in einer Rolle auf: als Verhinderer. Er hat die Schule erst nicht genehmigt, weil sie zu modern ist und den falschen Namen trägt. Als Oberschule mit Haupt- und Realschulzweig hat er sie nun zugelassen.« Wird hier ein Funke zum Steppenbrand?

Vor allem geht's um »Schulen, die *auch* das Abitur anbieten. So gibt es selbst in Bayern Rebellengemeinden wie Denkendorf und Kipfenberg, die eine »Schule für alle« fordern – weil sonst die Schule aus ihrem Ort verschwindet. Das ist das neue Selbstbewusstsein nach Pisa. Wenn die oben nicht mehr können, dann machen die da unten ihre Schule eben selbst. Steuerungswissen aus Pisa brauchen sie dazu nicht.«[593]

MARKTWIRTSCHAFTSPROJEKT PISA

Zumal das Pisa-Ranking selbst rein methodisch ein blamables Blendwerk ist. Pseudoexaktheit soll von den wirklichen Fragen ablenken. Philosoph Liessmann fragt: »Was bedeutet Qualität im Unterricht? Testen und reihen!« Nie werde über die Sache selbst nachgedacht, sondern stets nur über dubiose Ranglisten.[594]

Was etwa ist eine Lesekompetenz von 2,36 im Vergleich zu 2,39? Norbert Blüm übergoss derlei neoliberale Scheingenauigkeit mit seinem schon zum geflügelten Wort avancierten Spott: »Karl liebt Maria 3,7-mal mehr als Erna.«[595]

Bei Beginn des jüngsten Pisa-Tests im Juni 2012 sparte Hessens Landeschef der *Gewerkschaft Erziehung und Wissenschaft (GEW)* Jochen Nagel nicht mit entlarvender Kritik: »Seit Jahren werden die Schulen immer mehr zu Produktionsstätten abfragbaren Wissens umgebaut.« Daher konzentrierten sich Schüler

zunehmend auf »Bulimielernen«. Immer mehr gehe es um »den Dreischritt ›Lernen, Testbestehen, Vergessen‹; immer weniger um Inhalte, Reflektieren, Hinterfragen und Verstehen.«
Auch der Paderborner Mathematikdidaktikprofessor und Pisa-Kritiker Wolfram Meyerhöfer hält nichts von den »Ankreuzritualen«: »Wir wissen längst, dass Pisa eben nicht Bildsamkeit testet, sondern die Fähigkeit, das Denken der Tester zu erraten.« Die Länderrankings könnten »ebenso gut großflächig ausgewürfelt werden«, und die Resultate seien leicht manipulierbar. Testen halte vom Denken ab. »Wir verlieren nichts, wenn wir Pisa einfach einstellen.«[596]
Aber was konnte man schon erwarten. *Pisa* wird ja nicht von seriösen Bildungsexperten durchgeführt, sondern von der Weltwirtschaftsorganisation OECD, und deren Ziel ist Maximalprofit durch Liberalisierung der Finanzmärkte und des Handels, rücksichtsloses Wachstum sowie Deregulierung und Privatisierung um jeden Preis.
Folglich geht's hier gar nicht edle Bildungsideale, sondern um das höchstmögliche Auspressen des *Humankapitals* zum Wohle von Wachstum und Produktivität. Und da auch diese Menschenzüchtung für »den Markt« natürlich möglichst nichts kosten soll, geht es bei Pisa um Kosten-Nutzen-Analysen von *Investitionen* in die Bildung: Hegel und Humboldt waren gestern – heute sind irgendwelche hirn- und gewissenlosen Buchhalterseelen angesagt. Und da es sich für die Reichen und Mächtigen »nicht rechnet«, werden offenbar selbst die primitivsten Voraussetzungen für irgendwelche echten Verbesserungen verweigert. Weiterhin verlottern und schließen Schulen und Kindergärten, fehlen für halbwegs erträgliche Klassenstärken die Lehrer, von deren Ausbildung zu wirklich fähigen Pädagogen ganz zu schweigen. Das alles ist also keine »Unfähigkeit«, sondern knallharte Kalkulation. Und so »überredete« die Wirtschaft die Politik durch Ar-

gumente wie Abwanderungsdrohungen oder Parteispenden, die Aufzucht des Humankapitals von der Kinderkrippe bis zur Uni möglichst zweckgerichtet und billig zu gestalten.

> *Klagt ein Bauer:* »*Kaum hatte ich der Kuh das Fressen abgewöhnt, ist sie mir krepiert.*«

Doch man kann das Sparen an der Bildung auch übertreiben und aus Profitgier versehentlich die Milchkuh schlachten. Denn zunehmend bekommt auch die Wirtschaft ernsthafte Probleme: »Sie, die jahrelang die Kultusminister vor sich hin wursteln ließ, steht vor einem nie gekannten Fachkräftemangel. Nicht mehr nur Ingenieure oder Ärzte fehlen, inzwischen gehen sogar die Auszubildenden aus.[597]
Stattdessen produzierte man gerade an privaten Wirtschafts-Drillanstalten unfähige Großkotze im Überfluss. Dabei beschwert sich die Klientel selbst von prominenten und extrem überbezahlten Unternehmensberatungen schon seit der Jahrtausendwende über »meist junge Business-School-Absolventen, hochintelligent, aber hochnäsig. Im Examen haben sie eine Eins, ihre praktische Erfahrung geht gegen null.«[598]

DIE NEOLIBERALE LÖSUNG: BOLOGNA, BACHELOR, BWL

Dieser unterirdische Zustand sollte durch das lachhaft großspurige Blendwerk »Bologna-Prozess«[599] und das »Turbo-Abitur« (G8) nach zwölf Jahren »verbessert« – also den Bedürfnissen der Unternehmen und der neoliberalen »Globalisierung« angepasst und europaweit vereinheitlicht werden. Ein für alle Mal sollte das »Lernen für das Leben« der Abrichtung für die Verwertbarkeit weichen: Die Erziehung von Menschen zu Persönlichkeiten ist »out«, Die Massenproduktion von »Humankapital« dagegen »in«.

Schon der pure Zeitmangel infolge des Auswendiglernens von Humbug soll die Schüler und Studenten am kritischen Hinterfragen ihrer Tätigkeit und ihres Lebens hindern.

So eliminierte Bayern im Sommer 2008 wegen »Überlastung der Schüler durch das G8« die Aufklärung über das Dritte Reich fast vollständig aus den Lehrplänen. In den beiden Jahren bis zum Abi sind nur noch je 315 Minuten über die Weimarer Republik und die NS-Zeit vorgesehen.[600] Kein Wunder, wenn dann krachlederne »Eliten« herauskommen, die den Holocaust für ein Waschmittel und das Ermächtigungsgesetz für eine Entdeckung Isaac Newtons halten.

Kleine Pointe am Rande: Dass *Bologna* konsequenterweise durch *ECTS-Leistungspunkte* den Wert eines Studiums nicht nach dem *Niveau* der Inhalte, sondern der dafür notwendigen durchschnittlichen Arbeitszeit berechnet, zählt zu den »Ironien der Weltgeschichte« (Liessmann): Dies nämlich ist nichts anderes als die Arbeitswertlehre jenes Karl Marx, den der gewöhnliche Neoliberale für den Schöpfer von Winnetou und Old Shatterhand hält und sich wundert, warum in seinem Hauptwerk *Das Kapital* keine Indianer vorkommen.[601]

Aber selbst abgesehen vom blamablen Niveau unserer »Elite-Ausbildung«, ist dies eine »Verblödung in der Verblödung«. Denn nicht einmal der wirklich qualifizierte Nachwuchs hat noch Chancen für einen Aufstieg in die Eliten. Wie der Soziologieprofessor und Eliteforscher Michael Hartmann kritisiert, »kann von einer sozialen Öffnung der deutschen Eliten keine Rede sein«. Für den Aufstieg in Vorstände und Geschäftsführungen großer

Unternehmen sei Qualifikation bei weitem nicht so wichtig wie »habituelle Ähnlichkeit mit den Personen, die sich dort bereits befinden«.[602]

Entsprechend ihrer faktisch geringen Bedeutung ist die Ausbildung gerade im BWL-Bereich schlicht indiskutabel. Der renommierte Bremer Wirtschaftsprofessor Rudolf Hickel nennt die neuen BWL-Absolventen »Fuzzis und Systemzwerge«. Und der US-amerikanische »Ökonomiepapst« Robert Kuttner sieht gar »eine Generation von graduierten Idioten heranwachsen, die über eine Reihe von Techniken verfügen, aber nichts von Ökonomie verstehen«.[603]

Um das Ziel vom unpolitischen Fachidioten zu vernebeln, nennt man das frühere Vordiplom jetzt *Bachelor* und ermöglicht so ein kritikloses Schmalspurstudium. »Der Bachelor ist der Studienabschluss für Studienabbrecher«[604], lästert denn auch Philosoph Liessmann, aber auch der MBA ist kaum noch so viel wert wie ein seriöser Realschulabschluss. »Der schöne Titel aus Amerika steht heute für gar nichts mehr«, amüsierte sich das *manager magazin* schon 1992, und für den St. Gallener Weiterbildungsexperten Michael Schade ist die angebliche »Elite-Ausbildung« meist nur ein »äußerst unterqualifiziertes Hochschulstudium«. Und der Bremer BWL-Professor Karlheinz Schwuchow setzt noch eins drauf: »Mit dem MBA ist es wie mit dem Kaufmann. Das kann einer sein, der ohne jede Lehre eine Würstchenbude betreibt, oder ein promovierter Vollakademiker.«[605]

Auch die deutsche Wirtschaft kann mit den Uni-Absolventen kaum etwas anfangen.[606] Fast jede zweite freie Stelle konnte wegen der miesen Qualifikation der Bewerber nicht besetzt werden.[607]

Dazu passend wird auch beim Unterrichtsmaterial geschlampt bis zum Abwinken. Die Stiftung Warentest sah sich siebzehn Schulbücher genauer an – zehn für Biologie, sieben für Geschichte – und entdeckte auf jeder fünften Seite sachliche Fehler, in manchen gar auf jeder Seite. Dieser Müll wird in Nordrhein-Westfalen, Niedersachsen und Baden-Württemberg eingesetzt und durchlief – ohne Flachs – ein strenges Zulassungsverfahren. Besonders den Geschichtsbüchern unterstellte die Stiftung indirekt Indoktrination: »Ein Geschichtsbuch hat die wesentliche Aufgabe, den Schülern historische Sachverhalte aus unterschiedlichen Perspektiven nahezubringen. Die Reduktion auf eine ›staatstragende‹ Darstellung wird diesem Anspruch nicht gerecht.«[608]

Ähnliches ergab auch die Studie *Später Sieg der Diktaturen?*, für die Forscher der FU Berlin rund siebentausend Neunt- und Zehntklässler aller Schultypen zur jüngeren deutschen Geschichte befragten. Das Ergebnis: »Viele Jugendliche in Deutschland haben Schwierigkeiten, den Unterschied zwischen Demokratie und Diktatur zu erkennen«[609] – ein Satz übrigens, den Satiriker durchaus doppeldeutig interpretieren können.

DIE SCHULE ALS GARANT DER STÄNDEGESELLSCHAFT

Unser global ziemlich einzigartiges dreigliedriges Schulsystem ist ein sorgsam bewahrtes Relikt des Ständestaates, der schon in der US-Unabhängigkeitserklärung von 1776 und in der Französischen Revolution zumindest formal abgeschafft wurde. Bei uns dagegen nannte man noch bis 1964 die drei Schultypen sogar sachlich richtig *Volksschule* (für das Volk), *Mittelschule* (für die Mittelschicht) und *Oberschule* (für die Oberschicht).[610] Aber wenigstens hieß der Bildungsminister nicht Kaiser Wilhelm junior.

Trotz Vortäuschens von grundgesetzkonformer Veränderung – es heißt jetzt zumeist *Hauptschule, Realschule und Gymnasium* – zementiert unser Schulsystem noch immer die Ständegesellschaft. Viel eher als nahezu überall auf der Welt werden bei uns schon die Zehnjährigen für ihre spätere Kastenzugehörigkeit aussortiert. Hinzu kommt, dass selbst zarte Ansätze in Richtung menschenwürdige Schule bewusst sabotiert werden durch die »Länderhoheit« im Bildungsbereich: Sechzehn Köche verderben den Brei; und bei manchen dieser Figuren fragt sich der ratlose Bürger, ob und mit welchem Dreh die ihr eigenes Abitur geschafft haben.

Bereits Ende 2007 nannte der damalige Bundespräsident Horst Köhler die fehlende Chancengleichheit im Bildungssystem eine »unentschuldbare Ungerechtigkeit«, die neben dem Schaden für die Betroffenen auch »Vergeudung von Humanvermögen« bedeute.[611]

Selbst die OECD forderte schon im April 2008 in ihrem Wirtschaftsbericht für Deutschland das Ende dieser verfrühten Auslese und die Zusammenlegung zumindest von Haupt- und Realschulen.[612]

Eigentlich zwangsläufig, dass noch immer der Nachwuchs von Akademikern eine rund siebenmal größere Chance auf eine höhere Schule hat als der von Facharbeitern. Dröge Schwachköpfe im Gymnasium, kleine Genies in der Hauptschulen? Da schlagen selbst Neoliberale wie Wirtschaftsprofessor Hans-Werner Sinn Alarm: »Auf den deutschen Gymnasien finden sich viele, die dort eigentlich nicht hingehören, und unter den Handwerkern und Arbeitern gibt es viele, die das Zeug zum Akademiker gehabt hätten, hätte man sie rechtzeitig gefördert.«[613]

Diese systematische, böswillige Bevorzugung der Kinder von Akademikern gegenüber denen der als »Pöbel« verspotteten Restbevölkerung dokumentiert auch eine Studie des Wissenschaftszentrums Berlin für Sozialforschung (WZB) und des Berliner Deutschen Instituts für Wirtschaftsforschung (DIW). Demnach haben viele Nichtakademikerkinder »ein hohes Potenzial«, dürfen aber nicht aufs Gymnasium. 17 Prozent landen in einer Schule »unterhalb ihres Leistungsniveaus«. Das Risiko, auf eine Schule »unterhalb der eigenen Fähigkeiten« abgeschoben zu werden, ist für Kinder nichtakademischer Familien zweieinhalbmal so hoch wie für Akademiker-Sprösslinge. »Für manche Hauptschüler wäre sogar der Besuch eines Gymnasiums möglich gewesen«, betonen die Autoren und Bildungsforscher Heike Solga, Johannes Uhlig und Jürgen Schupp. 30 Prozent der Schüler besuchen laut ihrer Studie nach der Grundschule eine Schule, die nicht ihrem tatsächlichen Leistungsniveau gerecht wird.[614]

Die international renommierte Bildungsexpertin und Autorin der *Blätter für deutsche und internationale Politik* Annett Mängel bringt es auf den Punkt: »Volkswirtschaftlich absurd, schreiend ungerecht mit miserablen Ergebnissen im internationalen Vergleich – das ist das Resultat des gegliederten deutschen Schulsystems, dessen Phalanx das Gymnasium zu sein vorgibt.« Doch das Gymnasium »als Ort der Selbstreproduktion der Elite auf Kosten der ganzen Gesellschaft ist kein zukunftsfähiges Produkt ... Es führt kein Weg an einem längeren gemeinsamen Lernen in einer Schule für alle Kinder vorbei.«[615]

Und dann sind ja da noch die Migrantenkinder. Laut einer DGB-Untersuchung haben etwa 2,3 der 9,5 Millionen, also ein Viertel der Jugendlichen im ausbildungsfähigen Alter (fünfzehn bis fünfundzwanzig Jahre), einen »Migrationshintergrund«.[616]

Im Vergleich zur Elterngeneration sind die Sprachkompetenzen ihrer Kinder jedoch deutlich besser. 81 Prozent können sich problemlos schriftlich auszudrücken, 90 Prozent immerhin mündlich, »wobei die Jungen noch eher Probleme haben als die Mädchen«.

2008 besuchten 28 Prozent der Migrationsjugendlichen im schulpflichtigen Alter eine Hauptschule, bei den anderen betrug der Anteil nur 12 Prozent. Ganz ohne Schulabschluss waren 4,4 Prozent der Achtzehn- bis Fünfundzwanzigjährigen mit Migrationshintergrund, bei den übrigen nur 1,6 Prozent.[617] Entsprechend besuchen nur 18 Prozent der ausländischen, aber 40 Prozent der deutschen Schüler ein Gymnasium.[618]

»Deutsches Bildungssystem hemmt die Integration«, fasste *Welt Online* am 28 Februar 2011 in einer Schlagzeile eine Studie des angesehenen britischen Kulturinstituts *British Council* zusammen.

Der für siebenundzwanzig EU-Staaten sowie Norwegen, die Schweiz, Kanada und die USA erhobenen Studie zufolge erreicht Deutschland bei seinen Integrationsbemühungen nur 57 von 100 möglichen Punkten. Der EU-Durchschnitt liegt bei 52 Punkten. Im Ländervergleich liegt die Bundesrepublik damit auf Platz zwölf – und damit deutlich hinter den Niederlanden, Belgien, Spanien und Italien, aber vor Dänemark, Frankreich, Österreich und der Schweiz. Spitzenreiter sind Schweden (83) und Portugal (79), die Schlusslichter bilden die Slowakei (36), Zypern (35) und Lettland (31 Punkte). Besonders peinlich: Im Bereich Bildung liegt Deutschland hinter Großbritannien. Von den Nachbarländern schneiden nur Frankreich und Polen (29 Punkte) schlechter ab. Fazit der Studie: Das deutsche Bildungssystem passe sich nicht an die Realität der Immigration an.[619]

Die ganze Verlogenheit des schwarz-braunen Gejammers etwa über Schulklassen mit 80 Prozent Migrantenkindern wird schon allein durch die Rechtslage entlarvt. Diese Zusammensetzung wurde nämlich keineswegs dem Mose im brennenden Dornbusch als Anhang zu den Zehn Geboten überreicht. Genauso, wie unsere Volksvertreter Klassen mit zweihundertfünfzig Schülern untersagen, könnten sie quasi über Nacht den Ausländeranteil begrenzen. Deshalb liegt die Vermutung nahe, dass diese faktische Ghettoisierung ganz bewusst erfolgt, um – wie manche Fans des stotternden Rassisten[620] und Demagogen mit dem »Zigeuner«-Namen wohl sagen würden – »Arier« gegen »Nichtarier« aufzuhetzen: Männer gegen Frauen, Arbeitslose gegen (noch) Beschäftigte, Alte gegen Junge – warum nicht auch »Ausländer« gegen »Deutsche«?

Dass es auch anders geht, beweist das zivilisierte Ausland. Oder hat je ein seriöser deutscher Auswanderer berichtet, sein Kind sei in Ottawa oder New York, Paris oder London, Canberra oder Beijing in einer Klasse mit mehr als 20 Prozent Germanenanteil gelandet?

LEHRER: FÜR VOLLBLUTPROLLS SIND SIE »FAULE SÄCKE«

Dass der Brioni-Träger, Cohiba-Qualmer, Autolobby-Intimus, Kriegskanzler und Gazprom-Agitator Gerhard Schröder im Juni 1995 die Lehrer als »faule Säcke« bezeichnete,[621] mag daran liegen, dass er von seinen halbseidenen Lehrer-Parteifreunden auf die – überwiegend integre – gesamte Lehrerschaft schloss. Er selbst machte als Regierungschef 1998 die Spitze des Finanzministeriums zu einer reinen Lehrer-Skatrunde: Minister Hans Eichel und die Staatssekretäre Barbara Hendricks und Karl Diller waren Pauker, und zwar solche, die womöglich ihre offizielle und vom Steuerzahler finanzierte Arbeitszeit skrupellos für ihre Parteikarriere genutzt hatten. Selbst SPD-Genosse Sigmar Gabriel konnte sich während der SPD-Krise im April 2003 nicht verkneifen, Rot-Grün »ausschweifenden Dilettantismus in Sachen

Finanz- und Wirtschaftspolitik« zu attestieren: Im »Praktikantenstadel der Steuerabteilung des Bundesfinanzministeriums« habe nach der Wahl das Motto »Learning by doing« geheißen.[622] Finanzminister Eichel selbst gab dies indirekt zu: »Ich habe nie behauptet, etwas von Steuern zu verstehen, als ich noch nicht Finanzminister war ...«

Schröders tragikomische Gesundheitsministerin war natürlich ebenso Lehrerin wie Entwicklungshilfeministerin Heidemarie Wieczorek-Zeul und Bildungsministerin Edelgard Bulmahn, letztere mit dem Mechaniker und Theologen Christoph Matschie als Staatssekretär.[623]

Lichtjahre entfernt von dieser Pseudopädagogen-Crew ist der Berufsalltag der unbestechlichen und integren Lehrer: Schon vor über zehn Jahren schreckten seriöse Medien die Öffentlichkeit mit Schlagzeilen über die Wahrheit auf:

- »Jeder dritte Lehrer ist ausgebrannt« *(Spiegel Online)*
- »Mehrheit der Lehrer stark überlastet« *(Die Welt)*
- »Jeder dritte Lehrer ist ›ausgebrannt‹ – viele sind krank« *(Berliner Morgenpost)*
- »Ausgebrannt. Brandenburger Psychologen ermitteln, dass 30 Prozent der Lehrer Burn-out-Syndrome zeigen« *(Der Tagesspiegel)*
- »Ausgebrannt. Eine Langzeitstudie zeigt: Fast jeder dritte deutsche Lehrer erliegt dem psychischen Druck« *(Berliner Zeitung)*
- »Die faulen Hunde sind in Wahrheit arme Schweine« *(Westdeutsche Allgemeine Zeitung)*
- »Burn-out-Syndrom. Pädagogen fällt das Abschalten schwer« *(Frankfurter Rundschau)*

Angesichts dieser Fakten ist es völlig unerheblich, wenn irgendeine über den unterirdischen IQ ihrer wie und wo auch immer gezeugten Sprösslinge frustrierte Gluckenmutter den Lehrern die Schuld gibt.[624] Aber *Ein Stein* ist eben nicht *Einstein,* und selbst in Förderkurs 192b wird man einer Küchenschabe nicht lineare Algebra beibringen können.

Aber auch wenn die Schule für manche Bengel einfach eine Nummer zu groß für sie ist, bedeutet dies noch lange nicht, dass mit unserer Lehrerschaft und erst recht mit ihrer Ausbildung alles zum Besten steht.

»WER NICHTS WIRD, WIRD WIRT« – ODER LEHRER?

Wir kennen das von Erzählungen unserer Eltern und Großeltern: Nach der Befreiung vom Holocaust-Faschismus wurden die Kinder wegen Lehrermangels zumeist von gemeingefährlichen Lachnummern unterrichtet, die selbst kaum zwei Jahre die Schulbank gedrückt hatten, »Pädagogik« für ein Synonym für Pädophilie hielten und beileibe nicht immer und ernsthaft auf ihre NS-Vergangenheit hin überprüft worden waren. Man tut dieser Gruppe von Nachkriegs-»Lehrern« kaum unrecht, wenn man ihnen das Prädikat *ungebildetes und unterbelichtetes Nazigesindel* verleiht. Umso verblüffender, dass auch heute wieder – häufig im wörtlichen Sinne – blutige Amateure als »Quereinsteiger« auf unsere Kinder losgelassen werden; allein in Brandenburg über siebenhundert von insgesamt rund 18 000 Lehrern. Die entlarvende Ausrede des SPD-Bildungsministeriums – Chefin Martina Münch ist natürlich auch keine Pädagogin, sondern Medizinerin – lautet ernsthaft: Viele Lehramtsstudenten wählten Fachrichtungen oder Schulformen, für die kein großer Bedarf bestehe wie beispielsweise Geschichte am Gymnasium.[625] Kein großer Bedarf an Geschichtsunterricht in einer Region, in der vor nicht einmal

fünfundzwanzig Jahren noch eine staatskapitalistische SED-Diktatur herrschte?
Überhaupt scheinen Merkel & Co. die Lehrerausbildung offenbar für weniger wichtig zu halten als die Spiele der deutschen Fußballnationalmannschaft – der Männer, wohlgemerkt.
Der Schwerpunkt besonders bei Ausbildung und Beruf der Gymnasiallehrer liegt eher bei den Inhalten, was angesichts des Lernziels *Fachidioten statt kritischer Bürger* auch konsequent ist. Bei Grundschullehrern überwiegt der pädagogische Anteil.[626]
Nach dem Pisa-Schock pfuschten die Bildungsminister sich ein »runderneuertes Lehrerstudium« zurecht. »Dann haben wir ja schon in 30 Jahren bessere Pisa-Ergebnisse«, frotzelte Bildungsforscher und Koordinator der Studie, *Pisa-Papst* Andreas Schleicher. Und alle seine Vorhersagen wurden leider wahr: »Die Lehrerbildung ist zehn Jahre nach Pisa so wirr, dass auch Unionsbildungsexperten sie auf Podien als chaotisch bezeichnen und bereit sind, den Föderalismus in Frage zu stellen.«[627]
Aber nicht nur die marktradikalen Reformer, auch die Ewiggestrigen behindern eine wirklich gute Ausbildung für Lehrer und Schüler. Daher appellierte im April 2012 Helmut Hochschild, Seminarleiter in der Lehrerausbildung und früherer Direktor der legendären Neuköllner Rütli-Schule an die Eltern: »… machen Sie bitte nicht immer Ihre eigene Bildungserfahrung zum Maßstab! Freuen Sie sich stattdessen, wenn Ihr Kind alltagsnah lernt – auch wenn Sie in Ihrer Schulzeit vielleicht andere Methoden kennengelernt haben.«[628]
Im März 2012 warnte der *Aktionsrat Bildung* des Teams um den Hamburger Bildungsforscher Dieter Lenzen, »dass Teile der Lehrerschaft angesichts unausgegorener Reformwellen schon in die ›innere Emigration‹« gingen und die Qualität der Lehrerausbildung mit den veränderten Anforderungen nicht Schritt gehalten habe«. Zur besseren Qualitätskontrolle des Unterrichts forderte

der Aktionsrat »regelmäßige Schulinspektionen.« An den Hochschulen sieht das Gremium hingegen ganz andere Probleme: »Überarbeitung und Burn-out der Dozenten und Professoren.«[629]

LEHRER ALS FEINDBILD
DES GEISTIG-MORALISCHEN SUMPFS

Die Antwort der ungeheuer geistreichen Frauenwelt auf den überirdischen Superdemokraten, fesselnden Rhetoriker und glaubwürdigsten Antirassisten seit der Kontinentalteilung namens Sarrazin oder so ähnlich ist die für den Nobelpreis hoch gehandelte Ex-Studienrätin Marga Bayerwaltes.[630] Sie analysierte ihren gesammelten Frust eines Vierteljahrhunderts in der ihrem Geisteszustand adäquaten Brillanz: Laut *Zeit* belegt sie ihrem Niveau entsprechend frühere Kollegen schon mal mit wissenschaftlichen Bezeichnungen wie »unfähiges Arschloch«[631] und sieht den Lehrerberuf als »Auffangbecken für Studienversager, Mittelmäßige, Unentschlossene, Ängstliche und Labile, kurz gesagt für Doofe, Faule und Kranke«.[632] Unseren Respekt für die Offenheit der Pädagogin, die in der künstlerischen Darstellungsform der dritten Person in Wahrheit über sich selbst schreibt.
Ihre an Tiefenschärfe kaum zu überbietende Analyse trifft selbstverständlich auf die enthusiastische Zustimmung der Intelligenz- und Gesinnungsgenossen des *Spiegel,* dessen Redaktionskern wir schon aus Gründen der Pietät hier nicht im Hinblick auf die Menschwerdung des Affen kommentieren wollen: »Ganz falsch liegt die Frau nicht«, schreibt ein fünfköpfiges Zeilenfüllerteam, dessen Namen so wichtig sind wie die Fußball-Reservebank der Alten Herren von Wacker Eisenhüttenstadt. »Viele betrachten in der Tat das Lehramt nicht als Berufung, sondern schlicht als Job, der einige Annehmlichkeiten mit sich bringt: Von den 30 000 Stu-

denten, die jedes Jahr ein Lehramtsstudium beginnen, sind 75 Prozent Frauen.«[633]

Jeder so gut er kann; in diesem Fall Möchtegernhetze auf Sonderschulniveau: Durch einen simplen Doppelpunkt Lehrer- mit Frauenfeindlichkeit zu verbinden – und mit Sozialstaatfeindlichkeit noch dazu: »Sie wählten besonders oft solche Bildungsgänge, weil sie hier später Beruf und Familie besser verbinden können, hat der Ulmer Pädagogikprofessor Ulrich Herrmann herausgefunden.«[634] Vertrauen die *Spiegel*-Produzenten etwa darauf, dass niemand ihre Ergüsse nachprüft? Wo zum Beispiel hat der angesehene Mitherausgeber der *Zeitschrift für Pädagogik* die eminent wichtige Frage der Verbindung von Beruf und Familie jemals hämisch als »Annehmlichkeit« abqualifiziert?[635] Natürlich sind Lehrer gegenüber anderen berufstätigen und erst recht arbeitslosen Mitbürgern »privilegiert«, genauso wie es Normalverdiener gegenüber Armen sind. Aber ist eine der vielen Bedingungen für ein grundgesetzlich garantiertes menschenwürdiges Leben wie die Verbindung von Job und Familie eine »Annehmlichkeit«, nur weil ein extrem reiches Land das Selbstverständliche vielen seiner Mitbürger vorenthält, während andere sich des Luxuslebens freuen?

Populistisches Neidschüren findet man also bei Herrmann nicht, wohl aber eine völlig richtige Kritik am Selbstbild vieler Lehrer: »Meist bekommt man auf die Frage nach dem Beruf … die Antwort, der Betreffende sei Mathematiker oder Romanist. Erst bei näherem Nachfragen stellt sich dann heraus, dass es sich um einen Studienrat handelt. Die meisten verstehen sich als Experten für das Unterrichten von Fachinhalten.«[636]

Ähnlich kritisch bezeichnet der Ex-Direktor der Max-Planck-Gesellschaft, Wolfgang Edelstein, die Lehrerausbildung als »Erbsünde des deutschen Schulwesens«. Während es etwa für angehende Mediziner eigene Fakultäten gebe, sei die Lehrerausbildung »bloß Anhängsel eines Fachstudiums, das einem anderen

Zweck dient, nämlich der Ausbildung zum Wissenschaftler. Aber Physiker sind keine Physiklehrer, Germanisten keine Deutschlehrer.«[637]

»Gymnasiallehrer werden nicht wirklich für ihren Beruf ausgebildet«, lautet auch Herrmanns Fazit. »Das, was sie an der Universität lernen, hat kaum etwas mit dem Berufsalltag zu tun. Und auch sonst sind sie, trotz Referendariat, Autodidakten.«[638]

Kein Wunder also, dass nicht wenige Berufsanfänger einen regelrechten Schock erleiden, wenn sie es mit leibhaftigen Schülern zu tun bekommen. Viele sind dann aber schon jenseits der Dreißig, und wer gesteht sich dann schon eine falsche Berufswahl und vergeudete Studienjahre ein und zieht nicht den endlosen Schrecken dem Ende mit Schrecken vor. Didaktikprofessor Ewald Terhart drängt deshalb seit Jahren, »Kompetenzen zu überprüfen, die für den Lehrerberuf wichtig sind, zum Beispiel die Fähigkeit, einen bestimmten inhaltlichen Sachverhalt in die Vorstellungswelt von Schülern zu rücken oder die Leistung eines Schülers einzuschätzen«.[639] Außerdem: »Klassenführung, Interaktionsformen, allgemeine Muster der Inhaltserarbeitung, Konfliktregulierung, Elterngespräche, kollegiale Zusammenarbeit, Schulentwicklung etc. verlangen Kompetenzen, die weit über (Fach-)Didaktik hinausgehen.«[640]

BILDUNG IN KONZERNHAND: DIE »DRITTMITTEL«

Nicht von ungefähr gilt die deutsche Sprache als nicht nur eine der schwierigsten, sondern auch der flexibelsten und blumigsten der Welt. Eine Prostituierte heißt bei uns »Freudenmädchen«,

Massenmord an der Zivilbevölkerung durch die US-dominierte Nato »Kollateralschaden«, Pädophile »Kinderfreunde« und Korruption in Bildung und Wissenschaft »Drittmitteleinwerbung«. Dahinter verbirgt sich die natürlich ganz und gar edle und selbstlose finanzielle Unterstützung vor allem im Hochschulbereich; und funktionieren tut das so: Der Strohmann eines Dickmacherkonzerns, dessen Produkte man normalerweise nicht einmal an Schweine verfüttern dürfte, fragt »ganz unverbindlich« einen Ernährungswissenschaftler nach seinem Interesse an einer »unabhängigen und kritischen Studie« über ebendiesen Fraß: »Mehr als 500 000 Euro können wir aber nicht zahlen.« Sollte der Professor noch überlegen, schiebt der Strohmann nach: »Gerade wegen unserer Verantwortung für die Gesundheit unserer Bürger bräuchten wir solche Studien während der nächsten zehn Jahre etwa alle sechs Monate.« Der Professor denkt: »Fünf Millionen haben und nicht haben ist ein Unterschied von zehn Millionen. Und was macht in unserer rundum verseuchten Umwelt so ein bisschen gesundheitsgefährdendes Essen schon aus?«

»Das deutsche Wissenschaftssystem ist korrupt«, sagt ohne Umschweife Wolfgang Wodarg, Mediziner, Hochschullehrer und Vorstand von *Transparency International Deutschland (TI-D),* über »Skrupellose Akquise von Drittmitteln«.[641] Und dies betrifft nicht nur unsere »Privat-Uni« genannten, aber auf Realschulniveau arbeitenden Karrieristenkasernen, deren »Professoren« womöglich *Habilitation* für einen chirurgischen Eingriff halten. »Auch staatliche Hochschulen zeigen eine zunehmende Empfänglichkeit und Abhängigkeit von Geldmitteln, die direkt aus der Wirtschaft kommen oder die nach wirtschaftlichen Interessen verteilt werden«, betont Wodarg. »Dies ist politisches Programm. Und es ist ein Programm mit gravierenden Folgen.«

Aber diese Folgen sind – im Gegensatz zu den abgebrühten Wahlkampflügen unserer Politiker über ein besseres und menschenwürdiges Leben – wirklich nachhaltig: »Die Hochschule von heute gewöhnt jedoch ihre Studierenden ab dem ersten Semester an dieses Modell. Die auf Effizienz getrimmte Hochschule und ihre Studiengänge bieten kaum Zeit und Anreize, sich querdenkerisch zu orientieren, um so später durch eigene Wachsamkeit unerwarteten Herausforderungen gerecht zu werden. In der akademischen Karriere folgen befristete Arbeitsverträge, leistungsabhängige Besoldung und ein existenzieller Wettbewerb. Konkurrenzdruck ist ein Gefühl, das die meisten Akademiker heute verbindet.« Hinzu kommt: »Durch einseitige Forschungsförderung und Diskreditierung von kritischen Wissenschaftler/-innen kommt es zu folgenschweren Fehlentwicklungen im gesamten Forschungssektor.«[642]

In seiner lesenswerten Analyse, die eigentlich Pflichtlektüre an allen Unis und für sämtliche anderen kritischen Bürger sein sollte, nimmt sich Wodarg ebenso die Atomgangster wie die von ihnen ausgehaltenen »Volksvertreter« vor: Auch in der Energiepolitik hätten sich »deutsche Hochschulen – und die Politiker, die dies ermöglichten und tolerierten – in die Tasche stecken lassen. Deutsche Regierungen haben nicht gegengesteuert und ausgeglichen, sondern die mächtigen Konzerne auch noch mit Steuergeldern bedient. Die staatliche Förderung der Steinkohle betrug im Zeitraum von 1950 bis 2008 insgesamt etwa 330 Milliarden Euro. Im gleichen Zeitraum wurde auch die Kernenergie mit 165 Milliarden Euro staatlich gefördert.«

Wie ein Tröpflein auf den glühenden Stein mutet allerdings seine Forderung an: So müssten »die Tatbestände der Vorteilsannahme und der Bestechlichkeit in der Forschungslandschaft weiter konkretisiert werden. Expert/-innen, die materielle oder finanzielle Abhängigkeiten zu Herstellern oder Sponsoren haben, müssen sachliche Begünstigungen beziehungsweise die finanzielle Größenordnung öffentlich machen. Sie sind von der Berufung in

normsetzende Gremien auszuschließen und dürfen nicht in staatlichen Beratungs- oder Beschlussgremien mitentscheiden.«[643]
Sein ernüchterndes Resümee vom Juli 2012 lautet, »dass die Wissenschaft ihre Unabhängigkeit verliert, wenn sie von Firmen finanziert wird«. Man könne »Forschungsergebnissen nicht mehr trauen, wenn sie von wirtschaftlichen Interessen beeinflusst werden«. Dies gelte am meisten im Bereich Medizin, »wo Studien unterdrückt werden, wo Studien nicht mehr veröffentlicht werden, die Ergebnisse bringen, die die Pharmaindustrie nicht veröffentlicht wissen will«. Und sicherlich unfreiwillig beleidigt er die ehrbaren Ladys des ältesten Gewerbes, indem er sie mit dem korrupten professoralen Abschaum vergleicht. »Das ganz Normale ist inzwischen, dass die Universitäten Geld von der Industrie brauchen – dass sie anschaffen gehen.«[644]

Das Schmieren korrupter Uni-Koryphäen lässt sich die Wirtschaft schon einiges kosten: Allein im Jahr 2010 wurden den deutschen Hochschulen 5,9 Milliarden Euro »Drittmittel« zugesteckt.[645] Und der Professorenkauf scheint erst am Anfang zu stehen.
»Deutsche Bank mischt bei Uni-Forschung mit« entlarvte die *Süddeutsche Zeitung* Ende Mai 2011. Der für seinen furchtlosen Kampf für Menschenwürde, soziale Gerechtigkeit und gegen Korruption international geachtete und entsprechend bei den Entlarvten als »notorischer Nörgler und linker Provokateur« *(SZ)* zu Recht gefürchtete Berliner Politikprofessor Peter Grottian hatte einen Geheimvertrag zwischen der Deutschen Bank, der Humboldt-Universität und der TU Berlin »ans Licht gezerrt« *(SZ)* und wertet ihn als »Selbstaufgabe zweier Universitäten«. Auf Kosten der Bank hatten die Unis 2007 je eine Stiftungsprofessur in Finanzmathematik eingerichtet und gründeten als dazu passendes Institut das »Quantitative Products Laboratory«.
Akribisch und genüsslich schildert die *Süddeutsche Zeitung* die

bezeichnenden Details. Demnach »spendiert die Bank drei Millionen Euro pro Jahr«. Die Gegenleistung: Ein paritätisch mit Professoren und Vertretern der Bank besetzter Ausschuss steuert die Arbeit inhaltlich – unter Vorsitz eines von der Bank entsandten »Managing Director«, dessen Stimme bei einem Patt entscheidet. Zudem müssen die gekauften »Forschungs«-Ergebnisse vor einer Veröffentlichung der Bank vorgelegt werden. Und damit nicht genug: Die Unis sollen »im Rahmen ihrer rechtlichen Möglichkeiten« irgendwelchen »qualifizierten Bankmitarbeitern« Lehraufträge und sogar die Prüfung von Studenten zuschanzen. Der Berliner sagt: »Verblödete, moralisch verkommene Kotzbrocken züchten ihren eigenen Nachwuchs heran.«
Da springt sogar dem des Linksterrorismus unverdächtigen Bamberger Soziologen Richard Münch der Draht aus der Mütze. Er prangert eine fortschreitende Ökonomisierung der Wissenschaft, einen »akademischen Kapitalismus« an.
Dass Bank wie TU sich mit der vielen Erwischten eigenen Dummdreistigkeit herausreden, versteht sich von selbst. Die Bank sagte, ihre unverschämten Mitspracherechte, die laut *Süddeutscher* sogar der unternehmerfreundliche Stifterverband für »ungewöhnlich weitreichend« hält, diene nur der »Wahrung von Geschäftsgeheimnissen«. Die TU Berlin erzählte allen Ernstes, die Unabhängigkeit von Forschung und Lehre sei »uneingeschränkt gewährleistet«.
Die Fakten sehen anders aus: »Die Deutsche Bank hatte ursprünglich eine Finanzierung von zweimal vier Jahren geplant. Doch nun läuft der Vertrag schon nach den ersten vier Jahren im Juni aus. Offenbar haben die Partner genug voneinander.«[646]

HALBBILDUNG VERACHTET UNBILDUNG

Nachdem wir uns nun davon überzeugen konnten, dass in Sachen Bildung und Ausbildung bei uns so ziemlich alles falsch läuft – aus Sicht der Neoliberalen also fast alles nach Plan –, bleibt noch die Frage, was Bildung eigentlich ist.

Da Bildung eben nichts mit unkritischem Aufhäufen oder gar Auswendiglernen von Fakten zu tun hat, ist eine Unterscheidung von Halbbildung und echter Bildung notwendig. Wir kennen sie alle, jene Klugscheißer am Arbeitsplatz, in der Nachbarschaft, womöglich im Freundeskreis oder in der Familie. Sie labern uns damit voll, was sie morgens in den Internetausgaben von *Spiegel, Focus* oder *FAZ* gelesen oder tags zuvor bei den *Tagesthemen* oder *Günther Jauch* & Co. aufgeschnappt haben, und gelten dadurch bei manchen totalen Informationsverweigerern geradezu als »Intellektuelle«.

Über diese Spezies schrieb der Philosoph Theodor W. Adorno schon 1959: »Die Attitüde, in der Halbbildung und kollektiver Narzissmus sich vereinen, ist die des Verfügens, Mitredens, als Fachmann-sich-Gebärdens, Dazugehörens … Die ›Sprache des Angebers‹ ist geradezu die Ontologie von Halbbildung.«[647]

Eng verbunden mit der Sehnsucht nach Aufnahme in die Oberschicht ist ein weiteres Motiv der Möchtegerns: Die Abgrenzung von der vermeintlichen Unterschicht. »Die bestialischen Witze über Emporkömmlinge, welche Fremdwörter verwechseln, sind darum so zählebig, weil sie … alle die, welche darüber lachen, im Glauben bestärken, die Identifikation wäre ihnen geglückt.«[648]

Für Adorno ist Halbbildung »gereizt und böse; das allseitige Bescheidwissen immer zugleich auch ein Besserwissenwollen.«[649] Und weiter: »Das Modell von Halbbildung ist auch heute noch die Schicht der mittleren Angestellten, während ihre Mechanis-

men in den eigentlich unteren Schichten offenbar so wenig eindeutig nachgewiesen werden können wie nivelliertes Bewusstsein insgesamt.«[650] Der Halbgebildete ist für ihn ein »von Kultur Ausgeschlossener und gleichwohl sie Bejahender«. Daher sei Halbbildung »tendenziell unansprechbar: das erschwert so sehr ihre pädagogische Korrektur«.[651]
Deshalb ist Adorno der Ungebildete bedeutend lieber: »Unbildung, als bloße Naivität, bloßes Nichtwissen, gestattete ein unmittelbares Verhältnis zu den Objekten und konnte zum kritischen Bewusstsein gesteigert werden kraft ihres Potenzials von Skepsis, Witz und Ironie – Eigenschaften, die im nicht ganz Domestizierten gedeihen. Der Halbbildung will das nicht glücken.«[652]
Und Adorno geht noch weiter: »Die Bildungsidee ist dazu prädestiniert, weil sie – ähnlich wie der Rassenwahn – vom Individuum bloß ein Minimum verlangt, damit es die Gratifikation des kollektiven Narzissmus gewinne; es genügt schon der Besuch einer höheren Schule, gelegentlich bereits die Einbildung, aus guter Familie zu stammen.«[653]
Dennoch wäre nichts verhängnisvoller, als die Halbbildung mitleidig zu belächeln oder gar zu unterschätzen. »Was in der Zeitung steht«, nahm schon immer ein erschreckend großer Anteil unserer Mitbürger für bare Münze. »Was im Fernsehen kommt«, speziell in »den Nachrichten«, Kommentaren oder Polit-Talks, erst recht. Man könnte ganze Bibliotheken füllen über Figuren aus Politik und Medien, die zum Beispiel hochgeschraubt über die Euro-Krise salbadern, ohne auch nur den Unterschied zwischen Deflation und Defloration zu kennen.
Der Dortmunder Politikprofessor Thomas Meyer spricht von *Mediokratie*,[654] und sein Kollege Ulrich von Alemann benennt zur Beschreibung unseres Systems unter anderem das *Mediokratie-Modell*.[655]
Und die hochgradige Gefährlichkeit der Meinungsführerschaft

halbgebildeter, karrieristischer, sowieso gewissenloser, aber wenigstens populismusbegabter Horden zeigt sich zum Beispiel bei Umfragen, in denen ja auch ein Hauptschulabbrecher oder RTL-Moderator die »Wirtschaftskompetenz von Angela Merkel« mit »sehr gut« beurteilt: Selbst Nobelpreisträger Paul Krugman und andere weltbeste Ökonomen würden sich das zutrauen: Vielleicht schreibt Merkels Konzepte ja ein zwölfjähriger CDU-Aufsteiger oder ein Dax-Konzernchef?

Das Dumme ist nur: Diese halbgebildete, allwissende Meute stellt das verbliebene Häuflein der Noch-Wähler – aber sie *entscheidet* über die Zusammensetzung unserer »Volksvertretungen«.

Man muss also zur offiziellen Indoktrination der Schüler und Studenten auch die Volksverblödung durch die Medien zählen. Da aber hilfloses Jammern recht und billig ist, sich zudem mit der Zeit abnutzt und nur noch langweilt, ist die Frage besonders wichtig, wie – und ob unter heutigen Bedingungen überhaupt – die möglichst »flächendeckende« Vermittlung und Aneignung von Wissen bewerkstelligt werden kann.

Was zunächst zu der ebenso banalen wie extrem wichtigen Frage führt: Was müssen und sollten die »mündigen« Bürger wissen, um unter den momentanen Bedingungen sich halbwegs menschenwürdig durchzuschlagen? Und die Antwort ist nicht ganz so einfach.

Einerseits hat heute jeder kritische Bürger oberhalb der Primatengrenze das marktradikale, unausgesprochene Bildungsziel für den »Pöbel« (Insiderbezeichnung vieler Politiker für ihre Wähler) längst durchschaut – ein pflegeleicht funktionierendes Humankapital vom Hilfsarbeiter bis zum genialen Fachidioten.

Andererseits hieße allein der Gedanke, ausgerechnet die Urheber der Misere – die Reichen, Mächtigen und ihre Politiker – könnten oder wollten ein Konzept für eine Ausbildung zum sozial und humanistisch denkenden mündigen Bürger entwickeln, buchstäblich den Kinderschänder zum Babysitter zu machen. Also was tun, hier und heute?

Ein wenn auch kleiner Schritt in die richtige Richtung gelang dem Anglistikprofessor Dietrich Schwanitz mit einem einzigen Satz in seinem Ratgeber *Alles, was man wissen muss*[656]*:* »So bedauerlich es manchem erscheinen mag: Naturwissenschaftliche Kenntnisse müssen zwar nicht versteckt werden, aber zur Bildung gehören sie nicht.«

Mathe-Unterricht in der Bundeswehruni. Der Professor sagt: »Heute Satz des Pythagoras: $a^2 + b^2 = c^2$. Zivilisten müssen das beweisen. Bei uns genügt das Ehrenwort.«

Schwanitz wollte natürlich niemals die Bedeutung von Physik oder Chemie anzweifeln. Er polemisierte gegen das angestrebte Fachidiotentum. Wie schon gezeigt, gelten in der Wirtschaft und damit auch in dem von ihren Politikern neoliberal ausgerichteten Bildungssystem die Geisteswissenschaften als »Soft Skills« – im Prinzip also als überflüssig.

Ist ja irgendwie verständlich: Welcher steinreiche Parasit, der noch nie in seinem Leben etwas anderes genagelt hat als minderjährige Luxusnutten und dessen Reichtum aus der Erbmasse seiner Holocaustmörderfamilie stammt, will sich gern mit der Geschichte des Dritten Reiches beschäftigen?

Andererseits interessiert die Vergangenheit unsere Herrschenden auch nur am Rande. Sie wollen vor allem für die Zukunft Hochbegabte züchten, die ihre Fähigkeiten zur Entwicklung von Streubomben nutzen und nicht wissen, dass die auch wirklich eingesetzt werden, über Jahrzehnte ganze Regionen verseuchen und unterm Strich zig Millionen Menschen ermorden, von der

Zusammensetzung der Nachkriegspolitik aus (zumindest überwiegend) Naziverbrechern ganz zu schweigen.

Im Grunde bedeuten die hehren Worte *Bildung* und *Wissen* ja nichts anderes als die Fähigkeit, seine Grundrechte auch tatsächlich und sinnvoll wahrzunehmen: sich zu informieren, politisch zu betätigen, seine Meinung zu äußern und möglicherweise wählen zu gehen.

Daher kommt es besonders im Zeitalter der täglichen Informationsflut schon gar nicht darauf an, in Sachen unreflektierter »Fakten«-Anhäufung mit einem PC-Speicher zu konkurrieren. Die Nervenkliniken sind voll von Leuten, die alle deutschen Telefonbücher oder sämtliche Bundesligaergebnisse inklusive Torschützen seit 1963 auswendig können, sich aber im realen Leben nicht zurechtfinden.

Und auch heute achten manche Bildungsanstalten peinlich genau darauf, dass die Schüler Schillers *Glocke* oder Heines *Deutschland, ein Wintermärchen* auswendig lernen, sich aber um Gottes willen nicht mit deren Rolle in der bürgerlichen Revolution befassen. Schüler also, die das Datum des *Westfälischen Friedens* im Schlaf daherbeten, aber ins Stammeln kommen bei der Frage nach der Bedeutung dieses Vertrages für die Nationalstaaten und das Zusammenwachsen Europas.

Immer mehr Lehrer trotzen allerdings dem neoliberalen Verblödungsgebot. Sie füllen ihren Schülern Worthülsen wie *Unterschichten* oder *Besserverdienende* mit Inhalt, indem sie ihre Klassen mit der *Realität* konfrontieren und eine »Armentafel«, ein Arbeitsamt, eine Textilfabrik oder einen hermetisch abgeschotteten Wohnbezirk der Reichen besuchen.

Aber so krampfhaft und diktatorisch die Verblödung auch durchgepeitscht werden soll: »Audacter calumniare, semper aliquid haeret.« – »Verleumde nur dreist, etwas bleibt immer hängen«, wusste schon der griechische Philosoph Plutarch (45 bis 125). Im

Klartext: Wer als kleiner Knirps – wie in dem berühmten Loriot-Sketch *Weihnachten bei Hoppenstedts* – erst einmal entdeckt hat, dass sich hinter dem strengen Nikolaus in Wirklichkeit sein vertrottelter Großvater verbirgt, der lässt sich diesen archaischen Schwachsinn nie wieder weismachen. Und ebenso lernen Kinder, die ehrlich arbeitende Schlechtverdiener ebenso live gesehen haben wie die kleine Schar der steinreichen Lebensgenießer, deren einziges Problem die Wahl zwischen Ferrari und Maserati oder Gucci und Armani ist, dass das Märchen von unserem Land als »Leistungsgesellschaft« noch idiotischer ist als das von der Klapperstörchin.

»Wissen ist Macht« – dieses Wort des englischen Philosophen Francis Bacon (1561–1626) gehört zu jenen historischen Gesetzmäßigkeiten, die sich unabhängig vom Willen einzelner Menschen vollziehen. Und so wenig die spätrömische Dekadenz die Erfindung der Dampfmaschine und die damit zusammenhängende bürgerliche Revolution verhindern konnte, so wenig wird die neoliberale, moralisch indiskutable Bildungsmafia unser Volk und erst recht nicht unsere neugierigen Kinder vom schrittweisen Erkennen der Wahrheit, also der *Bildung,* fernhalten können.

11 RUSSISCH ROULETTE
MIT UNSERER GESUNDHEIT

Dass in unserer Marktwirtschaft der *Mensch als Mensch* kaum noch vorkommt, sondern nur noch als Humankapital oder als sprudelnde Geldquelle, wird kaum irgendwo so deutlich wie im Gesundheitswesen. Auch der Arzt ist nach marktwirtschaftlicher Logik natürlich ein *homo oeconomicus*. Auch für ihn ist Raffgier »rational«, der »Dienst am Menschen« als erste Pflicht dagegen »irrational«. Er gilt als Kaufmann, der die Ware Gesundheit anbietet wie andere Händler Oberhemden oder Klopapier.

NUR EIN KORRUPTER ARZT IST EIN VERNÜNFTIGER ARZT

Einerseits ist es wie ein Aprilscherz, andererseits geradezu typisch für die kaum noch zu unterbietende moralische Verkommenheit der oberen Schichten unserer marktwirtschaftlichen Gesellschaft: Am 22. Juni entschied der Bundesgerichtshof, dass Kassenärzte als Gegenleistung für das Verordnen eines Arzneimittels Präsente der Pharmaindustrie annehmen dürfen.[657]
»Ärztebestechung ist völlig legal«, wie *n-tv* es unverblümt formulierte.[658]
»Kann ein Patient einem Arzt vertrauen, der Geld von dem Pharmakonzern erhält, dessen Pillen er verschreibt?« fragte die *Süddeutsche Zeitung* und fordert: »Die Annahme von Geschenken muss geächtet werden.«[659]

Irgendwie passt das Urteil aber ins Bild einer Ärzteschaft, die für immer mehr kritische Bürger von »Halbgöttern in Weiß« zu einer habgierigen, verlogenen, korrupten und notfalls über Leichen gehenden Selbstbereicherungsbande geworden ist. Ärzte ...

- betrügen bei der Abrechnung mit den Kassen,[660]
- operieren mit Billigung der Ärztekammer im Vollsuff[661] und vertuschen offensichtliche Kunstfehler,[662]
- kassieren Abfindungen in Millionenhöhe, obwohl sie wegen fahrlässiger und vorsätzlicher Körperverletzung verurteilt wurden,[663]
- vergewaltigen Patientinnen während der Narkose.[664]

Und nun auch noch die höchstrichterliche Ermunterung zur Bestechlichkeit. Der Medizinprofessor und SPD-Gesundheitsexperte Karl Lauterbach sieht es ganz realistisch: »Neben dem finanziellen Schaden drohen Patienten zum Teil lebensgefährliche Nachteile bei der Behandlung, wenn zum Beispiel für die Auswahl einer Krebstherapie nicht die medizinischen Erfordernisse den Ausschlag geben, sondern mögliche Schmiergeldzahlungen an den behandelnden Arzt.«[665]

Die Folgen des Urteils sind jedenfalls vorsehbar: Kritische Bürger werden künftig fast *jeden* Arzt als potenziell bestochenen gewissenlosen Raffke ansehen, der ihnen möglicherweise des Schmiergeldes wegen nutzlose oder gar schädliche Medikamente verschreibt, und zu halbseidenen Wunderheilern abwandern. Wie viel Hunderte oder gar Tausende Menschen dies jährlich das Leben kosten wird, konnte der BGH natürlich nicht vorhersagen. Kleiner Tipp für Cleverles: Der Arzt verschreibt den Patienten den Pharmaschrott, teilt sich mit ihnen das Schmiergeld und schärft ihnen ein: »Aber nehmen Sie das Zeug um Himmels willen nicht ein, sondern ab damit in den Sondermüll.«

SIMSALABIM –
UND DIE NEUE KRANKHEIT IST DA

Der uralte Witz, dass ein Medikament erfunden wurde, zu dem es noch gar keine Krankheit gibt, ist bei uns längst makabre Realität. *Transparency*-Medizinexperte Wolfgang Wodarg geißelt diejenigen, die »Gesundheit« ausschließlich als »Wachstumsmarkt« sehen und »davon leben, dass es Kranke und Hilfsbedürftige gibt. Ein öffentliches Interesse daran, die Bevölkerung mit so wenig Ressourcen wie nötig so gesund wie möglich zu halten und deshalb etwa gesundheitsförderliche Lebenswelten zu erforschen, ist in Deutschland nicht in Mode. Stattdessen werden von MedizinerInnen und Pharmazeut/-innen im Dienst von Warenanbietern Krankheiten erfunden, Normwerte verschoben, Impfkampagnen inszeniert, folgenlose diagnostische Maßnahmen verordnet und Menschen mit Angst- und Werbekampagnen in die Arztpraxen, Hospitäler und Apotheken getrieben.«[666]

Diese in der Konsequenz Leib und Leben gefährdende und daher hochkriminelle und teilweise mörderische Praxis ist keineswegs neu. Schon im Sommer 2003 schreckte die *Spiegel*-Titelstory *Erfundene Krankheiten*[667] die arglosen Bürger auf. »Systematisch erfinden Pharmafirmen und Ärzte neue Krankheiten«, hieß es da. »Darmrumoren, sexuelle Unlust oder Wechseljahre – mit subtilen Marketingtricks werden Phänomene des normalen Lebens als krankhaft dargestellt. Die Behandlung von Gesunden sichert das Wachstum der Medizinindustrie.«

Und das geht so: »Natürliche Wechselfälle des Lebens, geringfügig vom Normalen abweichende Eigenschaften oder Verhaltensweisen werden systematisch als krankhaft umgedeutet. Pharmazeutische Unternehmen sponsern die Erfindung ganzer Krank-

heitsbilder und schaffen ihren Produkten auf diese Weise neue Märkte ... Krankheitserfinder verdienen ihr Geld an gesunden Menschen, denen sie einreden, sie wären krank.«
Die unfassbare Dreistigkeit der Konzerne erläutert Wolfgang Becker-Brüser vom kritischen *Arznei-Telegramm*. Zwecks Schaffung neuer Absatzmärkte etwa für Hormone, würden ganz natürliche Alterungserscheinungen wie Haarausfall oder Wechseljahre »zu Krankheiten hochstilisiert«. Sogar unterschiedlichste Anwendungssektoren für ein und dieselbe Arznei seien durchaus üblich. So sei »ein Medikament zunächst als Lebermittel und dann nur noch gegen ›Missempfindungen‹ bei diabetischem Nervenleiden angeboten worden.« Ein anderes Präparat sei »zuerst nur ein Prostatamittel gewesen, dann auf einmal auch ein Medikament gegen Haarausfall. Die Pharmabranche zeige sich »offensichtlich sehr kreativ, wenn es darum geht, Wirkstoffe möglichst breit zu vermarkten«.[668]
Hochgradig kriminell aber wird es, wenn ganz normale, aber vielleicht vernachlässigte, überforderte oder einfach nur zappelige Kinder für krank erklärt und mit teuren Psychopharmaka vollgestopft werden. »Ritalin ist eine Pille gegen eine erfundene Krankheit«, schreibt die *Frankfurter Allgemeine*. »Gegen die Krankheit, ein schwieriger Junge zu sein. Immer mehr Jungs bekommen die Diagnose. Die Pille macht sie glatt, gefügig, still und abhängig. Die Zauberdiagnose: ADHS, das Aufmerksamkeitsdefizit- und Hyperaktivitätssyndrom. Dann ist der Junge nicht mehr schwierig, sondern krank.«
Ulrike Lehmkuhl, Direktorin der Kinderklinik für Kinder- und Jugendpsychiatrie und Psychotherapie an der Berliner Charité, registriert seit über zehn Jahren »eine Inflation von ADHS-Diagnosen«. Eine tatsächliche Ausbreitung des Syndroms bezweifelt sie: 90 Prozent der ADHS-Diagnosen seien falsch.[669]

GEKAUFTE FORSCHER ALS KOMPLIZEN

Selbstverständlich nicht alle, aber erschreckend viele Professoren und andere Wissenschaftler bekommen beim Reizwort *Suche nach der Wahrheit* regelrechte Lachkrämpfe, vor allem im Bereich Gesundheit.

»Forschung und Lehre an den medizinischen Fakultäten wird weitgehend von Akademiker-/innen orchestriert, die gleichzeitig als Expert/-innen auf der Lohnliste der Gesundheitsindustrie stehen«, sagt Wodarg. »Gleiches gilt für die obligatorischen Fortbildungen, die überwiegend von Gesundheitskonzernen finanziert werden und wie die meisten medizinwissenschaftlichen Kongresse längst zu anspruchsvollen Marketingshows umfunktioniert wurden. Im Ergebnis konzentriert sich die pharmazeutische Forschung vor allem auf die Schaffung neuer Märkte: Eine chronisch kranke, möglichst langlebige Klientel, wie sie in Industriegesellschaften zunehmend vorzufinden ist, ist ihre Lebensgrundlage.«[670]

Und viele Hochschullehrer präsentieren sich als Ritter von der offenen Hand: »Professoren deutscher Universitäten steigen wie selbstverständlich als Meinungsbildner für die Pharmaindustrie in den Ring. Diese ›Mietmäuler‹ (Branchenspott) streichen für einen Vortrag oder einen Auftritt auf einer Pressekonferenz Honorare in Höhe von 3000 bis 4000 Euro ein und machen offen Werbung für die entsprechenden Krankheiten und die dazu passenden Produkte.«[671]

Im Frühjahr 2005 konnte *der* Megaskandal schlechthin beim besten Willen nicht mehr unter der Korruptionsdecke gehalten werden: »Hochrangige Gesundheitswissenschaftler aus Deutschland ließen sich jahrelang Studien von der Tabakindustrie bezahlen ... oft klammheimlich und oft mit sechsstelligen Beträgen ... um die Gefahren des Rauchens herunterzuspielen.«[672]

Sind unsere Haftanstalten eigentlich dermaßen überfüllt, dass dieses widerwärtige und gemeingefährliche Akademikerpack dort keinen Urlaub auf Staatskosten erhalten kann?

ZWISCHEN ORWELL UND MENGELE: ORGANHANDEL

Neben den vom faschistischen Sumpf erfundenen »Tabus«, etwa dass niemand etwas gegen ausländische Serienkiller sagen dürfe, gibt es auch echte. Jeder weiß davon, aber niemand spricht es aus: Dass katholischer Priester ihre zu Recht erotikhungrigen Partnerinnen wegen der Zölibatslüge »Haushälterin« nennen, dass Parteispenden im Durchschnitt etwas anderes als Schmiergeld sind. Oder dass Organspenden in keinem Fall auch nur annähernd dem Bedürfnis der Spender entsprechen.

In Wahrheit gilt auch hier das von unseren Eliten unter Führung der Ex-FDJ-Lady Merkel zum neuen *Neuen Testament* verklärte Ideal des *homo oeconomicus* mit einer kleinen Ergänzung: Der Menschen ist nicht nur »Humankapital« oder »Wohlstandsmüll«, sondern im Geiste von Hayek und seiner Verehrerin Merkel auch noch nach seinem Tod »Verwertungsmaterial«.

Der Autor des vorliegenden Buches jedenfalls hat seine Genehmigung zur Organentnahme zurückgezogen. Ich will nicht, dass mein Herz einem ehrlichen Durchschnittsbürger vorenthalten wird, um stattdessen für bares Geld einem reichen Faulpelz das Leben zu verlängern.

Am deutlichsten zeigt der kriminelle Teil unserer Ärzte seine Geistesart nämlich beim Organhandel.

Die Älteren unter uns werden sich noch erinnern: Am 16. Juni

1979 zeigte das ZDF Rainer Erlers Horror-Thriller *Fleisch:* Ein Organhandel-Syndikat kidnappt und ermordet systematisch gesunde Menschen, zerlegt sie nach Waidmannsart und verkauft ihre Organe an steinreiche Parasiten. Weitere Filme zu diesem Thema folgten, und da ertappte Gangster und getretene Hunde am lautesten bellen, protestierte natürlich die Ärzteschaft, die Spielhandlung verstoße gegen die Menschenwürde und nähre das »Misstrauen gegen die Medizin«.[673]

Inzwischen aber zeigt sich: Verglichen mit der Wirklichkeit, sind selbst diese angstmachenden Gruselkrimis nur harmloser Kinderkram.

»Leber im Angebot«, überschrieb die *Süddeutsche Zeitung* am 20. Juli 2012 eine Enthüllungsgeschichte über einen für unsere Marktwirtschaft typischen Organhandel-Skandal. Was Deutschlands seriösestes Blatt hier schildert, liest sich tatsächlich wie bösartige Science Fiction: »Die Sitzung war streng geheim. Fünf Wachleute stellten sicher, dass nur eingetragene Mitglieder der Deutschen Transplantationsgesellschaft (DTG) in Saal 7 des Internationalen Congresscentrums in Berlin eingelassen wurden. Was dann … hinter verschlossenen Türen besprochen wurde, dürfte sich nun zum größten Betrugsfall in der Geschichte der deutschen Transplantationsmedizin ausweiten. Am Göttinger Universitätsklinikum wurden in den vergangenen zwei Jahren offenbar in großem Stil Krankendaten gefälscht. Ausgewählte Patienten bekamen bevorzugt Spenderorgane.« Für den Strafrechtsprofessor Hans Lilie von der Universität Halle sei es »der schlimmste Vorfall, von dem er in der deutschen Transplantationsmedizin je gehört habe. In Göttingen seien nicht nur für … einen Patienten Protokolle gefälscht worden. Es gehe um zahlreiche weitere Fälle.« Laut *Süddeutscher Zeitung* sind es »schon jetzt mindestens 25 – und noch sind nicht alle Akten ausgewertet. Nachdem in Göttingen zuletzt rund 50 Lebern pro Jahr transplan-

tiert wurden, scheint die Verschiebung von Organen an der Universitätsklinik beinahe üblich gewesen zu sein.«[674]
Im Hinblick auf die nahenden Bundestagswahlen und die Zitterpartie der FDP äußerte sich auch das freidemokratische Gesundheitsministerium. Es befürchte, der große Wirbel um den Skandal könne die Bereitschaft der Bürger zur Organspende »massiv erschüttern«.
Die *Deutsche Hospiz-Stiftung* forderte, die Organspende gehöre in staatliche Hände. Sonst würden die Menschen dem System nicht vertrauen.[675]

ÄRZTEPFUSCH UND PERSONALABBAU

Exemplarisch für die ganze Republik schlugen die Mediziner in der Hauptstadt Ende 2011 Alarm. Unter dem Titel »Katastrophale Zustände in Berliner Kliniken« machte die *Berliner Zeitung* die Verzweiflung des Klinikpersonals öffentlich: »Die Arbeitsbedingungen in Krankenhäusern werden immer schlechter. Die Patienten haben darunter zu leiden.« Günther Jonitz, Präsident der Berliner Ärztekammer, nahm kein Blatt vor den Mund: »In vielen Krankenhäusern geht es mittlerweile nur noch um die Rendite und den ökonomischen Erfolg. Das hat zur Folge, dass immer weniger Ärzte in immer kürzerer Zeit immer mehr Patienten versorgen müssen.« Als Folge davon sei die Qualität der Patientenversorgung in den letzten Jahren »Zentimeter um Zentimeter« gesunken.[676]
Eine humane Behandlung der Patienten sei nur bei humanen Arbeitsbedingungen möglich, beispielsweise bei geregelten Arbeitszeiten. Kilian Tegethoff, Vorstandsvorsitzender des Landes-

verbandes Berlin-Brandenburg im Marburger Bund, präsentierte beispielhaft den Dienstplan einer Abteilung der Charité. 60 Prozent der Ärzte hätten ein Überstundenkonto von mehr als hundert Stunden, die Oberärzte sogar bis zu vierhundert. »Wenn die Ärzte diese Überstunden mit Urlaub ausgleichen, fehlen sie 10 Wochen. Da bricht der ganze Klinikbetrieb zusammen.« Besonders deutlich werde das Problem bei den fächerübergreifenden Bereitschaftsdiensten: »Eigentlich sollte ein Nervenarzt Patienten mit entsprechenden Leiden behandeln. In der Bereitschaft muss dieser jedoch als Internist agieren, ein Urologe wird kurzerhand zum Chirurg.« Es sei sogar schon vorgekommen, dass ein Urologe bei einem Kaiserschnitt helfen musste.

Als zwangsläufige Folge steigt die Zahl der ärztlichen Fehler geradezu explosionsartig.[677]

Im Februar 2012 berichtete *Bild* unter Berufung auf die Bundesregierung, allein 2010 seien eintausendsiebenhundertzwölf Patienten durch »Ärztepfusch« oder mangelhafte Medizinprodukte ums Leben gekommen, 35 Prozent mehr als im Jahr zuvor. Die Todesfälle durch direkte Ärztefehler seien von fünfhunderteinundfünfzig auf neunhundertvierundvierzig gestiegen.

Häufigste Todesursachen waren demnach mangelnde Desinfektion (410), Abstoßungsreaktionen bei einer Transplantation (171), Komplikationen bei der Implantation eines künstlichen Geräts (121), schlecht vernähte Operationswunden (61), fehlerhafte Bypassoperationen oder Transplantationen (53), versehentliche oder unbeabsichtigte Schnitte bei Operationen (47), Endoskopie-Fehler (33) und Amputationen (32).

Es geht also nicht um billige Sensationsmache mit tragischen Einzelfällen, mit der die Gossenmedien den geistig minderbemittelten Voyeur im geistig Minderbemittelten ansprechen wollen. Wichtig ist allein die Erkenntnis, dass diese Fälle systematisch produziert werden, weil die Menschen – Patienten wie Personal – nur noch als Quelle möglichst hohen Profits gesehen werden.

Als bestes Beispiel, dass ein menschenwürdiges Gesundheitssystem mit unserer Marktwirtschaft unvereinbar ist, gilt die 2003 eingeführte Fallpauschale für die Kliniken. Unvereinbar deshalb, weil beide Abrechnungsvarianten zu Missbrauch geradezu nötigen.

Ein vor allem auf Gewinnmaximierung bzw. Kostenminimierung orientiertes Krankenhaus – und das gilt für die öffentlichen Häuser nahezu genauso wie für die privaten – wird vernünftigerweise den Patienten nicht als Menschen, sondern als Kostenfaktor und Geldquelle sehen. Was für den Discounter der Billigquark ist, das ist für die Privatklinik der Patient.

- Seit Einführung der Fallpauschale, seitdem es also unabhängig von der Aufenthaltsdauer des Patienten dasselbe Geld gibt, würde man ihn am liebsten gleich aus dem OP auf die Straße befördern, damit der Platz für das nächste Stück Mensch frei wird. Man könnte ganze Bücherbände mit Einzelfällen füllen, bei denen Derartiges tagtäglich geschieht.
- Als noch nach Verweildauer abgerechnet wurde, war es üblich, Patienten möglich lange im Haus zu behalten. So wurde möglichst nie am Freitagnachmittag entlassen, sondern erst Montag früh: Übers Wochenende geschah meist nichts, und die Klinik konnte ohne jede Leistung den Tagessatz kassieren. Und selbst Patienten mit einer leichten Schürfwunde, die man heute – zu Recht – in der Ambulanz mit einem Pflaster versieht und entlässt, hätte man am liebsten »zur Beobachtung« sechs Wochen dabehalten.

Das bedeutet: Im Raubtierkapitalismus ist keines der beiden Systeme tauglich. Ein menschenwürdiges Gesundheitssystem ist nur möglich, wenn die Bedürfnisse des Patienten und nicht die Profite das Maß aller Dinge sind.

Übrigens zeigt sich der Systemcharakter auch im Kleinen, etwa im Alltag ganz normaler Arztpraxen. Nähmen sich die Mediziner tatsächlich die für jeden Patienten notwendige Zeit, so würden sie zwangsläufig über kurz oder lang Pleite machen. Grund dafür ist auch hier die Fallpauschale, diesmal für Beratungen: Der Patient gilt nicht als Mensch, sondern wird eher wie ein Auto betrachtet, bei dem ein Defekt möglichst schnell und gewinnbringend repariert werden muss.

Aber zum Glück gibt es auch – nicht nur unter jüngeren Ärzten, sondern auch in immer mehr Krankenhäusern – gegenläufige Tendenzen. »In jedem Fall betrachten wir den Menschen als Ganzes – Ihre Behandlung ist also abgestimmt auf den gesamten Körper und Ihre individuellen Eigenheiten«, verspricht zum Beispiel das Bielefelder Franziskus-Hospital, immerhin Akademisches Lehrkrankenhaus der Medizinischen Hochschule Hannover.[678]

12 LICHTGESTALT SCHRÖDER
ALS GARANTIN DES DEUTSCHEN VOLKES

Eine Frage vorweg: Was würde eigentlich eine Umfrage unter den Völkern der Welt ergeben, ob sie es bedauerten, würde das Volk der Holocaustmörder – und das werden wir für den Rest der Welt auf ewig bleiben – endlich aussterben?

Ein Interesse am Fortbestand der Deutschen haben eigentlich nur die Deutschen selbst. Hierzulande allerdings machen sich selbst menschenverachtende Neoliberale Gedanken über die Folgen ihrer Politik, nämlich sinkende Geburtenzahlen.

Laut Statistischem Bundesamt war die Zahl der Geburten 2011 mit 663 000 auf den niedrigsten Stand in der Geschichte der Bundesrepublik gesunken.[679]

Kommentar eines der intelligentesten Politiker seit der Kontinentalverschiebung, Unionsfraktionschef Volker Kauder: »In der nächsten Legislaturperiode werden wir uns das Elterngeld und seine Wirkung noch mal anschauen müssen.«[680] Derartige gesellschaftspolitische Fragen bräuchten Zeit, »damit die Regelungen in der Bevölkerung angenommen werden können«. Schnelle Entscheidungen seien deshalb falsch. In der im Herbst 2013 beginnenden nächsten Legislaturperiode müsse dann aber eine »endgültige Aussage« getroffen werden.

Ursula von der Leyen (CDU) bot den gekündigten Schlecker-Verkäuferinnen eine Umschulung zur Erzieherin oder Altenpflegerin an. Es sei ein gemeinsames Anliegen, die Beschäftigten der insolventen Drogeriemarktkette in Mangelberufe umzuschulen, sagte von der Leyen in Berlin nach einem Treffen mit dem Chef der Bundesagentur für Arbeit, Frank-Jürgen Weise, und Ver.di-Chef Frank Bsirske. Nach der Insolvenz müssen sich etwa 25 000 Beschäftigte – meist Frauen – neue Arbeit suchen. Während der zweijährigen Berufsqualifizierung zu Erzieherinnen oder Altenpflegerinnen für strukturschwache Räume sollen die ehemaligen Schlecker-Beschäftigten Arbeitslosengeld I erhalten. Das Geld für die Umschulungen stammt aus der »Initiative zur Flankierung des Strukturwandels«.

Bund, Länder und Kommunen hatten vereinbart, bis Mitte 2013 für 750 000 Kinder unter drei Jahren ein Betreuungsangebot zu schaffen. Dafür fehlen derzeit noch rund 14 000 Erzieherinnen und 16 000 Tagesmütter.[681]

Kommentar der Intelligenzbestie, Familienministerin »Frau Doktor« Kristina Schröder: »Ich kann mir gut vorstellen, dass unter diesen lebenserfahrenen Frauen viele mit Freude und Engagement diese neue berufliche Chance ergreifen wollen. Bei der Suche nach qualifizierten Erzieherinnen und Erziehern müssen wir möglichst breit aufgestellt sein.«[682]

Vielleicht auch so breit wie in einem Inserat von des »Lust&Liebe«-Forums *gofemin.de* beschrieben? »Strenge Erzieherin. Gibt es hier noch Männer, die drauf stehen, von einer strengen Frau erzogen zu werden? Mein Name ist Ingrid, und ich bin 48 Jahre alt. Auf deinen Wunsch hin werde ich dir Fotos von mir senden.«[683]

Den wahren Charakter der CDU-Heiligen nimmt Thorsten Denkler in seinem Essay »Ringelreihen in der Schlecker-Kita« in der *Süddeutschen Zeitung* am 7. Juni 2012 vorzüglich auseinander:[684] »Die Not muss groß sein. Sonst würden von der Leyen und Schröder nicht erst nach den Hartz-IV- jetzt auch die Schlecker-Frauen zu Erzieherinnen umschulen wollen. Dolle Idee! Vielleicht sollten die beiden Ministerinnen mit gutem Beispiel vorangehen. Die Agentur für Arbeit hält sicher ein paar interessante Angebote für sie parat.« Sicherlich gibt es Ausnahmen und be-

gnadete Autodidakten oder Naturtalente. Es gibt ja auch Leute, die mit 2,0 Promille immer noch besser fahren als andere nüchtern. Aber würde man deshalb die Alkoholkontrollen abschaffen? Und auch die Intelligenzbestie der Regierung, der unabhängige Experten bestenfalls einen Realschulabschluss attestieren würden, bekommt ihr Fett weg: »Schröder setzte dann nach, sie fände die Idee, die mal wieder nicht von ihr kommt, richtig klasse. Unter ›diesen lebenserfahrenen Frauen‹ seien sicher viele, die sich ›mit Freude und Engagement‹ einer solchen Aufgabe widmen wollten.« Da ist nun wirklich Fremdschämen angesagt.
»Schade, dass die Satire-Sendung ›heute show‹ im ZDF gerade Sommerpause hat. Es gäbe keinen Besseren als den Brüll-Kommentator Gernot Hassknecht, diesem Irrwitz mit den passenden Worten zu begegnen. Dies ist ein seriöses Online-Medium, da geht das nicht. Aber jeder darf sich jetzt Hassknecht in Rage vorstellen.«
Allerdings deckt Denkler die wahren Motive der halbgebildeten Turbokapitalistenbande auf. »Aber wahrscheinlich meinten von der Leyen und Schröder auch gar nicht, die Schlecker-Frauen jetzt in eine zweijährige Umschulung zur Erzieherin zu schicken. Sie haben etwas ganz anderes vor Augen. Billiger als Erzieher auszubilden ist nämlich, aus Schlecker-Frauen Tagespflegemütter zu machen. Ein Sechs-Wochen-Kurs reicht, und schon dürfen sie auf die Kleinen losgelassen werden. Das passt zum Vorschlag von Schröder, Hartz-IV-Empfänger umzuschulen.«
Und: »Wer glaubt, Schlecker-Frauen könnten von heute auf morgen Erzieherinnen werden, der glaubt auch, Bergarbeiter könnten Versicherungsverkäufer oder Steinmetze Hebammen werden. Wenn sie das beweisen wollen, können von der Leyen und Schröder gerne vorangehen. Die Agentur für Arbeit hält da sicher ein paar interessante Umschulungen für sie bereit. Gabelstaplerfahrer vielleicht? Oder Bienenzüchter? Sie haben die freie Wahl.«[685]

Lenin entwickelte 1917 in *Staat und Revolution* die Vision einer Gesellschaft, in der jede Köchin den Staat leiten könne.[686] Wir haben immerhin eine Familienministerin, deren Job kaum eine der Millionen Frauen – von der OP-Schwester über die Infotypistin bis hin zur Supermarktverkäuferin – schlechter machen könnte. Welcher Frau würde Frau Schröder ins Gesicht sagen: »Sie sind ja noch dämlicher als ich«?

13 WIE SOLL ES WEITERGEHEN?

Man muss kein Politik- oder Wirtschaftsprofessor sein, um zu erkennen, dass unsere Gesellschaft abgewirtschaftet hat und die Marktwirtschaft westlichen Typs ein Auslaufmodell ist. Und dies nicht nur ökonomisch, sondern auch und vor allem gesellschaftspolitisch.

Der Göttinger Politikprofessor Franz Walter analysiert: »Warum die Volksparteien ihr Volk verlieren« und spricht von einer Legitimationskrise der parlamentarischen Demokratie;[687] Heribert Prantl von der *SZ* schreibt: »Es reicht nicht aus, nur die Gier der Wertpapierhändler und Großmanager zu zügeln; das Regelsystem als solches ist korrumpiert.«[688] 85 Prozent der Deutschen sind davon überzeugt, künftigen Generationen werde es schlechtergehen als der heutigen.[689]

Kann man also sagen: »Der Kapitalismus hat fertig«? Und vor allem: Was käme danach?

Nun wäre nichts fataler als der historisch zigfach widerlegte Irrtum, irgendein System würde automatisch zusammenbrechen und leise weinend von der Bildfläche der Geschichte auf dem Müllhaufen derselben verschwinden. Mag unser System noch so marode werden und innerlich zerfallen: Wenn die Bürger nichts unternehmen, wird es noch in 2000 Jahren existieren.

Und zur Frage nach den Alternativen: Die meisten am Reißbrett entworfenen Gesellschaftsmodelle sind zwangsläufig gescheitert: Die Menschen lassen sich keine Konzepte überstülpen, bestenfalls erdulden sie solche politischen Systeme.

Dass die Bürger zwar von den Parteien und ihren Politikern die Nase voll haben, aber keineswegs politikverdrossen sind, zeigt z. B. die ständig steigende Anzahl von Bürgerinitiativen und deren Mitgliedern, ebenso der wahre Boom der Volksbegehren und -entscheiden: Die Leute wollen sich einmischen.

Dass sie dazu zu dumm wären, ist ein dummes Argument, vor allem, wenn es von Politikern kommt. Kanzlerin Merkel ist Physikerin, Finanzminister Schäuble und Außenamtschef Westerwelle sind Juristen, also allesamt fachfremd. Und das Argument »Hauptsache Akademiker, egal in welchem Fach« kann bestenfalls obrigkeitshörige Hauptschulabbrecher überzeugen. Oder würde sich jemand vom Juristen Edmund Stoiber am offenen Herzen operieren lassen, nur weil der einen Doktortitel hat?

Zudem haben zahllose Studien über *Kollektive Intelligenz* bewiesen, dass die »Masse« selbst bei schwierigen Problemen im Schnitt richtiger liegt als kluge »Experten«.[690]

Natürlich werden Konzepte der Massendemokratie und der damit verbundenen Auflösung herkömmlicher Hierarchien auf den erbitterten Widerstand der etablierten Parteien und Politiker stoßen. Die wenigsten Volksvertreter brächten es in ihrem erlernten Beruf auch nur annäherungsweise zu so viel Ruhm, Machtgefühl und Einkommen wie in der Politik.

Also liegt es wie immer an den Bürgern, ihr Geschick in die eigenen Hände zu nehmen. Und im Übrigen gilt wie immer:

Wo Unterdrückung ist, da ist auch Widerstand.

Mao Zedong

ANHANG

ANHANG 1

Die Sprossen der Karriereleiter

Ein Ratgeber »Wie macht man in der Partei Karriere?«, wie ihn vor Jahren der Politologe Ulrich von Alemann in Form einer Karriereleiter skizziert hat,[691] sähe heute folgendermaßen aus:

1. Nachdem uns Mami und Papi schon seit der Kindergartenzeit zu Parteitagen oder Kneipenkonvents mitgeschleppt haben, treten wir einer Nachwuchsschmiede bei: Die SPD-Falken nehmen uns ab sechs Jahren, die Schülerunion ab zwölf, Junge Union und Jusos ab vierzehn Jahren. Aber Vorsicht vor sozialer Isolation! Altkluges Stammtischgesülze, verbohrte Parteienwerbung und Hetze gegen sozial Schwache und Ausländer gilt bei den meisten Jugendlichen als »uncool«.
2. Wir studieren nebenbei und für den Lebenslauf Politologie, Jura oder »auf Lehramt«, derweil wir uns auf Orts- und Kreisebene nach oben schleimen und intrigieren sowie an unserem Netzwerk basteln: Wo spielt der Minister Golf, welcher MdB braucht einen Referenten oder wenigstens eine Hilfskraft?
3. Wir werden endlich echte Politiker, ob nun als Stadtrat, Parteigeschäftsführer oder Chef einer Parteigliederung, wobei wir aber keinesfalls die Verankerung in der örtlichen Basis vernachlässigen dürfen. Denn ohne Erfolg in Parteiämtern kein Bundestagsmandat.
4. Dieses Mandat erwerben wir mit etwa siebenunddreißig Jahren

als politischen »Gesellenbrief« (so von Alemann). Wir haben es geschafft, und wenn wir uns nicht mit goldenen Löffeln bestechen und dabei erwischen lassen, kann uns keiner mehr was.
5. Im Bundestag hocken wir möglichst vier Wahlperioden lang, also normalerweise sechzehn Jahre. Dann sind wir Mitte fünfzig, haben uns eine fette Pension verdient und auch sonst einiges legal oder halbseiden auf die Seite geschafft. Ein neues Leben kann beginnen, gern auch mit neuem Lebensabschnittspartner.
6. Wir starten eine zweite Karriere in einem Dankeschönjob, ob als Aufsichtsrat, Heuschreckenberater, Verbandspräsident oder auch nur als Talkshow-Dauergast.

So begleitet die Partei den Politiker von der Wiege bis in den Tod: »Von Staub zu Staub«, und dazwischen ist die Partei.
(Aus: Thomas Wieczorek: *Die Dilettanten*. Knaur, München 2009, S. 42 ff.)

ANHANG 2

•

Das wahre Ergebnis der Bundestagswahl 2009

Nichtwähler	29,8 Prozent
CDU/CSU	23,7 Prozent
SPD	16,2 Prozent
FDP	10,2 Prozent
Linke	8,4 Prozent
Grüne	7,5 Prozent

ANHANG 3

In einem Interview mit dem französischen Blatt *Lettre International* – wollten deutsche Medien sich dafür nicht hergeben? – plauderte Sarrazin unbefangen aus, was er sich wirklich in seinem wie auch immer gearteten Hirn zurechtphantasiert.

»Die Türken erobern Deutschland genauso, wie die Kosovaren das Kosovo erobert haben: durch eine höhere Geburtenrate ... Ich muss niemanden anerkennen, der vom Staat lebt, diesen Staat ablehnt, für die Ausbildung seiner Kinder nicht vernünftig sorgt und ständig neue kleine Kopftuchmädchen produziert. Das gilt für 70 Prozent der türkischen und 90 Prozent der arabischen Bevölkerung in Berlin.«[692]

Christian Staas von der *Zeit* sieht Sarrazins Thesen als »rassenbiologischen Schriften entlehnt« und seine Visionen als »eugenisches Projekt zum ›Auswachsen‹ unbrauchbaren Lebens.«[693]

»Zentralrat der Juden vergleicht Sarrazin mit Hitler«, lautete der Aufmacher von *Welt Online* am 9. Oktober 2009. Der Generalsekretär Stephan Kramer nannte Sarrazins Worte »perfide, infam und volksverhetzend«. Sarrazins Analyse von Problemen der Unterschichten erinnere an die Untermenschen-Terminologie der Nazis.[694]

»NPD buhlt um Sarrazin«, titelte *Focus Online* am 30. August 2010,[695] und die DVU nahm ihn gegen »politisch korrektes Trommelfeuer« in Schutz.[696]

Noch Fragen, wo Sarrazin und die übergroße Mehrheit seiner – auch prominenten – Fürsprecher und Verehrer politisch stehen?

DANKSAGUNG

Mein herzliches Dankeschön für ebenso befruchtende wie erbauliche Mitarbeit durch Diskussionen, Hinweise und Ratschläge gilt besonders Klaus Peter Kisker, Helge Meves, Gisela Müller-Plath, Wolf-Dieter Narr, Ernst Röhl, Annie Roth, Peter Saalmüller, Uwe Schummer sowie den Organisationen *Transparency International* und *Lobby Control*. Und den im Bundestag vertretenen Parteien. Ebenso gilt mein Dank den zahllosen kleinen und großen »sachdienlichen Hinweisen aus der Bevölkerung«, ohne die dieses Buch nicht dieses Buch geworden wäre. Auch künftig bin ich für Kritik und Anregungen sehr dankbar. Ernst genommen und beantwortet werden sie in jedem Fall.

Adresse: *wieczo72@t-online.de*

LITERATUR

Adorno, Theodor W.: *Theorie der Halbbildung*. Suhrkamp, Frankfurt am Main 2006
Albert, Michel: *Kapitalismus kontra Kapitalismus*. Campus, Frankfurt am Main 1992
Albrecht, Ulrich: »Informelle Regulation in Transformationsgesellschaften«, in: Hopfmann, Alemann, Ulrich von: *Das Parteiensystem der Bundesrepublik Deutschland*. Leske + Budrich, Opladen 2001
Altvater, Elmar/Mahnkopf Birgit: *Globalisierung der Unsicherheit*. Westfälisches Dampfboot, Münster 2002
Arendt, Hannah: *Wahrheit und Politik*. Wagenbach, Berlin 2006
Aristoteles: *Nikomachische Ethik*. Meiner, Hamburg 1985
Arndt/Wolf, Michael (Hrsg.): *Transformation und Interdependenz. Beiträge zu Theorie und Empirie der mittel- und osteuropäischen Systemwechsel*. LIT, Münster 1998
Blüm, Norbert: *Gerechtigkeit*. Herder, Freiburg 2006
Böll, Heinrich: *Fürsorgliche Belagerung*. Kiepenheuer & Witsch, Köln 1979
Bourdieu, Pierre: *Wie die Kultur zum Bauern kommt. Über Bildung, Schule und Politik*. VSA, Hamburg 2001
Decker Oliver u. a.: *Die Mitte der Krise*. Friedrich-Ebert-Stiftung, Berlin 2010
Downs, Anthony: *Ökonomische Theorie der Demokratie*. J.C.B. Mohr (Paul Siebeck), Tübingen 1968
Düwell, Marcus/Hübenthal, Christoph/Werner, Micha H. (Hrsg.): *Handbuch Ethik*. Metzler, Stuttgart, 2006
Eppler Erhard: *Das Schwerste ist Glaubwürdigkeit*. Rowohlt, Reinbek 1978
Fukuyama, Francis: *Das Ende der Geschichte*. Kindler, München 1992
Geißler, Heiner: *Was würde Jesus heute sagen? Die politische Botschaft des Evangeliums*. Rowohlt, Berlin 2003
Goetz, John/Neumann,Conny/Schröm, Oliver: *Allein gegen Kohl, Kiep & Co.* Ch. Links Verlag, Berlin 2000
Hayek, Friedrich August von: »Wissenschaft und Sozialismus«, »Grundsätze einer liberalen Gesellschaftsordnung«, in: Hayek, Friedrich August von: *Liberalismus. Vorträge und Aufsätze*. Walter-Eucken-Institut, Tübingen 1979
Hayek, Friedrich Otto von: *Die Illusion der sozialen Gerechtigkeit*. Moderne Industrie, Landsberg 1981
Hayek, Friedrich Otto von: *Aufsätze zur Sozialismuskritik,* Band 7. Mohr Siebeck, Tübingen 2004
Hengsbach, Friedhelm: *Soziale Gerechtigkeit unter Globalisierungsdruck?* Vortrag anlässlich der Jahrestagung der Otto-Brenner-Stiftung »Globalisierung oder Gerechtigkeit?« am 30. und 31. Oktober 2002 in Berlin
Homann, Karl (1994/2002): »Ethik und Ökonomik: Zur Theoriestrategie der Wirtschaftsethik«, in: Homann, K./Lütge, Christoph (Hrsg.): *Vorteile und Anreize,* Mohr Siebeck, Tübingen 1994

Homann, Karl / Suchanek, Andreas: *Ökonomik: Eine Einführung.* Mohr Siebeck, Tübingen 2000

Keynes, John Maynard: *Essays in Persuation.* Macmillan, London 1931

Kisker, Klaus Peter: »Empörung der modernen Produktivkräfte gegen die modernen Produktionsverhältnisse im Zeitalter der ›Globalisierung‹«, in: Hickel, Rudolf / Kisker, Klaus Peter / Mattfeldt, Harald / Troost, Axel (Hrsg.): *Politik des Kapitals – heute.* VSA-Verlag, Hamburg 2000

Liessmann, Konrad Paul: *Theorie der Unbildung.* Zsolnay, Wien 2006

Meadows, Donella u. a.: *Die Grenzen des Wachstums. Bericht des Club of Rome zur Lage der Menschheit.* Deutsche Verlags-Anstalt, Stuttgart 1972

Meyer, Thomas: *Mediokratie.* Suhrkamp, Frankfurt am Main 2001

Model, Otto / Creifelds, Carl / Zierl, Gerhard: *Staatsbürger-Taschenbuch.* Beck, München 2000

Nietzsche, Friedrich: *Werke in drei Bänden.* Band 3. Hanser, München 1954

Prantl, Heribert: *Wir sind viele.* Süddeutsche Zeitung Edition, München 2012

Pütz, Theodor: *Grundlagen der theoretischen Wirtschaftspolitik.* Gustav Fischer, Stuttgart 1975

Rausch, Heinz: *Der Abgeordnete. Idee und Wirklichkeit.* Bayerische Landeszentrale für politische Bildung, München 1965

Rawls, John: *Eine Theorie der Gerechtigkeit.* Suhrkamp, Frankfurt am Main 1998

Schäuble, Wolfgang: *Mitten im Leben.* Bertelsmann, Gütersloh 2000

Schumpeter, Joseph: *Das Wesen des Geldes.* Vandenhoeck + Ruprecht, Göttingen 1970

Schwanitz, Dietrich: *Alles, was man wissen muss.* Goldmann, München 2002

Smith, Adam: *Reichtum der Nationen.* Voltmedia, Paderborn 2004

Smith, Adam: *The Wealth of Nations.* Modern Library Edition, New York 1937

Streit, Manfred: *Theorie der Wirtschaftspolitik.* Werner Verlag, Düsseldorf 1991

Suchanek, Andreas: *Ökonomische Ethik.* Mohr Siebeck, Tübingen 2001

Sutor, Bernd: *Kleine politische Ethik.* Bundeszentrale für Politische Bildung, Bonn 1997

Transparency International: *Global Corruption Report 2008.* Cambridge University Press, Cambridge Juni 2008

Wickert, Ulrich: *Der Ehrliche ist der Dumme: Über den Verlust der Werte.* Heyne, München 2005

Wieczorek, Thomas: *Die Dilettanten.* Knaur, München 2009

Wieczorek, Thomas: *Die geplünderte Republik.* Knaur, München 2010

Wieczorek, Thomas: *Die geschmierte Republik.* Knaur, München 2012

Wieczorek, Thomas: *Die Normalität der Politischen Korruption. Das Beispiel Leuna / Minol.* Dissertation an der FU Berlin. Grin-Verlag, München 2002

Wieczorek, Thomas: *Die verblödete Republik.* Knaur, München 2009

Wieczorek, Thomas: *Die Stümper.* Knaur, München 2005

Wieczorek, Thomas: *Schwarzbuch Beamte.* Knaur, München 2010

ANMERKUNGEN

Einleitung

1 Tony Carey Cover; *Wenn der Wind sich dreht*, gesungen von Milva
2 Wladimir Iljitsch Lenin: *Der Imperialismus als höchstes Stadium des Kapitalismus, (1916)*, in: Wladimir Iljitsch Lenin: *Werke*, Band 22, Berlin/DDR 1972, S. 280
3 Henryk M. Broder: »›Die Dilettanten sind die Heroen unserer Tage‹«, in: *Welt Online*, 26. März 2012
4 Dieser Ausruf entfuhr Cicero in der ersten Rede gegen seinen Lieblingsfeind Catilina im Jahre 63 v. Chr. Und auch der erste Satz der Polemik ist brandaktuell: *Quousque tandem abutere, Catilina, patientia nostra?* »Wie lange noch willst du unsere Geduld strapazieren?«
5 Jakob Augstein: »Verdient gescheitert – die SPD«, in: *Spiegel Online*, 26. März 2012
6 »Die fünf größten Gefahren für die Piraten«, in: *Spiegel Online*, 28. März 2012
7 »Die große Kluft«, in: *manager-magazin online*, 18. September 2007

Parasitäre »Eliten«: Die Gesellschaft stinkt vom Kopfe her

8 Westerwelle erwarb sich diesen Spitznamen, als er am 14. Oktober 2000 im RTL-Gossencontainer *Big Brother* beim kulturellen Bodensatz der Gesellschaft auf Stimmenfang ging.
9 »An die deutsche Mittelschicht denkt niemand«, in: *Welt Online*, 11. Februar 2010
10 http://www.sueddeutsche.de/politik/fdp-chef-dekadenzalarm-westerwelle-wild-wie-nie-166714
11 »Mindestlohn ist DDR pur ohne Mauer«, in: *Welt Online*, 11. Dezember 2007
12 Johannes Röhrig: »Gnade und Recht«, in: *stern.de*, 25. Januar 2007
13 Nach § 146 des Gerichtsverfassungsgesetzes
14 »Klaus Esser soll ins Gefängnis«, in: *Tagesspiegel Online*, 1. Juli 2004
15 AZ: XIV 5/03
16 AZ: 3 StR 470/04
17 Dabei entfielen auf Ackermann 3,2, auf Esser 1,5 Mio., auf Funk eine Mio. Euro, auf Zwickel 60 000, auf Ladberg 12 500 und auf Droste 30 000 Euro.
18 »Kein Freispruch zweiter Klasse«, in: *faz.net*, 29. November 2009
19 »Mannesmann-Verfahren beendet«, in: *faz.net*, 7. Februar 2007
20 »Kohl kam mit 300 000 Mark Strafe davon – die treue Seele«, in: *taz.de*, 19. April 2005

21 »Kanzler Kohl: Hilfe für das Privat-TV«, in *Der Spiegel,* Nr. 9, 29. Februar 1988, S. 16
22 »ARD veröffentlicht Kohls Beratervertrag bei Kirch«, in: *faz.net,* 31. Juli 2003
23 »Kanther muss 54 000 Euro zahlen«, in: *stern.de,* 27. September 2007
24 »Kanther erhält Bewährungsstrafe«, in: *Handelsblatt.com* 18, April 2005
25 »Klaus Zumwinkel zu Bewährungsstrafe verurteilt«, in: *Welt Online,* 26. Januar 2009
26 AZ 1 Ws 72/09 vom 20. Februar 2012
27 Heribert Prantl: »Unschuld? Kostet 13 000 Euro«, in: *sueddeutsche.de,* 11. April 2012
28 Deutschland hat anders als bislang über 150 Staaten die UN-Konvention über die Bestechung und Bestechlichkeit von Volksvertretern (UNCAC) von 2003 noch immer nicht ratifiziert. Siehe dazu auch: Thomas Wieczorek: *Die geschmierte Republik.* Knaur, München 2012, S. 286 f.
29 Das äußerst vielschichtige und komplizierte Thema »Leistungsprinzip« kann an dieser Stelle natürlich nicht erschöpfend behandelt werden.
30 Katharina Schuler: »Arbeiten fürs Essen«, in: *Zeit Online,* 17. Mai 2006
31 Zweiter Brief des Paulus an die Thessalonicher, Kapitel 3, Vers 10
32 »August von Finck junior«, in: *Wikipedia*
33 AZ: 30 O24 193/09
34 Über seine mickrigen 65 Millionen
35 Henning Peitsmeier: »Adel vernichtet«, in: *faz.net,* 14. Januar 2010
36 »August von Finck senior«, in: *Wikipedia*
37 Ebd.
38 Chaim Frank: »Entnazifizierung«. Dokumentations-Archiv 2001
39 »The World's Billionaires«, in: *Forbes.com,* März 2012
40 »Das ganze Ausmaß in voller Länge«, in: *faz.net,* 22. November 2007
41 Werner Rügemer: »Das reichste deutsche Opfer – Susanne Klatten«, in: Peter Sodann (Hrsg.): *Schlitzohren und Halunken.* Eulenspiegel Verlag, Berlin 2010, S. 89 ff.
42 »Aldi, Wallraff und das Billigheimer-Prinzip«, in: *Welt Online,* 30. April 2012
43 »Ausgepackt«, in: *Spiegel,* Nr. 18, 30. April 2012
44 »Die Wirtschafts-Wunderstory«, in: *Spiegel Online,* 30. April 2012
45 »Hochgeheiratet – diese Frauen wurden durch ihre Männer mächtig«, in: *berliner-zeitung.de,* 17. Mai 2012
46 »Frauen in der Wirtschaft: Karrieren für das Erbe«, in: *Spiegel Online,* 12. März 2012
47 Ebd.
48 Ebd.
49 Werner Rügemer: »Das reichste deutsche Opfer – Susanne Klatten«, in: Peter Sodann (Hrsg.): *Schlitzohren und Halunken.* Eulenspiegel Verlag, Berlin 2010, S. 89 ff.

50 »Maria-Elisabeth Schaeffler«, in: *Wikipedia*
51 »Frauen in der Wirtschaft: Karrieren für das Erbe«, a.a.O.
52 »›Die Zukunft falsch eingeschätzt‹«, in: *Spiegel Online,* 23. März 2003
53 »Maria-Elisabeth Schaeffler«, in: *Wikipedia*
54 Katy Weber/Karsten Langer: »Weiblich, ledig, reich«, in: *manager-magazin.de,* 3. Januar 2004
55 »Frauen in der Wirtschaft: Karrieren für das Erbe«, a.a.O., sowie http://www.germanyfinance.cn
56 Spitzname für ihren Gatten. Vergleiche: Forum *Beauty24,* 25. November 2008
57 Gemäß den traditionellen Richtlinien des privat organisierten Adelsrechtsausschusses. Siehe: »Gloria von Thurn und Taxis«, in: *Wikipedia*
58 »Frauen in der Wirtschaft«, a.a.O.; Quellen des Abschnitts außerdem: Julia Pfeifer: »Punker-Fürstin und schnackselnde Schwarze«, in: *news.de,* 16. April 2011
59 »Gloria von Thurn und Taxis plant Seniorenresidenz«, in: *wiwo.de,* 23. Dezember 2010
60 »Thurn und Taxis«, in: *Wikipedia*
61 »Warum Piëch seine Frau Ursula in den Aufsichtsrat holt«, in: *Focus Money Online,* 19. April 2012
62 Ebd.
63 Ebd.
64 »Berlin und Brandenburg sind Billiglohnländer«, in: *Tagesspiegel Online,* 2. November 2011
65 So viel verdienen Gewerkschaftsbosse«, in: *sueddeutsche.de,* 18. Februar 2009
66 http://www.zeit.de/wirtschaft/unternehmen/2012-03/manager-gehaelter-gewerkschaften/komplettansicht
67 »Der Schlecker-Familie bleiben 40 Millionen«, in: *Handelsblatt.com,* 2. Juni 2012; Hervorhebungen: T.W.
68 »Die Flucht der Elite«, in: *Der Spiegel,* Nr. 17, 21. April 2008, S. 28
69 Heinrich Böll: *Fürsorgliche Belagerung.* Kiepenheuer & Witsch, Köln 1979
70 Matthäus 19, 24. Nach neuester Forschung soll mit »Nadelöhr« ein niedriges Stadttor Jerusalems gemeint sein. Dies ändert aber nichts an der Aussage, da das Kamel zum Passieren des Tores niederknien und sämtlichen Besitz des Reichen zurücklassen muss.
71 »Reiche müssen endlich in den Staat investieren«, in: *Welt Online,* 14. November 2011
72 Initiative Vermögender: *Appell für eine Vermögensabgabe.* www.appell-vermoegensabgabe.de
73 Ebd.
74 Initiative: »Vermögenssteuer jetzt«, www.vermoegensteuerjetzt.de

Sicherheit – nur was für Gruftys und Weicheier?

75 Das Originalzitat stammt allerdings zur Überraschung der Halbbildungsbürger vom Komödiendichter Plautus (ca. 250 v. Chr.–184 v. Chr.): »*lupus est homo homini, non homo, quom qualis sit non novit.*« *Ein Wolf ist der Mensch dem Menschen, nicht ein Mensch, wenn man sich nicht kennt.*
Quelle: Titus Maccius Plautus: *Asinaria, 495.* In: The Latin Library: *T. MACCIVS PLAVTVS*

76 Originaltext: »… that during the time men live without a common Power to keep them all in awe, they are in that Condition which is called Warre; and such warre, as is of every man, against every man.« Thomas Hobbes: *Leviathan* (1651), Teil 1, Kapitel 13, S. 62. Deutsche Übersetzung: Thomas Hobbes: *Leviathan.* Reclam, Stuttgart 2010, S. 115

77 Dass dieser Geist auch in unserem Nachbarland weitestgehend schöne Theorie blieb, steht auf einem anderen Blatt.

78 Den Ausdruck *Rheinischer Kapitalismus* erfand der französische Ökonom Michel Albert im Jahr 1991 in seinem Werk *Kapitalismus kontra Kapitalismus* (Campus, Frankfurt am Main 1992). Hier vergleicht er ihn mit der »neoamerikanischen« freien Marktwirtschaft von Ronald Reagan und Margaret Thatcher, findet zwei einander ausschließende Wertesysteme innerhalb »desselben Kapitalismus, inmitten desselben Liberalismus« (S. 26) und beurteilt das rheinische Modell als »gerechter, effizienter und weniger gewalttätig«. Siehe auch: »Rheinischer Kapitalismus«, in: *Wikipedia.*

79 »Peer Steinbrück warnt vor Überregulierung«, in: *Welt Online,* 28. Oktober 2008

80 Gefunden auf der Internetseite *Wer-weiß-was*

81 Das Deutsche Lebensmittelbuch ist eine Leitsatzsammlung und wird unter anderem vom Bundesministerium für Verbraucherschutz veröffentlicht.

82 Siehe auch: Thomas Wieczorek: *Schwarzbuch Beamte.* Knaur, München 2010, S. 234 f.

83 Alfred Hartenbach: »Standortvorteil Recht«. Vortrag auf der Veranstaltung der IHK Kassel am 6. Juli 2005. Zitiert in: Thomas Wieczorek: *Schwarzbuch Beamte.* Knaur, München 2010, S. 209

84 Sieht man einmal von den gerade für Kleinunternehmen und Selbständige schikanösen Steuer- und Gewerbebestimmungen ab.

85 Elmar Altvater und Birgit Mahnkopf: *Globalisierung der Unsicherheit.* Westfälisches Dampfboot, Münster 2002, S. 73

86 Ebd., S. 75

87 Siehe dazu auch: Ulrich Albrecht: »Informelle Regulation in Transformationsgesellschaften«, in: Arndt Hopfmann/Michael Wolf, (Hrsg.): *Transformation und Interdependenz. Beiträge zu Theorie und Empirie der mittel- und osteuropäischen Systemwechsel.* LIT, Münster 1998, S. 188

88 Ebd. S. 74

89 vgl.: ebd., S. 74

90 »Schnelles Geld für Kleinfirmen«, in: *FR-online,* 29. Januar 2010
91 »Baugewerbe bangt um Zahlungsmoral des Staates«, in: *faz.net,* 27. März 2012
92 »Volles Risiko für die Euro-Rettung«, in: *Focus Money Online,* 29. September 2011
93 »Was kann der neue Euro-Schirm«, in: *sueddeutsche.de,* 29. März 2012
94 »Deutsche glauben nicht mehr an Europa«, in: *Welt Online,* 17. September 2012
95 »Gelangweilt in der sozialen Hängematte«, in: *derwesten.de,* 1. März 2012
96 »Präsidialamt gesteht Wulff Ehrensold zu«, in: *Zeit Online,* 29. Februar 2012
97 »Wulff verlangt sämtliche Statussymbole«; in: *Financial Times Deutschland, ftd. mobil,* 5. März 2012
98 Christian Mathea: »Der Beamte, der Millionen einbringt«, in: *news.de,* 19. Juni 2010
99 »Staat lässt jährlich 30 Milliarden Euro liegen«; in: *N24.de,* 3. April 2009

Deutschland verfällt

100 »Deutschland zerfällt«, in: *Handelsblatt.com,* 21. März 2012
101 »Wer haftet bei Schlagloch-Schäden?«, in: *Der Westen,* 6. Januar 2011
102 »Zurück in die Steinzeit«, in: *AutoBild.de,* 22. März 2002
103 »Das Straßennetz in Deutschland verrottet«, in: *Welt Online,* 25. April 2011
104 »A100 wegen Schlaglöchern gesperrt«, in: *morgenpost.de,* 11. Oktober 2011
105 »Millionenteure Posse in Hamburg«, in: *sueddeutsche.de,* 12. Mai 2012
106 Ebd.
107 »Sogar die BBC will eins«, in: *sueddeutsche.de,* 4. März 2010
108 Francis Fukuyama: *Das Ende der Geschichte.* Kindler, München 1992
109 »Deutsche Bahn«, in: *Wikipedia*
110 Sebastian Christ: »Der ›Schlanke Staat‹ wird magersüchtig«, in: *stern.de,* 21. Juli 2009
111 »Jeder fünfte Fernzug verspätet«, in: *sueddeutsche.de,* 20. September 2011
112 Ebd.
113 »Börsengang am Sankt-Nimmerleins-Tag«, in: *N24.de,* 19. Januar 2011
114 »S-Bahn Berlin feuert sämtliche Chefs«, in: *Zeit Online,* 28/2009
115 »Skandal um Sicherheit bei der S-Bahn«, in: *berlin-online,* 1. Juli 2009
116 »Berlin versinkt im S-Bahn-Chaos«, in: *Handelsblatt.com,* 3. Januar 2011
117 »Die toten Gleise vom Berlin«, in: *Tagesspiegel Online,* 4. Januar 2011
118 »Berlin hat die Schnauze voll«, in: *Bild.de,* 5. Januar 2011
119 »Berliner S-Bahn-Chaos kostet 700 Millionen«, in: *Spiegel Online,* 10. Januar 2011
120 Ebd.
121 »Bahn will Gewinne aus Schienennetz erheblich steigern«: in: *Spiegel Online,* 11. Dezember 2011
122 »Bahn darf 1700 Kilometer Schienen stilllegen – und trotzdem kassieren«, in: *Spiegel Online,* 19. Mai 2008

123 »Deutsche Bahn investiert noch mehr Milliarden«, in: *Spiegel Online,* 26. Januar 2012
124 »Bahn zahlte Millionen für Täuschung«, in: *Handelsblatt.com,* 5. Mai 2009
125 »Bitte warten. Und warten. Und warten«, in: *sueddeutsche.de,* 22. August 2011
126 »Manche Opfer werden nie gefunden«, in: *Focus Online,* 2. November 2911
127 »Zugbegleiterin setzt Mädchen im Dunkeln aus«, in: *stern.de,* 22. Oktober 2008
128 »Polizei ermittelt gegen Schaffnerin«, in: *stern.de,* 24. Oktober 2012
129 »Schaffner wirft 13-Jährige aus Zug«, in: *stern.de,* 7. November 2008
130 »Bahn mahnt Schaffner per SMS«, 14. November 2008
131 »Kinder müssen ohne Mutter reisen«, in: *stern.de,* 21. Dezember 2008
132 »Schaffnerin wirft 16-Jährige nachts aus dem Zug, in: *Welt Online,* 28. Januar 2010
133 »Schaffner lässt Siebenjährigen am Bahnhof stehen«, in: *Welt Online,* 11. August 2011
134 »Zugbegleiter wirft Elfjährigen aus der Bahn«, in: *Welt Online,* 17. Januar 2012
135 Friedrich August von Hayek: »Wissenschaft und Sozialismus«, in: *Gesammelte Schriften: Aufsätze zur Sozialismuskritik,* Band 7. Mohr Siebeck, Tübingen 2004, S. 61f.
136 Angela Merkel: »Das Prinzip individuelle Freiheit«, in: *Financial Times Deutschland,* ftd.de, 18. Januar 2005
137 »Zehn Tote bei Zugunglück in Sachsen-Anhalt«, in: *Welt Online.de,* 30. Januar 2011
138 Ebd.
139 »Regionalbahn entgleist: Drei Tote bei schwerem Zugunglück in Hessen«, in: *Spiegel Online,* 13. April 2012
140 www.faz.net / aktuell / gesellschaft / ungluecke-und-katastrophen / bahnunfall-intercity-bei-st-goar-entgleist-11164662.html
141 »Lok entgleist und stürzt auf die Straße«, in: Radio Hamburg, 10. 11. 2011
142 »Lebensgefährliche Sogwirkung auf Bahnhöfen«, in: *Zeit Online,* 25. Februar 2011
143 »Scharfe Kritik an der Bahn nach Preiserhöhung«, in: *Welt Online,* 21. April 2012
144 »Börsengang am Sankt-Nimmerleins-Tag«, in: *N42.de,* 19. Januar 2011
145 »Bahn: Börsengangs-Diskussion momentan überflüssig«, in: *verkehrsRundschau,* 2. März 2011
146 »Dieses Duo blamiert ganz Deutschland«, in: *Bild.de,* 8. Mai 2012
147 Träger sind zu je 37 Prozent Berlin und Brandenburg sowie zu 26 Prozent der Bund.
148 »Eine Serie von Täuschungen und Vertuschungen«, in: *Tagesspiegel Online,* 11. Mai 2012
149 Planfeststellungsbeschluss Ausbau Verkehrsflughafen Berlin-Schönefeld, 44 / 1 – 6441 / 1 / 101

150 »Eine Serie ...«, siehe Anm. 148
151 »Flughafen BBI: Gerüchte über Preisabsprache«, in *Tagesspiegel Online,* 29. November 2007
152 »Eine Serie ...«, siehe Anm. 148
153 »Ein Desaster für die Stadt«, in: *tagesspiegel.de,* 9. Mai 2012
154 »Anwälte rechnen mit langwierigen Schadenersatz-Prozessen«, in: *morgenpost.de,* 9. Mai 2012
155 »Fluglinien wollen nach BER-Blamage Schadenersatz«, in: *Financial Times Deutschland, ftd.de,* 13. Mai 2012
156 »Millionenschwere Warteschleife«, in: *taz.de,* 9. Mai 2012
157 »Anwälte rechnen ...«, a. a. O.
158 »Flughafenchef: BER kostet jetzt schon drei Milliarden Euro«, in: *Tagesspiegel Online,* 30. Mai 2012
159 Ebd.
160 »Wowereit kann einpacken«, in: *sueddeutsche.de,* 4. September 2012
161 »Das ganze verheerende Ausmaß des BER-Desasters«, in: *Welt Online,* 24. Oktober 2012
162 »Wowereit: Wilde Knutscherei mit Désirée Nick«, in: *ShortNews,* 16. November 2004
163 »Landesregierung will an Flughafenausbau festhalten«, in: *sueddeutsche.de,* 17. Juni 2012
164 Wie Wutbürger den Wirtschaftsstandort Bayern gefährden«, in: *Focus Online,* 18. Juni 2012
165 »Koalition nimmt Köhler beim Wort«, in: *sueddeutsche.de,* 24. Oktober 2006
166 »Synopse zu Artikel 87 d Grundgesetz für die Bundesrepublik Deutschland (GG)«, in: *buzer.de*
167 »Änderungen durch Gesetz zur Errichtung eines Bundesaufsichtsamtes für Flugsicherung und zur Änderung und Anpassung weiterer Vorschriften«. Gesetz vom 29. Juli 2009. Bundesgesetzblatt I S. 2424, in: *buzer.de*
168 Bundesrat: »Gesetzentwurf der Bundesregierung«. Drucksache 831/08, 7. November 2008
169 »Flugsicherung räumt Fehler ein«, in: *FR-Online,* 10. April 2012
170 »Was die Piraten wollen«, in: *sueddeutsche.de,* 19. September 2011
171 »Renaissance von Umweltverbund und Urbanität«, in: *wipage.de*
172 »Ex-Verkehrsminister Wissmann wird Autolobbyist«, in: *LobbyControl,* 26. März 2007
173 Matthias Wissmann (CDU), in: *Focus Online,* Juni 2012
174 »In der City nur noch Ramsch«, in: *Focus Money Online,* 3. Februar 2009
175 »Arm und doch nicht sexy«, in: *Focus Online,* 1. Februar 2010
176 »In der City nur noch Ramsch«, in: *Focus Money Online,* 3. Februar 2009
177 »Einkaufszentrum«, in: *Wikipedia*
178 »Leere Läden in der Innenstadt«, in: *braunschweig-spiegel.de,* 8. August 2011

179 Ebd.
180 »Ruinen drücken Hauspreise in der Nachbarschaft«, in: *Welt Online,* 6. August 2010
181 Ebd.
182 Andreas Dey: »Dem Verfall preisgegeben«, in: *abendblatt.de,* 11. Juli 2011
183 »Gegen die weitere Verwahrlosung unserer Stadt«, in: Homepage von Florian Graf, April 2012
184 »Was wird aus Bremens Schand-Ruinen?«, in: *Bild.de,* 20. Juli 2011
185 »Die Ruinen stehen immer noch«, in: *faz.net,* 21. Februar 2012
186 »Ruinen drücken Hauspreise in der Nachbarschaft«, in: *Welt Online,* 6. August 2010
187 »Grüne: Verfall der Innenstädte stoppen«, in: *halleforum.de,* 18. April 2010
188 »Schulgebäude verfallen«, in: *berliner-zeitung.de,* 16. April 2012
189 »Gegen die weitere Verwahrlosung unserer Stadt«, in: Homepage von Florian Graf, April 2012
190 »Außen pfui – innen pfui: Berlins Schulen verfallen«, in: *morgenpost.de,* 18. April 2012
191 »Schule verrottet – Stadt muss Millionen zahlen«, in: *abendblatt.de,* 11. Juli 2007
192 »Bis 2020: Forscher fordern 73 Milliarden für Schulgebäude«, in: *Welt Online,* 14. September 2010
193 »Warum VIP-Logen, wenn Schulen verfallen?«, in: *braunschweig-online,* 10. Februar 2011
194 Homepage der Montessori-Oberschule Potsdam
195 Eltern, Schüler und Lehrer verleihen der Schule frische Farbe«, Homepage der Henry-Benrath-Schule, 30. Januar 2012
196 Homepage der Regionalen Schule Rechlin, Februar 2012
197 Homepage der Burg-Landshut-Schule, 25. November 2005
198 »Post erfindet E-Mail«, in: *Spiegel Online,* 24. Juli 2009
199 Thomas Wieczorek: *Die geplünderte Republik.* Knaur, München 2010, S. 191 f.
200 Felix Kurz: »Briefe im Weiher«, in: *Der Spiegel,* 23. Mai 2005, S. 58
201 »Tausende Briefe und Pakete kommen nie an«, in: *Welt Online,* 22. August 2011
202 »Mehrjährige Haftstrafen gegen Postdiebe von Trier«, in: *wikinews,* 6. September 2005
203 Felix Kurz: »Briefe im Weiher«, a. a. O.
204 Catrin Boldebuck/Elke Schulze: »Betrug, Bestechung, Doping«. in: *stern.de,* 2. Juni 2008
205 »Telekom sprengt alle Dimensionen«, in: *stern.de,* 1. Juni 2008
206 »Überwachungsaffäre der Deutschen Telekom«, in: *Wikipedia*
207 »Gefängnis für Angeklagten im Telekom-Spitzelprozess«, in: *Financial Times Deutschland, ftd.de,* 30. November 2010

208 »Telekom-Affäre endet glimpflich für Ricke und Zumwinkel«, in: *Financial Times Deutschland,* ftd.de, 1. April 2011
209 »Diebe klauten 17 Millionen T-Mobile-Kundendatensätze«, in: *Spiegel Online,* 4. Oktober 2010
210 Nach § 148 Absatz 1 Satz 1 des Telekommunikationsgesetzes (TKG)
211 Ebd., Satz 2
212 Letzte Änderung am 25. März 2009
213 Generalstaatsanwaltschaft München: »Leitfaden zum Datenzugriff«, Juni 2011
214 »Wachleute filmten heimlich Merkels Wohnzimmer«, in: *Spiegel Online,* 26. März 2006
215 »Minister wollen Facebook-Schnüffelei stoppen«, in: *Spiegel Online,* 7. Juli 2012
216 Bundesverfassungsgericht: »Leitsätze zum Beschluss des Ersten Senats vom 24. Januar 2012 – 1 BvR 1299/05«
217 »Karlsruhe bremst staatliche Daten-Schnüffler aus«, in: *Focus Online,* 24. Februar 2012
218 Kai Biermann: »Was Vorratsdaten über uns verraten«, in: *Zeit Online,* 24. Februar 2011
219 Urteile des Bundesverfassungsgerichts: 1 BvR 256/08, 1 BvR 263/08, 1 BvR 586/08
220 Rechtsgutachten zur »Vereinbarkeit der Richtlinie über die Vorratsdatenspeicherung von Daten mit der Europäischen Grundrechtecharta«, in: *bundestag.de.* Zitiert in: »Vorratsdatenspeicherung«, in: *Wikipedia*
221 Roland Derksen: »Zur Vereinbarkeit der Richtlinie über die Vorratsdatenspeicherung von Daten mit der Europäischen Grundrechtecharta«, in: *Deutscher Bundestag, Wissenschaftliche Dienste,* vom 25. Februar 2011
222 Johannes Becher: »Die praktischen Auswirkungen der Vorratsdatenspeicherung auf die Entwicklung der Aufklärungsquoten in den EU-Mitgliedsstaaten«, in: *Deutscher Bundestag, Wissenschaftliche Dienste,* 18. März 2011
223 Treffende Beschreibung aus: »Hans Globke«, in: *Wikipedia*
224 »CSU nennt Justizministerin ›Sicherheitsrisiko‹«, in: *Spiegel Online,* 1. Juni 2012
225 »Telekom sprengt ...«, a. a. O.
226 Sebastian Heiser: »Die geheimen Wasserverträge«, in: *taz.de,* 29. Oktober 2010
227 Ebd.
228 »Berliner Bündnis startet drei Volksbegehren«, in: *Tagesspiegel Online,* 18. Juni 2007
229 Joachim Fahrun: »Das doppelte Spiel des Berliner Wirtschaftssenators«, in: *Berliner Morgenpost,* 7. Mai 2011
230 Berliner Wassertisch: »Sonderausschuss ›Wasserverträge‹ gerät zur Alibi-Veranstaltung«. Pressemitteilung vom 11. Mai 2012
231 »UN prognostizieren Wassermangel in Europa«, in: *Zeit Online,* 12. März 2012

232 UNESCO »The 4th edition of the UN World Water Development Report (WWDR4)«, in: *World Water Assessment,* 12. März 2012
233 »UN prognostizieren Wassermangel in Europa«, in: *Zeit Online,* 12. März 2012
234 Transparency International: *Global Corruption Report 2008.* Cambridge University Press, Cambridge 2008
235 »Korruption im Wassersektor – Die unterschätzte Gefahr für Entwicklung und Nachhaltigkeit«, in: Transparency International, Pressemitteilung vom 25. Juni 2008
236 Droht uns bald das Stromchaos? in: *news.de,* 22. Januar 2011
237 »Netz überlastet: Deutschland braucht Notstrom aus Österreich«, in: *abendblatt.de,* 5. Januar 2012
238 »Stromnetz geht plötzlich auf Alarmstufe ›gelb‹«, in: *Welt Online,* 1. April 2012
239 »Merkel macht Energiewende zur Chefsache«, in: *Spiegel Online,* 23. März 2012
240 Ebd.
241 »Deutschland entgeht Blackout – knapp«, in: *Bild.de,* 2. April 2012
242 »Strom-Versorgung in Deutschland ist gefährdet«, in: *Bild.de,* 7. Mai 2012
243 »Evaluierungsbericht der Bundesnetzagentur für Elektrizität, Gas, Telekommunikation, Post und Eisenbahnen«, März 2012
244 »Netzagentur kritisiert Entlastungen für Industrie«, in: *Spiegel Online,* 15. Mai 2012
245 »Strompreise steigen bis 2025 um 70 Prozent«, in: *Welt Online,* 15. Mai 2012
246 »Empörung über Sarrazins Pulli-Provokation«, in: *Spiegel Online,* 29. Juli 2008
247 »Kurzschluss beim Strom«, in: *Focus Online, Focus Magazin* Nr. 20 (2012)
248 766 Erhard Eppler: *Auslaufmodell Staat?* Suhrkamp, Frankfurt am Main 2005, S. 92 f., 95
249 Gereon Asmuth: »Skandal, der sich gewaschen hat«, in: *taz.de,* 22. Januar 2008
250 Anselm Waldermann: »Deutsche Bank fordert Zerschlagung der Stromkonzerne«, in: *Spiegel Online,* 5. März 2007
251 Ebd.
252 McAllister will Stromnetze zum Teil verstaatlichen«, in: *Handelsblatt.com,* 1. Mai 2012
253 Fiona Weber-Steinhaus: »›Größenwahn? Den braucht man auch‹«, in: *taz.de,* 27. April 2012
254 »Ein Deal mit G'schmäckle«, in: *sueddeutsche.de,* 10. Dezember 2010
255 »Staatsgerichtshof gibt Feststellungsanträgen der Fraktionen von Bündnis 90/Die Grünen und SPD statt. Außerplanmäßige Bewilligung von Haushaltsmitteln für Kauf der EnBW-Aktien hat die Landesverfassung verletzt«. Pressemitteilung des Staatsgerichtshofs Baden-Württemberg vom 6. Oktober 2011
256 »Mappus entgeht Ermittlungsverfahren«, in: *Spiegel Online,* vom 8. Februar 2012
257 »Vertraulicher Bericht zu EnBW-Deal belastet Ex-Ministerpräsident Mappus«, in: *Spiegel Online,* 5. Februar 2012

258 »EnBW-Deal: Rechtsberater bringt Mappus in Erklärungsnot«. dpa-Meldung, in: *Badische Zeitung Online*, 20. April 2012
259 »Baden-Württemberg verklagt Stromkonzern auf zwei Milliarden Euro«, in: *Spiegel Online*, 25. Mai 2012
260 »Ein Deal mit G'schmäckle«, a. a. O.
261 »Ausbau der Stromnetze kostet 30 Milliarden«, in: *Spiegel Online*, 29. Mai 2012
262 Die *Süddeutsche* beschrieb damals die Folge der Reform: »Die Körperschaftsteuer brach binnen eines Jahres von 23 Milliarden Euro auf null ein. Wäre die wichtigste Firmensteuer noch auf dem früheren Niveau, gäbe es kein solches Problem mit dem Stabilitätspakt, und mancher Einschnitt im Sozialetat wäre überflüssig.« Ulrich Schäfer: »Die vier Fehler des Finanzministers«, in: *sueddeutsche.de*, 23. Oktober 2003
263 »Kabinett beschließt Atomausstieg bis 2022«, in: *sueddeutsche.de*, 6. Juni 2011
264 Deutscher Bundestag: »117. Sitzung des Deutschen Bundestages am Donnerstag, 30. Juni 2011«
265 Deutscher Bundestag: »Gesetzentwurf der Bundesregierung: Entwurf eines Dreizehnten Gesetzes zur Änderung des Atomgesetzes«, Drucksache 17/6246, 22. Juni 2011
266 »Russland will Deutschland bei Stromengpass helfen«, in: *stromvergleich.de*, 4. November 2011
267 »Strombranche: Neues Marktdesign für Energiewende«, in: *vdi nachrichten*, 27. April 2012
268 »Energiepolitik, bitte wenden!«, in: *Financial Times Deutschland, ftd.de*, 9. März 2012
269 »SPD wirft Gauck ›Ost-Mentalität‹ vor«, in: *Zeit Online*, 6. Juni 2012
270 »Rede des Bundespräsidenten zur Eröffnung der Woche der Umwelt«, in: *bundespraesident.de*, 5. Juni 2012
271 »Merkel spricht sich gegen zu viel Klimaschutz aus«, in: *Spiegel Online*, 8. Dezember 2008
272 Der frühere Direktor des UNO-Umweltprogramms warnte vor einer Aufgabe der EU-Klimaschutzziele. Dem Kölner Stadt-Anzeiger sagte Töpfer: »Klimaschutz kann nicht Verfügungsmasse einer wie auch immer gearteten konjunkturpolitischen Überlegung sein. Wer das macht, handelt ökonomisch und ökologisch unverantwortlich.«
273 Ausgenommen vielleicht sein – nach Thilo Sarrazins Rassentheorie ebenso moralisch verkorkstes – »eigen Fleisch und Blut«.
274 Oben im Buch wurde schon gezeigt, dass die Neoliberalen Unternehmensmitarbeiter als »Humankapital« und Rentner, Arbeitslose, Kranke etc. als »Wohlstandsmüll« bezeichnen.
275 Donella Meadows u. a.: *Die Grenzen des Wachstums. Bericht des Club of Rome zur Lage der Menschheit*. Deutsche Verlags-Anstalt, Stuttgart 1972
276 Der 1968 im Hamburg gegründete *Club of Rome* besteht aus kritischen Ökono-

men, Industriellen, Wissenschaftlern sowie anderen Persönlichkeiten des öffentlichen Lebens und ist weltanschaulich völlig ungebunden. 1973 erhielt er den Friedenspreis des Deutschen Buchhandels.
277 Carsten Kloth: »Wachstum, Wohlstand, Wahrheitssuche«, in: *Tagesspiegel Online,* 18. Januar 2011
278 »Wirtschaftswachstum lässt Kohlendioxidemission steigen«, in: *faz.net,* 10. April 2012
279 »Deutschland droht mit Klimaschutzziel zu scheitern«. dpa-Meldung, 12. April 2012, zitiert in: *greenpeace magazin*
280 »Privilegien für Industrie treiben Strompreise hoch. Kosten der Energiewende müssen gerechter verteilt werden«, in: *BUND.net,* 12. Juni 2012
281 Wolfgang Richter: »Biodiesel vor dem Aus?«, in: *Technology Review* 03/2012. Zitiert in: *heise online,* 28. März 2012
282 Etwa die EU-Richtlinie 2008/50 EG. Quelle: »Verordnung zum Erlass und zur Änderung von Vorschriften über die Kennzeichnung emissionsarmer Kraftfahrzeuge«, in: *Wikipedia*
283 »Umweltzonen und Feinstaubplaketten«, in: *Berlin.de,* 19. Oktober 2010
284 »Unnötiger Feinstaub-Wirbel«, in: *ftd.de,* 29. Dezember 2011
285 Ebd.
286 »Matthias Machnig«, in: *Wikipedia*
287 Ebd.
288 Ebd.
289 »Vom Strippenziehen – Die Folgen von Lobbying und Korruption für Umwelt und Gesellschaft«, in: *Konsumpf,* 11. Dezember 2009
290 Lothar Christochowitz: »Korruptionsprävention im Umweltbundesamt«, in: *Umweltbundesamt,* 12. August 2012
291 Dorit Kowitz: »Das Märchen vom sauberen Müll«, in: *Zeit Online,* 14. Oktober 2011
292 Ebd.
293 »Giftmüll-Grenzwerte in Pohritzsch überschritten«, in: *MDR.de,* 21. November 2011
294 Ebd.
295 Dorit Kowitz, a. a. O.

Nur Reiche brauchen den armen Staat
296 Aus dem Kindergedicht *Alfabet.* In: Bertolt Brecht: *Gesammelte Gedichte,* Band 2. edition suhrkamp. Frankfurt am Main 1976, S. 513
297 »Schäuble zeigt Verständnis für Schweizer Haftbefehle«. in: *sueddeutsche.de,* 31. März 2012
298 »Sollen deutsche Steuerfahnder nach Griechenland?«, in: *ShortNews,* 26. Februar 2012

299 »Bundesverdienstkreuz für Steuerfahnder«, in: *sueddeutsche.de,* 2. April 2012
300 »Öffentliche Schulden im 4. Quartal 2011 um 5,7 Milliarden Euro gesunken«. Pressemitteilung Nr. 110 des Statistischen Bundesamtes, 27. März 2012
301 Personen in privaten Haushalten im Alter ab 17 Jahren. Anteil am Gesamtvermögen in Prozent. Quellen: SOEP; Berechnungen des DIW Berlin. DIW Berlin 2009: »Vermögensverteilung«, in: *Spiegel Online*
302 »Deutschland wird zur Hochburg der Millionäre«, in: *Spiegel Online,* 19. Juni 2012
303 »Kirchen warnen vor sozialer Spaltung in Deutschland«, in: *Spiegel Online.de,* 24. Dezember 2012.
304 »Ökonomen senken Wachstumsprognose deutlich«, in: *Spiegel Online,* 13. Dezember 2012.
307 »Reichste Deutsche werden immer reicher«, in: *sueddeutsche.de,* 8. Oktober 2012. Auf konkrete Zahlen wird hier bewusst verzichtet, da sie sich naturgemäß fast täglich ändern.
305 Altdeutsch für quasi »geschenktes« Einkommen, vom Lateinischen *sportula, Geschenk*
306 William Petty: *The Economic Writings of Sir William Petty.* Cambridge 1899, S. 28 f. zit. nach Werner Hofmann: Wert- und Preislehre, Duncker&Humblot, Berlin 1971, S. 35
308 »Bundestag lehnt Erhebung einer Vermögensteuer ab«, in: *bundestag.de,* 25. März 2011
309 Artikel 106, Absatz 2, Nr. 1. Das Bundesverfassungsgericht hatte die Steuer am 22. Juni 1995 lediglich wegen einer ungerechtfertigten Besserbehandlung von Immobilien gegenüber anderem Vermögen ausgesetzt.
310 AZ 2 BvL 37/91, BStBl. 1995 II, S. 655
311 Christian Rickens: »Warum Deutschlands Reiche immer reicher werden«, in: *Spiegel Online,* 11. April 2011
312 »Mehrheit der Deutschen will Vermögensteuer zurück«, *sueddeutsche.de,* 28. April 2012
313 »Vermögenssteuer würde Mieten nach oben treiben«, in: *Welt Online,* 6. Oktober 2012
314 Grundlage ist das Unternehmensteuerreformgesetz 2008 (UntStRefG) vom 14. August 2007. Bundesgesetzblatt I S. 1912
315 Rot-Schwarz senkte den Satz 2005 sogar auf 42 Prozent, musste ihn aber 2008 unter dem dummfrechen Namen »Reichensteuer« wieder einführen.
316 »Systemrelevante Banken werden gerettet – Gemeinden gehen Pleite«, in: *krisenvorsorge.com,* 20. März 2012
317 »Banken meiden Pleite-Kommunen«, in: *sueddeutsche.de,* 20. März 2012
318 »Kommunen machen knapp 3 Milliarden Euro neue Schulden«, in: *faz.net,* 22. März 2012
319 »Banken spielen Städtepleiten durch«, *Financial Times Deutschland, ftd.de,* 20. März 2012

320 Sigmar Gabriel: »Stärkung der Kommunen in ganz Deutschland«, in *spd.de*, 21. März 2012
321 »Schulen, Kitas und Schwimmbäder vor dem Aus?« in: *Bild.de*, 4. Januar
322 AZ XI ZR 33/10
323 »Deutsche Bank muss Schadenersatz wegen Zinswetten zahlen«, in *Spiegel Online*, 22. März 2011
324 »Kommunen verzocken Millionen aus Gemeindekassen«, in: *Welt Online*, 20. März 2011
325 Tim Engartner: »Privatisierung und Liberalisierung – Strategien zur Selbstentmachtung des öffentlichen Sektors«, in: Christoph Butterwegge u. a.: *Kritik des Neoliberalismus*. VS Verlag, Wiesbaden 2008, S. 115
326 Jörg Huffschmid: »Ein starker öffentlicher und demokratischer Sektor statt des Vorrangs für Privatisierung und Deregulierung«, in: Miren Etxezarreta u. a. (Hrsg.): *Euro-Memo 2003*. VSA, Hamburg 2004
327 Tim Engartner, a. a. O., S. 116
328 »Insolvenzfähigkeit von Kommunen«: *Bund der Steuerzahler,* 3. April 2012
329 »Jeder zweite Deutsche will die D-Mark zurück«, in: *Welt Online*, 6. Juni 2012
330 Jörg Eigendorf: »Die irrsinnige Option von der Rückkehr zur D-Mark«, in: *Welt Online*, 6. Juni 2012
331 »Bosbach spricht von ›schwersten Momenten‹ seiner Karriere«, in: *Spiegel Online*, 5. Oktober 2011
332 »Opposition beklagt doppeltes Spiel im Kanzleramt«, in: *Spiegel Online,* 10. Juni 2012

Politik

333 »Anschlussverwendung für die Schlecker-Frauen«, in: *Handelsblatt.com,* 30. März 2012
334 Aus Sicht der Konzernmanager sind Mitarbeiter natürlich keine Menschen im Sinne des Grundgesetzes, sondern ein Produktionsfaktor wie Rohstoffe oder Maschinen, die möglichst wenig kosten und möglichst viel Profit einbringen sollen. Deshalb werden gerade die Unternehmen, die wegen der menschenunwürdigen Behandlung (Mobbing, Bespitzelung, Hungerlöhne) ihres »Humankapitals« ins Gerede kommen, dem Führungsnachwuchs als leuchtende Vorbilder präsentiert.
335 Diese Wortschöpfung des damaligen Verwaltungsratspräsidenten von Nestlé, Helmut Maucher, wurde 1997 *Unwort des Jahres*. »Im Höhenrausch«, in: *Der Spiegel*, Nr. 11, 9. März 1998, S. 112
336 Antje Sirleschtov: »«: Eine Sternstunde der Politikverdrossenheit«, in: *Tagesspiegel Online*, 31. März 2012
337 Ebd.
338 Erhard Eppler: *Das Schwerste ist Glaubwürdigkeit*. Rowohlt, Reinbek 1978

339 Selbstverständlich sind nicht die »Notlügen« zum (vermeintlichen) Vorteil des Belogenen gemeint.
340 Deutscher Bundestag: *Plenarprotokoll 14/76*. Stenografischer Bericht zur 76. Sitzung vom 2. Dezember 1999
341 »Alles für die Sicherheit«, in: *sueddeutsche.de*, 10. Juli 2007
342 »Schäubles Bangen vor Schreiber«, in: *Focus Online*, 4. August 2009
343 Wolfgang Schäuble: *Mitten im Leben*. Bertelsmann, Gütersloh 2000
344 Tina Hildebrandt: »Auf Entzug«, in: *Zeit Online*, 8. April 2012
345 »Koch hat in zahlreichen Fällen öffentlich gelogen«, in: Vorabmeldung zu: *Der Spiegel*, Nr. 9, 26. Februar 2000
346 Dietmar Pieper: Geschichten aus der Grauzone«, in: *Der Spiegel*, Nr. 9, 26. Februar 2000, S. 78
347 Hans Leyendecker: Zwischen Lüge und Wahrheit, in: *sueddeutsche.de*, 4. September 2000, S. 2
348 Thomas Kleine-Brockhoff: »Mehr als nur ›eine Dummheit‹«, in: *Die Zeit*, Nr. 7, 10. Februar 2000, S. 4
349 »Für Westerwelle ändert sich gar nichts«, in: *Financial Times Deutschland, ftd.de*, 26. Mai 2010
350 »Roland Koch verordnet Bilfinger Berger kürzeren Namen«, in: *Spiegel Online*, 21. März 2012
351 »›Waterkantgate‹: Spitzel gegen den Spitzenmann«, in: *Der Spiegel*, Nr. 37, 7. September 1987, S. 18 ff.
352 »Waterkantgate: Beschaffen Sie mir eine Wanze«, in: *Der Spiegel*, Nr. 38, 14. September 19877, S. 17 ff.
353 »Barschel-Affäre«, in: *Wikipedia*
354 »Wahrheitssuche im Küstennebel«, in: *Zeit Online*, 7. Mai 1993
355 »Sichergestelltes Haar im Fall Barschel verschwunden«, in: *Welt Online.de*, 27. September 2011
356 »Wo ist das Haar aus Barschels Bart?«, in: *Handelsblatt.com*, 30. September 2011
357 »Beweise im Barschel-Mord verschwunden«, in: *Focus Online*, 29. September 2011
358 Nach § 153 a StPO
359 Hans Leyendecker: »Politiker zwischen Haftung und Haft«, in: *sueddeutsche.de*, 14. Juli 2012
360 Ebd.
361 Ebd.
362 Jan Thomas: »Kommentar: Irren ist menschlich, Betrügen nicht«, in: *berliner-zeitung.de*, 4. Mai 2012
363 »Das bürgerliche Lager hält zusammen«, in: *berliner-zeitung.de*, 8. Mai 2012
364 »CDU-Parlamentarier Pröfrock verliert Doktorgrad«, in: *Spiegel Online*, 6. Juli 2011

365 »FDP-Politiker Chatzimarkakis verliert Doktortitel«, in: *Spiegel Online,* 13. Juli 2012

366 »Koch-Mehrin klagt gegen Doktorentzug«, in: *Spiegel Online,* 14. Dezember 2011

367 »Margarita Mathiopoulos verliert ihren Doktorgrad«. Pressemitteilung der Rheinischen Friedrich-Wilhelms-Universität Bonn vom 18. April 2012

368 »FDP-Abgeordneter verliert Doktortitel«, in: *Spiegel Online,* 5. März 2012

367 Manuel Bewarder: »Annette Schavan, die durchleuchtete Ministerin«, in: *Welt Online,* 8. Mai 2012

370 »Druck auf Schavan wächst«, in: *FR-Online,* 4. Mai 2012

371 »Dr. Schavans Gewissensfrage«: in: *Spiegel Online,* 5. Mai 2012

372 »Dr. Kristina Schröder und ihre Helfer«, in: *FR-Online,* 16. Januar 2010

373 »Althusmann bleibt zu Recht Doktor«, in: *Zeit Online,* 1. Dezember 2011

374 »Systematisch gegen Plagiate«, in: *sueddeutsche.de,* 29. Juli 2011

375 »Die Angebertitel der Wirtschaftselite« in: *Spiegel Online,* 12. Mai 2012

376 »Die CDU traut Röttgen alles zu«, in: *Zeit Online,* 21. Mai 2012

377 O-Ton Pispers: »Immer wenn du denkst, dümmer geht's nicht mehr, kommt irgendwo ein Merkel her«, zitiert in: »Eure Lieblingszitate von Kabarettisten und/oder Commedians?« in: *justnetwork.eu*

378 »Die CDU traut Röttgen alles zu«, a. a. O.

379 Franz Walter: »Lob der Lüge«, in: *Der Spiegel,* Nr. 9, 25. Februar 2008, S. 22

380 Friedrich Nietzsche: *Werke in drei Bänden.* Band 3. Hanser, München 1954, S. 693

381 Hannah Arendt: *Wahrheit und Politik.* Wagenbach, Berlin 2006, S. 44

382 »Jeder Siebte von Armut bedroht«, in: *Zeit Online,* 21. Dezember 2011

383 »Verbraucher verlieren Milliarden bei Altersvorsorge«, in: *Welt Online,* 27. Dezember 2012.

384 »Regierung tilgte kritische Passagen aus Armutsbericht«, in: *Spiegel Online,* vom 28. November 2012.

385 Claudia Mayer »Lob der Lüge: Warum wir ohne sie verloren wären«, in: *Welt Online,* 26. August 2007

386 Adam Smith: The Wealth of Nations, Modern Library Edition, New York 1937, S. 14. In Deutsch nachzulesen in: Adam Smith: *Reichtum der Nationen.* Voltmedia, Paderborn 2005, S. 19

387 Anthony Downs: *Ökonomische Theorie der Demokratie.* J. C. B. Mohr (Paul Siebeck), Tübingen 1968, u. a. S. 26 und 289

388 Nikolaus Piper: »Die unheimliche Revolution«, in: *Die Zeit,* Nr. 37, 5. September 1997, S. 5

389 Dorothea Siems: »Der Sozialstaat deformiert die Gesellschaft«, in: *Welt Online,* 10. Februar 2010

390 Friedrich August von Hayek: »Wahrer und falscher Individualismus«, in: *ORDO-Jahrbuch für die Ordnung von Wirtschaft und Gesellschaft,* Band 1. Verlag Helmut Küpper vormals Georg Bondi, Düsseldorf, München 1948, S. 38 f.

391 Anthony Downs: *Ökonomische Theorie der Demokratie.* J.C.B. Mohr (Paul Siebeck), Tübingen 1968, S. 289
392 Anthony Downs, ebd., S. 290. Als Vorteile nennt Downs »Einkünfte, Prestige und Macht«. Ebd., S. 34
393 Ebd., S. 50
394 Zitiert in: »Keine Schule, keine Familien«, in: *DerWesten.de,* 6. April 2011
395 Gunter Hofmann/Werner A. Perger: *Richard von Weizsäcker im Gespräch.* Eichborn, Frankfurt am Main 1992, S. 150
396 Wolfgang Bergsdorf: Kommentar in: *Rheinischer Merkur,* Nr. 14/2002, S. 3
397 Patrik Schwarz: »Nach der Macht«, in: *Die Zeit,* Nr. 47 vom 17. November 2005, S. 69
398 »Gegner resignieren«, in: *Tagesspiegel Online,* 27. Mai 2012
399 »›Merkozy zeigen ihr hässliches Gesicht‹«, in: *Welt Online,* 21. April 2012
400 »Grenzkontrollen wieder einführen – für unsere Sicherheit!«, in: *npd.de,* 20. April 2012
401 »Brüderle: AKW-Moratorium ist nur Wahlkampf-Taktik«, in: *sueddeutsche.de,* 24. März 2011
402 Thomas Wieczorek: *Die verblödete Republik.* Knaur, München 2009, S. 132
403 Thomas Wieczorek: *Die verblödete Republik,* a.a.O., S. 131
404 Ebd.
405 Theodor Pütz: *Grundlagen der theoretischen Wirtschaftspolitik,* Gustav Fischer, Stuttgart 1975, S. 93
406 Joseph Schumpeter, *Das Wesen des Geldes,* Vandenhoeck + Ruprecht, Göttingen 1970, S. 1
407 Carsten Kloth: »Wachstum, Wohlstand, Wahrheitssuche«, in: *Tagesspiegel Online,* 18. Januar 2011
408 John Maynard Keynes: *Essays in Persuation.* London 1933, S. 270
409 Annett Meiritz: »Opposition führt Merkels Truppe vor«, in: *Spiegel Online,* 15. Juni 2012
410 Ebd.
411 Wolfgang Ismayr: *Der Deutsche Bundestag.* Leske + Budrich, Opladen 2000, S. 57
412 Ebd., S. 57–58
413 Ebd., S. 51
414 Martin Lutz: »SPD streitet um richtigen Umgang mit den Abweichlern«, in: *Die Welt,* 5. September 2001, S. 2
415 »Feige und kleinkariert«, *Spiegel Online,* 26. September 2003
416 Was von Teilen der SPD genau so verstanden und auch entsprechend »gewürdigt« wurde. So nannte die baden-württembergische SPD-Chefin Ute Vogt Müntefering Äußerungen »falsch und überzogen«. Die Partei dürfe nicht an Einzelentscheidungen festmachen, ob ein Abgeordneter wieder einen aussichtsreichen Listenplatz für den Bundestag erhalte (»SPD streitet über Müntefering-

Drohung«, in: *Die Welt* vom 4. September 2001, S. 1). Und der Vorsitzende der Arbeitsgemeinschaft für Arbeitnehmerfragen (AfA), Ottmar Schreiner, sagte, derartige Drohungen seien »absolut unangemessen«. Wenn Abgeordnete sich in einer Frage von Leben und Tod auf ihr Gewissen beriefen, sei ihr Verhalten durch die Verfassung geschützt (»SPD streitet um richtigen Umgang mit den Abweichlern«, in: *Die Welt,* 5. September 2001, S. 2).

417 Wolfgang Ismayr, a.a.O., S. 54
418 Vergleiche dazu: Heinz Rausch: *Der Abgeordnete. Idee und Wirklichkeit.* Bayerische Landeszentrale für politische Bildung, München 1965. Das Hauptargument lautet: Würde die Parteiführung sich nicht des Abstimmungsverhaltens ihrer Fraktion sicher sein, so wäre eine geordnete Parteiarbeit kaum möglich. Die Gegenfrage aber muss lauten: Wieso machen Fraktionen überhaupt eine Politik, die offenbar so viele Mitglieder nicht mit ihrem Gewissen vereinbaren können, dass man sie zur Zustimmung zwingen muss?
419 Otto Model/Carl Creifelds/Gerhard Zierl: *Staatsbürger-Taschenbuch.* Beck, München 2000, S. 137
420 Horst Sendler: »Abhängigkeiten der unabhängigen Abgeordneten«, in: *Neue juristische Wochenschrift* 38/1985, H. 25, S. 1427
421 Anthony Downs, a.a.O., S. 289
422 Michael J. Inacker: »Kumpanei statt Kompetenz«, in: *Welt Online,* 7. April 2000. Inacker meint das rot-grüne Außenministerium unter Joschka Fischer im Jahr 2000.
423 Heribert Prantl: »Gedimmte Demokratie«, in: *sueddeutsche.de,* 29. Februar 2012
424 »Regierung hat Rechte des Bundestags verletzt«, in: *Spiegel Online,* 19. Juni 2012
425 Friedrich August von Hayek: *Liberalismus,* Mohr Siebeck, Tübingen 1979, S. 35
426 Angela Merkel: »Das Prinzip individuelle Freiheit«, in: *Financial Times Deutschland, ftd.de,* 18. Januar 2005
427 »Sondergremium zur Euro-Rettung überwiegend verfassungswidrig«, in: *Spiegel Online,* 28. Februar 2012. AZ 2 BvE 8/11
428 Heribert Prantl: »Gedimmte Demokratie«, in: *sueddeutsche.de,* 29. Februar 2012
429 »Regierung hat Rechte des Bundestags verletzt«, in: *Spiegel Online,* 19. Juni 2012
430 »Richter prüfen Eilanträge wohl länger als geplant«, in: *Spiegel Online,* 10. Juni 2008
431 »Schäubles Plan stößt auf Widerstand«, in: *Spiegel Online,* 16. Oktober 2012
432 Deutschland hat anders als bislang über einhundertfünfzig Staaten die UN-Konvention über die Bestechung und Bestechlichkeit von Volksvertretern (UNCAC) von 2003 noch immer nicht ratifiziert. Siehe dazu: Thomas Wieczorek: *Die geschmierte Republik.* Knaur, München 2012, S. 286f.
433 »Die Hauptstadtflüsterer«, in: *Spiegel Online,* 2. September 2010

434 Über Anzeigen von Frauen wegen sexueller Belästigung ist allerdings noch nichts bekannt.
435 »Bundestag sperrt Lobbyisten aus Reichstag aus«, in: *Welt Online,* 25. Mai 2011
436 Hennis nennt die Lehrer als Synonym für den inkompetenten, aber karrierebesessenen Politiker.
437 »Diese ganze Generation ist eine Fehlbesetzung«. Interview mit Wilhelm Hennis, in: *stern.de,* 28. Januar 2004. Hennis (*1923) war Assistent bei der SPD-Ikone Carlo Schmid und später Professor für Politikwissenschaft in Hamburg.
438 »Im Zentrum der Macht«, in: Scobel, 3SAT, 21. Juli 2011. Siehe auch: *Öffentliche Liste über die beim Bundestag registrierten Verbände und deren Vertreter.* Aktualisiert 15. Juli 2011
439 »Zockerlobby entschärft Geldwäschegesetz« in: *Spiegel Online,* 27. September 2012
440 »Merkel und das Märchen vom faulen Griechen«, in: *Tagesspiegel Online,* 19. Mai 2011
441 »Deutsche schuften kaum«, in: *Financial Times Deutschland, ftd.de,* 20. Juni 2011
442 »Südländer sind oft fleißiger als Deutsche«, in *Financial Times Deutschland, ftd.de,* 3. Juli 2011
443 »Star-Investor prophezeit Hass auf Deutschland«, in: *Spiegel Online,* 26. Juni 2012
444 Jakob Augstein: »Comeback der Sozis«, in: *Spiegel Online,* 23. April 2012
445 Austerität: veraltet für *Sparsamkeit*
446 Jakob Augstein, a. a. O.
447 Ebd.
448 Jakob Augstein: »Der Süden weiß, wie's geht«, in: *Spiegel Online,* 2. Juli 2012
449 »Ich bin doch hier, was wollt ihr mehr?« in: *faz.net,* 29. Juni 2012
450 Franz Stocker: »Frankreichs Sozialisten gefährden ganz Europa«, in: *Welt Online,* 6. Juli 2012
451 Detlev Esslinger: »Der Lauf der Welt«, in: *sueddeutsche.de,* 24. Juni 2012
452 Hayeks bereits erwähntes Credo lautet: »Liberalismus ist unvereinbar mit unbeschränkter Demokratie.«
453 »Nebensatz auf der Goldwaage«, in: *sueddeutsche.de,* 27. Juni 2012
454 Carsten Volkery: »Die Nacht, in der Merkel verlor«, in: *Spiegel Online.de* vom 29. Juni 2012
455 Zitiert in: »Die Zerstörung wichtiger sozialer Errungenschaften gegen den Wunsch der Mehrheit«, in: *NachDenkSeiten.de,* 23. März 2007
456 Hubert Kleinert: »Warum die Iren nicht die Deppen Europas sind«, in: *Spiegel Online,* 19. Juni 2008
457 Joseph Alois Schumpeter: *Kapitalismus, Sozialismus und Demokratie.* UTB, Stuttgart 2005, S. 416
458 Peter Köhler: *Die schönsten Zitate der Politiker.* Humboldt, Hannover 2005, S. 342

459 Noam Chomsky: *Profit Over People*. Piper, München 2006, S. 56f. Chomsky übernimmt den Begriff »Konsens ohne Zustimmung« vom Soziologen Franklin Henry Giddings.
460 Ebd., S. 70. Lenin selbst fragte nach den Wahlen zur konstituierenden Versammlung: »Wie konnte das Wunder geschehen wie der Sieg der Bolschewiki, die ein Viertel der Stimmen besaßen?« Die Antwort: »Die Bolschewiki haben vor allem deshalb gesiegt, weil sie die gewaltige Mehrheit des Proletariats hinter sich hatten, darunter den bewusstesten, tatkräftigsten, revolutionärsten Teil.« W. I. Lenin: »Die Wahlen zur konstituierenden Versammlung und die Diktatur des Proletariats«, in: *W. I. Lenin Werke*, Band 30. Dietz, Berlin (DDR) 1972, S. 245f.
461 Friedbert Pflüger: »Dem Kapitalismus fehlt das Korrektiv«, in: *cicero.de*, 28. September 2011
462 »Fortschritt durch Technik«, in: *sueddeutsche.de*, vom 5. April 2012
463 Wilko Zicht vom profilierten Internetforum *Wahlrecht.de* erläuterte mir per Mail im Juni 2012 die hanebüchenen Details: *Eine Mindestwahlbeteiligung kennt das Bundeswahlgesetz (BWahlG) nicht. Sogar wenn niemand mehr zur Wahl ginge, gäbe es trotzdem einen neuen Bundestag: In den 299 Wahlkreisen gewinnt der Kandidat mit den meisten Stimmen, bei Stimmengleichheit wird gelost (§ 5 BWahlG). Wenn alle Kandidaten null Stimmen haben, wird der Sieger also jeweils zwischen allen Bewerbern ausgelost. Nun kann es an die Verteilung der Gesamtsitzzahl – 598 abzüglich der parteilosen Einzelbewerber mit Losglück – an die Parteien gehen (§ 6 BWahlG). Berücksichtigt werden nur Parteien, die mindestens fünf Prozent der Zweitstimmen erhalten haben (§ 6 Absatz 6 BWahlG). Fünf Prozent von null sind: null. Da alle Parteien die erforderlichen null Zweitstimmen erhalten haben, dürfen sich alle darüber freuen, die Fünfprozenthürde übersprungen zu haben. Auch bei der Sitzverteilung nach Zweitstimmen entscheidet bei Stimmengleichheit das Los (§ 6 Absatz 2 BWahlG). Die Sitze werden somit nacheinander an alle zur Wahl angetretenen Parteien verlost. Für jene, die in dieser Runde weniger Losglück haben als in den 299 Wahlkreisen, hält das Gesetz einen Trostpreis parat: Sie dürfen die überzähligen Wahlkreissitze behalten, der Bundestag wird entsprechend über die reguläre Sitzzahl von 598 hinaus in Form von Überhangmandaten vergrößert (§ 6 Absatz 5 BWahlG).«*
464 Dirk Kurbjuweit: »Der Wutbürger«, in: *Der Spiegel*, Nr. 41, 11. Oktober 2010, S. 26–27
465 Heribert Prantl: »Die Zeit ist reif für Volksentscheide«, in: *sueddeutsche.de*, 25. Juni 2012
466 Heribert Prantl: *Wir sind viele*. Süddeutsche Zeitung Edition. München 2011
467 »Europa muss seinen Arbeitsstil dringend ändern«, in: *sueddeutsche.de*, 6. Juli 2012
468 Florian Gathmann: »Europa muss auf Deutschland warten«, in: *Spiegel Online*, 1. Juli 2012
469 »Kanzlerin so beliebt wie seit Jahren nicht«, in: *sueddeutsche.de*, 6. Juli 2012

470 »Der Bürger, der Bahnhof und der Protest«, in: *Deutschlandradio*, 6. Januar 2011
471 John Rawls: *Eine Theorie der Gerechtigkeit*. Suhrkamp, Frankfurt am Main 1998, S. 446

Menschenwürde und Solidarität

472 Siehe dazu den sehr guten Artikel »Menschenwürde« in *Wikipedia*.
473 Urteil vom 21. Juni 1977, AZ 1 BvL 14/76
474 Hartmut Wewetzer: »Die Menschenwürde ist antastbar«, in: *Tagesspiegel Online*, 3. Juni 2008
475 Ebd.
476 »Ahlener Programm«. Zonenausschuß der CDU für die britische Zone, Ahlen/Westfalen, 3. Februar 1947 in: Konrad-Adenauer-Stiftung, (kas.de)
477 Ludwig Erhard: *Wohlstand für alle*. Econ, Düsseldorf 1957, S. 7. Alle Hervorhebungen von Erhard.
478 Bodo Zeuner: »Verteilungsgerechtigkeit gehört zur Demokratie«. Referat auf der Delegiertenkonferenz von ver.di Bezirk Südbaden am 15. März 2004 in Freiburg.
479 Nadia Mazouz: »Gerechtigkeit«, in: Marcus Düwell/Christoph Hübenthal/Micha H. Werner (Hrsg.): *Handbuch Ethik*. Metzler, Stuttgart, 2006
480 Bodo Zeuner, a.a.O.
481 Ebd.
482 Albrecht Müller: »Die Initiative Neue Soziale Marktwirtschaft«, in: *NachDenkSeiten.de*, 11. März 2003
483 Bodo Zeuner, ebd.
484 »Aufstieg durch Bildung – was das heißen kann und was nicht«, in: *faz.net*, 15. September 2009
485 »Chancengleichheit versus Chancengerechtigkeit«, in: *arge.schule-hamburg.de*
486 Bertelsmann Stiftung: »Chancengerechtigkeit: Nachholbedarf in allen Bundesländern«, Pressemeldung vom 11. März 2012
487 »Mangelhaft bis ungenügend«, in: *sueddeutsche.de*, 12. März 2012
488 Axel Bolder/Margareta Steinrücke: Vorwort, in: Pierre Bourdieu: *Wie die Kultur zum Bauern kommt. Über Bildung, Schule und Politik*. Vsa, Hamburg 2001
489 »Chancengleichheit ...«, a.a.O.
490 Michael Hartmann: *Der Mythos der Leistungseliten. Spitzenkarrieren und soziale Herkunft in Wirtschaft, Politik, Justiz und Wissenschaft*. Campus Verlag, Frankfurt am Main/New York 2000
491 »Arbeitslosigkeit verletzt Menschenwürde«, in: *katholisch.de*, 3. Mai 2009
492 »Immer mehr Deutsche brauchen einen Zweitjob«, in: *Spiegel Online*, 5. Oktober 2012
493 »Bundesverfassungsgericht: »Leitsätze zum Urteil des Ersten Senats vom 9. Februar 2010, 1 BvL 1/09; 1 BvL 3/09;1 BvL 4/09

494 »›Keine Hüftgelenke für die ganz Alten‹«, in: *Tagesspiegel Online*, 3. August 2003
495 »1,36 Millionen Bezieher sollen Zuschussrente bekommen«, in: *Spiegel Online*, 19. März 2012
496 »Deutsches Rentensystem begünstigt Altersarmut«, in: *Welt Online*, 12. März 2012
497 Vgl. u. a. Friedrich August von Hayek, *Wissenschaft und Sozialismus*. In: Gesammelte Schriften in deutscher Sprache: Abt. A, Aufsätze; Bd. 7. Mohr Siebeck, 2004, S. 61 f.
498 Albrecht Müller: *Die Reformlüge*. Droemer, München 2004, S. 253
499 Albrecht Müller: »Verrentet & verkauft: Zerstörung der Solidarischen Altersversorgung.«, in: *Freitag*, Nr. 49, 9. Dezember 2005
500 Marc Beise/Ulrich Schäfer: »Regierung will Versicherungen vor Pleite retten«, in: *sueddeutsche.de*, 15. Oktober 2003
501 Ingo Blank/Dietrich Krauß; »Arm trotz Riester: Sparen fürs Sozialamt«, in: *Monitor*, Nr. 571, 10. Januar 2008
502 Ebd.
503 Ebd.
504 »Die Riester-Rente rechnet sich doch«, in: *Welt Online*, 11. Januar 2008
505 Ebd.
506 Ebd.
507 »Ministerium lehnt Riester-Korrektur ab«, in: *Hamburger Abendblatt Online*, 14. Januar 2008
508 »Die Riester-Rente rechnet sich doch«, a. a. O.
509 »Die Hungerrentner von morgen«, in: *Der Spiegel*, Nr. 7, 11. Februar 2008, S. 64
510 Martin Weber: »Der Ikea-Fonds«, in: *manager magazin* 7/2007, S. 144
511 »Rentenzuschuss soll Altersarmut verhindern«, in *Focus Online*, 22. Juni 2012
512 Heribert Prantl: »Die verrückte Idee vom Greisen-Export«, in: *sueddeutsche.de*, 2. November 2012
513 »Gehälter in Deutschland: Elf Prozent bekommen nicht einmal Mindestlohn«, in: *Spiegel Online*, 26. Juli 2012
514 »Zahl der Darlehen für Hartz-IV-Empfänger steigt auf Rekordniveau«, in: *Spiegel Online*, 25. Juni 2012
515 »Krise drückt auf die Kauflaune der Verbraucher«, in: *Welt Online*, 28. August 2012
516 »Immer mehr deutsche Rentner gehen arbeiten«, in: *Welt Online*, 28. August 2012
517 »So wird Deutschland arm gerechnet«, in: *Spiegel Online*, 23. Oktober 2012
518 »Israel bestückt U-Boote aus Deutschland mit Atomwaffen«, in: *Spiegel Online*, 3. Juni 2012
519 »U-Boot-Basar Deutschland«, in: *Spiegel Online*, 4. Juni 2012
520 Jakob Augstein: »Die deutsche Atom-Lüge«, in: *Spiegel Online*, 4. Juni 2012

Menschenwürde und Primaten

521 »Skandal um makabre Soldatenfotos – Deutsche posieren in Afghanistan mit Totenschädel/Beteiligte sollen gefeuert werden«, in: *Tagesspiegel Online,* 26. Oktober 2006

522 Ebd.

523 »Psychologie der Skandalfotos« in: *Spiegel Online,* 27. Oktober 2006

524 »Acht Frauen bei Nato-Luftangriff in Afghanistan getötet«, in: Spiegel Online, 16. September 2012

525 »Ekelrituale unterm Edelweiß«, in: *Spiegel Online,* 10. Februar 2010

526 Ebd.

527 Oliver Decker u. a.: *Die Mitte der Krise.* Friedrich-Ebert-Stiftung, Berlin 2010, S. 76

528 »NPD-Verbotsverfahren«, in: *Wikipedia*

529 Heribert Prantl: »Der Schoß ist fruchtbar noch«, in: *sueddeutsche.de,* 11. Dezember 2011

530 »Pannen bei NSU-Ermittlungen«, in: *Spiegel Online,* 2. Juli 2012

531 Ebd.

532 Ebd.

533 »Italiener gaben Hinweise auf NSU«, in: *FR-Online,* 2. Juli 2012

534 »Wie Bouffier die Ermittler bremste«, in: *sueddeutsche.de,* 28. September 2012

535 Ebd.

536 Ebd.

537 »Ehemaliger Berliner V-Mann räumt Sprengstoff-Lieferung ein«, in: *sueddeutsche.de,* 23. September 2012

538 Andreas Förster: »Im Ku Klux Klan waren noch mehr Polizisten«, in: *Berliner Zeitung Online,* 12. Oktober 2012

539 »Liste seltsamer Zufälle«, in: *sueddeutsche.de,* 17. Oktober 2012

540 Heribert Prantl: »Wer schützt die Verfassung vor dem Verfassungsschutz?«, in: *Querdenken.* Knaur, München 2012, S. 11

541 Eine ganz andere Frage ist die von der Politik bewusst betriebene Ghettobildung à la New York. Ein Beispiel sind Schulklassen mit 80 Prozent Ausländeranteil, den man mit einem Federstrich begrenzen könnte – schließlich gibt's ja auch keine Klassen mit 450 Schülern. An einer solchen Ausgewogenheit hat die Politik aber kein Interesse: Vielmehr will sie bewusst nach dem Prinzip *Teile und herrsche* Deutsche und Ausländer aufeinanderhetzen, damit sich nicht beide gegen die Herrschenden verbünden.

542 Maritta Tkalec: »Werte über Bord«, in: *Berliner Zeitung Online,* 4. Mai 2011

543 »Katholischer Missbrauchsbeauftragter schont Pädophile«, in: *Spiegel Online,* 18. März 2012

544 »Katholische Schützenverbände: Keine schwulen Königspaare mehr«, in: *tagesspiegel.de,* 12. März 2012

545 »Zölibat«, in: *Wikipedia*

Gewaltenteilung

546 Zwar kann man beim Oberlandesgericht ein Klageerzwingungsverfahren nach § 172 StPO beantragen bzw. Verfassungsbeschwerde einlegen. Dies wird aber in der Regel mit Hinweis auf § 153 a ff. StPO (Absehen von Klage) abgelehnt. (Vgl. BVG, 2 BvR 1551/01) – Mir ist jedenfalls kein einziger Fall bekannt, wo ein solcher Antrag auf gerichtliche Entscheidung in einem Korruptionsfall Erfolg gehabt hätte.

547 Im Gegensatz zu denen in anderen Staaten, wie z. B. Italien

548 John Goetz/Conny Neumann/Oliver Schröm: *Allein gegen Kohl, Kiep & Co.* Ch. Links Verlag, Berlin 2000, S. 211

549 § 152 StPO. Danach ist die Staatsanwalt verpflichtet, »wegen aller verfolgbaren Straftaten einzuschreiten, sofern zureichende Anhaltspunkte vorliegen«.

550 John Goetz/Conny Neumann/Oliver Schröm: *Allein gegen Kohl, Kiep und Konsorten,* a. a. O., S. 120

551 »Außergerichtliche Einigung spart Geld und Nerven«, in: *t-online.de*

552 »Ein Deal ist die Bankrotterklärung«, in: *manager-magazin.de,* 17. Oktober 2011

553 Und dies ist beileibe kein Einzelfall. Ein Beispiel für viele: Wegen »Körperverletzung im Amt« verurteilte das Amtsgericht Stuttgart im März 2011 einen Bereitschaftspolizisten zu 6000 Euro Gelstrafe. Quelle: »Zahltag für Rambo-Polizisten«, in: *taz.de,* 31. März 2012

554 »Zeittafel Rote Armee Fraktion«, in: *Wikipedia*

555 »Kukident mal drei«, in: *Der Spiegel,* Nr. 28, 3. Juli 1972. S. 51. Lesenswert auch: Rainer Volk: »Von Flowerpower zur ›wehrhaften Demokratie‹«, in: Bayern2Radio – radioWissen, Juli 2012

556 Heribert Prantl: »Städte dürfen Daten ihrer Bürger verkaufen«, in: *sueddeutsche.de,* 7. Juni 2012

557 Thorsten Krael: »Fehlerhaftes Meldegesetz wird zu Merkels Problem«, in: *Welt Online,* 19. Juli 2012

558 Von Thomas Darnstädt: »Schäubles Spähpläne – ausgehebelt und zurechtgestutzt«, in: *Spiegel Online,* 27. Februar 2008

559 »Über den Verfolgungswahn«, in: *Berliner Zeitung Online,* 21. November 2007

560 »Handy-Verbot und Internierung«, in: *sueddeutsche.de,* 7. Juli 2008

561 »Sicherheitspolitik – SPD: Schäuble ist ein Sicherheitsrisiko« in: *Zeit online,* 19. April 2007

562 Sigrid Averesch: »Sicherheitsstaat ohne Grenzen«, in: *Berliner Zeitung Online,* 7. September 2007

563 Heribert Prantl: »Hindukusch und Hindelang«, in *sueddeutsche.de,* 2. Juli 2007

564 »Steinmeier giftet gegen Merkels Sicherheitsrat«, in: *Spiegel Online,* 5. Mai 2008

565 Ralf Berhorst: »Die offene Gesellschaft auf dem Weg ins Antiquariat«, in: *sueddeutsche.de,* 8. März 2004

566 Thomas Wieczorek: *Die verblödete Republik.* Knaur, München 2009, S. 297 ff.
567 Markus Dietz: *Korruption – eine institutionenökonomische Analyse.* Berlin-Verlag, Berlin 1998, S. 63

Wirtschaft: Der kriminell-korrupte Saustall

568 Ulrich Wickert: *Der Ehrliche ist der Dumme: Über den Verlust der Werte.* Heyne, München 2005
569 Franz Josef Degenhardt; Notar Bolamus
570 www.foodwatch.de
571 »Fahnder durchsuchen EnBW-Zentrale«, in: *Spiegel Online,* 15. Juni 2012
572 »›Wilde Spekulation ist Sünde‹«, in: *Der Spiegel,* Nr. 44, 27. Oktober, S. 170
573 Ingo Pies/Alexandra von Winning: »Wirtschaftsethik«, in: Konrad-Adenauer-Stiftung (www.kas.de), 17. November 2011
574 »Hollande-Ruck der SPD grenzt an Vaterlandsverrat«, in: *Welt Online,* 8. Mai 2012
575 »UNO kritisiert strikte Sparpakete der Regierungen«, in: *Spiegel Online,* 30. April 2012
576 Ebd.
577 Thomas Wieczorek: *Die verblödete Republik,* a. a. O., S. 24 f.
578 »Waffenlobby fliegt mit« in: *sueddeutsche.de,* 30. Juni 2012
579 »Bundeswehr unterstützt Schießtraining in Saudi-Arabien«, in: *Spiegel Online,* 5. Juli 2012
580 »Ein Gutachten verschwindet in der Schublade«, in: *sueddeutsche.de,* 13. November 2012
581 Ebd.
582 Conny Neumann: »Gefangen in weiß-blauem Filz«, in: *Spiegel Online,* vom 30. November 2012.
583 Heribert Prantl: »Die Psychiatrie, der dunkle Ort des Rechts«, in: *süddeutsche.de,* 27. November 2012

Halbbildung ist auch 'ne Bildung

584 Thomas Wieczorek: *Die verblödete Republik.* Knaur, München 2009, S. 255
585 Konrad Paul Liessmann: *Theorie der Unbildung.* Zsolnay, Wien 2006, S. 50
586 Christian Füller: »Zehn Jahre Wirrwarr«, in: *Spiegel Online,* 2. Dezember 2011
587 Ebd.
588 Ebd.
589 Ebd.
590 »Republik der Abgehängten«, in: *Spiegel Online,* 22. Juni 2012
591 Ebd.
592 Ebd.

593 Christian Füller, a. a. O.
594 Konrad Paul Liessmann, a. a. O., S. 83
595 Norbert Blüm: *Gerechtigkeit.* Herder, Freiburg 2006, S. 92 f.
596 »Teenager an die Testbögen«, in: *Spiegel Online,* 23. April 2012
597 Christian Füller, a. a. O.
598 »Wir haben Qualitätsprobleme«, in: *manager-magazin.de,* 4. August 2001
599 Der Begriff *Bologna-Prozess* bezeichnet ein politisches Vorhaben zur Schaffung eines einheitlichen Europäischen Hochschulraums bis zum Jahr 2010. Er beruht auf einer 1999 von 29 europäischen Bildungsministern im italienischen Bologna unterzeichneten, völkerrechtlich nicht bindenden Bologna-Erklärung. *(Wikipedia)*
600 »Nationalsozialismus light«, in: *sueddeutsche.de,* 19. Juli 2008
601 Thomas Wieczorek: *Die verblödete Republik.* Knaur, München 2009, S. 275
602 Michael Hartmann: »Eliten und Deutschland«, in: *Aus Politik und Zeitgeschichte,* Nr. 10, 1. März 2004
603 Reinhard Blomert: »Applaus auf dem Zauberberg«, in: *Berliner Zeitung,* 2. April 2005, Magazin, S. M01
604 Konrad Paul Liessmann, a. a. O., S. 106
605 Susanne Risch: »Vorsicht Falle«, in: *manager magazin* 4/1992, S. 246 f.
606 Laut einer Umfrage von 2008 der Deutschen Industrie- und Handelskammer unter 2135 Unternehmen verschiedener Branchen und Größen
607 »Bachelor mit Soft Skills gesucht«, in *sueddeutsche.de,* 14. März 2008. 38 Prozent trennten sich bereits in der Probezeit wieder von einem Berufseinsteiger. Häufigster Grund: Die Neuen konnten die theoretischen Kenntnisse in der Praxis nicht anwenden. Mehr als jedes fünfte Unternehmen nannte Selbstüberschätzung als Grund, außerdem Mangel an Sozialverhalten (19 Prozent), Fachwissen, (15 Prozent), Dienstleistungsorientierung, Belastbarkeit, Flexibilität und Reisebereitschaft.
608 »Fehler! Kein Fehler!?«, in: *sueddeutsche.de,* 5. November 2007
609 Jonas Leppin: »Hitler oder Honecker? Mir doch egal!«, in: *Spiegel Online,* 27. Juni 2012
610 Vgl. dazu: Thomas Wieczorek. *Die verblödete Republik.* Knaur, München 2009, S. 257
611 »Präsident skeptisch trotz Pisa-Erfolg«, in: *taz.de,* 30. November 2007
612 OECD: Nur neues Schulsystem schafft Chancengleichheit«, in: *tagesspiegel.de,* 9. April 2008
613 Hans-Werner Sinn: »Alte Ideologien«, in: *Wirtschaftswoche,* Nr. 11, 13. März 2006, S. 250
614 »Klüger als man denkt«, in: *Tagesspegel Online,* 27. August 2008
615 »Insel der Privilegierten (Bürgertum verteidigt machtvoll das Gymnasium)«, in: *Erziehung und Wissenschaft* 1/2010, S. 14
616 Herkunft vorwiegend türkisch oder aus Ex-GUS-Staaten
617 DGB: »Jugendliche mit Migrationshintergrund: Am Arbeitsmarkt doppelt benachteiligt«, in: *arbeitsmarktaktuell* Nr. 06, Mai 2010

618 Thomas Wieczorek: *Die verblödete Republik*, a.a.O. S. 258
619 »Deutsches Bildungssystem hemmt die Integration«, in: *Welt Online*, 28. Februar 2011
620 Da auch ein Verriss de facto Werbung bedeutet, andererseits die Identifizierung eines heimlichen Helden des schwarz-braunen Sumpfes als Vollblut-Rassisten immer wieder einer Begründung bedarf, ist Näheres in »Anlage 3« nachzulesen.
621 »Faule Säcke?«, in: *Zeit Online*, 23. Juni 1995
622 Siehe unter anderem: Matthias Geyer: »Krank in Goslar«, in: *Der Spiegel*, Nr. 18, 28. April 2003, S. 30
623 Thomas Wieczorek: *Die Stümper*. Knaur, München 2005, S. 53 ff.
624 Lotte Kühn: *Das Lehrerhasser-Buch: Eine Mutter rechnet ab*. Knaur, München 2005
625 »Mehr als 700 Lehrer haben keine Ausbildung«, in: *Märkische Allgemeine*, Online-Ausgabe vom 10. Juli 2012
626 »Lehrerausbildung«, in: *Wikipedia*
627 »Zehn Jahre Wirrwarr«, in: *Spiegel Online*, 2. Dezember 2011
628 Helmut Hochschild: »Auch Schule lernt dazu, in. *Tagesspiegel Online*, 30. August 2012
629 »Aktionsrat Bildung kritisiert Lehrerausbildung«, *dpa-Meldung* vom 22. März 2011
630 Marga Bayerwaltes: *Große Pause! Nachdenken über Schule*. Antje Kunstmann Verlag, München 2002
631 Susanne Mayer: »In der Unglücksanstalt«, in: *zeit.de*, Oktober 2002
632 Ebd.
633 »Horrortrip Schule«, in: *Der Spiegel*, Nr. 46, 10. November 2003, S. 49
634 Ebd.
635 »Männer suchten einen Beruf ohne Risiko, Frauen wollten Beruf und Familie verbinden können«, lautet eine fast wortgleiche Äußerung Herrmanns in einem *Zeit*-Interview – ohne abwertenden Unterton. Quelle: »Lehrern fehlt der Leistungsmaßstab«. Ein Gespräch von Nadja Kirsten mit dem Pädagogikprofessor Ulrich Herrmann, in: *Die Zeit*, Nr. 48, 21. November 2002, S. 76
636 Ebd.
637 Reinhard Kahl: »Überfordert, allein gelassen, ausgebrannt«, in: *Spiegel Online*, 18. März 2003
638 »Lehrern fehlt der Leistungsmaßstab«, a.a.O.
639 »Gut sein lohnt sich nicht.« Ein Gespräch von Nadja Kirsten mit dem Didaktik- und Schulpädagogikprofessor Ewald Terhart, in: *Die Zeit*, Nr. 12, 13. März 2003, S. 76
640 Ewald Terhart: Mögliche Wege aus der Stagnation, in: *ph Akzente, Zeitschrift der Pädagogischen Hochschule Zürich*, Nr. 1/2004, S. 5
641 Wolfgang Wodarg: »Skrupellose Akquise von Drittmitteln«, in: *taz.de*, 28. März 2012
642 Ebd.

643 Ebd.
644 »Anti-Korruptions-Kampagne startet an Leuphana«, in: *ndr.de,* 4. Juli 2012
645 Statistisches Bundesamt: »Hochschulen gaben im Jahr 2010 mehr als 41 Milliarden Euro aus«. Pressemitteilung Nr. 167, 15. Mai 2012
646 Tanjev Schultz: »Deutsche Bank mischt bei Uni-Forschung mit«, in: *sueddeutsche.de,* 30. Mai 2011
647 Theodor W. Adorno: *Theorie der Halbbildung.* Suhrkamp, Frankfurt am Main 2006, S. 48
648 Ebd., S. 26
649 Ebd. S. 51
650 Ebd., S. 23 f.
651 Ebd., S. 56
652 Ebd. S. 29
653 Theodor W. Adorno, a. a. O., S. 48
654 Thomas Meyer,: *Mediokratie.* Suhrkamp, Frankfurt am Main 2001
655 Ulrich von Alemann: *Das Parteiensystem der Bundesrepublik Deutschland.* Leske + Budrich, Opladen 2001
656 Dietrich Schwanitz: *Bildung. Alles, was man wissen muss.* Goldmann, München 2002, S. 482

Russisch Roulette mit unserer Gesundheit

657 »Ärzte dürfen Geschenke von Pharmakonzernen annehmen«, in: *Spiegel Online,* 22. Juni 2012; AZ GSSt 2/11)
658 »Ärztebestechung ist völlig legal«, in: *n-tv,* 22. Juni 2012
659 »Die Annahme von Geschenken muss geächtet werden«, in: *sueddeutsche.de,* 22. Juni 2012
660 »Verwaltungsgericht: Abrechnungsbetrug kostet Arzt die Approbation«, in: *Ärzte Zeitung Online,* 27. August 2010
661 »Schkalpell, bitte!«, in: *Zeit Online,* 11. März 2008
662 »Tod durch Zufall«, in: *Der Spiegel,* Nr. 26, 28. Juni 2010, S. 40
663 »Fall Friedl wirft viele Fragen auf«, in: *Badische Zeitung.de,* 24. Februar 2012
664 »Schönheitschirurg vergewaltigt Patientin während Narkose«, in: *Tagesspiegel Online,* 10. September 2007
665 »Ärzte dürfen Schmiergeld annehmen«, in: *Westdeutsche Zeitung, wz newsline,* 22. Juni 2012
666 Wolfgang Wodarg: »Skrupellose Akquise von Drittmitteln«, in: *taz.de,* 28. März 2012
667 Jörg Blech: »Die Abschaffung der Gesundheit«, in: *Der Spiegel,* Nr. 33, 11. August 2003, S. 116–126
668 Holger Dambeck: »Die Legende vom omnipotenten Viagra«, in: *Spiegel Online,* 23. Mai 2007

669 »Wo die wilden Kerle wohnten«, in: *faz.net*, 16. Februar 2012
670 Wolfgang Wodarg: »Skrupellose Akquise von Drittmitteln«, in: *taz.de*, 28. März 2012
671 Jörg Blech: »Die Abschaffung der Gesundheit«, in: *Der Spiegel*, Nr. 33, 11. August 2003, S. 116–126
672 »Geheime Gesandte«, in: *Der Spiegel*, Nr. 23, 6. Juni 2005, S. 157
673 »Nicht ohne meine Niere«, in: *Welt Online*, 16. Februar 2008
674 »Leber im Angebot«, in: *sueddeutsche.de*, 20. Juli 2012
675 »Gesundheitsministerium droht mit ›massiven Konsequenzen‹«, in: *sueddeutsche.de*, 20. Juli 2012
676 »Katastrophale Zustände in Berliner Kliniken«, in: *Berliner-Zeitung.de*, 1. November 2011
677 »Zahl der Opfer von Arztpfusch schießt in die Höhe«, in: *nachrichten.t-online.de*, 16. Februar 2012
678 »Ganzheitlich behandeln«, Homepage des Franziskus Hospital *(www.franziskus.de)*

Lichtgestalt Schröder als Garantin des deutschen Volkes
679 »Kauder stellt Elterngeld auf den Prüfstand«, in: *Spiegel Online*, 6. Juli 2012
680 Ebd.
681 »Schlecker-Mitarbeiterinnen sollen nun Kinder erziehen«, in: *Berliner Morgenpost*, 8. Juni 2012
682 »Von der Leyen will Schlecker-Frauen als Erzieherinnen«, in: *sueddeutsche.de*, 7. Juni 2012
683 »Strenge Erzieherin«, in: *gofeminin.de*, 28. Juni 2006
684 Thorsten Denkler: »Ringelreihen in der Schlecker-Kita«, in: *sueddeutsche.de*, 7. Juni 2012
685 Ebd.
686 Wladimir Iljitsch Lenin: *Werke* Band 25, Dietz, Berlin/DDR1972, S. 469

Wie soll es weitergehen?
687 Franz Walter: »Warum die Volksparteien ihr Volk verlieren«, in: *Spiegel Online*, 8. Juni 2008
688 Heribert Prantl: *Wir sind viele*. Süddeutsche Zeitung Edition, München 2012, S. 40
689 Detlev Esslinger: »Der Lauf der Welt«, in: *sueddeutsche.de*, 24. Juni 2012
690 »Kollektive Intelligenz«, in: *Wikipedia*

Anhang

691 Ulrich von Alemann: *Das Parteiensystem der Bundesrepublik Deutschland.* Leske + Budrich, Opladen 2001, S. 143

692 »Klasse statt Masse«, in: *Lettre International,* Nr. 86 vom Herbst 2009, S. 197

693 »Schickes Ödland Großstadt«, in: *Zeit Online,* 28. Oktober 2012

694 »Zentralrat der Juden vergleicht Sarrazin mit Hitler«, in: *Welt Online,* 9. Oktober 2009

695 »NPD buhlt um Sarrazin«, in: *Focus Online,* 30. August 2010

696 »›Sarrazins Thesen sind abstruse Ergüsse‹«, in: *Tagesspiegel Online,* 24. August 2010

REGISTER

A
Aberglaube 231 f.
Abgeltungssteuer 129
Ackermann, Josef 20, 28
Ackermann, Stephan 230
Adenauer, Konrad 96, 151, 181
Adorno, Theodor W. 282 f.
Afa 28
Air Berlin 71, 74
Akademie für Deutsches Recht 27
Aktionsrat Bildung 274 f.
Albrecht, Berthold 30, 126
Albrecht, Karl 30, 126
Albrecht, Theo, junior 30, 126
Aldi 30, 126
Alemann, Ulrich von 283
Allgemeiner Deutscher Automobil-Club (ADAC) 59
Allianz Capital Partners 26
Allianz Versicherungsgesellschaft 26 f.
Altana 28, 126
Alte 205 ff.
Althusmann, Bernd 146, 262
Altvater, Elmar 50
Antonius, hl. 231
Arbeit 202 ff., 251
Arendt, Hannah 151
Armut 203, 214 ff.
 –, Alters- 12, 52, 206 f., 210, 212 ff., 248
Arzt 288 ff., 295 ff.
Ärztekammer Berlin 295
Asmuth, Gereon 105
Atompolitik 109 f., 157
Attac 92, 94, 184
Auer, Josef 105
Aufmerksamkeitsdefizit-und Hyperaktivitätssyndrom (ADHS) 291 f.

Augstein, Jakob 14, 176 f., 218
Ausbildung 256 ff.
Averesch, Sigrid 241

B
Bachelor 266
Bacon, Francis 287
Baethge, Martin 261
Bankenkrise 46
Barschel, Freya 141
Barschel, Uwe 140 ff.
Baum, Gerhart 90 f., 96
Bayerische Motoren Werke (BMW) 28, 32, 126
Bayerwaltes, Marga 275
BB-AG 97
Bechtold, Bernd 103
Becker-Büser, Wolfgang 291
Benedikt VIII., Papst 231
Bergsdorf, Wolfgang 156
Berliner Verfassungsgerichtshof 97
Berliner Verkehrsbetriebe (BVG) 62
Berliner Wasserbetriebe (BWB) 97 f.
Berliner Wassertisch 98
Bertelsmann Stiftung 199
Bertelsmann-Verlag 32
Betreuungsgeld 157, 163, 260
Betriebswirtschaftslehre (BWL) 266
Betrug 246 f.
Bewarder, Manuel 145
Bildung 256–287
Bilfinger Berger 140
bin Laden, Osama 229
Bio 114 f.
Bismarck, Otto von 151, 194, 206
Blüm, Norbert 223, 248, 262
Böll, Heinrich 41, 243
Bologna-Prozess 264 f.

341

Bommarius, Christian 240
Bosbach, Wolfgang 135
Böttger, Christian 63
Bouffier, Volker 225
Bourdieu, Pierre 199
Brecht, Bertolt 122, 222
British Council 270
Broder, Henryk M. 11
Brüderle, Rainer 100, 158
Bruttoinlandsprodukt (BIP) 160 ff.
Bsirske, Frank 299
Bullion, Constanze von 75
Bulmahn, Edelgard 272
Bund der Historischen Deutschen Schützenbruderschaften 230
Bund der Steuerzahler 74
Bund für Umwelt und Naturschutz Deutschland (BUND) 113
Bundesagentur für Arbeit 203, 299
Bundesamt für Verfassungsschutz (BfV) 224, 226
Bundesgerichtshof (BGH) 20 f., 23, 132, 288 f.
Bundeskartellamt 98
Bundesmeldegesetz 237
Bundesnetzagentur 103
Bundespolizei 65, 67
Bundesrechnungshof 60
Bundestagsabgeordnete 162 ff., 172
Bundestrojaner 240
Bundesverband der Deutschen Industrie (BDI) 56
Bundesverband der Energie- und Wasserwirtschaft (BDEW) 110
Bundesverfassungsgericht 94 f., 108, 127, 168 f., 190 f., 204, 222, 238, 240
Bundeswehr 47, 180, 219 ff., 253
– Einsätze im Innern 241
Büro für Technikfolgen-Abschätzung beim Deutschen Bundestag (TAB) 101
Buschmann, Jessica 75
Busch-Petersen, Nils 74

C

CDU/CSU 14, 21, 97 f., 105, 109, 123, 126, 128 f., 135–140, 142, 169, 182, 192 ff., 197, 204, 223, 234, 238, 262
– Ahlener Programm 192, 194, 248
Cézanne, Paul 147
Chancengerechtigkeit 194, 196 ff.
Chancengleichheit 198 ff., 252, 256, 268
Chatzimarkakis, Jorgo 144
Chomsky, Noam 181
Christentum 229 ff.
Cicero, Marcus Tullius 12
Claasen, Utz 117
Clement, Wolfgang 156
Club of Rome 112
Computer-Spionage 238, 240
Continental 34
Coty 126
Credit Suisse 122

D

Däke, Karl Heinz 74
Datenschutz 92–96, 237
Degenhardt, Franz Josef 231
Dekadenz 11 f., 17
Demokratie 167 ff.
Denkler, Thorsten 300 f.
Deutsche Akademie 27
Deutsche Bahn 12 f., 60–70
– Börsengang 69 f.
– Kinderaussetzer 65 ff.
– Unfälle 68 f.
– Unpünktlichkeit 61 f.
Deutsche Bank 20, 33, 105, 132, 280 f.
Deutsche Bundespost 89
Deutsche Flugsicherung (DFS) 72, 77
Deutsche Hospiz-Stiftung 295
Deutsche Polizeigewerkschaft (DPolG) 90
Deutsche Post 21, 88 ff.
Deutsche Rentenversicherung 211

Deutsche Telekom 90 ff.
Deutsche Transplantationsgesellschaft (DTG) 294
Deutsche Umwelthilfe (DUH) 119 f.
Deutscher Bundestag 77, 110, 126, 162–169, 172, 182 f., 238
Deutscher Gewerkschaftsbund (DGB) 38, 269
Deutscher Lehrerverband 48
Deutscher Städte- und Gemeindetag 59, 130
Deutsches Institut für Urbanistik (Difu) 59, 84
Deutsches Institut für Wirtschaftsforschung (DIW) 123, 269
Deutsches Jugendinstitut (DJI) 260
Deutsches Studentenwerk 261
Dey, Andreas 82
Diller, Karl 271
Djir-Sarai, Bijan 144
Doktortitel 143–148
Downs, Anthony 155, 197
Draghi, Mario 176
Drittmittel 277–282
Droste, Dietmar 20

E
E.ON 106
ECE 81, 126
Edelstein, Wolfgang 276
EDF 106 ff.
Egoismus 153–162
Eichel, Hans 271 f.
Einigung, außergerichtliche 235
Einstein, Albert 134
Eisenbahn-Bundesamt 62, 69
Energie Baden-Württemberg (EnBW) 106 ff., 117, 143, 247
Energiewende 100 ff., 109–113
Engartner, Tim 133
Engholm, Björn 140 f.
Epple, Richard 236

Eppler, Erhard 104, 137
Erhard, Ludwig 193
Erler, Rainer 294
Erneuerbare-Energien-Gesetz (EEG) 113
Esser, Klaus 20
Esslinger, Detlev 178
Euro-Krise 134, 170, 176 ff.
Euro-Rettung 52 f., 168 ff., 250 f.
Europäische Finanzstabilisierungsfazilität (EFSF) 52
Europäische Kommission 56, 114
Europäische Zentralbank (EZB) 176
Europäischer Stabilitätsmechanismus (ESM) 53, 169, 179
European White Knights of the Ku Klux Klan 225 f.
Existenzminimum 204 f.

F
Falter, Jürgen 146
Faschismus 222–229
FDP 109, 123, 126, 128 f., 135 f., 173, 182, 204, 238, 295
Feinstaub 115 f.
Fiala, Johannes 255
Finanzmarktsteuer 135
Finck, August von, junior 25
Finck, August von, senior 26 f.
Finck, Helmut Baron von 25 f., 39
Finck, Nino von 26
Finck, Wilhelm von 26
Fischer, Joschka 109, 180
Flosbach, Klaus-Peter 127
Flughafen Berlin Brandenburg (BER) 70–76
– Flugrouten 72
– Kostenexplosion 72
– Terminchaos 73 ff.
Flughafen Berlin Tempelhof 183
Flughafen München 76, 183
Flugsicherheit 76 f.

foodwatch 246
Forsa 128
Forscher, gekaufte 292 f.
Fraktionsdisziplin/-zwang 164 ff.
Fraport 77
Fremdenhass 227 ff.
Friedler, Eric 28
Friedrich der Große 189
Friedrich, Hans-Peter 224
Friedrich-Ebert-Stiftung 222
Fromm, Heinz 224
Fukushima 109
Fukuyama, Francis 60
Füller, Christian 258
Funk, Joachim 20

G
Gabriel, Sigmar 15, 131, 237, 271
Gall, Reinhold 226
Gauck, Joachim 110, 188
Gaulle, Charles de 151
Gauselmann, Paul 173
Geißler, Heiner 92, 184
Geldwäsche 173
Gemeinde 130 ff.
Genossenschaft Bürgerenergie Berlin 106
Germania 71
Germanischer Lloyd 126
Gesundheit 288–298
Gewerkschaft der Polizei 239
Gewerkschaft Erziehung und Wissenschaft (GEW) 262
Gewissensfreiheit 165
Gier 247
Gleiss, Lutz 107
Globke, Hans 95
Glos, Michael 116
Goebbels, Joseph 34, 227
Gorbatschow, Michail 177
Graf, Florian 82 f., 144
Greenpeace 184

Greisen-Export 213 f.
Gröhe, Hermann 139, 164
Grottian, Peter 280
Grube, Rüdiger 63 f., 70
Grundgesetz 45, 51 f., 77 f., 93, 95, 125 ff., 165, 168, 180, 184 ff., 190 f., 195, 252
Grüne 98, 109, 116, 120, 123, 126, 128 f., 182, 209, 262, 271
Grüner Punkt Duales System Deutschland 116
Günther, Roland 215
Guttenberg, Karl-Theodor zu 144 f.
Gysi, Gregor 127

H
Habsucht 158 ff.
Halbbildung 282–287
Hamburg Süd 126
Handwerkerehre 245 ff.
Hansen, Carsten 59
Hartenbach, Alfred 49
Hartmann, Michael 201, 265
Hartz IV 17, 24, 109, 127, 180, 191, 204 f., 215, 300 f.
Hartz, Peter 15 f., 235
Hassknecht, Gernot 301
Hayek, Friedrich August von 67, 155, 168, 179, 207, 232, 293
Heine, Heinrich 286
Heinrich II., Kaiser 231
Hendricks, Barbara 271
Hennis, Wilhelm 172
Herberg, Götz 72
Herrmann, Ulrich 276 f.
Herz, Daniela 126
Herz, Günter 126
Hickel, Rudolf 266
Hildebrandt, Tina 138
Hillinger, Jörg 234
Hirrlinger, Walter 210
Hitler, Adolf 26 f.

344

Hobbes, Thomas 44 f.
Hochschild, Helmut 274
Hollande, François 177 f., 250
homo oeconomicus 111, 154 f., 158 ff., 197, 244, 246 f., 288, 293
Honecker, Erich 92, 165
Horten, Heidi 35, 37
Horten, Helmut 35
Huber, Berthold 38
Humankapital 13, 112, 136, 158, 256, 263 ff., 284, 288, 293
Hüther, Michael 180
HypoVereinsbank (HVB) 254 f.

I
ifo-Institut 46
IG Metall 20, 38
ILO 251
Industrie- und Handelskammer Berlin 74
Industrie-Werke Karlsruhe 28
Infrastruktur 56 f.
Infratest dimap 182, 241
Initiative für eine Vermögensabgabe 42
Initiative Neue Soziale Marktwirtschaft 197
Institut der deutschen Wirtschaft (IW) 56
Institut für Gewerbezentren 80
Institut für Wirtschaft & Gesellschaft 210
Institutionenökonomie 244
Ismayr, Wolfgang 164 f.

J
Jauch, Günther 92
Jelinek, Heidi 35
Jesuiten 231
Jonitz, Günther 295
Jung, Franz Josef 21

K
Kamenz, Uwe 147
Kanther, Manfred 21
Kauder, Volker 187, 299
Kaufland 126
Kauflaune 215 f.
Kaufmannsehre 245
Kerkeling, Hape 92
Keynes, John Maynard 162
KfW 131
Kiesewetter, Michèle 226
Kirch, Leo 21
Klasen, Dirk 90
Klatten, Susanne 28 f., 33, 126
Kleine-Brockhoff, Thomas 139
Kleinert, Hubert 180 f.
Klimaschutz 111 ff.
Kloth, Carsten 112, 161 f.
Koch, Roland 21, 138 ff., 157
Koch-Mehrin, Silvana 144
Kohl, Helmut 20 f., 83, 109, 129, 137, 142, 155
Köhler, Horst 77, 268
Kommunikation 88–92
Korruption 12, 99, 116–121, 171 ff., 247, 278, 288 ff., 292 f.
Körtgen, Manfred 70
Kowitz, Dorit 118 f.
KPD 197
Krankenhaus 295 ff.
Krankheit, neue 290 ff.
Krauss-Maffei Wegmann (KMW) 253
Kredit 51, 203
Kretschmann, Winfried 107
Krings, Günter 95
Kronawitter, Georg 27
Krugman, Paul 284
Kultusministerkonferenz (KMK) 259
Kupfer, Frank 119 f.
Kurbjuweit, Dirk 184
Kurssa, Maria-Elisabeth 34

Kuttner, Robert 266
KZ Hannover-Stöcken 28 f.

L

Ladberg, Jürgen 20
Lafontaine, Oskar 44
Lake, Anthony 99
Landesrechnungshof Brandenburg 71
Langer, Karsten 35
Lauterbach, Karl 289
Lehmkuhl, Dieter 42
Lehmkuhl, Ulrike 292
Lehrer 271–277
Leibniz, Gottfried Wilhelm 199
Leistungsgerechtigkeit 127 f., 201
Leistungsgesellschaft 24, 201, 287
Leistungsprinzip 24, 38, 54
Lenin, Wladimir Iljitsch 11, 165, 181, 302
Lenzen, Dieter 274
Leutheusser-Schnarrenberger, Sabine 95
Leyen, Ursula von der 206, 213, 299 ff.
Leyendecker, Hans 139, 142 f.
Lidl 126
Liessmann, Konrad Paul 262, 265 f.
Lilie, Hans 295
Linke 126 f., 129, 182
Lobby Control 64
Lobbyismus 171 ff.
Ludewig, Johannes 61
Lufthansa 74, 77
Luxemburg, Rosa 244

M

Machnig, Matthias 116 f.
Macleod, Iain 236
Mahnkopf, Birgit 50
Mängel, Annett 269
Mannesmann 19 f.
Mao Zedong 304
Mappus, Stefan 106 ff., 143
Marburger Bund 296

Marktwirtschaft 15, 248, 250 ff., 303
–, freie 193 f.
–, soziale 192–197
Marx, Karl 188, 197, 202, 248, 265
Marx, Reinhard 248
Mascher, Ulrike 102
Maschmeyer, Carsten 148
Mathiopoulos, Margarita 144
Matschie, Christoph 272
Max-Planck-Gesellschaft 276
Mazouz, Nadia 195
McAllister, David 37, 105
Mediokratie 283
Mehdorn, Hartmut 61
Meiritz, Annett 163
Menschenwürde 2, 185, 190 ff., 202 ff., 217, 219 ff.
Merck Finck & Co 26
Merkel, Angela 11, 63, 67, 70, 93, 100, 109, 111, 135, 139, 145, 148 f., 157 f., 168 f., 174, 176 f., 179, 185 f., 188, 207, 215, 217, 229, 232, 237, 241, 244, 250, 252, 274, 284, 293, 304
Meyer, Thomas 283
Meyerhöfer, Wolfram 263
Miegel, Meinhard 210
Migrantenkinder 269 ff.
Milupa 28
Minkmar, Nils 177
Mißfelder, Philipp 205
Mitterrand, François 178
Mobilität 57–80
Mohn, Liz 32
Mohn, Reinhard 32
Mollath, Gustl 254
Monheim, Heiner 79
Monroe, Marilyn 38
Monti, Mario 179
Morgan Stanley 107
Müll 118 ff.
Müller, Hildegard 110
Müller, Klaus 102

Münch, Martina 273
Münch, Richard 281
Münchener Rückversicherung 27
Müntefering, Franz 24, 165

N
Nachhaltigkeit 111 f.
Nagel, Jochen 262
Nationalismus 173 ff.
Nationalsozialismus 26 ff.
Nationalsozialistischer Untergrund (NSU) 223 ff.
Nato 180, 220, 278
Nell-Breuning, Oswald von 248
Neoliberalismus 46, 111, 153 f., 139, 196, 198, 205, 212, 247, 249 ff., 264 ff.
Neue Politische Ökonomie 155, 197
Nichtwähler 14
Nietzsche, Friedrich 151
Notheis, Dirk 107 f.
NPD 15, 157, 222 f.
NSDAP 27, 29, 197

O
OECD 174, 206, 263, 268
Oetker 126
Öffentlicher Personennahverkehr (ÖPNV) 78 ff.
Organhandel 293 ff.
Otto-Versand 81, 126
Over, Alois 40

P
Panikmache 238–243
Partei 164 ff.
Patton, George S. 27
Pau, Petra 164
Paulus, Apostel 24
Petri, Thomas 237
Petty, William 125
Pflüger, Friedbert 147, 181

Piëch, Ferdinand 19, 37
Piëch, Ursula 37 f.
Pieper, Dietmar 139
Pies, Ingo 249
Pimpertz, Jochen 56
Pinker, Steven 191
Piratenpartei 15, 78, 182
Pisa-Studie 199, 258 f., 262 ff., 274
Pispers, Volker 148
Pius XI., Papst 248
Plagiat 143–148
Plutarch 145, 286
Pofalla, Ronald 135
Politiker 14 f.
 – Habgier 155–160
 – Loyalität 165 ff.
 – Lüge 148–152
Polizeistaat 133 f., 236 ff.
Prantl, Heribert 22 f., 168 f., 184 ff., 213 f., 223, 226, 303
Privatisierung 97 f.
Pro Bahn 64
Pröfrock, Mattias 144
Public Private Partnership (PPP) 132
Pünktlichkeit 44
Pütz, Theodor 160

Q
Quandt, Günther 28 f., 34
Quandt, Harald 28
Quandt, Herbert 28 f., 32 f.
Quandt, Johanna 28, 32
Quandt, Magda 34
Quandt, Stefan 28, 126
Quandt, Sven 28
Queisser, Monika 206
Quelle 203
Quennet-Thielen, Cornelia 260

R
Ramsauer, Peter 62
Rassismus 222–229

Raubtierkapitalismus 46, 52, 58, 176 ff., 198, 298
Rauschenbach, Thomas 260
Rawls, John 189, 195
Rechtsradikalismus 222–229
Reckitt Benckiser 126
Rente 12, 174, 180, 206–214
Richter 233
Richter, Wolfgang 114
Ricke, Kai-Uwe 91
Rickens, Christian 128
Rieble, Volker 145
Riester-Rente 208 ff.
Ritalin 291
Röhrig, Johannes 18
Rorty, Richard 242
Rösler, Philipp 136
Roth, Michael 146
Rothengatter, Werner 74
Rothschild-Bank 27
Röttgen, Norbert 113, 148 f.
Rügemer, Werner 29, 33
Rühl, Lothar 217
Rühle, Hans 217
Rürup, Bert 210
Rüstungsexport 217 f., 252 f.
RWE 97, 106

S

Sarkozy, Nicolas 157, 176
Sarrazin, Thilo 104, 152, 184, 215, 275
S-Bahn Berlin 13, 62 f.
Schade, Michael 266
Schaeffler, Georg 34
Schaeffler, Georg, junior 34
Schaeffler, Maria-Elisabeth 34
Schäfer, Thomas 123
Schäuble, Wolfgang 122, 137 f., 157, 169, 187, 241, 304
Schavan, Annette 145 f.
Schelm, Petra 236
Schiefenhövel, Wulf 220

Schienennetz 60
Schiller, Friedrich 244, 286
Schily, Otto 157
Schlecker 39 f., 136, 203, 299 ff.
Schleicher, Andreas 274
Schmähl, Winfried 210 f.
Schmalstieg, Herbert 58
Schmidt, Helmut 149
Schmidt, Renate 156
Schmidt-Rose, Christoph 60
Schneider, Nikolaus 125
Schockenhoff, Andreas 147
Schockenhoff, Martin 107
Scholz, Joachim 32
Scholz, Olaf 202, 211
Schönburg-Glauchau, Mariae Gloria Gräfin von 36
Schreiber, Karlheinz 138
Schröder, Gerhard 109, 129, 238, 271 f.
Schröder, Kristina 139, 146, 157, 299 ff.
Schufa 94
Schulbücher 266 f.
Schule 258–263, 267–271
Schulgebäude 83–88
– Elternselbsthilfe 86 ff.
Schummer, Uwe 248
Schumpeter, Joseph 181
Schünemann, Bernd 235
Schupp, Jürgen 269
Schutzgemeinschaft der Kapitalanleger (SdK) 37
Schwanitz, Dietrich 285
Schwarz, Dieter 126
Schwarz, Patrick 156
Schwarz, Rainer 70 f., 75
Schwarzgeld 122 f.
Schwuchow, Karlheinz 266
S. D. R. Biotec Verfahrenstechnik 119 f.
Seehofer, Horst 76, 157
Seibert, Steffen 215
Sekundärtugend 44 f.

Sicherheit 43–55
Siebert, Barbara 28
Sieling, Carsten 147
Siems, Dorothea 155, 250
Sinn, Hans-Werner 46, 268
Sirleschtov, Antje 136
Smith, Adam 153
Solga, Heike 269
Sommer, Michael 38
Soros, George 175
Sozialstaat 194 ff.
Sozialverband Deutschland (SoVD) 212
Sozialverband VdK Deutschland 102, 210
SPD 14, 97 f., 109, 116 f., 123, 126, 128 f., 135, 165, 182, 197, 204, 209, 241, 250, 262, 271, 273
Springer, Axel 31
Springer, Friede 31
Staatsanwalt 233 f.
Staatsgerichtshof Baden-Württemberg 107
Staatsverschuldung 123, 126
Stadt 80–88
– Ruinen 81 ff.
Ständegesellschaft 267–271
Stasi 242
Statistisches Bundesamt 215, 299
Steinbrück, Peer 46, 211, 215
Steinmeier, Frank-Walter 187
Steuerfahndung 55, 122 f.
Steuergewerkschaft 55
Stifterverband 281
Stiftung Warentest 266 f.
Stocker, Franz 178
Stoiber, Edmund 304
Straßennetz 57 ff.
Ströbele, Hans-Christian 137
Strom 100–108
Stuttgart 21 184

T
Tegethoff, Kilian 296
Tenhagen, Hermann-Josef 211
Tenorth, Heinz-Elmar 198
Terhart, Ewald 277
Tesch, Felicitas 147
Thärichen, Holger 147
Thomas, Jan 144
Thüringer Heimatschutz 224
Thurn und Taxis, Albert Maria von 36
Thurn und Taxis, Elisabeth von 36
Thurn und Taxis, Gloria von 36
Thurn und Taxis, Johannes von 36
Thurn und Taxis, Maria Theresia von 36
Timmermann, Dieter 261
Tkalec, Maritta 229
TNS Emnid 53, 211, 241
Töpfer, Klaus 111, 116
Transparency International 99, 278, 290
Trittin, Jürgen 157
Trzeschan, Klaus 91

U
Überregulierung 45–49
Ude, Christian 76
Uhl, Hans-Peter 95
Uhlig, Johannes 269
Umweltbundesamt (UBA) 113, 118
Umweltschutz 116–121
Unbildung 282–287
UNESCO 99
Unser Hamburg – Unser Netz 106
Untreue 142 f.

V
Varta 28
Vattenfall 106
Veolia 97
Verband der Automobilindustrie 79
Verbraucherzentrale Nordrhein-Westfalen 102
Ver.di 212, 299

Vereinte Nationen (UNO/UN) 99, 111, 251
Verfassungsschutz 222–226
Verkehr 57–80
Vermögenssteuer 127 ff., 152, 180, 250
Vermögensverteilung 124
Verstaatlichung 46, 105 ff.
Verteilungsgerechtigkeit 194 ff.
Vivendi 97
Volkery, Carsten 179
Volksentscheid 180, 183–188, 304
Volkswagen (VW) 18 f., 37
Vorratsdatenspeicherung 94 f.
Voßkuhle, Andreas 169

W

Waalkes, Otto 131, 134, 156
Wahlbeteiligung 182 f., 214
Wallraff, Günter 30
Walter, Franz 149 ff., 303
Warburg, Justus 141
Wasser 96 ff.
 – Knappheit 99
Weber, Katy 35
Weber, Martin 212
Weber, Stefan 145
Weber-Wulff, Debora 148
Weichert, Thilo 237
Weiger, Hubert 113
Weise, Frank-Jürgen 299
Weisgerber, Anja 147
Weizsäcker, Richard von 149, 156
Wendt, Rainer 90
Westerwelle, Guido 17, 252, 304
Wewetzer, Hartmut 191 f.
Wickert, Ulrich 245
Wieczorek-Zeul, Heidemarie 272
Wikipedia 188
Wille, Heinrich 141
Winning, Alexandra von 249
Wirtschaftsethik 248 ff.
Wissen 284 ff.
Wissenschaftszentrum Berlin für Sozialforschung (WZB) 269
Wissing, Volker 127
Wissmann, Matthias 79
Wodarg, Wolfgang 278 f., 290, 292
Wolf, Harald 98
Wöller, Roland 120
Wowereit, Klaus 71, 73, 75, 98
Wulff, Christian 54, 183
Würth 125
Wutbürger 184

Z

Zeuner, Bodo 195 ff.
Ziesing, Hans-Joachim 112
Zippert, Hans 250
Zollitsch, Robert 124
Zschäpe, Beate 225
Zumwinkel, Klaus 21 f., 91
Zuverlässigkeit 44
Zwickel, Klaus 20
Zylajew, Willi 214

Hans-Ulrich Grimm

VOM VERZEHR WIRD ABGERATEN
Wie uns die Industrie mit Gesundheitsnahrung krank macht

Herzschutz-Margarine kann dem Herzen schaden und zusätzliches Vitamin A dem Embryo. Dem Essen zugesetztes Kalzium verhindert vielleicht einen Knochenbruch, kann aber auch einen Herzinfarkt bewirken. Jedes Jahr gibt es mehr »Vitamintote« als Verkehrstote. Der renommierte Nahrungskritiker Hans-Ulrich Grimm zeigt, wie die Industrie für Gesundheitsnahrung unsere Gesundheit bewusst aufs Spiel setzt. Er gewährt Einblicke in das schwer durchschaubare, aber für viele lukrative Geflecht aus Einzelhandel, Lebensmittelkonzernen, fremdgesteuerter Forschung und industriefreundlicher Politik. Grimm leuchtet hinter die Werbefassade der Unternehmen und rechnet mit den Gesundheitsversprechen der Nahrungsmittelkonzerne ab.

KNAUR TASCHENBUCH VERLAG